EUROPEAN SOCIOLOGY

This is a volume in the Arno Press collection

EUROPEAN
SOCIOLOGY

Advisory Editor
Lewis A. Coser

Editorial Board
S. N. Eisenstadt
Robert A. Nisbet
Erwin Scheuch

*See last pages of this volume
for a complete list of titles*

Georges SOREL

Matériaux d'une théorie du prolétariat

ARNO PRESS

A New York Times Company

New York — 1975

EUROPEAN SOCIOLOGY
ISBN for complete set: 0-405-06493-4
See last pages of this volume for titles.

Manufactured in the United States of America

————◆————

Library of Congress Cataloging in Publication Data

Sorel, Georges, 1847-1922.
  Matériaux d'une théorie du prolétariat.

   (European sociology)
   Reprint of the 1921 ed. published by M. Rivière,
Paris, which was issued as v. 15 of Études sur le devenir
social.
   Includes bibliographical references.
   1. Syndicalism. 2. Socialism. 3. Proletariat.
I. Title. II. Series. III. Series: Études sur le
devenir social ; 15.
HX266.S63 1975   335   74-25788
ISBN 0-405-06540-X

Matériaux d'une

théorie du prolétariat

ÉTUDES SUR LE DEVENIR SOCIAL

XV

Georges SOREL

Matériaux d'une théorie du prolétariat

PARIS

LIBRAIRIE DES SCIENCES POLITIQUES ET SOCIALES

Marcel RIVIÈRE

31, Rue Jacob, 31

—

1921

QUE MES CHERS CAMARADES

PAUL ET LÉONA DELESALLE

ACCEPTENT L HOMMAGE

DE CE LIVRE

ÉCRIT PAR UN VIEILLARD QUI S'OBSTINE

A DEMEURER

COMME L'AVAIT FAIT PROUDHON

UN SERVITEUR DÉSINTÉRESSÉ

DU PROLÉTARIAT

AVANT-PROPOS

I

Ce livre s'adresse aux hommes qui sont habitués de s'intéresser aux efforts de la pensée spéculative. Pour les professionnels de la politique, comme pour les capitalistes, la connaissance du monde se réduit à des recettes qui permettent de changer les données naturelles, pour le plus grand profit des maîtres ; mais il existe aussi des gens pour se demander dans quelle mesure, par quels moyens, sous l'inspiration de quelles hypothèses, l'esprit parvient à rendre convenablement intelligibles le fonctionnement des organismes créés par l'histoire, les tendances des groupes prépondérants, les idées de réforme qui sont, en quelque sorte, diffuses dans l'atmosphère d'une époque (1); c'est à leur tribunal que finissent toujours

(1) Cette intelligibilité repose sur des constructions du développement historique, qui renferment toujours une part considérable de subjectivisme ; les historiens les utilisent d'ordinaire sans en connaître parfaitement la signification ; les métaphysiciens doivent chercher quels principes forment l'âme de ces systèmes. On peut faire la même remarque sur les théories évolutionnistes, dont les biologistes ont bien rarement pénétré les secrets.

par s'adresser les philosophes éprouvés par l'expérience de la vie. Lorsqu'au milieu de l'année 1910 parut, en italien, l'opuscule où j'expose « mes raisons du syndicalisme », il était précédé d'une courte note annonçant que je renonçais à la littérature socialiste ; les motifs qui me conduisaient alors à prendre cette détermination, n'ont encore rien perdu de leur force depuis ce temps ; j'hésiterais même aujourd'hui à publier ce recueil d'anciens essais, si je supposais qu'on dût m'accuser de vouloir prendre part aux luttes actuelles des factions. J'ai voulu grouper ici des pièces méritant d'être placées sous les yeux des personnes qui observent avec compétence comment procède notre raison quand elle tente de soumettre à ses lois le chaos des phénomènes sociaux.

J'intitule ce volume : « Matériaux d'une théorie du prolétariat », parce qu'au temps où j'écrivais les plus importantes des études qui le composent, je me flattais de pouvoir quelque jour, en utilisant les faits relevés dans les enquêtes récentes, compléter les indications sommaires que Marx et Engels avaient données sur le devenir de la classe ouvrière. Je doute fort maintenant que, dans notre société si embrouillée d'intérêts hétérogènes, si occupée d'intrigues politiques, si peu attentive aux créations de l'esprit libre (1), l'agitation du monde du travail puisse être condensée, même symboliquement, sous l'ordonnance d'une synthèse propre à rendre de sérieux services.

---

(1) Suivant la terminologie hégélienne, j'entends par cette formule : l'art, la religion, la philosophie. Il est arrivé, plus d'une fois, que l'une de ces créations a tellement attiré l'attention des hommes qu'elle a pu servir à caractériser une époque.

Bien que les morceaux de ce recueil soient trop souvent gâtés par des idées chimériques que je me formais sur l'avenir prochain du socialisme, ils renferment cependant assez de réalité pour instruire des lecteurs éclairés qui auraient la volonté d'en tirer profit.

J'avais écrit sur le socialisme avec des intentions fort diverses ; il m'est arrivé de reviser quelques détails des textes anciens réunis ici, pour rendre l'expression plus claire, mais sans jamais atténuer l'esprit de la rédaction primitive (1); les dialecticiens peuvent s'amuser à établir doctement que j'ai énoncé, durant une période d'environ dix ans, des opinions peu conciliables sur les moyens qu'il conviendrait d'employer pour résoudre les questions ouvrières. En ne cherchant pas à remanier mes essais pour donner à leur recueil une unité artificielle, j'ai probablement adopté le parti le plus habile ; les gens perspicaces sont habitués de fortement suspecter la sincérité des auteurs qui traitent les problèmes sociaux ; en constatant que je n'ai rien dissimulé des variations de ma pensée, ils ne pourront faire autrement que d'admettre (je l'espère du moins) que j'ai toujours apporté une entière bonne foi dans mes recherches.

Benedetto Croce, dont l'autorité est si considérable comme commentateur critique de l'œuvre de Marx, a déclaré, il y a quelques années, que le socialisme

(1) Chaque fois que j'ai éprouvé quelque doute sur le sens des corrections à faire, j'ai cherché à renforcer cet esprit. — Renan n'a jamais corrigé les essais qu'il réunissait en volume, pour donner au recueil une homogénéité artificielle. (Cf. *Etudes d'histoire religieuse,* page III, et *Essais de morale et de critique,* page IX.)

est mort (1). Marx avait, suivant lui, rêvé une épopée magnifique qui avait provoqué un légitime enthousiasme ; sur la foi des meilleurs écrivains socialistes, beaucoup de jeunes gens crurent qu'il existait quelque part un prolétariat héroïque, créateur d'un nouveau système de valeurs, appelé à fonder, à très bref délai, sur les ruines de la société capitaliste, une civilisation de producteurs ; en fait l'ouvrier allemand est en train de s'assagir, il s'enrôle dans les troupes de la démocratie et, au lieu de tout sacrifier à l'idée de lutte de classe, il s'occupe, comme les bourgeois, des intérêts généraux de son pays (2). Les lecteurs qui admettent, avec l'éminent philosophe italien, que la révolution annoncée par Marx est chimérique (3), ne pourront pas être choqués en constatant que j'ai éprouvé beaucoup d'incertitudes au temps où je cherchais comment pourrait se réaliser l'essentiel des doctrines marxistes. Les personnes familières avec les investigations psychologiques ne regretteront certainement pas que les circonstances m'aient suggéré de parcourir le champ de l'expé-

---

(1) Dans la *Voce* (de Florence) du 9 février 1911. — Cette interview a été reproduite en 1914 dans le volume: *Cultura e vita morale. Intermezzi polemici*, pages 169-179.

(2) BENEDETTO CROCE, *op. cit.*, pages 173-176. — « Le syndicalisme, dit encore Benedetto Croce, était une nouvelle forme du grand rêve de Marx, qui fut une seconde fois rêvé par Georges Sorel » (page 176). — « Le socialisme avait trouvé son dernier refuge dans le syndicalisme ; sous cette forme même, il est mort » (page 178).

(3) Benedetto Croce fait observer que la littérature socialiste peut être maintenant étudiée d'une façon plus impartiale qu'autrefois ; le socialisme étant mort, les livres de ses maîtres ne sont plus des manifestes de parti provoquant la colère. (*op. cit.*, page 174.)

rience contemporaine en suivant des voies indépendantes les unes des autres, parce que j'ai eu ainsi
l'occasion de saisir bien des détails qui auraient peut-
être échappé à un observateur trop unilatéral. La
multiplicité des opinions que j'ai successivement
adoptées, ne manquera pas d'attirer l'attention des
métaphysiciens qui y trouveront la manifestation
particulièrement frappante de la liberté dont jouit
l'esprit quand il raisonne sur les choses produites
par l'histoire.

II

Si je reprenais aujourd'hui l'examen des questions
qui sont traitées ici, je suivrais les principes exposés dans l'appendice que j'ai ajouté en 1910 aux *Réflexions sur la violence* ; j'aboutirais évidemment
parfois à des résultats un peu différents de ceux que
j'ai obtenus en un temps où je travaillais au hasard
d'inspirations de circonstance ; mais les nouveaux
tableaux ne seraient pas susceptibles de s'emboîter
dans une architecture générale mieux que ne peuvent le faire les pièces disjointes ramassées dans ce
volume ; en effet, j'écrivais dans l'ouvrage que je
viens de citer : « La philosophie sociale est obligée,
pour suivre les phénomènes les plus considérables
de l'histoire, de procéder à une *diremption*, d'examiner certaines parties sans tenir compte de tous
les liens qui les rattachent à l'ensemble, de déterminer, en quelque sorte, le genre de leur activité en les
poussant vers l'indépendance. Quand elle est arrivée
ainsi à la connaissance la plus parfaite, elle ne peut

plus essayer de reconstituer l'unité rompue » (1). En
m'inspirant de cette théorie, j'ai pu m'occuper assez
longuement de la violence prolétarienne tout en
laissant dans l'ombre les aspects juridiques des conflits qui aboutissent aux grèves violentes, le régime
politique du pays, les institutions grâce auxquelles la
famille ouvrière parvient à améliorer les conditions
normales de son existence.

Il ne faudrait pas croire que j'aie la prétention
d'avoir inventé un *novum organum;* la méthode dont
il vient d'être question a été employée par les philosophes depuis des temps fort reculés, pour des fins
diverses, avec plus ou moins de bonheur ; seulement il me paraît que sa véritable signification a été
souvent méconnue. Elle fournit moins des représentations que des symboles, dont participent les phénomènes, tantôt d'une manière assez évidente, tantôt
d'une manière éloignée, complexe et impossible à
définir (2). Suivant la conception que je me fais de
la métaphysique, la raison aurait une double mission à accomplir lorsque nous nous occupons des

---

(1) G. SOREL, *Réflexions sur la violence,* 3ᵉ édition,
page 407.
(2) Un exemple remarquable de symboles ayant ainsi
des relations indéfinissables avec la réalité nous est fourni
par la célèbre théorie de la division des pouvoirs. Elle fut
exposée par Blackstone, Paley, Montesquieu, en partant
des usages constitutionnels anglais ; mais, au XVIIIᵉ siècle,
le roi avait encore une autorité considérable dans le parlement, et les Communes faisaient sentir leur influence sur
l'administration ; les tribunaux ne se bornaient pas à appliquer les lois. Les Américains regardèrent la séparation
des pouvoirs comme essentielle, mais ils ne l'appliquèrent
pas rigoureusement. Quand on a voulu réaliser pleinement
l'indépendance de chacun des pouvoirs, on a abouti à donner la prépondérance à l'un d'eux. Laboulaye, auquel

choses de la Cité : 1° elle doit être en mesure d'utiliser pleinement nos facultés constructives qui peuvent nous apporter, après que nous avons pratiqué la *diremption,* une connaissance symbolique de ce que l'histoire crée par des moyens incommensurables avec notre intelligence ; 2° elle doit, grâce à cette spéculation, éclairer la pratique de façon à nous aider à nous diriger le plus sagement possible au milieu des difficultés quotidiennes. Les mérites de la méthode que nous indiquons, apparaissent en pleine lumière lorsqu'on cherche à faire entrer les phénomènes historiques dans les royaumes de l'esprit libre ; ce symbolisme les ,gonfle de vie, en exalte les qualités psychologiques qui constituent la véritable cause de l'importance accordée par les gens réfléchis aux actions mémorables, alors que le rationalisme commun annule ces qualités, en resserrant la réalité dans les limites d'abstractions squelettiques; or l'art, la religion et la philosophie ne sont parfaitement à leur aise que dans les cas où elles prennent contact avec une vitalité débordante. C'est ce **que** l'on comprendra bien en examinant quelques-unes des créations les plus remarquables suggérées à l'esprit libre par l'histoire.

a). — La Grèce a élevé si haut l'art de célébrer les grandes prouesses de ses enfants que Renan était disposé à lui attribuer l'invention de l'idée de gloire. Elle aurait ainsi bien mérité de la civilisation en la dotant d'un mobile de vie qui s'est trouvé posséder « une valeur sans pareille »; sur la foi des maîtres de

j'emprunte ces remarques, dit que nulle part le principe n'a existé d'une façon exacte. (*Histoire des Etats-Unis,* tome III, pages 289-293.)

la littérature, l'Occident a cru que « l'important **pour**
l'homme est ce qu'on dira de lui après sa mort ;
[que] la vie actuelle est subordonnée à la vie d'ou-
tre-tombe ; [que] se sacrifier à sa réputation est **un**
sage calcul » (1) ; ses historiens écrivirent en conséquence, pour conserver le souvenir des preux qui
avaient accompli des actes de merveilleux dévouement en vue d'acquérir des titres à l'admiration des
générations lointaines (2). L'exemple d'Alexandre
fournit la preuve qu'au sein d'une société raffinée,
quand l'immense majorité des gens éclairés ne songe
plus qu'à s'assurer une existence tranquille (3), alors
que la philosophie semble avoir supprimé pour toujours les croyances ancestrales, un prince peut, grâce
à l'esthétique hellénique, faire revivre la mythologie

---

(1) RENAN, *Histoire du peuple d'Israël*, tome IV, page 199.
— On sait que chez tous les auteurs grecs la recherche
intelligente du bonheur joue un rôle fondamental ; le Grec
calcule toujours quel est le meilleur parti à adopter ;
c'est pourquoi il a si souvent considéré la mauvaise conduite comme le résultat d'une ignorance.

(2) RENAN, *op. cit.*, tome V, page 126. — Renan, constatant que le sentiment de la gloire, « sentiment si peu
juif », n'est pas étranger à l'auteur du premier livre des
Macchabées, estime que cet auteur a dû être influencé par
la culture grecque, qui était bien reçue à la cour des princes
asmonéens (page 122 et pages 125-127). Cet ouvrage n'a
pas été admis dans le canon juif, mais a été consacré par
les chrétiens. Ceux-ci ont donné à leurs martyrs toute la
gloire qu'ils ont pu accumuler sur leurs têtes ; il ne faut
pas omettre de comparer les *actes* aux récits des historiens
grecs de la décadence quand on veut en faire une critique
sérieuse. La conquête chrétienne demeure inintelligible
si on ne fait pas une très large part au sentiment de la
gloire.

(3) La morale d'Aristote correspond bien à cet état d'esprit.

des dieux conquérants (1). La Renaissance s'enivra des récits des belles aventures entreprises par des personnages d'une énergie indomptable, au point qu'elle oublia bien trop souvent tout souci d'une critique morale ; les guerres effroyables qui signalèrent la fin du XVIIIe siècle et le commencement du XIXe, rendirent aux conceptions de l'antiquité classique une suprématie qu'elles avaient perdue depuis la décadence de l'empire romain ; Napoléon serait peut-être devenu un nouvel Alexandre si dans les années où sa légende aurait pu se former, le romantisme n'avait refoulé, au nom d'une esthétique chrétienne, germanique et médiévale, ce qu'il nommait le paganisme de la Renaissance (2).

b). — Aux époques barbares, les chefs d'armées cherchent à accroître leurs forces en lançant contre

(1) Renan dit qu'Alexandre sembla aux anciens une réapparition de l'antique Dionysios. (*op. cit.,* tome IV, page 200.)

(2) Les bonapartistes ont été d'accord pour regarder Béranger comme l'aède adéquat à l'idée qu'ils se faisaient de Napoléon ; celui-ci ne serait donc qu'un Achille pour pipelets patriotes. — C'est dans la philosophie de Hegel qu'il faut aller chercher une répercussion de ce drame qui soit digne des événements ; le *Weltgericht,* que Hegel place entre la théorie de l'Etat et l'art, me semble être une transposition professorale de l'esthétique grecque de la gloire ; on doit remarquer que Renan, dans l'exposé schématique qu'il donne de cette esthétique, écrit : « En inventant l'histoire, la Grèce inventa le jugement du monde » (*loc. cit.,* page 199) ; on ne peut désirer une formule plus hégélienne. Le *Weltgeist,* qui, d'après Hegel, est « toujours présent dans l'histoire, ce tribunal du monde », passe d'une nation à une autre, suivant les résultats des guerres, qui servent à mesurer les forces morales et les forces matérielles. (P. ROQUES : *Hegel, sa vie et ses*

2

leurs ennemis des imprécations magiques, en solli-
citant humblement l'appui de puissances mystérieuses dont les hommes primitifs craignent l'intervention, en promettant une large part de butin à des
divinités douées d'appétits grossiers ; au fur et à
mesure que l'esprit religieux s'est développé aux dépens des vieilles superstitions, on n'a plus voulu
placer au-dessus du monde que des êtres possédant
les qualités les plus parfaites que l'esprit parvînt à
concevoir ; finalement, dans les circonstances graves, les acteurs des drames, soit particuliers, soit sociaux, ont été dominés par l'idée qu'ils étaient sous
les regards d'un Dieu infiniment juste, auquel aucun
secret de l'âme ne saurait échapper et qui prend pitié
de toutes les infortunes. Renan a exposé cette manière de concevoir le rôle du surnaturel dans un
passage qui n'a peut-être pas suffisamment attiré
l'attention des philosophes : « Agir pour Dieu, agir
en présence de Dieu, sont des conceptions nécessaires de la vie vertueuse. Nous ne demandons pas un
rémunérateur ; mais nous voulons un témoin (1)...

œuvres, page 256). Napoléon avait été une « incarnation
formidable du *Weltgeist* » (page 259); Leipzig et Waterloo portèrent le *Weltgeist* en Prusse (page 257 et page
265).

(1) William James attache aussi beaucoup plus de valeur pratique à cette idée du témoin qu'à celle de la rémunération *post mortem :* la première a pour elle les affirmations de mystiques ; la seconde ne se fonde sur aucune
expérience. (Cf. G. SOREL, *La religione d'oggi,* pages
51-52). La pensée de Renan est plus d'une fois oscillante.
— Il n'est pas inutile d'observer ici que saint Paul atten-
dait une apparition très prochaine du Christ-juge (*parou-
sie*) ; plus tard, le christianisme a reporté à un avenir indéterminé ce jugement dernier, qui ne joue plus grand rôle

Les sacrifices ignorés, la vertu méconnue, les erreurs inévitables de la justice humaine, les calomnies irréfutables de l'histoire légitiment ou plutôt amènent fatalement un appel de la conscience opprimée par la fatalité à la conscience de l'univers (1). C'est un droit auquel l'homme vertueux ne renoncera jamais » (2). Au cours de ces réflexions, Renan ne pensait guère, semble-t-il, qu'aux événements de sa vie particulière ; mais l'intérêt de son texte s'accroît beaucoup quand on le transporte dans l'histoire pour l'appliquer aux aspects religieux des agitations des masses ; je crois notamment que le sentiment de la présence divine a vivifié la politique mazzinienne, dans le temps où elle paraissait aux gouvernements n'être qu'un rêve de fanatiques.

c). — L'idée qu'il existe quelque finalité dans l'ensemble des conjonctures dont les détails semblent dépendre de causes indépendantes les unes des autres, la foi que des groupes humains ont dans une mission qui leur aurait été confiée, la certitude d'un succès poursuivi à travers une multitude d'obstacles, voilà des forces de premier ordre qui, projetées au milieu des hasards de l'histoire, peuvent grouper de nombreuses volontés d'une façon si durable qu'elles fas-

---

dans la piété ; l'idée du Dieu-témoin est entretenue très fortement par le culte eucharistique, que l'on pourrait définir une expérience sacramentelle du Christ ; le dogme de la présence réelle attire au catholicisme les protestants demeurés fidèles aux conceptions luthériennes, qui sont scandalisés par le peu de respect professé pour l'eucharistie par la plupart des pasteurs.

(1) Cette formule panthéiste est malheureuse : si l'homme vertueux fait appel à une conscience divine contre la fatalité, c'est qu'il juge Dieu distinct de l'univers.

(2) RENAN, *Feuilles détachées*, pages 433-434.

sent apparaître des *devenirs* (1) appropriés à leur
nature. Lorsque la monarchie salomonienne se fut
effondrée, le judaïsme puisa dans les merveilleuses
promesses popularisées par les livres de ses prophètes et de ses psalmistes, que lisaient avec avidité les exilés, de tels éléments de vie qu'il
n'a jamais été aussi sûr de sa foi mosaïque
qu'après la ruine de son statut territorial. La conquête chrétienne étonnerait probablement beaucoup
moins nos érudits si, au découragement que faisaient naître chez les défenseurs des vieilles institutions de Rome les tribulations du pouvoir impérial, ils opposaient le sentiment de puissance
qu'inspirait à l'Eglise la conviction de former l'a-
vant-garde de l'armée des saints. Le catholicisme,
plein de confiance dans le concours que le Christ a
promis aux successeurs des apôtres, a pris de belles
revanches sur la Réforme, depuis que le protestantisme, infidèle à l'esprit biblique de sa fondation,
cherche à se transformer en une littérature idéaliste,

(1) Je crois devoir rappeler ici ce que j'ai écrit dans :
Vues sur les problèmes de la philosophie : « Un développement historique ne peut être qu'un axe théorique tracé
au milieu d'une gerbe d'essais qui tantôt aident le mouve
ment, tantôt le contrarient, dont le plus grand nombre
n'aboutissent pas, parmi lesquels se rencontrent des voies
de communication apportant des contributions étrangères.
Il serait impossible d'entrer dans les descriptions de tous
ces détails ; l'histoire élimine tout ce qui ne lui semble
pas avoir d'importance pour expliquer le développement
et elle groupe les autres directions suivant leurs affinités,
pour superposer aux actions réelles un schéma de devenirs. » (*Revue de métaphysique et de morale*, janvier 1911,
page 74) : « Ce qu'il y a de vraiment fondamental dans
tout devenir, c'est l'état de tension passionnée que l'on
rencontre dans les âmes » (page 76).

nourrie de vanités scolaires et capable de provoquer,
tout au plus, la vague espérance de vagues utopies
qui n'ont aucune prise sur les âmes vraiment fortes.

On donne au terme : philosophie de l'histoire, deux
significations bien différentes : suivant le rationalisme commun, une telle philosophie spécule sur les
évolutions morphologiques des institutions, des idées
ou des mœurs ; si on se place au contraire aux points
de vue que nous avons adoptés dans cette étude de
l'esprit libre, il faut dire qu'il s'agit du contrôle
qu'une philosophie est capable d'exercer sur les
réalités vivantes de l'histoire. Renan voyait « dans
le livre de *Daniel* le premier essai de philosophie de
l'histoire » (1); les Grecs avaient, depuis longtemps,
tracé des tableaux schématiques pour définir les suc-
cessions de formes politiques dont peut se composer
le développement psychologique d'une cité; mais
Renan, dédaignant avec raison ces abstractions, et se
plaçant sur le terrain des genèses chrétiennes (2),
voulait faire entendre que le livre de *Daniel* est un
document de première importance pour la philosophie de l'histoire, parce qu'il a suggéré à la conscience chrétienne quelques-uns des mythes les plus
efficaces dont elle se soit servie (3).

---

(1) RENAN, *Histoire du peuple d'Israël,* tome IV, page 346.
(2) « Le livre de *Daniel* est vraiment l'œuf du christianisme » (RENAN, *loc. cit.,* page 359) ; — « Voilà l'historien qui a été le maître de Bossuet, qui a été notre maître » (page 346).
(3) Renan a sans doute raison de penser que la philosophie chrétienne de l'histoire n'est pas d'origine grecque ;
mais ne faut-il pas chercher quelques-unes de ses sources
dans la pensée romaine ? Rome a eu l'idée de sa mission
dominatrice et cette idée a été efficace. De nos jours, on a
enseigné en Italie que si la première Rome (des Césars)

III

La saine interprétation des symboles que nous examinons ici, se heurte aux illusions acceptées par un très grand nombre de nos contemporains, auxquels on a persuadé qu'il est possible de se rendre compte *scientifiquement* de la marche générale des choses qui intéressent au plus haut degré la civilisation ; ils admettent qu'il serait fort téméraire d'annoncer l'arrivée prochaine d'un événement politique, attendu que l'on cite de fort nombreuses erreurs, parfois énormes ou même cocasses, commises par d'illustres hommes d'Etat, qu'avait égarés la malencontreuse ambition de faire de telles prophéties ; mais ils croient fermement qu'une bonne connaissance des ensembles du passé permettrait à des sociologues d'obtenir des aperçus très vraisemblables d'ensembles futurs. Nos symboles possèdent une clarté plus grande que celle d'aucune autre des expressions susceptibles d'entrer dans une description schématique d'une masse de siècles ; c'est pourquoi les professionnels du scientisme historique s'emparent d'eux avec avidité, sans se demander quelle est la cause de cette bienfaisante clarté (1) ; tout critique ayant

a imposé à l'Europe l'unité d'une civilisation fondée sur la force, et si la deuxième (celle des papes) a imposé à une grande partie du monde une unité fondée sur le dogme, la troisième créera l'unité d'une civilisation rationnelle volontairement acceptée par l'humanité. Cette théorie ne paraît pas avoir été aussi efficace que l'espéraient ses inventeurs.

(1) Cf. ce que j'ai dit au début du § précédent sur l'emploi de la *diremption* qui a été fait souvent par les

l'habitude de considérations pragmatiques, observera qu'il est absurde de vouloir profiter de la *diremption* pour obtenir de la clarté et d'oublier ce qu'est la *diremption* quand on se sert de ce qu'elle a produit. On s'expose donc à tomber dans de graves sophismes en employant nos symboles dans des conditions qui sont inconciliables avec la nature de leur génération ; leur sens devient vague, leur usage arbitraire et, par suite, leur clarté trompeuse ; aussi longtemps que le scientisme historique exercera sur les esprits l'influence qu'il possède actuellement, il sera difficile d'utiliser nos symboles sans commettre quelques-uns des contresens que ce scientisme favorise. Nous sommes ainsi conduits à nous demander quelles raisons peuvent donner une autorité si dangereuse à une théorie que ne peut justifier aucune considération scientifique (1).

Chez beaucoup d'auteurs, elle ressemble d'ailleurs étonnamment aux parties les plus hasardeuses de la physique péripatéticienne. Aristote se demande par-

philosophes sans idées bien arrêtées sur la valeur de la méthode.

(1) On ne peut guère invoquer en sa faveur que des analogies pitoyables. Quoi de plus légitime, disent les gens du commun, que de transporter dans l'avenir des allures de développement historique par lesquelles s'est affirmée depuis des siècles la nature humaine ? Des personnages plus savants estiment que les sociologues ont le droit d'imiter les physiciens, qui calculent au moyen de formules empiriques des phénomènes placés en dehors du domaine expérimenté ; les abstractions qui servent à la sociologie pour remplacer les qualités caractéristiques des institutions, des mœurs ou des idées, équivaudraient aux espèces mathématiques que le physicien superpose aux qualités matérielles dont la pratique a révélé l'importance ; mais les physiciens emploient ce procédé avec une extrême défiance.

fois ce qui arriverait au cas où certains corps sorti-
raient des limites de l'expérience au point qu'on dût
appeler nulles ou infinies quelques-unes de leurs qualités importantes ; il n'a pour se diriger dans ces
raisonnements extrêmes que des observations faites
sans appareils précis de mesure, dans les conditions
médiocrement déterminables de la pratique la plus
vulgaire et dans les limites très restreintes que celle-
ci comportait chez les anciens ; le philosophe grec
voulait établir, au moyen de démonstrations par l'absurde, l'impossibilité de certaines hypothèses, contraires aux constatations habituelles du sens commun.
Aujourd'hui des sociologues, qui ont l'ambition de
marcher à l'avant-garde du progrès, prennent pour
points de départ quelques données de l'économie capitaliste, considérée d'ailleurs avec des intentions
polémiques ; de là ils sautent dans les abîmes de la
préhistoire, puis s'envolent dans l'empyrée où ils
construisent des cités bienheureuses ; ils entendent
amener leurs lecteurs à croire que leurs rêveries sont
parfaitement scientifiques. De telles aberrations nous
font deviner que les succès du scientisme historique
tiennent à des impulsions psychologiques puissantes
qui poussent l'homme à vouloir être trompé.

a). — La démocratie poursuit, dans tous les pays,
la ruine des forces qui maintiennent encore un peu
vivaces les traditions nationales. Les constructions
du passé sont généralement assez solides pour résister aux pamphlétaires qui racontent aux pauvres
diables les ridicules, les vices ou la malfaisance de
certaines *autorités sociales* dévoyées ; les théories de
l'Etat rationnel dont les démagogues se servent pour
opposer ce qui devrait être suivant la logique, aux

choses que le temps a fait naître, sont trop abstraites pour avoir de l'efficacité par elles-mêmes ; mais ces deux moyens de propagande deviennent fort redoutables quand les masses sont persuadées que les lois de l'histoire imposent la réalisation des projets formés par les destructeurs de l'histoire. Ce que les écrivains conservateurs nomment les œuvres vénérables des ancêtres, se réduirait, au dire des démagogues, à des usages mondains, à des mensonges conventionnels imposés par une éducation absurde, à des accidents dus à l'habileté machiavélique des classes dirigeantes; les docteurs du progrès invoquent les lois de l'histoire pour faire croire à la plèbe que les anciennes contraintes ne sauraient plus être longtemps maintenues après que celle-ci, enfin éclairée sur l'ordre naturel des sociétés, ayant acquis la claire conscience de ses forces de combat, a pris la résolution de faire naître une ère où la volonté du plus grand nombre sera souveraine ; au cours du XIXᵉ siècle la bourgeoisie a été tellement troublée par la peur des révolutions qu'elle a accepté avec résignation les revendications de la démocratie, dont le triomphe fatal lui était annoncé par de nombreux philosophes (1). Les chefs des partis radicaux seraient vrai-

_____

(1) On a souvent accusé Tocqueville d'avoir répandu cette conception du triomphe fatal de la démocratie ; dans la *Démocratie en Amérique,* il conseillait aux hommes d'Etat conservateurs de ne pas essayer de lutter contre la Providence, qui veut ce résultat ; nos bourgeois actuels acclament comme sauveurs de l'ordre les politiciens qui travaillent à ruiner *lentement* l'ancienne organisation sociale. *L'Action Française* cherche à persuader à la jeunesse lettrée que l'idée démocratique recule ; s'il parvenait à son but, Charles Maurras prendrait place parmi les hommes qui méritent d'être appelés *maîtres de l'heure,* puis-

ment bien naïfs s'ils ne défendaient pas avec une extrême énergie les sophismes du scientisme historique qui leur ont été si avantageux ; leur clientèle qu'ils savent si bien fanatiser (1) en excitant ses sentiments de jalousie (2), en la gavant d'utopies et en lui faisant obtenir quelques menus avantages, traite d'exécrables réactionnaires les gens qui osent nier qu'une force irrésistible entraîne le monde moderne vers l'égalité (3); peu de personnes se soucient d'affronter ces clameurs.

que sa doctrine aurait provoqué un changement dans l'orientation de la pensée actuelle. Mais lui-même n'est-il pas imbu d'esprit démocratique ? Les auteurs modernes qu'il admire entre tous (Stendhal, Balzac, Sainte-Beuve) ne possèdent rien de cette distinction aristocratique dont nos pères avaient fait le signe de la bonne littérature. (Sur ce caractère aristocratique de notre littérature, Cf., RENAN, *Feuilles détachées*, page 237, page 267.)

(1) Dans les pays de démocratie avancée, on observe dans la plèbe un profond sentiment du devoir d'obéissance passive, un emploi superstitieux de mots-fétiches, une foi aveugle dans des promesses égalitaires. La démocratie française ayant toujours le désir de propager ses *bienfaits* les armes à la main, on peut la comparer à un nouvel Islam.

(2) La jalousie est une des forces les plus efficaces de la démocratie. (Cf. G. SOREL, *Réflexions sur la violence,* pages 243-244.)

(3) Benedetto Croce écrit que « le rejet du socialisme utopique... signifie en réalité le rejet absolu de l'idée d'égalité » ; que cependant l'utopie égalitaire « est encore l'idée du socialisme que se font beaucoup de gens qui se disent *socialistes modernes* » ; que le marxisme, en se vantant d'être passé de l'utopie à la science, employait une métaphore dont l'interprétation profonde est la suivante : « Ce passage n'est rien autre que le passage de l'idée abstraite à l'histoire concrète, l'abandon de l'égalité, qui est un concept arithmétique et géométrique, pour un concept

b). — Le scientisme historique a beaucoup contribué à la transformation de l'esprit des paysans français qui, à la grande surprise des écrivains catholiques, sont devenus en peu d'années des anticléricaux irréductibles (1). La sagesse plébéienne, dont le type le plus parfait se trouve aux champs, est affectée d'un genre d'étourderie qu'on rencontre souvent dans les intelligences timorées ; l'homme du commun ne se lance point dans une entreprise nouvelle s'il n'est séduit par le mirage d'avantages énormes, paraissant presque certains et prévus comme devant se produire à bref délai ; c'est ce que savent les financiers sans vergogne qui attirent dans leurs caisses les économies des petites gens qu'ils leurrent à l'aide de prospectus mirifiques. Les démagogues connaissent cette psychologie au moins aussi bien que les pirates de la spéculation. Ils font répéter fréquemment par leurs journaux que la science ne cesse de créer des prodiges qui sont destinés à assurer l'aisance du plus grand nombre le jour où les réformes populaires seront plus avancées ; que les pratiques pieuses ne sauraient procurer aux pauvres aucun avantage matériel ; qu'en conséquence les

biologique, pour la vie qui est inégalité et asymétrie. De là résultent : lutte de classe, aristocratie de producteurs (bien différente du prolétariat en guenilles, de la gent mendiante), qui triomphe de la bourgeoisie et transforme l'organisation sociale, contrôle croissant de l'homme sur les forces aveugles de la nature, prédominance de la technique, etc. » (*Cultura e vita morale,* pages 170-171.)

(1) Taine croyait que les paysans avaient été entraînés à l'irréligion par l'exemple des ouvriers urbains (*Le régime moderne,* tome II, pages 150-151 ; cf. page 147) ; mais je crois que dans les campagnes l'anticléricalisme a des raisons plus profondes que dans les villes

petites gens agiraient sagement en abandonnant une foi stérile pour prendre part à des mouvements politiques qui offrent beaucoup de chances de profits. Ces arguments prennent une force extraordinaire quand ils sont combinés avec la philosophie de l'histoire que les instituteurs sont chargés d'apporter dans le moindre village ; tandis que le prêtre enseigne que l'Eglise est en train de remporter finalement la victoire sur toutes les puissances de Satan, l'écolâtre affirme que l'Eglise est condamnée à subir des humiliations de plus en plus graves, au fur et à mesure que se répandent les lumières ; la doctrine laïque paraît aux paysans plus vraisemblable que l'autre parce que ses hérauts sont les hérauts d'une vulgarisation scientifique qui les *épate*. Le scientisme historique anticlérical est aujourd'hui annexé au système des passions plébéiennes les plus stables ; les écrivains qui veulent atteindre les multitudes, sont tenus de le ménager ; plus d'un savant universitaire se donne l'apparence d'un maître élémentaire bataillant contre son curé.

c). — Dans cette recherche des causes du prestige que possède le scientisme historique, il ne faut pas négliger la concurrence qui s'est établie, depuis une vingtaine d'années, entre socialistes et démagogues, également désireux d'obtenir les suffrages des ouvriers de la grande industrie. Marx et Engels avaient introduit les prévisions que leur suggérait leur imagination, dans des formules hégéliennes de manière à obtenir un *monstre* (1), capable de fasciner les gens aventureux qui se hasardent à naviguer dans les

---

(1) Ce terme me sert à marquer l'analogie qui existe entre une telle sociologie et la zoologie de la fable.

régions de la Thulé sociale (1) ; en 1876 l'hégélian-
nisme était descendu dans la nécropole des superstitions éteintes, dont les monuments n'intéressent
plus que des érudits doués d'une patience toute particulière (2) ; en se donnant pour le disciple d'un
maître que l'on comparaît souvent à l'énigmatique
Héraclite, l'auteur du *Capital* s'assurait les immen-
ses avantages que procure une exposition obscure à
un philosophe qui a réussi à se faire passer pour
profond (3). Grâce aux efforts persévérants d'une
école dévouée, enthousiaste et dépourvue d'esprit
critique (4), des myriades de travailleurs furent persuadés que les fondateurs du socialisme dit *scienti-*

(1) Ils suivaient l'exemple que leur avaient donné les
saint-simoniens ; ceux-ci avaient déjà utilisé, avec grand
profit, des *monstres* hégéliens, à l'époque où Cousin appor-
tait en France des épaves de l'hégélianisme (cours de 1828
sur l'*Introduction à l'histoire de la philosophie*).

(2) Marx dit, dans la préface de la seconde édition du
Capital, que de ce temps Hegel était traité comme un chien
crevé.

(3) Je trouve, dans le livre de P. Roques sur *Hegel, sa
vie et ses œuvres*, ce fait qui me paraît caractéristique :
« Boris d'Yxkull, baron esthonien, tout récemment encore
officier dans l'armée russe, a raconté avec une curieuse
sincérité comment il s'attacha à Hegel ; il ne comprenait
à peu près rien à son cours, mais il était attiré par cette
obscurité même et surtout par le sérieux profond de Hegel »
(page 170). — Beaucoup de sociologues ont mieux aimé
déclarer que le *Capital* est un monument prodigieux, que de
le critiquer ; Werner Sombart me paraît appartenir à cette
classe de niais.

(4) Kautsky et ses amis défendent les thèses les plus
contestables de Marx et d'Engels avec autant d'énergie que
purent jamais en faire preuve les anciens Grecs dans la
défense des enceintes sacrées qui assuraient, d'après les
croyances religieuses du temps, la liberté de leurs cités.

fique avaient décrit avec la sûreté d'un Laplace, décrivant les mouvements planétaires, les principales phases par lesquelles passerait l'évolution du capitalisme, le régime des crises qui l'ébranleraient et les conditions de sa catastrophe finale. Mais au fur et à mesure que les préoccupations électorales ont pris plus d'importance dans le monde socialiste, on a davantage négligé les détails du marxisme orthodoxe pour ne retenir que sa conclusion : nécessité d'une révolution politique. Des démagogues ont fort habilement profité de cet affaissement de la pensée socialiste qui devenait moins philosophique, pour se hausser dans l'opinion en se donnant pour des dévots de la philosophie ; ils ont proclamé que les politiciens devaient s'en rapporter aux travaux qu'entreprenaient les professeurs de sociologie sur les modalités de la révolution destinée à supprimer le capitalisme ; ainsi l'Université s'est trouvée appelée par la démocratie à donner une formule scientifique aux conceptions sommaires du socialisme. Grâce à cette lustration dans les eaux scolaires, le scientisme historique a conquis une nouvelle jeunesse.

IV

Il y a beaucoup de vérité dans le tableau schématique que William James a donné des conceptions philosophiques les plus répandues, rangées par lui autour des deux pôles du rationalisme et de l'empirisme (1). Rien n'est plus éloigné du second type

(1) WILLIAM JAMES, *Le pragmatisme,* ch. 1er.

que le scientisme historique étudié ci-dessus; l'empiriste traite les événements comme un naturaliste traite une faune ou un terrain, s'assurant de la configuration exacte de chaque détail, cherchant à définir un ensemble, ne redoutant pas de faire des hypothèses pour combler les lacunes que présentent ses données ; mais il ne consentira jamais à annoncer l'avenir, pas plus qu'un zoologiste ne se demande si l'homme est appelé à acquérir des organes complémentaires. Dans les *Illusions du progrès* j'ai indiqué qu'après les guerres de l'Indépendance des nations, le droit historique, entraînant à sa suite les idées d'évolution, de tradition, de jurisprudence locale, s'est levé contre le droit naturel, que les intellectualistes du XVIIIᵉ siècle avaient tant célébré, en même temps que les idées de progrès, de régénération ou de création, de raison universelle (1). —

(1) Il me paraît utile de reproduire ici quelques lignes d'une interview de Benedetto Croce, publiée dans la *Voce* du 24 novembre 1910 : « La mentalité maçonnique se nommait au XVIIIᵉ siècle encyclopédisme et jacobinisme; l'Italie fit une triste expérience de ses effets à la fin de ce siècle, au temps de l'invasion française et des républiques italo-françaises... On peut dire que tout le mouvement du *risorgimento* s'est développé comme une réaction contre la direction française, jacobine et maçonnique. L'idée même de l'unité italienne fut lancée comme un mot d'ordre de l'opposition soulevée par l'universelle fraternité des Français, dont la prosaïque réalité s'était manifestée dans les pilleries, les dévastations et les oppressions commises par les généraux et les commissaires de leurs armées. En littérature, en philosophie, en politique, le XIXᵉ siècle fut caractérisé, dans l'Italie comme ailleurs, par l'anti-intellectualisme, l'anti-abstractionnisme, l'*anti-francesimo*. Il semble impossible qu'au début du XXᵉ siècle, par imitation de la France, on apporte de nouveau chez nous un mal dont nous

L'empiriste qui s'occupe des activités humaines, se
tourne vers le passé, dans lequel il rencontre des
choses achevées, la matière de la science, l'histoire, le
déterminisme; on a bien le droit évidemment d'adopter une attitude contraire, de méditer sur l'avenir,
de considérer, par suite, la vie, l'imagination, les
mythes, la liberté ; mais il est absurde d'opérer à la
manière des rationalistes qui, hallucinés par leurs
préjugés unitaires, mêlent les deux genres, prétendent imposer au second les conditions du premier et s'égarent ainsi dans le scientisme historique. — William James paraît avoir été surtout choqué par la suppression du monde réel qu'effectuent
les rationalistes au profit d'un monde idéal, bien
ordonné, où tout est net. Se rangeant lui-même dans
la classe des barbares, il nomme les rationalistes :
esprit raffinés, tendres et délicats (1). Il serait bien
difficile de définir ces deux classes ; mais on ne
peut faire autrement que d'observer que le rationalisme brille d'un vif éclat dans les sociétés de libre-
pensée, dans les comités démocratiques et dans les
cénacles de lettrés qui cherchent de belles phrases
faute d'avoir des idées (2); dans le plus grand nombre des cas, le rationalisme est loin d'être aujour-

avons souffert il y a plus d'un siècle et dont, après une
crise violente, nous sommes guéris... Si nous devons souf-
frir d'une nouvelle invasion de l'abstractionnisme français,
nous nous libérerons de cette épidémie, comme nous nous
sommes libérés du choléra que nous avons revu cette
année. » (*Cultura e vita morale*, page 164 et page 168.)
   (1) WILLIAM JAMES, *op. cit.*, pages 29-30, pages 37-38.
   (2) Il est conforme à l'esprit du pragmatisme de tenir
largement compte du milieu où une doctrine s'épanouit
quand on veut s'en faire une idée claire, au lieu de la
définir en termes scolastiques.

d'hui un signe de virilité intellectuelle. Nous allons maintenant examiner comment le rationalisme contamine nos symboles.

a). — Ceux-ci ont avec les phénomènes que le sens commun constate, des ressemblances assez étendues pour qu'on puisse les comparer utilement à des figures que des sculpteurs auraient taillées dans des rochers avec l'intention de respecter les apparences générales sous lesquelles ces objets naturels se présentaient à des spectateurs imaginatifs; la cosmogonie du *Timée* a été établie suivant un principe manifestement dérivé de ce système, puisque le démiurge impose des formes géométriques (et les propriétés qui d'après Platon leur correspondent) à des masses primitives qui avaient déjà des dispositions à acquérir les qualités d'ordre supérieur dont elles sont actuellement douées (1) ; les philosophes grecs crurent que le génie esthétique de leur race leur commandait de faire voir la possibilité de soumettre à l'esprit le gouvernement jusqu'alors incohérent de leurs cités, en s'inspirant des procédés employés par les artistes (et par le démiurge platonicien) pour vaincre la grossièreté de la matière (2). Protégées par le

(1) Cf. *Timée*, 53, *b.* — Lorsque Tertullien affirme que l'âme est naturellement disposée à recevoir les dogmes chrétiens, il transporte, semble-t-il, dans la psychologie une conception de la physique platonicienne. Les commentateurs de Tertullien n'ont pas assez observé que cette âme naturellement chrétienne est l'âme d'un Romain qui a lu les philosophes grecs ; il y a chez un tel homme une sorte de silhouette du christianisme.

(2) On a été souvent surpris qu'Aristote ait composé, lui aussi, un plan de cité parfaite (ALFRED et MAURICE CROISET, *Histoire de la littérature grecque*, tome IV, page 729); ce

prestige de la tradition classique, les utopies devinrent, après la Renaissance, un grand genre littéraire qui, en simplifiant à l'extrême les questions économiques, politiques et psychologiques, a eu une influence néfaste sur la formation de l'esprit des révolutionnaires (1) ; s'il est vrai de dire, avec Renan, que notre temps est voué aux études historiques (2), leur influence n'a été souveraine que sur une élite fort restreinte, si bien que pour la majorité de nos contemporains les seules institutions dignes d'une société éclairée sont celles qui engendrent des abstractions capables d'entrer dans l'ordonnance d'un beau roman ; de là résulte que les gens de lettres jouissent d'une très grande autorité auprès des apôtres de révolutions.

b). — Lorsque des symboles ont été poussés assez loin sur la voie des antinomies, on oublie facilement sur quelles souches historiques ils ont été cueillis ; ils paraissent dès lors fort analogues à ces notions

fait montre quelle force irrésistible possédaient les idées esthétiques chez les Grecs ; c'est donc un des phénomènes qu'il convient de mettre bien en lumière.

(1) Les premières utopies furent de simples compositions littéraires, destinées à charmer les humanistes platoniciens. On a maintes fois observé que Thomas Morus, qui devait mourir martyr, n'avait pu désirer voir entrer dans les mœurs rien d'anticatholique ; il ne voulait pas anticiper sur l'avenir, mais peindre une société *naturelle,* antéchrétienne et très disposée à recevoir le christianisme. C'est par suite d'une dégénérescence de l'humanisme que ces idylles furent interprétées comme projets de réformes sociales.

(2) « Toute question de nos jours, dit Renan, dégénère forcément en un débat historique ; toute exposition de principes devient un cours d'histoire. Chacun de nous n'est ce qu'il est que par son système en histoire. » (*Essais de morale et de critique,* page 83.)

fondamentales des sciences dont très peu de personnes soupçonnent les origines ; les uns et les autres passent pour des idéalités que produit notre esprit quand il est excité par un contact prolongé avec
l'expérience. Comme les philosophes sont généralement beaucoup plus intéressés par l'appareil adopté
dans l'enseignement d'une doctrine que par le fond
même de la doctrine enseignée, ils ont cru souvent
qu'un système mériterait une confiance absolue s'il
était susceptible d'être présenté comme une imitation de l'antique géométrie, dont personne jusqu'au
XIXᵉ siècle n'a sérieusement mis en doute la rigou-
reuse objectivité. Descartes a acquis beaucoup
de gloire en exposant une métaphysique déduite de
postulats qui lui semblaient tout à fait comparables
à ceux d'Euclide ou d'Archimède (2) Les sociétés
ne nous offrent point de données que l'on puisse incorporer dans un tel arrangement ; c'est pourquoi
les gens du XVIIᵉ et du XVIIIᵉ siècles regardaient
l'histoire comme une connaissance assez humble ;
quant aux symboles, pour peu qu'on pût les ranger
plus ou moins facilement dans une progression dialectique analogue à celle des *Eléments,* on les traitait
comme des réalités profondément vénérables. On
était ainsi amené à penser que si un jour l'humanité devenait sage, elle s'empresserait de se mettre
sous la direction de maîtres de philosophie, afin de
pouvoir, en se confiant à leurs conseils, remplacer
le monde misérable de l'histoire par un monde qui,
s'adaptant parfaitement aux disciplines scolaires,

(2) Une critique qui s'inspire du pragmatisme met facilement en évidence l'extrême différence qui existe entre
les deux genres de postulats.

serait regardé comme élevé au niveau de l'esprit (1).

c). — Le prestige dont jouit le rationalisme social, tient, pour une bonne part, à l'habitude que nous avons de traiter quelques-unes des questions les plus graves concernant l'Etat par des procédés empruntés à la pratique judiciaire. Les juristes, dans les argumentations universitaires, dans leurs conclusions pour les parties, dans les considérants des arrêts, écartent les motifs psychologiques qui ont pu faire agir les individus (2) ; ils cachent les hommes réels sous ce qu'ils nomment des personnes juridiques, types de genres sociaux qui sont supposés vivre suivant les usages fixés dans la jurisprudence presque comme des automates; pour l'application des lois, les juges possèdent cependant un certain arbitraire qui leur permet d'adapter les formes rigides de la théorie du droit aux circonstances, de manière à ne pas blesser les sentiments d'équité auxquels tient le grand public. Ces artifices rationalistes ont été transportés dans la discussion des questions sociales, par suite de causes dont je vais donner une esquisse. Il est probable que, de tout temps, les princes ont dénoncé les méfaits, vrais ou supposés, des peuples contre lesquels ils entreprenaient la guerre,

(1) C'est ce sophisme qui constitue l'âme de ce que Taine nomme l'esprit classique; cette expression n'est pas très heureuse, car il s'agit d'un esprit scolaire et non de l'esprit des grands auteurs de la littérature classique. L'analyse de Taine n'est pas excellente, parce qu'il était lui-même abreuvé d'illusions scolaires.

(2) Ces motifs psychologiques forment, au contraire, la matière principale des plaidoyers qui sont prononcés dans les cours d'assises; on a souvent observé que rarement un avocat réussit également bien au civil et au criminel; les principes de l'argumentation diffèrent trop entre eux.

de manière à exciter le zèle de leurs sujets, à obtenir
le concours d'amis hésitants, à détourner les neutres
de soutenir la partie adverse (1); les hommes particulièrement habiles dans l'art de la politique ont dû
observer assez vite qu'on a le plus de chances d'a-
boutir aux résultats désirés quand on semble ne
penser qu'à une justice abstraite ; cette affectation
de haute sérénité ne les a jamais empêchés d'ailleurs
d'employer à l'occasion des sophismes, des mensonges ou des flatteries, à la manière des avocats qui
cherchent à solliciter en leur faveur le cœur des
magistrats. Comme c'est une loi assez générale de
l'histoire que les sociétés imitent dans leur ordre

(1) Cette littérature est devenue une des armes les plus
puissantes de la diplomatie, depuis que l'imprimerie fournit
le moyen d'intéresser tout un grand pays aux nouvelles,
aussi facilement que s'il s'agissait d'une cité antique dont
les habitants allaient tous les jours flâner sur l'agora.
Il semble même qu'il soit plus facile de *faire* l'opinion
d'une nation moderne, grâce à la presse, qu'il n'était facile
d'obtenir l'adhésion d'une assemblée grecque, haranguée
par d'habiles orateurs. — Dans la déclaration du 4 juillet 1776, les Américains disent: « Lorsque le cours des
événements humains met un peuple dans la nécessité de
rompre les liens politiques qui l'unissaient à un autre
peuple et de prendre parmi les puissances de la terre la
place séparée et le rang d'égalité auxquels il a droit en
vertu des lois de la nature et de celles du Dieu de la nature, *le respect qu'il doit aux opinions du genre humain*
exige de lui qu'il expose aux yeux du monde et déclare les
motifs qui le forcent à cette séparation. » Le 20 décembre 1860, l'État de Caroline du Sud, en se séparant des
États-Unis, nous dit qu'il « se doit à lui-même, [qu'il]
doit aux autres États de l'Union, [qu'il] doit aux autres
nations du monde de déclarer les causes immédiates qui
l'ont conduit à cet acte ». (LABOULAYE, *Histoire des États-
Unis*, tome II, page 321, et tome III, page 46.)

intérieur ce qui a été expérimenté avec succes dans la vie extérieure de l'Etat (1), les méthodes processives de la diplomatie ont été appliquées aux questions sociales, dans l'espérance que l'opinion des honnêtes gens pourrait exercer une influence prépondérante sur les partis, sur les pouvoirs publics et sur les maîtres de l'économie nationale. Au cours des procès idéaux que nous soutenons ainsi avec la conviction qu'il en résultera quelque changement avantageux dans les institutions, les symboles prennent tout naturellement la place qui, dans les procès réels, est occupée par les personnes juridiques.

Ainsi les théories abstraites, appuyées sur des considérations appartenant aux genres du beau, du vrai et du juste, deviennent, à certaines époques, l'objet d'un respect superstitieux.

(1) Cette vérité a été souvent méconnue parce que beaucoup d'écrivains ont cru qu'on ne pouvait donner à l'Etat une base solide qu'en admettant que la vie juridique s'étend de l'individu à la nation ; c'est ainsi que se sont formées les théories du contrat social. Dans *La guerre et la paix,* Proudhon a esquissé une théorie qui fait descendre le droit privé de la guerre (livre II, chap. XI). Il me semble qu'une philosophie qui se proposerait d'expliquer le droit et non de le légitimer, devrait lui attribuer deux pôles: la guerre et l'économie; dans la famille, les deux caractères apparaissent à peu près également forts, en sorte qu'on peut regarder la famille comme le lieu où se fait l'union des deux principes du droit.

(2) Laboulaye dit que la révolution américaine fut « un procès ». (*op. cit.,* tome II, page 10) ; il y eut aussi chez nous, au XVIIIᵉ siècle une énorme littérature processive ; mais elle est moins près de la vraie littérature judiciaire que celle d'Amérique.

V

A la fin de l'Ancien Régime d'innombrables beaux
esprits avaient composé des descriptions de l'état naturel des sociétés, dont les éléments étaient empruntés à des sources fort diverses ; ces utopies pas-
saient pour être très supérieures à ce que l'on cons-
tatait dans le monde réel ; mais les lecteurs de ces
mirifiques romans ne savaient pas bien quelles conséquences il conviendrait de tirer de cette littérature (1). Il faudra arriver aux temps de la plus
grande faiblesse intellectuelle du jacobinisme pour
que des politiciens enragés croient pouvoir convertir ces rêves philosophiques en projets de législation (2). En général, il semble que les lettrés du
XVIII° siècle aient cru devoir, par attachement aux
progrès des lumières, admirer tous ces livres parce
qu'ils ébranlaient ce qui restait d'autorité aux traditions médiévales, parce qu'ils parlaient avec enthousiasme d'une moralité supérieure indéfinissable,

(1) C'est ce qui résulte des conclusions auxquelles parvient André Lichtenberger dans *Le socialisme au XVIII°
siècle*.

(2) Babeuf soutint, dans son procès de Vendôme, qu'il
avait voulu seulement former « une société de démocrates
dont le but était de ramener l'esprit public vers les principes républicains et de combattre vigoureusement les manœuvres du royalisme au profit du gouvernement établi »
(ADVIELLE, *Histoire de Gracchus Babeuf*, tome I, page 399) ;
il traita de rêves philosophiques ou philanthropiques les
projets révolutionnaires qu'on trouvait dans les papiers
saisis (page 402, page 410, cf. page 301). Son panégyriste
croit qu'il y avait beaucoup de vrai dans les excuses qu'il
présentait.

parce qu'ils donnaient raison en principe aux réformateurs pratiques, occupés à améliorer une administration manifestement trop souvent défectueuse.

Après la Révolution les choses changèrent complètement d'aspect. On avait vu avec stupeur : que des bouleversements inouïs avaient pu se produire sans batailles mémorables, analogues à celles qui ont ensanglanté l'empire romain, l'Allemagne et la France après la Réforme, ou même l'Angleterre des Stuarts ; que la tempête s'était bornée aux médiocres exploits de bandes d'émeutiers plus bruyantes que redoutables, organisées par de petites associations de *patriotes*, conduites par des gens indignes de laisser un nom dans les annales de leur pays ; qu'en définitive les destinées du plus puissant Etat moderne peuvent dépendre de misérables coups de main, aussi bien que de véritables guerres civiles. Le peuple, appelé à donner son avis sur de très nombreuses constitutions, qui se rattachent à des principes fort disparates, avait approuvé les yeux fermés tout ce que lui avait présenté le parti dominant. Ainsi la volonté du souverain infaillible s'était trouvée être en fait à la merci de quelques aventuriers, favorisés par des hasards bizarres. — Les troubles, les proscriptions, l'émigration de beaucoup de riches familles n'avaient eu que des inconvénients temporaires ; gouvernée par des parvenus agités, enivrés de leur pouvoir éphémère et toujours prêts à lancer des armées au pillage de l'Europe, la France avait été plus respectée de ses voisins qu'aux années les plus glorieuses de la vieille maison capétienne ; une période d'existence joyeuse, luxueuse et luxurieuse, avait succédé aux angoisses de la Terreur avec tant de ra-

pidité que les épicuriens qui avaient bien connu
l'Ancien Régime, pouvaient se demander si le cata-
clysme révolutionnaire n'avait pas été simplement un
accident, ayant interrompu pour peu de temps la
marche vers le bonheur par suite d'imprudences
commises par des gouvernants aveugles (1). — Contrairement aux appréhensions fort légitimes des
hommes de prétoire, qui avaient redouté que les bases du droit ne fussent ruinées par les mesures pri--
ses en vue de bouleverser l'assiette de la propriété
traditionnelle, il surgit de nouvelles doctrines juridiques bien plus favorables à la propriété que ne
l'avaient été celles des plus célèbres auteurs antérieurs au bouleversement ; la tourmente avait em-
porté le monde dans lequel se transmettait l'idée que
la propriété est, dans une mesure plus ou moins large, une création du législateur ; les acquéreurs de
biens nationaux exigeaient que leur propriété fût
protégée sans réserve par l'idéologie (2).

Petites luttes civiles, crises moins graves en réalité qu'en apparence, progrès matériel et juridique (3), tel fut le bilan de la Révolution. Interpré-
tant ces expériences extraordinaires au point de vue
d'une philosophie des institutions qui correspondît
aux habitudes intellectuelles des manieurs d'abstractions, les rationalistes, laissant de côté tout le mécanisme de l'histoire, dirent que la plèbe française

(1) Cette considération était capitale au xviii° siècle qui
mesurait le degré de civilisation aux aises dont jouissaient
les classes dirigeantes.

(2) Cf. G. Sorel, *Illusions du progrès*, 2° édition, pages
114-120.

(3) J'entends ici par progrès juridique une tendance à
imposer le respect de la propriété à l'Etat.

avait combattu pour faire entrer dans la législation les prncipes de droit naturel que les penseurs les plus considérables de l'Ancien Régime avaient en vain fait connaître aux maîtres de la France royale; l'homme dont parle la Déclaration des droits est évidemment un être symbolique, obtenu par une *diremption* (1) et transformé par des théoriciens peu perspicaces en élément générateur de l'ordre moderne ; une généralisation de ces vues utopiques conduisait tout doucement, à admettre que les forces constituées par les intérêts, les passions et les imaginations de la classe la plus nombreuse et la plus pauvre introduiront violemment, chaque fois que cela sera utile pour le Progrès, dans le corps des règles fondamentales d'une société quelques fragments de systèmes établis en vue d'opposer le beau, le vrai et le juste, tels que les conçoivent les esprits éclairés, aux créations aveugles de l'histoire (2). En conséquence, les personnes qui font profession de donner aux classes dirigeantes des conseils sur les plus sages orientations politiques à adopter, ont enseigné que les vrais grands hommes d'Etat, prévoyant des défaillances chez leurs successeurs (3), opèrent de pro-

1) Cf. G. Sorel, *Réflexions sur la violence,* pages 402-407.

(2) Cette conception est en quelque sorte, un démarquage du providentialisme des théologiens. La psychologie des hommes de 1793 paraissait trop mince aux rationalistes pour qu'on puisse y trouver suivant eux des raisons suffisantes des grandes transformations survenues pendant la Révolution.

(3) Les ministres conservateurs ont eu presque toujours des faiblesses extravagantes aux jours de crise ; les ministres portés au pouvoir par les flots plébéiens défendent leurs places avec une tout autre énergie.

fondes réformes, afin d'éviter à leur pays les ennuis des émeutes, des gouvernements provisoires et des perturbations économiques qui en sont la suite. Les utopistes qui parurent durant la première moitié du xixe siècle, furent inspirés par ces conceptions historiques ; ils pensaient que si la bourgeoisie instruite avait à choisir entre la prévision de troubles révolutionnaires extrêmement vraisemblables et des solutions bien étudiées des problèmes sociaux, elle n'hésiterait pas à faire de grands sacrifices pour concilier l'ordre avec le progrès ; beaucoup de jeunes gens distingués auxquels des études scientifiques avaient inculqué une trop grande confiance dans le rationalisme, se laissèrent séduire par ces créateurs de prétendues sciences.

Il est dans la nature du rationalisme d'éliminer, autant qu'il peut le faire, les puissances psychologiques qu'il rencontre sur son chemin ; il devait donc arriver que l'on fermât souvent les yeux sur les forces plébéiennes, d'ailleurs très faibles, qui avaient bouleversé l'Ancien Régime, pour réduire la Révolution à un triomphe d'une Idée sur les faits historiques ; une gigantesque expérience aurait ainsi montré que les choses reconnues conformes à la raison par les philosophes sont destinées à devenir réelles, au milieu d'accidents qui ne méritent pas de fixer l'attention des rationalistes. Je vais donner deux autres exemples remarquables de cette illusion :

Lorsque la grande production eut commencé à se développer en Angleterre, on reconnut sans peine que la prospérité des manufactures ne dépend point de l'intervention de l'Etat autant que l'avaient cru tant d'habiles ministres, qui avaient été parfois jus-

qu'à traiter l'industrie comme une sorte de service
public ; des écrivains subtils travaillèrent même à
créer une science qui considèrerait les relations de
vendeurs-acheteurs, capitalistes-salariés, prêteurs-dé-
biteurs sur un marché où ne pénétrerait pas de gouvernement; si des moralistes, des juristes, de bons
administrateurs leur ont, maintes fois, reproché de
placer leurs théories en dehors de la réalité historique, en réduisant l'activité humaine aux mesquines
préoccupations de l'*homo œconomicus,* ils n'exami-
nèrent pas sérieusement la légitimité de la *diremption* que suppose la construction de l'économie politique classique. De petits philosophes, dévorés de
l'ambition de passer pour de grands hommes, trans-
formèrent ce symbolisme en une utopie qui devait,
à leurs dires, répandre le bonheur dans le monde (1).
Une vaste littérature a été consacrée à réclamer, au
nom du droit naturel, le libre échange, qui marque
mieux qu'aucune autre mesure aux yeux des masses
la séparation de la production et de l'Etat ; des réformes douanières ont été effectuées seulement dans
les pays où des groupes puissants d'intérêts les ont
imposées aux gouvernements; mais les rationalistes
continuent à crier qu'ils tueront quelque jour l'hydre du protectionnisme, par *raison démonstrative,*
comme le feraient des personnages de Molière.

Durant tout le xix° siècle les hommes qui se van-
tent d'être les fils de 89, ont reproché au catholicisme de chercher à se créer une situation privi-

---

(1) Vilfredo Pareto a fait une excellente critique de
l'*utopie libérale,* dont Bastiat fut le représentant le plus
tapageur : il a montré que la doctrine de « l'harmonie
des intérêts légitimes » est très faible. (*Les systèmes socialistes,* tome II, pages 45-69.)

légiée, incompatible avec les affirmations de la conscience moderne ; les publicistes que l'on nommait
ultramontains, prétendaient se borner à défendre les
libertés nécessaires de l'Eglise ; en fait ils mêlaient à
des systèmes de droit public un symbolisme qui suppose une *diremption*. Les libéraux leur répondi-
rent par une théorie de l'Eglise libre dans l'Etat
libre, qui donnerait, disaient-ils, satisfaction à toutes les exigences du droit naturel (1). Aux Etats-
Unis l'indépendance des confessions a été établie en
vue de rendre plus féconds les enseignements chrétiens grâce à la multiplicité de leurs formes ; mais
la démocratie a chez nous supprimé l'ancienne législation concordataire dans l'espoir de nuire à la
religion ; cela n'empêche pas beaucoup de catholiques instruits de discuter avec leurs adversaires
sur le régime des cultes en employant des arguments
rationalistes, comme si les radicaux se souciaient du
beau, du vrai et du bien !

Les conceptions que Marx s'était formées sur le
socialisme lui avaient été suggérées par le spectacle
de l'industrie anglaise. Il avait observé en Angleterre
une masse ouvrière que l'on pouvait pratiquement
regarder comme déliée de tous les liens de solidarité
que reconnaissaient nécessaires les citoyens dans les
autres pays ; il a pu en conséquence développer lar-

---

(1) Cette théorie a été souvent présentée par des partisans du libre-échange, en sorte qu'elle a contribué à mettre en lumière cette trilogie Etat-Eglise-production, qu'il
est utile de considérer pour comprendre la société moderne. — Il est à remarquer que Cavour était très pénétré
des idées proposées par les économistes défenseurs du
libre-échange.

gement sa thèse de la lutte de classe (1) ; rien n'était plus légitime que de procéder enfin à une *diremption* pour étudier les qualités propres d'un prolétariat militant. Celui-ci ne saurait accomplir la mission que Marx lui attribuait, à moins qu'il n'existe dans son sein une distribution de sentiments assez forts pour amener chacun de ses membres à faire la besogne parcellaire qui, en raison de ses facultés particulières, concourt efficacement à l'œuvre commune ; les socialistes n'ont examiné que d'une manière très insuffisante les conditions qui favorisent ou entravent une telle formation des âmes (2); ils se sont presque toujours contentés de sophismes naïfs qui reviennent à peu près à ceux-ci :

Le régime actuel ne saurait durer, parce qu'il ne résiste pas à une critique sérieuse, fondée sur des considérations relatives au beau, au vrai et au bien ; or on ne découvre point dans la société de forces capables de renverser le capitalisme, en dehors de celles que renferme le monde ouvrier, mis par la grande industrie en conflit incessant avec les patrons ; la raison exige donc que la masse laborieuse forme une entité capable d'exécuter la condamnation prononcée par la critique. Le changement social ne saurait avoir le caractère absolu réclamé par une raison exigeante, si la classe révolutionnaire ne possède pas des qualités lui donnant une constitution beaucoup plus achevée que ne fut celle d'aucune des classes connues ; les chefs du socialisme jugeant qu'il serait

(1) Cf. la conclusion de mon livre *Insegnamenti sociali della economia contemporanea*, dont le texte français a paru dans le *Mouvement socialiste*, juillet 1905.

(2) C'est à l'examen de quelques-unes de ces conditions qu'est consacré mon livre *Réflexions sur la violence*.

au-dessus de leurs forces de réaliser une réforme
morale si profonde, si mystérieuse et si nouvelle (1),
se contentent d'organiser des partis politiques prolétariens, chose assez facile ; le reste viendra à son
heure, par le jeu naturel des cerveaux, quand les politiciens auront suffisamment expliqué à leurs électeurs les lois du développement historique. La théorie marxiste du prolétariat est devenue, entre les
mains des hommes de l'école, une de ces abstractions
que le rationalisme regarde comme étant d'autant
plus certaines, désirables et propres à gouverner l'esprit qu'elles ont rendu plus de services pour la construction de systèmes ; l'homme vraiment éclairé doit,
suivant les rationalistes, régler sa conduite en argu-
mentant sur de telles *super-réalités* et non en considérant les faits avec bon sens ; c'est pourquoi les
socialdémocrates nous crient que l'empirisme ne peut
rien contre leur doctrine qui leur semble indispensable pour donner une sanction aux sentences que le
rationalisme prononce sur l'histoire. Nous voici en
pleine utopie ! (2)

VI

Ce que Marx avait appris de philosophie hégélienne, le prédisposait à chérir les préjugés monistes

(1) Ils évitent de chercher à approfondir les questions
psychologiques, idéologiques et juridiques posées par le
passage de la masse prolétarienne à la classe achevée. Le
rationalisme leur plaît fort parce qu'il se contente de
solutions superficielles.

(2) Le marxisme ayant pris les allures d'une utopie, n'a
pu opposer de résistance bien sérieuse à la renaissance des
utopies qui s'est manifestée dans ces dernières années.

suivant lesquels le génie humain ne saurait se proposer d'ambition plus haute que celle d'introduire la noble discipline de l'unité dans les systèmes de la connaissance, de la volonté ou de l'action ; cependant, d'après ce qu'il a écrit au début du *Manifeste communiste,* aucune explication approfondie de l'histoire n'est possible que si l'on prend pour point de départ le développement des antagonismes qui se sont produits entre des groupes susceptibles de *diremption* (hommes libres et esclaves, patriciens et plébéiens, barons et serfs, maîtres et compagnons, capitalistes et prolétaires); mais il s'enivrait de l'espoir qu'un jour viendrait où la *diremption* serait sans objet. L'Idée, qui suivant Hegel entraîne l'homme vers la raison (1), va, en effet, suivant Marx, achever son œuvre bienfaisante en imposant l'unité, que réclame le rationalisme, là où n'avait régné en-

---

(1) Paraphrasant la *Philosophie de l'histoire* de Hegel, P. Roques écrit : « La raison n'est pas impuissante au point de demeurer simple idéal et de n'exister qu'en dehors de la réalité, on ne sait où, dans le cerveau de quelques hommes; elle est la substance infinie de toute réalité finie. Amaxagoras affirmait que l'esprit, *noûs,* non le hasard, fait marcher le monde... Nous conviendrons cependant qu'il semble absurde d'affirmer que l'histoire manifeste le progrès de la raison. En effet, les ressorts de l'activité humaine sont le besoin, la passion, l'intérêt, presque jamais le désir du bien ; l'égoïsme et la brutalité sont beaucoup plus fréquents chez l'homme que le respect du droit, qui ne s'acquiert que par une longue discipline... Nous ne nierons donc pas [que] les acteurs du grand drame sont surtout lse individus égoïstes et violents, et il faut dire que rien de grand dans le monde ne se fait que par la passion... Mais les intérêts et les passions ne sont au fond que les **moyens** par lesquels les hommes, à leur insu, réalisent l'esprit. » (*Hegel, sa vie et ses œuvres,* pages 271-272.)

core que la pluralité, fruit détestable de nasards, de désirs déréglés et de l'ignorance générale. Marx s'était bien aperçu que ce passage de l'hétérogénéité à l'homogénéité ne rentre pas dans le genre des mouvements que produit un mécanisme de forces antagonistes analogue à ceux qu'il avait prescrit de considérer pour arriver à une pleine intelligence du passé; les transformations résulteront dès lors de causes idéologiques ; la théorie matérialiste de l'histoire n'est bonne que pour les temps que Marx nommait *préhistoriques* (1).

Le *Manifeste* de 1847 suppose que le pouvoir de la bourgeoisie a été renversé par une coalition de jacobins et de prolétaires (2); les vainqueurs, afin de tirer tout le parti possible de leur heureuse campagne, organisent une démocratie qui débute en prenant des mesures de liquidation sociale, dont la nomenclature a été empruntée par Marx et Engels à la littérature de leur temps (3); enfin la classe ouvrière exerçant une action chaque jour plus dominante sur l'Etat, l'idéal de la *Ligue des communistes* entre dans l'histoire des institutions. Ce tableau schématique paraît avoir été présenté volontairement sous une

(1) Dans la préface écrite en 1859 pour la *Critique de l'économie politique*, les temps qui précèdent la chute du régime capitaliste sont ainsi qualifiés.

(2) Ch. ANDLER, *Le manifeste communiste*, tome II, page 135, page 160.

(3) « Ils ont plus tard, dit Ch. Andler, attaché une importance médiocre à ce programme de transition. Il est aisément reconnaissable que les communistes de 1847, qui le leur ont imposé, furent des artisans voisins par leurs idées de la démocratie socialiste [de Ledru-Rollin et de Louis Blanc, Cf., page 135] et par leur condition de la petite bourgeoisie. » (*loc. cit.*, pages 160-161.)

forme énigmatique ; Marx, qui n'était encore qu'un jeune philosophe sans réputation, ne pouvait exprimer sa pensée en toute liberté ; beaucoup des membres de l'association pour laquelle il tenait la plume, estimaient que le régime transitoire de la démocratie pourrait être évité, grâce à une révolution qui serait assez énergiquement conduite pour jeter les travailleurs en plein communisme (1).

La lettre que Marx écrivit en 1875 sur le programme de Gotha, est beaucoup plus instructive que le *Manifeste* de 1847, parce qu'à cette époque Marx était devenu l'auteur illustre du *Capital*, parce qu'un grand parti en Allemagne se réclamait de son enseignement et que le document étant confidentiel, son rédacteur n'avait pas à ménager les opinions des masses autant que s'il eût été public. Là encore Marx admet que le passage au communisme se fera en deux moments. Tout d'abord existe une société fortement empreinte des caractères de l'ancienne, qui règle la répartition des produits en s'inspirant de la théorie marxiste de la valeur. « Dans la phase supérieure de développement de la société communiste, lorsque sera évanouie l'asservissante subordination des individus à la loi de la division du travail et avec elle l'opposition du travail intellectuel et du manuel ; lorsque le travail ne sera plus seulement le moyen de vivre, mais le premier besoin de la vie, que les forces de production iront croissant avec le développement intégral de l'individu et que toutes les sources de la richesse publique couleront à pleins bords, alors, pour la première fois, l'étroit horizon

(1) Ch. ANDLER, *loc. cit.*, page 132, page 134, page 136, page 139.

du droit bourgeois sera dépassé, et la société inscrira sur ses drapeaux : Chacun selon sa capacité ; à chacun selon ses besoins ! » (1). Voilà une accumulation formidable d'hypothèses bien singulières, qui ne sauraient être réalisées à moins que notre psychologie profonde n'éprouve les transformations dont nous allons tracer une esquisse.

L'opposition du travail manuel, réputé servile, et du travail intellectuel, réputé noble, paraîtrait choquante aux personnes sensées si beaucoup d'art se rencontrait dans la pratique des métiers communs qui livrent aujourd'hui des produits étrangers à toute esthétique ; le travail sera le premier besoin de la vie quand on aura pris l'habitude de recourir à des besognes à la fois utiles et esthétiques pour surmonter la douleur, au lieu de demander un oubli fugitif à des distractions (2) ; le développement rapide des forces productives reposera principalement sans doute sur la valeur des motifs esthétiques que feront valoir les promoteurs d'innovations, après que le progrès matériel ne sera plus imposé par les nécessités de la concurrence. Ainsi notre civilisation actuelle qui se soucie fort peu de distinguer le beau du laid, céderait la place à une sorte de Grèce idéalisée, dans laquelle les préoccupations esthétiques seraient très fréquemment décisives. Il y aurait toutefois une différence essentielle entre la manière de vivre célébrée par les anciens et celle de l'ère socialiste ; tandis que les philosophes avaient cru autrefois que les

---

(1) Traduction par Georges Platon dans la *Revue d'économie politique,* septembre-octobre 1894, page 758.

(2) Cf. ce que j'ai écrit dans la préface à *La douleur physique,* de GEORGES CASTEX.

sages doivent se contenter d'une existence modeste, proportionnée aux conditions de l'économie rudimentaire de leur époque, on nous promet un pays de Cocagne (1), qui pourrait comporter, selon beaucoup le socialistes, une libre consommation (2) ; si les hommes de l'avenir choisissent pour régler leurs rapports civils la formule communiste, c'est sans doute que celle-ci est, au jugement de Marx, la plus belle, la plus vraie et la plus juste que l'esprit humain ait jamais conçue (3). Le fondateur du socialisme scientifique espérait que les journaux de la socialdémocratie donneraient aux prolétaires un enseignement capable d'assurer ainsi le triomphe du rationalisme dans un monde hyperhellénique.

Je pense que Marx a dû plus d'une fois établir un rapprochement entre les guerriers de la *République* de Platon et les ouvriers de la grande industrie que le socialisme organise en vue d'une lutte à mort di-

---

(1) Les nouvelles manières de concevoir les rénovations sociales commencent à paraître au temps de la Renaissance ; on voulait alors une vie large ; le féminisme a proposé un rêve plus complet de luxe et de luxure que n'importe quelle autre utopie ; c'est ce caractère qui explique principalement son succès ; il convient de noter que beaucoup de socialdémocrates admirent encore Fourier.

(2) Dans la première édition du *Programme du parti ouvrier,* publiée en 1883, Jules Guesde et Paul Lafargue disaient qu'en décrivant l'abbaye de Thélème « Rabelais [fut] un voyant [qui] a prophétisé la société communiste où nous allons et dans laquelle la surabondance des produits permettra de consommer à volonté » (page 36).

(3) Il est remarquable qu'en 1883 Jules Guesde et Paul Lafargue aient dénoncé cette formule comme reculant « les bornes de l'absurde » ; ils estimaient que les besoins sont trop élastiques pour servir de base à une répartition raisonnée (*op. cit.,* pages 17-18).

rigée contre le régime capitaliste ; il estimait évidemment que les travailleurs modernes, dépourvus
de propriété, privés d'établissement familial (1) et
réduits à un salaire qui interdit toute accumulation
d'argent permettant d'arriver au patronat, sont aussi
bien préparés au communisme qu'auraient pu y être
adaptés les gardiens de la cité platonicienne, auxquels le philosophe a refusé le droit d'avoir des terres, une famille (2) et toute ressource monétaire ;
mais si on abandonne ces analogies abstraites pour
se mettre en présence de la réalité, on s'aperçoit
que le livre de Platon est de nature à décourager les
gens qui, sur la foi de Marx et d'Engels, croient que
l'histoire est en train de préparer le communisme.

a). — J'observe, tout d'abord, que le groupe auquel Platon impose sa loi du communisme, est extrêmement faible ; or Marx a signalé dans le *Capital* que
« de simples changements dans la quantité parvenus à un certain degré amènent des changements
dans la qualité » (3); il résulte de là que si le communisme est bon pour les guerriers platoniciens, il au-

(1) Il me paraît très difficile de savoir exactement ce
que Marx a voulu dire dans la partie du *Manifeste communiste* qui traite de la famille ; le commentaire de Ch.
Andler ne tranche pas les difficultés (*loc. cit.*, pages
150-153) ; je crois que Marx, pensant aux vieilles familles
allemandes, a été surtout frappé de la ruine des forces
conservatrices de traditions morales qu'entraîne la disparition des foyers stables dans l'économie ouvrière moderne.
(2) Au début du livre V, Polémarque dit que les règles
à adopter pour les relations sexuelles dominent toute la
question du communisme. Cette observation est d'une
grande profondeur.
(3) Marx, *Capital*, trad. franç., tome I, page 133, col. 2.

rait bien peu de chances de convenir à l'organisation de nos masses prolétariennes. — Afin que la conscience de ses chevaliers soit toujours absorbée par la contemplation de leur mission militaire (1), Platon interdit qu'on apporte jamais aucune réforme aux disciplines de l'éducation passablement étroite (2) qu'il avait édictées pour eux (Livre IV, 424, b);

(1) Au début du livre IV, Adimante fait observer à Socrate que les gardiens de la cité ne seront pas heureux, puisque, n'ayant pas d'argent, ils ne pourront ni recevoir des hôtes, ni voyager, ni aller chez les courtisanes ; Socrate répond qu'une bonne éducation pourra les amener à se trouver heureux et, qu'au surplus, il ne s'agit pas du bonheur de quelques hommes, mais du bonheur de l'Etat. On a pu comparer ces guerriers aux moines qui, suivant la croyance catholique, protègent les pays où ils sont établis, par leur pratique de la vie chrétienne. Ainsi, il y a une différence essentielle entre le communisme de la *République* et ceux qu'on a observés chez certains peuples non civilisés ; le plus célèbre de ces communismes a été celui des Arioï, prêtres et acteurs, qui formaient une sorte de franc-maçonnerie à Taïti, entretenus par les villages où ils demeuraient et ayant des femmes communes (ELISÉE RECLUS, *Nouvelle géographie universelle,* tome XIV, pages 918-919) ; — Cf., une institution de célibataires achetant des jeunes filles pour l'usage commun aux îles Palaos (page 592).

(2) Aux livres II et III, Platon parle presque comme un précurseur de Mgr Gaume, qui, au milieu du XIX° siècle, déclama contre le *ver rongeur* de la littérature païenne. Il signale le venin des vieilles poésies grecques qui ont mal compris le rôle des dieux, les destinées posthumes de l'homme et la vertu. La tragédie et la comédie doivent être proscrites, parce que ces arts imitatifs sont propres à faire naître de fâcheuses tendances de l'âme chez les citoyens que le théâtre incite à imiter des personnages que méprise la philosophie ; il ne faudrait représenter que des êtres admirables, comme dans les pièces des collèges de

dans nos sociétés industrielles où les besognes de la production prennent aux hommes utiles (1) beaucoup plus de temps que leur activité sociale, le progrès matériel exige que des individualités très marquées portent leurs initiatives arbitraires dans les régions qui semblent le mieux acquises à l'ordre ; ainsi manque dans les pays en voie de grand développement le bloc psychologique de la soumission, de l'uniformité et de l'immobilité qui dans le monde platonicien était si favorable au communisme. — Bien loin de croire que le mouvement naturel des sociétés dût faire apparaître sa citée idéale, Platon enseigne qu'elle devrait fatalement aboutir aux formes politiques connues de l'oligarchie, de la démocratie et de la tyrannie, si elle était abandonnée au jeu des tempéraments que l'on observe dans le monde réel.

b). — Il semble que Platon se soit plu à montrer l'invraisemblance de son utopie (2). Par exemple, il affirme qu'elle ne saurait fonctionner si elle n'a à sa tête des philosophes ; et quels philosophes ! des hommes qui, après avoir acquis les éléments de sciences enseignés dans les écoles du temps, s'élèvent jusqu'à la connaissance des essences (livre V, 480, a et livre

(1) Il est évident que l'émancipation du prolétariat, dont parle Marx, doit être opérée par des hommes qui prennent une part sérieuse à la production, puisqu'elle·doit être l'œuvre des travailleurs eux-mêmes et non celle de politiciens ; la socialdémocratie a bien soumis en fait les travailleurs à des politiciens ; mais je raisonne ici sur la théorie philosophique.

(2) Je crois même que plus d'une fois Platon a dirigé l'arme de l'ironie, qu'il maniait avec un art supérieur, contre les gens qui seraient tentés de prendre pour des programmes législatifs les fantaisies communistes.

VI, 484, c-d); l'explication qu'il donne est tellement obscure qu'on a pu l'accuser de galimatias (1) ; il s'agissait évidemment de ces énigmes pythagoriciennes que nous pouvons nous consoler de ne pas savoir résoudre, parce que leur solution serait absolument inutile (2). — Les magistrats, à l'imitation des propriétaires de chiens de chasse qui choisissent avec grand soin leurs reproducteurs (459, a), accoupleront les hommes et les femmes de la manière la plus favorable à la beauté de la race (459 d-460 b); cela suppose que ces chefs de l'Etat connaîtraient ce qu'on nomme aujourd'hui les lois de l'eugénique ; mais tous les travaux des naturalistes modernes montrent qu'on n'obtiendra jamais que des règles très incertaines pour régler les croisements. — Puis voici quelque chose de plus extraordinaire encore : la décadence de l'ordre parfait créé par Platon commen-

(1) Vilfredo Pareto, *Les systèmes socialistes,* tome II, page 7.

(2) Platon se réfère expressément aux opinions pythagoriciennes à propos de l'astronomie et de la musique ; l'une se rapporte aux harmonies de la vue et l'autre aux harmonies de l'oreille (livre VII, 530, d) ; dans les deux cas l'observation ne peut fournir que des résultats bien inférieurs à ce qu'exige la raison ; les astronomes, qui se contentent de l'empirisme, ressemblent à des géomètres qui, en présence de dessins exécutés par un artiste très habile, espèreraient découvrir dans leur examen ce que sont en vérité les rapports d'égal à égal, de double ou de tout autre proportion (529, e) ; les musiciens sont aussi ridicules que ces observateurs du ciel, quand ils torturent les cordes de leurs instruments pour arriver à faire une étude expérimentale des nombres qui caractérisent les intervalles, sans s'élever au problème d'examiner quels sont les nombres consonnants ou non et d'où viennent ces propriétés (531, b-c). Cette science supérieure est l'arithmétique mystique des pythagoriciens.

cera quand quelques erreurs auront été commises
dans le choix des époques propices à la bonne génération (livre VIII, 543, b). En subordonnant la prospérité de sa république à tant de conditions mystérieuses, il a voulu nous faire comprendre que nous
commettrions une grosse erreur, si nous prenions
pour un projet de législation une fantaisie qu'il avait
imaginée pour avoir le moyen d'exposer, dans des
conditions particulièrement commodes, ses idées sur
la bonne conduite, sur l'éducation et sur les psycho-
logies qui correspondent aux divers régimes politiques.

c). — Si, au lieu d'être un des plus habiles écrivains de la prose grecque, Platon avait été un pur
rationaliste, il aurait supprimé de ses expositions
toutes les apparences pluralistes qui, en conservant à
son invention une certaine vie, lui donnent une vrai-
semblance analogue à celle d'un roman, pour ne
conserver qu'un monisme abstrait. On aurait vu clairement alors que cette cité platonicienne n'est pas
une véritable société, pleine de variétés, mais une
agglomération de personnages tous identiques (1).

(1) Aristote prend contre Platon le parti du pluralisme:
« Naturellement, la cité est fort multiple; mais si elle
prétend à l'unité, de cité elle devient famille, de famille
individu; car la famille a bien plus d'unité que la cité et
l'individu bien plus encore que la famille ». (*Politique,*
livre II, chapitre II, 4.) Proudhon écrit : « On ne conçoit pas pourquoi en Icarie il existerait plus d'un homme,
plus d'un couple... A quoi bon cette répétition interminable
de marionnettes, taillées et habillées de la même manière ?
La nature... qui, en se répétant, ne fait jamais deux fois la
même chose, fait naître, pour produire l'être progressif et
prévoyant, des millions de milliards d'individus divers...
Le communisme impose des bornes à cette variété de la
nature. » (*Contradictions économiques,* chap. XII, § 9.)

Dans une telle construction les actes etant grossis d'une manière indéterminée, le philosophe a le droit de dire que le juste et l'injuste sont plus faciles à discerner dans sa cité que dans l'individu (livre II, 368 e-369 a) (1).

Cette réduction de la société à une répétition d'un type, a une très grande importance pour l'histoire des idées communistes. Les gens qui ont échoué dans leurs entreprises, aiment à se figurer que leurs malheurs sont dus uniquement à la malice de leurs contemporains ; ils s'imaginent, en conséquence, qu'ils atteindraient infailliblement les fins qu'ils poursuivent, s'ils trouvaient autour d'eux des sympathies, au lieu de se heurter à des concurrences ; aussi aspirent-ils souvent au communisme qui, devant transformer tous les hommes en reproductions du sujet pensant, leur promet le pouvoir de créer l'avenir suivant les vues de leur intelligence (2). — Le communisme convient beaucoup aux âmes tendres, aux cœurs ulcérés, à tous ceux qui redoutent la solitude,

---

(1) A la fin du livre IX, Glaucon dit que l'Etat platonicien n'existe que dans les discours des philosophes et non sur la terre ; Socrate répond qu'il en existe du moins probablement un modèle dans le ciel, que l'on consultera pour apprendre à bien régler sa conduite (592, *a-b*).

(2) Dans le livre qu'il a écrit pour réfuter Dühring, Engels a identifié son idéal communiste avec le monisme social d'une façon qui ne peut laisser place à aucune difficulté d'interprétation. Dans la société future, il n'y aura plus cette anarchie des volontés qui donne aux phénomènes économiques une allure générale analogue à celle de phénomènes naturels, réglés par la nécessité; plus de causes particulières venant se heurter; plus de hasard; tout est soumis à une raison unique. (*Philosophie, économie politique, socialisme,* trad. franç., pages 364-365) ; le monde se réduit à un seul homme ; — à Engels.

parce que leurs états sentimentaux seraient répétés autour d'eux, ce qui apporterait beaucoup de soulagement à leurs peines. — Enfin une satisfaction immense enivre l'individu qui rêve à devenir le centre du monde ; l'expérience montre qu'il faut avoir l'esprit solidement ancré dans la pratiqué pour être complètement à l'abri de cette tentation d'orgueil ; les travailleurs modernes dont l'initiative est fort réduite par le régime capitaliste, sont très sensibles à ce mirage impérial que leur fait apparaître le communisme. Ces raisons expliquent pourquoi les politiciens peuvent trouver tant de ressources précieuses dans la littérature communiste ; plus d'une fois des sophistes ont su conduire sur des voies opportunistes des ouvriers de tempérament révolutionnaire en hurlant l'amour passionné qu'ils prétendaient éprouver pour le communisme (1). Il eût été impossible à Marx d'émettre le moindre doute sur le communisme futur, bien qu'il n'eût probablement pas une grande foi dans ce qu'enseignait son parti (2).

VII

Il me semble utile de mettre sous les yeux du lecteur, à la fin de cette introduction, quelques ré-

(1) Lorsqu'après le congrès de Saint-Etienne, en 1882, il se produisit une scission dans le parti socialiste français, les *possibilistes*, qui préludaient à la politique adoptée aujourd'hui par les parlementaires socialistes, reprochaient aux *guesdistes* de ne pas être assez révolutionnaires et reprenaient les formules communistes pour « maximer » les revendications du prolétariat (JULES GUESDE et PAUL LAFARGUE, *op. cit.*, pages 17 et 18.)

(2) J'ai émis des doutes sur le communisme de Marx

flexions que Benedetto Croce a émises, au commencement de 1911, sur les résultats produits par le marxisme. « Je ne crois pas, disait l'illustre philosophe italien, que l'on puisse attribuer une médiocre valeur aux effets suivants : l'abandon définitif du socialisme égalitaire et optimiste, devenu ridicule ; le concours que le socialisme moderne et *historiciste* a donné et donne aux partis qui ont lutté contre toute tentative de réaction, notamment en contribuant, depuis plusieurs dizaines d'années, à empêcher les guerres européennes ; la législation du travail, les améliorations réalisées dans les conditions matérielles de la classe ouvrière et un certain relèvement intellectuel de celle-ci qui se traduit par un sens plus concret de la réalité sociale, aujourd'hui répandu partout. Dans le domaine intellectuel il a participé au réveil philosophique et à l'élimination des niaiseries positivistes, il a rendu plus fortes les études et la culture économiques ; il a indiqué de nouvelles manières de considérer l'histoire. Voici quelques-uns des dons que le socialisme a faits à la civilisation moderne. » (1). Tous les hommes qui ont pris une part à une œuvre si notable, peuvent s'endormir avec la conscience d'une vie utilement employée.

Juillet 1914.

POST-SCRIPTUM

Ce livre a été seulement imprimé en 1918 ; la guerre a posé des problèmes nouveaux que je n'ose-

dès 1900 (*Revue internationale de sociologie*, mai 1900, pages 362-363.)
(1) BENEDETTO CROCE, *Cultura e vita morale*, page 178.

raîs pas aborder en ce moment ; un seul point semble acquis : c'est que la victoire de l'Entente a été un triomphe pour la ploutocratie démagogique (1). Celle-ci veut achever son œuvre en supprimant les *bolcheviks* qui lui font peur ; ses forces militaires sont largement suffisantes pour exécuter cette opération ; mais que gagneront les ploutocraties à l'extermination des révolutionnaires russes ? Est-ce que le sang des martyrs ne serait pas, une fois de plus, fécond ? Il ne faut pas oublier que sans les massacres de juin 1848 et de mai 1871 le socialisme aurait eu bien de la peine à faire accepter en France le principe de la lutte de classe. La sanglante leçon de choses qui se produira en Russie fera sentir à tous les ouvriers qu'il y a une contradiction entre la démocratie et la mission du prolétariat ; l'idée de constituer un gouvernement de producteurs ne périra pas ; le cri : « Mort aux Intellectuels », si souvent reproché aux *bolcheviks* finira peut-être par s'imposer aux travailleurs du monde entier. Il faut être aveugle pour ne pas voir que la révolution russe est l'aurore d'une ère nouvelle.

(1) La défaite de l'Allemagne marque-t-elle la fin de l'aristocratie féodale de la vieille Prusse ou celle de la bourgeoisie libérale ? Je serais tenté de penser que cette seconde hypothèse est plus vraisemblable que la première.

PREMIÈRE PARTIE

AVENIR SOCIALISTE
DES SYNDICATS ET ANNEXES

AVERTISSEMENT

L'*Avenir socialiste des syndicats* a d'abord paru dans la revue *Humanité nouvelle* (mars et avril 1898). Il a été imprimé en brochure à la fin de 1900 avec une préface et des notes finales assez étendues ; j'avais supprimé une digression relative au matérialisme historique, qui me paraissait inutile et qu'on ne trouvera pas non plus ici. En 1905 j'écrivis une nouvelle préface et de nouvelles notes pour une édition italienne dont l'exécution a été abandonnée ; ces textes sont reproduits dans le présent volume. Je m'étais mis en 1905 à composer les *Réflexions sur la violence* que le *Mouvement socialiste* donna durant le premier semestre de 1906. Il me sembla longtemps qu'il ne convenait pas de remettre dans le commerce un opuscule dont les idées directrices pouvaient paraître plus d'une fois ne pas s'accorder facilement avec les idées directrices d'un livre qui occupe une place capitale dans mon œuvre. En 1910, en ajoutant un appendice à ma deuxième édition des *Réflexions sur la violence,* je m'aperçus que, pour bien comprendre l'histoire du prolétariat moderne, il faut se placer à un point de vue *pluraliste ;* dès lors l'*Avenir socialiste des syndicats* devenait susceptible d'être rattaché à l'ensemble de mes recherches; mais les doctrines *pluralistes* n'étant reçues jusqu'ici que par de très rares philosophes (1), je ne me serais pas décidé à reproduire cet essai si je n'avais décidé de former un recueil destiné aux gens capables de suivre facilement des spéculations. Il ne m'aurait pas été très difficile de corriger l'ancienne rédaction de manière à la faire entrer dans ma conception *pluraliste,* en même temps que les *Réflexions sur la violence;* mais je n'ai pas cru devoir le faire par scrupule littéraire; peut-être d'ailleurs les philosophes spéculatifs jugeront-ils que j'ai adopté le parti qui est le plus propre à suggérer aux lecteurs avertis d'utiles sujets de méditation (2).

(1) Parmi ces très rares philosophes se trouve William James.
(2) Estimant que je pouvais me donner dans les notes une liberté que je me refusais pour la révision du texte, j'ai pu signaler dans les notes, les remarquables analogies qui existent entre le rôle des syndicats et celui des personnages que Le Play nommait des *autorités sociales.* Je n'ai discerné ces analogies que très récemment.

Préface de 1905 [1]

Je me suis souvent demandé si je ne ferais pas bien de reprendre les questions que j'avais traitées, d'une manière trop brève ou trop superficielle, dans l'*Avenir socialiste des syndicats*, — en profitant des expériences qui se sont produites depuis 1897 et des connaissances plus étendues que j'ai acquises sur les principes du socialisme, — de manière à donner un exposé plus clair, plus méthodique, plus approfondi du mouvement syndical. J'ai toujours été arrêté par l'extraordinaire ampleur des problèmes qui se posaient devant moi, dès que je me mettais à réfléchir sur ces sujets ; d'un autre côté, ces dernières années ont été singulièrement riches en faits imprévus, qui sont venus rendre vaines les synthèses qui semblaient être les mieux établies. Quand on croit avoir trouvé un système qui embrasse convenablement les constatations jugées les plus importantes, une étude plus détaillée ou un incident forcent à tout abandonner.

Nous ne sommes pas en présence de phénomènes appartenant à des genres classiques, de phénomènes que tout travailleur sérieux peut se flatter de pouvoir observer correctement, définir avec exactitude, expliquer d'une manière satisfaisante, en utilisant des principes acceptés dans la science. Les principes manquent ici d'une manière complète ; il est, par suite, impossible d'arriver à décrire avec précision

(1) Cette préface a paru dans le *Mouvement socialiste* de novembre 1905.

et clarté ; parfois même, il faut redouter d'apporter une trop grande rigueur dans le langage, parce qu'elle serait en contradiction avec le caractère fluent de la réalité et qu'ainsi le langage serait trompeur. On doit procéder par tâtonnements, essayer des hypothèses vraisemblables et partielles se contenter d'approximations provisoires, de manière à laisser toujours la porte ouverte à des corrections progressives.

Cette impuissance relative doit paraître bien méprisable aux grands seigneurs de la sociologie, qui fabriquent, sans la moindre fatigue, de vastes synthèses embrassant une pseudo-histoire du passé et un futur chimérique ; mais le socialisme est plus modeste que la sociologie.

Ma brochure est un de ces tâtonnements. Lorsque je l'écrivais, en 1897, j'étais bien loin de savoir tout ce que je sais aujourd'hui; je me proposais, d'ailleurs, un but assez restreint : appeler l'attention des socialistes sur le grand rôle que les syndicats pouvaient être appelés à jouer dans le monde moderne. Je voyais qu'il y avait beaucoup de préjugés contre le mouvement syndical et je croyais que cette étude contribuerait à en dissiper quelques-uns ; je devais, pour atteindre mon but, effleurer beaucoup de questions plutôt qu'en approfondir aucune.

A cette époque, l'idée de la grève générale était odieuse au plus grand nombre des chefs socialistes français; je crus prudent de supprimer un chapitre que j'avais consacré à montrer l'importance de cette conception. Depuis ce temps, de grands changements se sont produits : en 1900, quand je donnai une réédition de mon article, la grève générale n'était déjà plus considérée comme une simple insanité anarchiste ; aujourd'hui, elle est soutenue par le groupe du *Mouvement socialiste*. Plus d'une fois, Jaurès a laissé entendre qu'il était favorable à cette manière de concevoir la révolution (1) ; cela s'est produit quand il a eu besoin de l'appui des syndicalistes ; mais il a ensuite répudié cette *utopie,* qui ne convient guère aux riches commanditaires de son journal, aux dreyfusards de la Bourse et aux comtesses socialistes. Ce qui doit attirer notre attention, c'est que Lagardelle et Berth, qui ne le cèdent à personne dans le monde socialiste pour le talent, le savoir et le dévouement, sont arrivés, par l'observation et la réflexion, à défendre la grève générale ; par là ils sont devenus en France les représentants les plus autorisés du syndicalisme révolutionnaire.

Le moment n'est peut-être pas éloigné où l'on ne trouvera pas de meilleur moyen de définir le socialisme que par la grève générale; alors il apparaîtra clairement que toute étude socialiste doit porter sur les directions et les qualités du mouvement syndical.

Trois propriétés importantes sont à relever dans la thèse de la grève générale :

1° Tout d'abord, elle exprime, d'une manière infiniment claire, que *le temps des révolutions de politiciens est fini* et qu'ainsi le prolétariat refuse de laisser se constituer de nouvelles hiérarchies. Cette formule ne sait rien des droits de l'homme, de la justice absolue, des constitutions politiques et des parlements; elle ne nie pas seulement le gouverne-

---

(1) Au Congrès de Paris, en 1900, il avait voté en faveur de la motion favorable à la grève générale, d'après le compte rendu analytique officiel : d'après la sténographie, il se serait abstenu.

ment de la bourgeoisie capitaliste, mais encore toute hiérarchie plus ou moins analogue à la hiérarchie bourgeoise. Les partisans de la grève générale entendent faire disparaître tout ce qui avait préoccupé les anciens libéraux : l'éloquence des tribuns, le maniement de l'opinion publique, les combinaisons de partis politiques. Ce serait le monde renversé, mais le socialisme n'a-t-il pas affirmé qu'il entendait créer une société toute nouvelle ? Plus d'un écrivain socialiste, trop nourri des traditions de la bourgeoisie, ne parvient cependant point à comprendre une telle *folie anarchiste ;* il se demande ce qui pourrait succéder à la grève générale : il n'y aurait de possible qu'une société organisée suivant le plan même de la production, c'est-à-dire la véritable société socialiste.

2° Kautsky affirme que le capitalisme ne peut être aboli fragmentairement et que le socialisme ne peut se réaliser par étapes. Cette thèse est inintelligible quand on pratique le socialisme parlementaire : en effet, quand un parti entre dans une assemblée délibérante, c'est avec l'espoir d'obtenir des concessions de ses adversaires ; et l'expérience montre qu'en effet il en obtient. Toute politique électorale est évolutionniste, en admettant même que, très souvent, elle n'oblige pas à anathématiser le principe de la lutte de classe. La grève générale est une manière d'exprimer la thèse de Kautsky d'une manière concrète ; jusqu'ici on n'a donné aucune formule qui puisse remplir le même office.

3° La grève générale n'est point née de réflexions profondes sur la philosophie de l'histoire ; elle est issue de la pratique. Les grèves ne seraient que des incidents économiques d'une assez faible portée so-

ciale, si les révolutionnaires n'intervenaient pour en
changer le caractère et en faire des épisodes de la
lutte sociale. Chaque grève, si locale qu'elle soit, est
une escarmouche dans la grande bataille qu'on nomme la grève générale. Les associations d'idées sont
ici tellement simples qu'il suffit de les indiquer aux
ouvriers en grève pour faire d'eux des socialistes.
Maintenir l'idée de guerre paraît aujourd'hui plus
nécessaire que jamais, alors que tant d'efforts sont
tentés pour opposer au socialisme la paix sociale

Les écrivains bourgeois, habitués à cataloguer les
écoles philosophiques et religieuses au moyen de
quelques brèves formules, attachent une importance
majeure aux axiomes qu'on lit en tête des programmes socialistes. Souvent ils ont pensé qu'en criti-
quant ces obscures déclarations et montrant qu'elles
sont vides de sens, ils réduiraient le socialisme à
néant ; l'expérience a montré que cette méthode ne
mène à rien et que le socialisme est indépendant des
prétendus principes définis par ses théoriciens officiels. Je serais tenté de comparer ceux-ci aux théologiens : un savant catholique, Edouard Le Roy, se
demande si les dogmes de sa religion fournissent
aucune connaissance positive sur quoi que ce soit (1);
ils ont été promulgués pour condamner certaines hé-
résies, et il semble qu'on aurait obtenu beaucoup plus
de clarté si l'on s'était borné à de simples négations.
Les congrès socialistes feraient bien, eux aussi, de
dire qu'ils rejettent certaines tendances qui se mani-

(1) E. LE ROY. *Dogme et critique*, page 19. — Cette opinion avait été d'abord exprimée dans un article de la *Quinzaine,* intitulé : *Qu'est-ce qu'un dogme ?* du 15 avril 1905.

festent dans les partis ; s'ils adoptent un autre système, c'est que leurs axiomes sont tellement vagues que toutes les fractions peuvent les accepter en faisant quelques restrictions mentales.

On affirme souvent qu'il faut organiser le prolétariat sur le terrain politique et le terrain économique, pour conquérir le pouvoir, en vue de remplacer la société capitaliste par une société communiste ou collectiviste. Voilà une formule magnifique et mystérieuse, que l'on peut entendre de bien des manières; mais de toutes les interprétations la suivante est la plus simple : provoquer la formation d'associations ouvrières propres à créer l'agitation contre les patrons, se faire l'avocat des ouvriers quand ils sont en grève et peser sur les administrations publiques pour qu'elles interviennent en faveur des ouvriers,, se faire nommer député avec l'appui des syndicats (1) et user de son influence soit pour faire obtenir quelques avantages aux électeurs ouvriers, soit pour faire obtenir des places à certains hommes influents du monde ouvrier (2), enfin lancer, de temps à autre, quelque ronflant discours sur les beautés de la société future. Cette politique est à la portée de tous les ambitieux et n'exige nullement que l'on entende rien au socialisme pour la pratiquer : c'est celle d'Auga-

(1) Dans le *Socialiste* du 14 septembre 1902, on se plaint de ce que le secrétaire du syndicat des chemins de fer et les personnages les plus marquants de cette association aient marché, durant les élections, pour les candidats gouvernementaux.

(2) Dans le *Socialiste* du 24 février 1901, on voit que le secrétaire de la Bourse du Travail de Limoges a été nommé, grâce à la protection de Millerand, à un emploi dans les finances rapportant 5.700 francs par an.

gneur et des autres députés socialistes qui n'ont pas voulu rester dans le parti socialiste.

Je suis d'avis qu'il n'y a point lieu d'attacher la moindre importance à toute cette littérature. Les chefs officiels du parti socialiste ressemblent, trop souvent, à des marins d'eau douce que le hasard aurait lancés sur la grande mer et qui navigueraient sans savoir trouver leur route sur une carte, reconnaître les repères et prendre des précautions contre les tempêtes. Tandis que ces prétendus chefs méditent sur la rédaction d'axiomes nouveaux, accumulent vanité sur vanité et croient imposer leur pensée au mouvement prolétarien, ils sont surpris par des événements auxquels s'attendent tous les gens qui vivent en dehors de leurs conciliabules savants, et ils restent stupéfaits devant le moindre incident parlementaire (1).

Tandis que les théoriciens officiels du socialisme se montraient ainsi impuissants, des hommes ardents, animés d'un sentiment prodigieusement fort de liberté, aussi riches en dévouement pour le prolétariat que pauvres en formules scolastiques, puisant dans *la pratique des grèves* une conception très claire de la lutte de classe, lançaient le socialisme dans la voie nouvelle qu'il commence à parcourir aujourd'hui (2). Le syndicalisme révolutionnaire

(1) Rien n'égale la naïveté de nos socialistes s'imaginant que Millerand n'accepterait un portefeuille ministériel qu'après la révolution sociale, alors que tout le monde, à la Chambre, savait qu'il courait après un ministère.

(2) A cette renaissance du socialisme restera attaché en France le nom de Fernand Pelloutier, qui a eu une si grande part dans l'organisation des Bourses du Travail et

trouble les conceptions que l'on avait mûrement élaborées dans le silence du cabinet ; il marche, en
effet, au hasard des circonstances, sans souci de se
soumettre à une dogmatique, engageant plus d'une
fois ses forces dans des voies que condamnent les
sages. Spectacle décourageant pour les nobles âmes
qui croient à la souveraineté de la Science dans
l'ordre moderne, qui attendent la révolution d'un
effort puissant de la Pensée, qui s'imaginent que
l'Idée mène le monde depuis que celui-ci est éman-
cipé de l'obscurantisme clérical.

Il est probable qu'il y a beaucoup de forces per-
dues par suite de cette tactique, qui, suivant certains
Intellectuels, mérite le nom de barbare, mais il y a
aussi beaucoup de travail utile produit ; l'expérience
le prouve surabondamment, la révolution n'a pas le
secret de l'avenir et elle procède comme le capitalisme, se précipitant sur tous les débouchés qui lui
sont offerts.

Le capitalisme n'a pas mal réussi dans ce qu'on
a appelé son aveuglement et sa folie : si la bourgeoisie avait écouté les hommes pratiques, savants et moraux, elle aurait eu horreur du désordre qu'elle créait
par son activité industrielle, elle aurait demandé à
l'Etat d'exercer un pouvoir modérateur, elle se serait
traînée dans une ornière conservatrice. Marx a décrit en termes magnifiques l'œuvre prodigieuse qui
a été réalisée sans plan, sans chef et sans raison :

qui est mort avant d'avoir vu le résultat de l'œuvre à
laquelle il s'était donné corps et âme. Pour beaucoup de
nos *socialistes officiels,* Pelloutier fut seulement un obscur
journaliste, tant ils ignorent la vérité sur le mouvement
ouvrier ! Le pauvre et dévoué serviteur du **prolétariat est**
mort au commencement de 1901.

« Elle a, comme personne ne l'avait fait avant elle, montré de quoi est capable l'activité humaine. Elle a réalisé de tout autres merveilles que les pyramides d'Egypte, les aqueducs romains et les cathédrales gothiques ; elle a accompli de tout autres campagnes qu'invasions et que croisades. » (1).

La bourgeoisie a opéré révolutionnairement, et contrairement à toutes les idées que les sociologues se font d'une activité puissante et capable d'aboutir à de grands résultats. La révolution a été fondée sur la transformation des instruments de production, faite au hasard des initiatives individuelles ; on pourrait dire qu'elle a opéré suivant un mode *matérialiste*, puisqu'elle n'a jamais été dirigée par l'idée des moyens à employer pour réaliser la grandeur d'une classe ou d'un pays. Pourquoi le prolétariat ne pourrait-il pas suivre la même voie et marcher de l'avant sans s'imposer aucun plan idéal ? Les capitalistes, dans leur fureur novatrice, ne s'occupaient nullement des intérêts généraux de leur classe ou de leur patrie ; chacun d'eux ne considérait que le plus grand profit immédiat. Pourquoi les syndicats subordonneraient-ils leurs revendications à de hautes vues d'économie nationale et ne pousseraient-ils pas à fond leurs avantages quand les circonstances leur sont favorables ? La puissance et la richesse de la bourgeoisie furent basées sur l'autonomie des directeurs d'entreprise. Pourquoi la force révolutionnaire du prolétariat ne serait-elle pas basée sur l'autonomie des révoltes ouvrières ?

C'est bien, en effet, de cette manière *matérialiste*, et en quelque sorte calquée sur la pratique du capi-

(1) CH. ANDLER, *Le manifeste communiste*, tome I, page 24.

talisme, que le syndicalisme révolutionnaire conçoit son rôle. Il tire parti de la lutte de classe, comme le capitalisme avait tiré parti de la concurrence, poussé par un *instinct* puissant de produire le plus d'action que permettent les conditions matérielles. Les gens qui se piquent de science sociale et de philosophie historique, se montrent fort défiants en voyant se manifester des instincts aussi indisciplinés ; ils se demandent, avec une inquiétude parfois comique, où mènera une telle barbarie ; ils se préoccupent de prévoir les règles que le prolétariat devra adopter quand les forces diffuses de la révolution se concentreront, s'organiseront et auront besoin d'organes régulateurs. Il y a dans toute cette attitude des doctes, beaucoup d'ignorance.

Je n'ai pas besoin de rappeler aux compatriotes de Vico ce que ce grand génie a écrit sur les conditions au milieu desquelles se produisent les *ricorsi* (1) : ils ont lieu quand l'âme populaire revient à des états primitifs, que tout est instinctif, créateur et poétique dans la société. Vico trouvait dans le haut Moyen Age l'illustration la plus certaine de sa théorie ; les débuts du christianisme seraient incompréhensibles si l'on ne supposait, chez des disciples enthousiastes, un état tout à fait analogue à celui des civilisations archaïques ; le socialisme ne peut prétendre renouveler le monde s'il ne se forme pas de la même manière.

Ne nous étonnons donc pas de voir les théories so-

---

(1) J'ai publié dans le *Devenir social,* aux mois d'octobre, novembre et décembre 1896, une *Etude sur Vico,* qui m'a été extrêmement utile pour mes travaux postérieurs.

cialistes s'évanouir les unes après les autres, se montrer si débiles alors que le mouvement prolétarien est si fort ; il n'y a qu'un lien tout artificiel entre ces deux choses. Les théories sont nées de la réflexion bourgeoise (1); elles se présentent, d'ailleurs, comme des perfectionnements de philosophies éthiques ou historiques élaborées dans une société qui est parvenue, depuis longtemps, aux degrés les plus élevés de l'intellectualisme ; ces théories naissent donc déjà vieilles et décrépites. Parfois, elles donnent l'illusion d'une réalité qui leur manque, parce qu'elles expriment, avec bonheur, un sentiment qui a été accidentellement joint au mouvement ouvrier; elles s'effondrent dès que cet accident disparaît. Le syndicalisme révolutionnaire, qui n'emprunte rien à la pensée bourgeoise, a, au contraire, l'avenir ouvert devant lui.

Le syndicalisme révolutionnaire réalise, à l'heure actuelle, ce qu'il y a de vraiment vrai dans le marxisme, de puissamment original, de supérieur à toutes les formules : à savoir que la lutte de classe est l'alpha et l'oméga du socialisme, — qu'elle n'est pas un concept sociologique à l'usage des savants, mais l'aspect idéologique d'une guerre sociale poursuivie par le prolétariat contre l'ensemble des chefs d'industrie, — que le syndicat est l'instrument de la guerre sociale.

Avec le temps, le socialisme subira l'évolution que lui imposent les lois de Vico : il devra s'élever au-dessus de l'instinct et on peut dire même que cela est déjà commencé ; le marxisme rajeuni et approfondi que défendent en France Lagardelle et Berth,

(1) J'excepte ici ce qu'il y a d'essentiel dans le marxisme.

en Italie de valeureux écrivains, au milieu desquels brille Arturo Labriola, est déjà le produit d'une telle évolution ; mais la sagesse et la profonde intelligence de ces jeunes marxistes éclatent en ce qu'ils ne prétendent point devancer le cours de l'histoire et qu'ils cherchent à comprendre les choses au fur et à mesure qu'elles se produisent.

Je voudrais maintenant appeler, très brièvement, l'attention sur quelques-unes des plus graves difficultés que présente le syndicalisme révolutionnaire.

a) Nous sommes partis de cette idée que le syndicalisme poursuit une guerre sociale ; mais on objecte que la guerre ne saurait être regardée, à l'heure actuelle, comme le régime normal de peuples civilisés ; elle n'est qu'un incident et tous les efforts des gens raisonnables tendent à rendre cet incident plus rare et moins terrible ; pourquoi ne pas introduire l'action diplomatique dans la guerre sociale, en vue de réaliser la paix ?

Il y a une grande différence entre la guerre des Etats et celle des classes ; aucune puissance ne prétend plus à la monarchie universelle ; chacune fonde sa politique sur un idéal d'équilibre ; les conflits deviennent ainsi fort limités, et la paix peut résulter de concessions réciproques ; — le prolétariat, au contraire, poursuit la ruine complète de ses adversaires ; et, toute notion d'équilibre étant détruite par la propagande socialiste, les grèves ne peuvent aboutir à une vraie paix sociale.

Lorsque les syndicats deviennent très grands, il leur arrive la même chose qu'aux Etats : les fléaux de la guerre deviennent alors énormes et les dirigeants hésitent à se lancer dans des aventures. Maintes fois, les défenseurs de la paix sociale ont émis le vœu que les organisations ouvrières deviennent assez puissantes pour être *condamnées à la sagesse*. De même qu'entre les Etats il y a parfois des guerres de tarifs, mais que l'on aboutit généralement à conclure des traités de commerce, — de même, des accords entre de grandes fédérations patronales et ouvrières pourraient mettre fin à des conflits sans cesse renaissants. Ces accords, de même que les traités de commerce, tendraient à la prospérité commune des deux groupes, en sacrifiant quelques intérêts locaux. En même temps qu'elles deviennent sages, les fédérations ouvrières très étendues en viennent à considérer les avantages que leur procurent la prospérité des patrons et à tenir compte des intérêts nationaux. Le prolétariat se trouve ainsi entraîné dans une sphère qui lui est étrangère ; il devient le collaborateur du capitalisme ; la paix sociale semble ainsi bien près de devenir le régime normal.

Le syndicalisme révolutionnaire connaît cette situation tout aussi bien que les pacificateurs et il redoute les fortes centralisations. En opérant d'une manière diffuse, il peut maintenir partout l'agitation gréviste ; les longues guerres ont engendré ou développé l'idée de patrie ; la grève locale et fréquente ne cesse de rajeunir l'idée socialiste dans le prolétariat, de renforcer les sentiments d'héroïsme, de sacrifice et d'union, de maintenir toujours vivante l'espérance de la révolution.

b) On fait observer que les anciennes révolutions n'ont pas été purement et simplement des guerres, mais qu'elles ont servi à réaliser des systèmes juridiques nouveaux. A quoi tendrait le néo-marxisme ?

J'ai déjà dit que les formules des théoriciens officiels du socialisme sont fort peu satisfaisantes ; mais si l'on part de l'idée syndicale, on est, tout naturellement conduit à regarder toute la société sous un aspect économique : toutes choses devront descendre sur le plan d'un atelier qui marche avec ordre, sans temps perdu et sans caprice.

Si le socialisme aspire à transporter dans la société le régime de l'atelier, on ne saurait attacher trop d'importance aux progrès qui se font dans la discipline du travail, dans l'organisation des efforts collectifs, dans le fonctionnement des directions techniques. C'est dans les *bons usages* de l'atelier qu'est évidemment la source d'où sortira le droit futur ; le socialisme héritera non seulement de l'outillage qui aura été créé par le capitalisme et de la science qui est sortie du développement technique, mais encore des procédés de coopération qui se seront constitués à la longue dans les usines pour tirer le meilleur parti possible du temps, des forces et de l'adresse des hommes.

J'estime, en conséquence, qu'il faut regarder comme fort regrettables certains conseils que l'on a, plus d'une fois, donnés aux ouvriers en vue de gaspiller le travail ; le *sabotage* (comme on dit en France) est un procédé de l'ancien régime et il ne tend nullement à orienter les travailleurs dans la voie de l'émancipation. Il y a, dans l'esprit populaire, un bien grand nombre de ces survivances fâcheuses que la mission du socialisme devrait être de faire disparaître (1).

---

(1) Cette critique ne s'applique évidemment pas au sabotage employé dans la forme qu'indique Victor Griffuelhes

c) Il est évident que dans une société les rapports des hommes ne sauraient être uniquement réglés sur la guerre ; dans nos pays démocratiques surtout, des complications infinies rendent impossible de maintenir l'état de guerre sur tous les domaines. Examinons sommairement les principaux terrains sur lesquels se réalise l'union :

1° Quand on parle de la démocratie, il faut moins se préoccuper des constitutions politiques que de ce qui se produit dans les masses populaires : la diffusion de la presse, la passion avec laquelle le public s'intéresse aux événements, et l'influence que l'opinion exerce sur les gouvernements, voilà ce qui me

dans sa brochure : *Les objectifs de nos luttes de classes.* « Le terrassier, dit l'ancien secrétaire de la Confédération du Travail, qui prend l'habitude d'extraire peu de terre... ne fait pas du sabotage ; il travaille en paresseux et non en lutteur... Mais si le terrassier décide que, tant que l'entrepreneur ne cédera pas, il besognera lentement, il fait du sabotage ; il va de soi que, le patron ayant cédé, le terrassier reprend sa marche normale. Ainsi pratiqué, comme le témoignent plusieurs cas, le sabotage est une arme ouvrière. Il ne l'est que dans ce cas. » L'auteur dit que le sabotage est difficile à pratiquer, parce qu'il « exige de la part de l'ouvrier une conscience développée, une ténacité extrême et une persévérance calculée » ; aussi « les cas de sabotage consciemment appliqué sont peu nombreux ». En principe, le sabotage ne doit pas frapper le client, mais le patron ; il peut arriver qu'il soit favorable au client : un ouvrier boulanger met dans chaque pain un peu plus de pâte que d'habitude, afin que l'acheteur ait bien le poids annoncé, et fait cuire plus complètement la marchandise pour qu'elle soit plus saine ; — un vendeur dans un magasin donne le métrage exact, au lieu de frauder, comme le patron le lui recommande ; — un maçon exécute d'une façon parfaite un travail que l'entrepreneur a soumissionné avec un fort rabais, en comptant le faire faire d'une façon sommaire (pages 30-32).

semble devoir être surtout pris en considération : tout le reste est secondaire ou ne sert que d'auxiliaire à cette organisation de la volonté générale. L'expérience montre que la classe ouvrière n'est pas la moins ardente à prendre parti sur des questions qui n'ont aucun rapport avec ses intérêts de classe : lois qui touchent aux libertés, résistances que certaines ligues opposent aux abus, politique extérieure, anticléricalisme, etc. On a donc pu dire que la démocratie efface les classes. Plus d'une fois, les chefs des partis socialistes ont cherché à enfermer le prolétariat dans le cercle d'un magnifique isolement ; mais les troupes n'ont pas longtemps suivi leurs chefs ; les plus savantes proclamations sur le devoir des travailleurs demeurent lettres mortes quand l'émotion est trop vive. L'affaire Dreyfus est trop récente pour qu'il soit nécessaire d'insister.

2° Les parlements ne cessent de faire des lois pour la protection des travailleurs ; les socialistes s'efforcent d'obtenir que les tribunaux inclinent leur jurisprudence dans un sens favorable aux ouvriers ; à tout instant la presse socialiste cherche à émouvoir l'opinion bourgeoise en faisant appel aux sentiments de bonté, d'humanité, de solidarité, c'est-à-dire à la morale bourgeoise. On s'est beaucoup moqué des anciens utopistes qui attendaient une réforme sociale de la bienveillance ou des lumières des capitalistes mieux informés ; il semble bien que le socialisme actuel reprenne l'ancienne routine et qu'il sollicite la protection de la classe qui, d'après sa théorie, devrait être l'ennemie irréconciliable du prolétariat. Les radicaux poussent beaucoup dans le sens de la législation sociale, avec l'espoir de faire disparaître certains états aigus qui leur semblent constituer la seule raison d'être du socialisme. Les catholiques sociaux marchent dans la même voie parce qu'ils exigent des riches l'accomplissement du *devoir social.*

Les socialistes ne se sont pas encore rendu un compte exact de ce que produit cette politique (1) : il ne paraît pas douteux qu'elle n'ait eu pour résultat de développer l'esprit petit bourgeois parmi beaucoup des hommes que la confiance de leurs camarades avait portés au premier rang.

3° Le prolétariat moderne est affamé d'instruction ; l'Eglise a cru qu'elle pourrait conquérir sur son esprit une grande influence par l'école ; l'Etat en France lui dispute, avec acharnement, la clientèle ouvrière. On n'aurait, toutefois, qu'une idée très inexacte de l'influence idéologique de la bourgeoisie si l'on s'en tenait aux statistiques scolaires ; c'est par le livre que le prolétariat est surtout placé sous la direction d'une idéologie étrangère. Maintes fois, on a déploré qu'il n'y ait pas une bonne littérature socialiste ; mais. en France, tout au moins, cette littérature est prodigieusement faible ; la grande presse socialiste est entre les mains de bourgeois qui

(1) Très souvent, les socialistes désignent la législation sociale sous le titre de *droit ouvrier,* erreur analogue à celle qu'auraient commise les anciens auteurs s'ils avaient appelé *droit bourgeois* l'ensemble des règles relatives aux rapports qui existaient entre les seigneurs féodaux et les paysans ; la législation sociale est fondée sur la notion de *rangs.* On devrait appeler *droit ouvrier* les usages qui se forment dans le corps de travailleurs, qui peuvent, par perfectionnement, devenir le droit futur et qui provisoirement peuvent acquérir assez de prestige pour influencer la jurisprudence des tribunaux.

parlent à tort et à travers sur toutes sortes de choses qu'ils ignorent.

Quand on réfléchit à ces faits, on est amené à se dire que la fusion des classes rêvée par les catholiques sociaux et les radicaux, n'est peut-être pas une chimère aussi absurde qu'on pourrait le penser au premier abord : il ne serait pas impossible que le socialisme disparût par un *renforcement de la démocratie,* si le syndicalisme révolutionnaire n'était là pour s'opposer à la paix sociale. L'expérience que nous venons de faire en France de gouvernements très désireux de donner de larges satisfactions aux classes ouvrières, n'est pas de nature à faire penser que ces tentatives, pour habiles et hardies qu'elles soient, puissent vaincre les difficultés que le syndicalisme révolutionnaire oppose à la paix sociale: au fur et à mesure que la démocratie faisait des avances, les syndicalistes ont haussé le ton de la lutte, et le résultat le plus certain de cette expérience me semble être que *l'instinct de guerre s'est renforcé dans la même proportion que la bourgeoisie a fait des concessions en vue de la paix.*

Dans mon étude de 1898, j'avais examiné le syndicalisme d'une manière abstraite ; je voulais, à cette époque, montrer la grande variété des ressources qu'il contient ; mais pour étudier à fond le syndicalisme révolutionnaire actuel, il faudrait se borner à examiner ce qui se produit dans un seul pays. Les traditions nationales constituent un élément considérable dans l'organisation ouvrière, on ne saurait trop le répéter, et cette vérité apparaît avec une clarté particulière quand il s'agit de syndicalisme.

Je ne sais si je me trompe, mais il me semble que l'Italie pourrait être particulièrement favorable à

l'extension du nouveau socialisme; elle possède aujourd'hui quelques-uns des meilleurs représentants
de la doctrine révolutionnaire, peut-être même ceux
qui la défendent à l'heure actuelle, avec le plus d'autorité; elle a des organes conçus dans un esprit excellent, au point de vue syndicaliste, comme l'*Avan-
guardia* et le *Divenire* (1). Il serait intéressant de rechercher si toute l'histoire italienne n'est point le
support de ce mouvement.

L'instinct de révolution totale est ancien en Italie
et il a pu prendre des aspects bien divers; aujour-
d'hui, il donne à l'idée de grève générale une popula-
rité qu'elle n'a point dans les autres pays. L'esprit local est demeuré vivace et, par suite, le syndicalisme
n'est peut-être pas autant menacé par le *bourgeoi-
sisme* des grandes fédérations qu'il l'est en France.
Enfin, il y a de très vieilles traditions qui concourent
à rendre populaire l'existence de syndicats constitués pour supprimer les organismes officiels. La
guerre de classe pourrait donc, fort bien, prendre en
Italie ses formes les plus remarquables et le progrès
du syndicalisme italien devra être suivi avec attention par tous les socialistes (1).

(1) Ces publications ont aujourd'hui disparu. (Note de
1914.)
(1) Parmi les problèmes difficiles qu'aura à résoudre
le philosophe social, qui s'occupera de la guerre, se
trouve celui de savoir pourquoi le prolétariat italien, malgré toutes les tentatives de ses chefs parlementaires, les
répressions gouvernementales et les trahisons d'intellectuels notables, a pu demeurer si fidèle à la doctrine de
la lutte de classe.

Avenir socialiste des syndicats

I. — *Nouvelles manières de poser la question des syndicats d'après la doctrine du matérialisme historique.*

II. — *Difficultés que présente le problème politique pour le socialisme moderne. — Bases économiques de la hiérarchie politique : travail manuel et travail intellectuel. — Illusion de la supériorité attribuée à celui-ci.*

III. — *Observations de Karl Kautsky sur l'Intelligenz. — Désastre des Intellectuels au lendemain d'une révolution prolétarienne. — L'ouvrier contre l'autorité des gens étrangers à la profession.*

IV. — *Formation de la classe ouvrière suivant le schéma donné par Marx. — Esprit de corps. — Importance des caisses de secours des trade-unions. — La coopération : son rôle juridique.*

V. — *Autorité morale des corps sélectionnés. — Gouvernement de la classe ouvrière par ses syndicats. — Réduction progressive de l'Etat au profit des organes de métiers.*

VI. — *Idées de Durkheim sur l'utilité morale des corporations. — Influence morale des trade-unions anglaises.*

Conclusion.

I

Les écrivains socialistes contemporains sont loin d'être d'accord sur l'avenir des syndicats professionnels : suivant les uns, les syndicats doivent jouer un rôle très secondaire, servir de base à une organisation électorale ; suivant d'autres, ils sont appelés à mener contre la société capitaliste la lutte suprême au moyen de grèves irrésistibles. On a donné à ces deux thèses les dénominations assez impropres de système politique et de système économique. Je ne veux pas entrer dans la discussion engagée ; je voudrais seulement appeler l'attention sur quelques points de vue théoriques et montrer que le matérialisme historique de Marx jette de vives lumières sur ces problèmes : je compte traiter, plus tard, d'une manière étendue, la théorie du prolétariat révolutionnaire quand le public français aura à sa disposition les œuvres complètes de Marx et d'Engels.

Il faut, tout d'abord, prendre bien garde de confondre les *théories* de Marx avec les programmes des partis qui se réclament de l'auteur du *Capital*. « Le marxisme est et reste une doctrine, dit le professeur Antonio Labriola. Les partis ne peuvent tirer leur nom ni leur raison d'être d'une doctrine (1). » En Allemagne même, du congrès de Gotha jusqu'au con-

(1) Antonio Labriola, *Essais sur la conception matérialiste de l'histoire*, trad. franç., page 37. — Le premier des deux essais dont se compose ce volume a une importance particulière, parce que le texte en avait été soumis à Engels ; il s'étend de la page 21 à la page 117 dans la première édition que je cite ici.

grès d'Erfurth, de 1875 à 1892, la socialdémocratie inscrivait dans son programme des propositions dont Marx avait signalé l'erreur (1). Il ne faut pas, non plus, croire que tous les fruits du labeur de Marx puissent se résumer en quelques lambeaux de phrases ramassées dans ses œuvres, réunies en formulaire dogmatique et commentées comme des textes évangéliques le sont par des théologiens. Les socialistes italiens se sont, depuis quelque temps, affranchis de toute superstition littérale : les rédacteurs de la *Critica sociale* écrivent couramment que l'œuvre de Marx a besoin d'être complétée, que les lois historiques du *Capital* ne peuvent plus toujours être appliquées actuellement. « Le moment est venu, écrivait dernièrement un des rédacteurs habituels de cet organe du *socialisme scientifique,* de soumettre à un examen les principes fondamentaux du socialisme. A cette œuvre de discussion et de renouvellement, en quelque sorte, de notre mobilier scientifique, contribue assez bien le *Devenir social* de France... N'est-ce pas la mission des peuples latins de modifier, développer et éclaircir, sans en altérer la substance, le contenu de la pensée germanique ? » (2). Je crois que, dans la question actuelle, il suffit d'être fidèle à l'esprit de Marx.

Dans la doctrine de Marx, le point le plus caractéristique peut-être, celui qui justifie le mieux le nom de matérialisme historique, est celui-ci : le développement de chacun des systèmes fournit les condi-

_____

(1) Dans une lettre de 1875, publiée seulement en 1891 par Engels.

(2) *Critica sociale,* 16 juillet 1877, page 215, col. 1. — Cette revue était regardée à cette époque comme un organe très sûr de la doctrine socialiste.

tions matérielles pour opérer des changements efficaces et durables dans les rapports sociaux, à l'intérieur desquels il semblait stabilisé. On sait avec
quelle énergie l'école de Marx a insisté sur l'impossibilité de tenter la révolution sociale tant que le capitalisme n'est pas assez développé ; c'est à cause de
cette thèse qu'on a pu accuser l'école de fatalisme,
parce qu'elle limite singulièrement le pouvoir de la
volonté, — même quand la force matérielle est au
service d'une volonté intelligente (1).

Il semble que, trop souvent, on n'ait pas approfondi d'une manière suffisante la pensée de Marx :
tous ses disciples disent que la révolution ne peut
être l'œuvre que du prolétariat et que le prolétariat

(1) Il me paraît fort utile d'ajouter ici quelques explications pour préciser le sens de cette formule. Je les emprunte à la préface que j'ai écrite, en juillet 1898, pour
un livre de Saverio Merlino : *Formes et essence du socialisme.* « Ce qu'il y a d'essentiel dans la théorie de Marx est
sa conception d'un *mécanisme social formé par les
classes,* qui sert à transformer la société moderne de fond
en comble, sous l'influence des idées et des passions aujourd'hui dominantes » (page v) ; — « Par le seul fait
de l'introduction d'un mécanisme social, Marx écarte toute
la sociologie purement intellectualiste et *se sépare des
utopistes.* Il ne saurait y avoir de mécanisme utilisable
dans la science que s'il y a des formations stables, échap-
pant, dans une large mesure, à l'intelligence, formant les
membres solides du système. Il faut qu'il y ait dans la
société de l'inconscient, de l'aveugle, de l'instinctif, pour
que ces membres résistent un certain temps avec leurs
formes et leurs lois de développement observées » (pages VIII-IX) ; — « Nous ne voyons que des hommes groupés en classes, s'agitant sous l'influence de *sentiments ob-
servables;* nous pouvons vérifier journellement la marche
des phénomènes, chercher comment les conditions se transforment et corriger nos vues d'avenir au fur et à mesure
que les faits deviennent plus nombreux » (page VII).

est le produit de la grande industrie ; mais ils n'observent pas assez que Marx entendait aussi que les classes ouvrières auraient acquis la capacité juridique et politique avant de pouvoir triompher.

On a souvent rapproché l'histoire du christianisme primitif de l'histoire du socialisme moderne ; il y a beaucoup de vrai dans ce rapprochement, au moins sous certains rapports. Si l'Eglise avait été seulement une école de philosophie prêchant une morale pure, elle aurait, sans aucun doute, disparu comme tant d'autres groupements ; elle était une société, travaillant à développer entre ses membres des relations juridiques nouvelles et se gouvernant d'après une constitution nouvelle. Le jour où l'édit de Milan proclama la tolérance, l'empereur consacra l'existence d'une hiérarchie plus forte que la hiérarchie impériale et institua un Etat dans l'Etat. — L'invasion des Barbares n'a pas consisté dans une simple destruction ; aujourd'hui on semble d'accord pour reconnaître que les Germains ont apporté des systèmes juridiques déjà assez développés pour pouvoir exercer une influence sur les institutions, notamment sur l'organisation familiale. — Enfin, la Révolution française nous fournit un exemple très clair : ce qui nous frappe le plus est moins sa grande et bruyante tourmente que la conservation d'un système longuement développé dans le sein de la bourgeoisie.

On ne saurait se contenter de répondre aux adversaires du socialisme, quand ils demandent ce que sera la révolution prolétarienne : « Est-ce que, à la veille de 1789, quelqu'un aurait pu dire ce que serait la société ? » La prévision scientifique et mécanique n'appartient, en aucune façon, à aucune science sociale ; mais il ne s'agit pas de calculer ce que deviendront telles ou telles habitudes ; il s'agit de savoir *si la préparation est suffisante* pour que la lutte n'aboutisse pas à une destruction de la civilisation. Paul Deschanel affirmait une vérité incontestable quand, dans son discours à la Chambre des députés, il disait, le 10 juillet 1897, qu'en 1789 la bourgeoisie avait accompli ce travail de préparation. Il nous faut savoir où en est le prolétariat et déterminer les moyens qu'il emploie, en ce moment, pour se préparer.

Les utopistes cherchaient à constituer une société parfaite ; le problème est transformé ; « les recherches ne portent plus sur ce que la *société doit être,* mais sur ce *que peut le prolétariat,* dans la lutte actuelle des classes » (1). Nous allons chercher quelles sont les conséquences de l'organisation syndicale telle qu'elle est pratiquée aujourd'hui et les considérer au point de vue de la *préparation.*

II

Les sociologues opposent aux socialistes l'expérience de toutes les révolutions connues et demandent comment on peut accepter une hypothèse qui

(1) Préface à la première édition de la traduction française des *Essais* déjà cités d'Antonio Labriola, page 4. — A la page précédente je disais : « Le problème du devenir moderne — considéré au point de vue matérialiste — repose sur trois questions : 1° Le prolétariat a-t-il acquis une conscience claire de son existence comme classe indivisible ? 2° A-t-il assez de force pour entrer en lutte contre

n'est appuyée sur aucun exemple historique. Marx savait bien cela ; il a écrit en effet : « Tous les mouvements sociaux jusqu'ici ont été accomplis par des minorités au profit de minorités.». (1).

Cette loi empirique s'explique facilement quand on se rappelle ce qu'a été la *possession de l'Etat* dans l'histoire moderne. De plus, l'Etat a joué un rôle considérable dans la formation de l'industrie actuelle « la bourgeoisie naissante ne saurait se passer de l'intervention constante de l'Etat » (2). La pensée des socialistes bourgeois est dominée par les préjugés étatistes de la bourgeoisie.

Dans un livre récent, le sociologue le plus habile que renferme l'Université, E. Durkheim, demande qu'on organise des corporations et des fédérations professionnelles soumises « à l'action générale de l'Etat » (3). Dans les conclusions de ses discours des 19, 26 juin et 3 juillet 1897, sur l'agriculture, Jaurès se montre moins favorable aux associations que ne l'est le professeur de Bordeaux. Il affirme qu'on peut dès aujourd'hui se faire une idée assez exacte

les autres classes ? 3° Est-il en état de renverser, avec l'organisation capitaliste, tout le système de l'idéologie traditionnelle ? » — Cette préface n'a pas été reproduite dans l'édition suivante, Antonio Labriola ayant jugé que je n'étais pas un compagnon assez sûr pour un orthodoxe.

(1) Ch. Andler, *Le manifeste communiste*, tome I, page 39. — Il y a eu dans toutes les révolutions deux éléments : une *conquête du pouvoir,* qui donne des avantages à une minorité, et une *conquête de droits;* d'après Marx, le premier élément disparaîtra dans la révolution prolétarienne; c'est pour cette raison que les marxistes ont dit si souvent que l'Etat n'existera plus.

(2) Marx, *Capital,* page 327, col. 1.

(3) E. Durkheim, *Le suicide, Etude de sociologie,* page 439.

de ce que sera le monde socialiste : « Nous savons que dans la *propriété de demain*, dans la société de demain, concourront, fonctionneront les quatre forces essentielles qui commencent à se dégager et à apparaître aujourd'hui. La première c'est l'individu, c'est le droit de l'individu à se développer dans sa liberté sans autre limite que l'interdiction d'exploiter, sous une forme ou sous une autre, la moindre parcelle du travail d'autrui... Il y a un autre élément... ce sont les syndicats naissants, réactionnaires aujourd'hui, socialistes demain, mais en tout cas... cellules premières, à certains égards, d'une organisation plus collective du travail. Puis au-dessus de ces syndicats agricoles ou ouvriers, de ces groupements professionnels de métiers, il y a la commune qui, à certains égards, malgré la division du travail qui se produit entre les diverses parties du territoire, est la première unité plus complète, plus riche que les organisations professionnelles, qui ne comprennent qu'un élément exclusif et limité. Et enfin, au-dessus de la commune, il y a la nation, organisme central d'unité et de perpétuité » (1). On remarquera qu'en remplaçant les fédérations professionnelles par la commune, comme moyen terme entre les corporations locales et l'Etat, Jaurès ac-

(1) JEAN JAURÈS, *Socialisme et paysans*, pages 118-119. Cette brochure de propagande, éditée par la *Petite République*, reproduit les trois discours prononcés par Jaurès sur la crise agricole. On remarquera que l'orateur donne toutes ses affirmations comme appartenant à la doctrine reçue par le parti socialiste. Le collectivisme est jeté pardessus bord dans cette esquisse de la *propriété de demain*. Paul Deschanel, répondant, le 10 juillet 1897, à l'orateur socialiste, lui reprocha de nommer socialisation un rétablissement du domaine éminent.

croît notablement la puissance économique de celui-ci.

Je ne m'arrête pas à discuter le détail de cette
conception que je comprends mal, tant ce langage
me semble dépourvu de toute précision. D'ailleurs,
tout cela est-il bien neuf ? Ne sont-ce pas de vieilles
théories qu'on a affublées d'un costume beau et brillant ? L'unification des corps de métiers dans la commune, cela semble être un pur souvenir de l'histoire médiévale. Qu'on change *nation* en *royauté*, on
retrouvera une notion traditionnelle chez les conservateurs. Je voulais seulement appeler l'attention sur
l'embarras où se trouvent les gens les plus intelligents pour indiquer un plan indépendant des formes politiques traditionnelles (1) ; non seulement
Jaurès n'exclut pas l'Etat, mais il en fait le régula-
teur et le maître de la vie industrielle !

On répond que l'Etat futur sera tout autre chose
qu'aujourd'hui ; mais on se borne à nous promettre
ce beau changement sans nous donner aucune garantie. On reproduit bien souvent une formule du xviii^e
siècle, d'après laquelle le gouvernement deviendrait
une simple administration. Nous voilà bien avancés !
Une formule abstraite, comme celle dont il est question ici, est dénuée de tout sens précis, tant qu'on ne
la complète pas en faisant connaître les principes
directeurs de la pensée. Nous savons que les économistes du siècle dernier avaient une grande admiration pour la Chine : « ce gouvernement imbécile
et barbare, dit Tocqueville, leur semble le modèle

(1) Le professeur Espinas disait à Ch. Andler, à la sou-
tenance de sa belle thèse sur le socialisme d'Etat en Allemagne : « Mais ce sont des vieilleries qui se représentent
avec des noms nouveaux ! »

le plus parfait que puissent copier toutes les nations du monde (1) ». Les saints-simoniens, qui ont beaucoup parlé d'*administration des choses,* ont fait souvent l'éloge de l'Autriche (2) ; et il s'agissait de l'Autriche gouvernée par Metternich ! Michel Chevalier, en 1840, mettait la Chine au-dessus de la France (3). Le véritable sens de cette formule célèbre est ainsi parfaitement clair.

Dans un article plein de science et de perspicacité, Georges Platon écrit : « *Dictature révolutionnaire du prolétariat !* C'est bientôt dit. Mais, comme dit Shakespeare, les paroles sont des femelles et les actes seuls des mâles... En tant que figurant comme sujet passif dans le rapport économique très précis de la production, le prolétariat se dégage comme une notion parfaitement distincte. Dès qu'il est question pour lui de venir à l'action, d'échanger son rôle passif, qu'il avait en économie politique, pour un rôle politique actif, on voit sa notion si claire peu à peu s'obscurcir. Il faut, de toute nécessité, que, pour exercer sa dictature, le prolétariat s'organise... L'irruption dans le corps du prolétariat des rapports de *dépendance politique,* nés de son organisation,

---

(1) Tocqueville, *L'Ancien Régime et la Révolution,* édition des œuvres complètes, page 241. — Une curieuse expérience d'économie philosophique fut exécutée par le roi Ferdinand IV de Naples dans la manufacture modèle de Santo-Leucio ; les beaux esprits du temps pensèrent qu'on allait enfin pouvoir résoudre le problème de savoir si les hommes sont destinés à être toujours ennemis les uns des autres ou s'il y a moyen de les rendre amis et par suite heureux (Benedetto Croce, *Studii storici sulla rivoluzione napoletana del 1799,* page 18).

(2) G. Weill, *L'école saint-simonienne,* pages 191-192.

(3) G. Weill, *op. cit.,* page 199.

ne peuvent-ils pas mettre directement en danger son existence comme corps un et distinct et entraîner, à *la faveur des inégalités surgies,* un certain rétablissement subreptice de l'injustice et de l'exploitation économique à supprimer ? En fait, *toutes les dictatures* démocratiques ou prolétariennes n'ont jamais abouti — directement ou indirectement — qu'à la restauration des iniquités sociales » (1).

Les hommes qui sont à la tête du mouvement syndical en France ne sont pas, sans doute, de très grands philosophes ; mais ce sont des hommes de sens et d'expérience, qui peuvent être inhabiles dans l'art de traduire leurs impressions en formules scientifiques : mais n'est-il pas vraiment curieux de constater que leur défiance des organisations politiques reproduise — sous une forme sentimentale et obscure — les défiances que l'étude approfondie de la philosophie et de l'histoire inspirent à G. Platon ? Ce n'est pas, d'ailleurs, un phénomène isolé et nous aurons l'occasion de voir, plusieurs fois encore, que les *purs syndicaux* ont plus à nous apprendre qu'ils n'ont à apprendre de nous ! (2).

Notre siècle a été fécond en expériences politiques ; presque toujours, les prévisions des réformateurs ont été déçues ; toutes les tentatives faites pour constituer une administration indépendante des in-

(1) Georges Platon, *Le socialisme en Grèce,* dans le *Devenir social,* octobre 1895, page 669. — Cf. G. Sorel, *Réflexions sur la violence,* pages 250-256.

(2) Généralement les théoriciens socialistes ont cru que leurs doctrines dépendent bien moins des usages des organisations ouvrières que les sciences physiques ne dépendent de la technique industrielle.

térêts des partis ont été vaines ; en France les administrations ne cessent de se corrompre au fur et à
mesure que la politique devient plus démocratique ;
— qu'il y ait là une simple coïncidence, cela est possible ; mais encore faudrait-il expliquer la raison de
cette corruption progressive.

Le spectacle offert par les professionnels de la
politique dans tous les pays est tel que bien des gens
aspirent à voir s'évanouir toute organisation politique ; c'est là un noble rêve qui a pu enchanter des
âmes religieuses et des utopistes ; mais il ne suffit
pas de reconnaître un mal et de vouloir le faire disparaître pour s'en débarrasser.

C'est ici qu'il faut faire intervenir la conception
matérialiste de l'histoire : l'étude de la politique ne
nous permet pas de reconnaître les causes fondamentales, ne nous fournit pas l'éclaircissement complet.
Cette hiérarchie, que la révolution prolétarienne se
flatte de faire disparaître (1), correspond, de quelque

(1) Les explications que donne Antonio Labriola sont
prodigieusement obscures. « Le socialisme scientifique... a
compris [l'Etat] parce qu'il ne s'élève pas contre lui d'une
façon unilatérale et subjective, comme le firent, plus d'une
fois à d'autres époques, les cyniques, les stoïciens, les épicuriens de toute sorte, les utopistes, les cénobites vision-
naires, et, finalement de nos jours, les anarchistes de tout
genre... Le socialisme scientifique s'est proposé de montrer
comment l'Etat se soulève continuellement de lui-même
contre lui-même, en créant dans les moyens dont il ne
peut se passer, par exemple : un système colossal d'impôts, le militarisme, le suffrage universel, le développement de l'instruction, etc., les conditions de sa propre
ruine... Avec la disparition des prolétaires et des conditions
qui rendent possible le prolétariat, disparaîtra toute dépendance de l'homme à l'égard de l'homme sous quelque forme
de hiérarchie que ce soit » (*Essais sur la conception maté-*

manière, à une différenciation économique; et c'est celle-ci qu'il faut mettre en pleine lumière. Cette différenciation n'a pas toujours été la même ; les luttes n'ont pas toujours eu en vue le même objet ; on se trompe gravement quand on imagine l'existence de classes identiques aux classes modernes dans les temps anciens ; le matérialisme historique est rebelle à toute extension (en dehors des limites définies par un mode très conditionné de production) des lois empiriques que la science découvre. C'est donc pour les temps actuels qu'il faut checher cette différenciation.

La hiérarchie contemporaine a pour base principale la division des travailleurs en intellectuels et en manuels. Il est fort regrettable qu'en 1847 Marx n'ait pas examiné cette question en détail : c'est ce qui explique pourquoi le *Manifeste* reste assez vague sur la constitution du prolétariat ; mais, plus tard, quand il eut approfondi, d'une manière originale, les problèmes économiques, il insista, avec force, sur l'importance de cette séparation (1). C'est ainsi

rialiste de l'histoire, pages 227-228). Mais ce qui, d'après notre auteur, devrait amener la ruine de l'Etat, en amenant la révolution prolétarienne, ne pourrait-il pas, au contraire, contribuer à faire aboutir l'agitation ouvrière à une démocratie bureaucratique, militariste et favorable aux financiers ?

(1) « La grande industrie mécanique achève la séparation entre le travail manuel et les puissances intellectuelles de la production, qu'elle transforme en pouvoir du capital sur le travail. L'habileté de l'ouvrier apparaît chétive devant la science prodigieuse, les énormes forces naturelles, la grandeur du travail social, incorporées au système mécanique, qui constitue la puissance du Maître. » (*loc. cit.,* page 183, col. 1).

que l'économie industrielle vint en aide à l'histoire
et à la philosophie.

La démocratie bourgeoise se raccroche, avec l'énergie du désespoir, à la théorie des capacités (1) et
s'efforce d'utiliser le respect superstitieux que le
peuple a instinctivement pour la science ; — elle
emploie les moyens les plus charlatanesques pour
rehausser son prestige, multiplie les brevets et s'efforce de transformer le moindre lettré en un man-
darin ; — les parasites se distinguent par un enthousiasme immodéré pour la science afin de jeter de la
poudre aux yeux, se mettent à la remorque de grands
pontifes scientifiques, leur servent de hérauts, réclament pour eux de grasses pensions (2); ils espèrent obtenir ainsi la considération des gens naïfs
et en tirer profit.

Je ne veux pas entrer ici dans l'étude approfondie du travail intellectuel ; il faut appliquer à cette
question les réflexions que fait Marx à propos d'autres différenciations entre travaux : « La distinction, dit-il (3), entre le travail complexe et le travail simple (*skilled and unskilled labour*), repose

---

(1) C'est ce qui explique la renaissance du saint-simonisme parmi nos universitaires. Jaurès, dans un discours
du 25 janvier 1897 sur les sucres, conviait le gouvernement à utiliser les capacités des jeunes bourgeois dépourvus de capital, en les transformant en fonctionnaires industriels. C'est bien un écho saint-simonien.

(2) Les grands savants avaient été, presque tous, jusqu'ici, des gens modestes n'ayant besoin ni de gros traitements, ni de riches installations. Les intérêts de la science
ne sont pas toujours identiques avec les intérêts des savants et des parasites intellectuels qui leur font cortège.

(3) MARX, *loc. cit.*, page 84, col. 2.

souvent sur de pures illusions, ou du moins sur des
différences qui ne possèdent depuis longtemps aucune réalité et ne vivent plus que par une convention traditionnelle ». Il est inutile de batailler contre
les préjugés ; mais il se produit, à l'heure actuelle,
une évolution qui tend à ruiner le prestige des Intellectuels. L'observation nous apprend qu'une profession perd bien vite son prestige quand elle se fémi-
nise ; les recherches de laboratoire, les travaux
d'érudition, la poursuite patiente et laborieuse des
solutions de problèmes mathématiques sont des
choses particulièrement appropriées au génie féminin : ceux qui pourraient en douter n'ont qu'à se
reporter à l'expérience acquise par les collèges américains. Ce n'est pas sans raison que tant d'Intellectuels font des efforts pour écarter les femmes des
professions libérales ; mais il n'est pas douteux que
la vérité triomphera et alors toute la charlatanerie
des *capacités* éclatera au grand jour.

Ceci ne veut pas dire que dans les ateliers dis-
paraisse toute différence ; car tout droit est inégalitaire (1) et il y aura, comme aujourd'hui, des gens

---

(1) Dans sa *Lettre sur le programme de Gotha,* Marx
définissait ainsi les règles que l'on suivrait après la révolution qui supprimerait le capitalisme : « Le droit des
producteurs est proportionnel au travail fourni ; l'égalité
consiste ici dans l'emploi d'une commune mesure, le travail... Ce *même droit égal* est droit inégal pour travail
inégal. Il ignore les distinctions de classe, parce que tous
les hommes sont travailleurs au même titre ; mais il reconnaît tacitement comme des privilèges naturels les inégalités de dons individuels, conséquemment des capacités
de production. *Par là, c'est donc, quant à son contenu, un
droit inégalitaire, comme tout droit.* » (*Revue d'économie
politique,* septembre-octobre 1894, page 757.)

plus habiles et plus expéditifs que d'autres ; mais les *différences seront appréciées dans l'ordre quantitatif*, tous les travaux étant devenus de même espèce et par suite commensurables entre eux. Le socialisme ne fera pas disparaître « les *fonctions générales* qui tirent leur origine de la différence existant entre le mouvement d'ensemble du corps productif et les mouvements individuels des membres indépendants dont il se compose » (1) ; mais l'expérience montre que les qualités de direction n'ont rien d'exceptionnel et qu'elles se trouvent très communément parmi les travailleurs manuels, peut-être même plus souvent que chez les Intellectuels (2) : — les grandes Unions ouvrières d'Angleterre ont très facilement trouvé dans leur sein des hommes capables de les diriger (3).

Les chefs des syndicats français se sont bien rendu compte du résultat auquel j'arrive ici : ils ont vu que la domination des pouvoirs publics était fondée sur la prétendue supériorité des Intellectuels ; en combattant le dogme des capacités intellectuelles, ils ont dirigé les travailleurs dans la voie indiquée par Marx.

---

(1) Marx, *Capital*, page 143, col. 2.

(2) C'est ce qui fait que souvent les industriels préfèrent comme directeur un ancien ouvrier à un technicien sorti des écoles. Les anciens connaissaient déjà très bien cette loi ; ils disaient que l'obéissance était l'école du commandement. J'ai indiqué ailleurs l'influence que le système militaire me semble avoir eue sur leurs idées d'égalité. (*Procès de Socrate*, pages 168-170.)

(3) Paul de Rousiers, *Le trade-unionisme en Angleterre*, page 42.

III

Pour bien comprendre toute la portée du problème posé, il faut examiner les objections que l'on
adresse d'ordinaire aux *syndicaux :* on leur reproche de montrer parfois un exclusivisme trop absolu : Kautsky n'a-t-il pas fait observer que la socialdémocratie ne peut rejeter les Intellectuels qui
viennent à elle ? « Cette question, dit-il, est déjà
tranchée dans le *Manifeste des communistes,* comme aussi par ce fait que les fondateurs de la démocratie socialiste, Marx, Engels, Lassalle, étaient
membres de cette classe. Pour la démocratie socialiste sont les bienvenus ceux qui acceptent ses théories et prennent part à sa lutte pour l'émancipation. » (1). Ce que dit Kautsky ne saurait être trans-
porté sans précaution, dans tous les pays ; les *conditions* ne sont point partout les mêmes. En Allemagne il y a une organisation socialiste formant une
sorte d'État bureaucratique (2), ayant ses fonctionnaires rétribués. Pour faire une propagande efficace
par la presse, il faut bien s'adresser à des écrivains

(1) Karl Kautsky, *Le socialisme et les carrières libérales,* dans le *Devenir social,* mai 1895, page 107. — Le
terme *carrières libérales* ne traduit pas exactement le terme
allemand *intelligenz :* les Allemands désignent par ce mot
les professions qui ont un certain caractère de culture
artistique ou littéraire. Ainsi, Kautsky nous a appris, plus
récemment, que la socialdémocratie a gagné à sa cause
les sculpteurs, les employés de commerce, les musiciens.
(*Le marxisme et son critique Bernstein,* trad. franç.,
page 250.)

(2) G. Ferrero, *L'Europa giovane,* pages 65-72.

de profession, comme on s'adresse à un bon avocat
pour plaider un procès ; il faut leur créer une situation « qui corresponde, non pas à une vie de
prolétaire, mais à une vie de bourgeois modeste. » (1). En France, ils prétendent que leur vraie
place est dans le parlement et que le pouvoir dic-
tatorial leur reviendrait de plein droit en cas de
succès. C'est contre cette *dictature représentative
du prolétariat* que protestent les *syndicaux :* ils pensent avec raison qu'elle ne produirait pas du tout
les heureux résultats que devrait engendrer, d'après
les théoriciens, *la dictature du prolétariat !* (2).

(1) *Art. cité,* page 108. C'est, d'ailleurs, surtout à cause
des *traitements* que la question du rapport de l'*intelligenz*
avec le parti socialiste a été discutée en Allemagne.

(2) Dans la partie de son livre qui avait été soumise à
Engels, Antonio Labriola écrit ces sentences excellentes :
« Le communisme critique ne fabrique pas les révolutions... Ce n'est pas un séminaire dans lequel se forme
l'état-major des chefs de la révolution prolétarienne ; mais
il est uniquement la conscience de cette révolution, et avant
tout la conscience de ses difficultés. » (*Essais sur la
conception matérialiste de l'histoire,* pages 70-71) ; —
« La masse des prolétaires ne s'en tient plus au mot d'ordre de quelques chefs, pas plus qu'elle ne règle ses mouvements sur les prescriptions de capitaines qui pourraient sur les ruines d'un gouvernement en élever un
autre... Elle sait, ou elle commence à comprendre, que la
dictature du prolétariat, qui aura pour tâche la socialisation des moyens de production, ne peut être le fait d'une
masse menée par quelques-uns » (page 77). Mais, pour
que les chefs se conforment à ces principes, il faut qu'il
existe quelque mécanisme capable de limiter leurs ambitions. « C'est un principe constant, dit Laboulaye, que
toutes les fois que vous donnerez un pouvoir à un homme,
il en tirera tout ce qu'il pourra. » (*Histoire des Etats-Unis,*
tome III, page 305.)

Les exemples de Marx, d'Engels (1) ne sont pas probants, parce qu'on ne peut tirer aucune règle d'exceptions, parce que les hommes très supérieurs échappent aux liens de classe. Dans le *Manifeste*, Marx rappelle que jadis une partie de la noblesse se rangea du côté de la bourgeoisie; il dit que de même « de nos jours une partie de la bourgeoisie passe au prolétariat ; et [que] c'est le cas notamment pour un certain nombre d'*idéologues bourgeois qui se sont élevés jusqu'à l'intelligence théorique de l'ensemble du mouvement historique* » (2). Il faut mettre à part les idéologues, qui, par leur tempérament, ne peuvent guère jouer un rôle politique, usurper le pouvoir et devenir des maîtres. Marx ne dit point que le prolétariat fera ce qu'a fait la bourgeoisie en 1789 ; il savait bien que la situation est bien différente : le Tiers-Etat pouvait offrir aux nobles ambitieux des *dignités politiques*, car il n'entendait pas détruire la hiérarchie ; il entendait seulement l'améliorer à son prcfit ; aujourd'hui, la socialdémocratie ne peut offrir que des *emplois* aux bourgeois qui viennent à elle.

Kautsky a examiné, avec beaucoup de soin, les *relations d'intérêts* qui existent entre les gens des carrières libérales (*intelligenz*) et le prolétariat ; il reconnaît que sur un point capital — la diffusion de l'instruction — « les intérêts du prolétariat sont diamétralement opposés à ceux de l'*intelligenz ;* et

(1) L'exemple de Lassalle n'est pas heureux ; je le laisse donc de côté.

(2) Ch. Andler, *Le manifeste communiste*, tome I, page 37.

déjà à ce point de vue, si nous faisons abstraction
de tous les autres, un appel aux intérêts n'est pas
le moyen le plus propre pour faire venir au socialisme cette classe dans sa totalité. » (1).

Les Intellectuels ont des intérêts professionnels (2) et non des intérêts de classe généraux : ces
intérêts professionnels seraient lésés par la révolution prolétarienne. Les hommes de loi ne trouve-
raient, sans doute, pas une grande occupation dans
la société future. Il n'est pas probable que les ma-
ladies augmentent ; les progrès de la science et la
meilleure organisation de l'assistance ont eu déjà
pour effet de diminuer le nombre des médecins
utilisés. Dans la grande industrie, on pourrait supprimer beaucoup d'employés supérieurs, si les gros
actionnaires n'avaient à placer des clients. Une meilleure division des fonctions permettrait de concen-
trer, comme en Angleterre, dans un petit groupe de
techniciens, très savants et très expérimentés, le
travail que font mal des ingénieurs beaucoup trop
nombreux. A mesure que les qualités morales et intellectuelles des ouvriers s'élèvent, on peut supprimer la plus grande partie des surveillants (3); l'expé-

(1) *Art. cité*, page 115.
(2) *Art. cité*, page 113.
(3) Yves Guyot pense que la production fonctionnerait
dans des conditions meilleures que ne sont celles d'aujour-
d'hui si les industriels confiaient l'exécution des travaux à
des sociétés anonymes d'ouvriers; celles-ci entreprendraient
toutes les tâches de l'usine à prix convenus ; il estime
qu'elles exerceraient sur leurs membres une discipline plus
efficace que la discipline patronale. Ce système donne
d'excellents résultats pour la composition des journaux
parisiens. (*Les conflits du travail et leur solution*, pages
279-282.)

rience anglaise le prouve surabondamment. Enfin,
pour les emplois de bureau, les femmes font une
active concurrence aux hommes ; et ces emplois
leur seront réservés dès que le socialisme les aura
émancipées. Ainsi donc, la socialisation des moyens
de production se traduirait par un *lock-out* prodigieux : il est difficile de croire que les Intellectuels
ignorent une vérité aussi certaine que celle-ci !

Ces Intellectuels, mal payés, mécontents ou peu
occupés, ont eu l'idée vraiment géniale d'imposer
l'emploi du terme impropre de *prolétariat intellectuel* : ils peuvent ainsi facilement se faufiler dans
les rangs du prolétariat industriel. Kautsky fait observer qu'il faudrait les comparer aux compagnons
du Moyen Age (1). Ils ressemblent fort aussi aux ouvriers travaillant en chambre, ayant leur outillage,
mais souvent inoccupés faute d'une clientèle suffisante. — Ils se rattachent à la petite bourgeoisie et
s'efforcent d'entraîner le socialisme dans des voies
favorables à leurs intérêts ; leur « socialisme est à
la fois réactionnaire et utopique » comme celui des
petits bourgeois (2). — On pourrait encore les rapprocher des Romains de la décadence (si différents
de nos prolétaires), vivant aux frais de la société,
tandis que la société moderne vit aux frais du prolétariat (3).

(1) *Art. cité*, page 114.
(2) Ch. Andler, *loc. cit.*, page 60. — Par « réactionnaire » il faut entendre que ce socialisme cherche à entra-
ver le progrès industriel.
(3) Sismondi, cité par Marx, préface du *XVIII brumaire*.
— Il faut aussi ajouter que les prolétaires intellectuels sont
rebelles à tout esprit de solidarité ; ils ne voient que leur
intérêt personnel et immédiat et lui sacrifient les intérêts

Tandis que la socialisation des moyens de production utilisera *utilement* toutes les forces de travail des producteurs, c'est-à-dire des vrais prolétaires, elle supprimera l'occupation à la très grande majorité des faux prolétaires. On ne peut concevoir d'opposition plus tranchée ; et cette opposition doit apparaître, surtout, criante aux personnes habituées à manier le matérialisme historique.

La véritable vocation des Intellectuels est l'exploitation de la politique ; le rôle de politicien est fort analogue à celui de courtisan et il ne demande pas d'aptitude industrielle. Il ne faut pas leur parler de supprimer les formes traditionnelles de l'Etat ; c'est en quoi leur *idéal,* si révolutionnaire qu'il puisse paraître aux bonnes gens, est réactionnaire (1). Ils veulent persuader aux ouvriers que leur intérêt est de les porter au pouvoir et d'accepter la hiérarchie des capacités, qui met les travailleurs sous la direction des hommes politiques.

Les *syndicaux* se révoltent ; et ce n'est pas sans raison ; ils sentent bien que si l'ouvrier accepte le commandement de *gens étrangers à la corporation productive,* il restera toujours incapable de se gouverner, qu'il restera soumis à une *discipline exter-*

généraux ; ils apportent le désordre partout par leurs brigues et, dès qu'ils le peuvent, ils se déchirent entre eux. Chacun d'eux aspire, comme César, à être le premier dans un petit groupe.

(1) Les Intellectuels assimilent les sentiments qui correspondent à la lutte de classe, à ce que l'un d'eux nomme la *haine créatrice.* La féroce jalousie de l'Intellectuel pauvre, qui espère pousser à la guillotine le riche spéculateur, est une passion mauvaise qui n'a rien de socialiste.

ne (1). Le mot qu'on emploiera pourra changer (2), mais la chose ne changera pas : l'exploitation du travailleur continuera. Marx a décrit, en termes excellents, cet état de développement insuffisant du prolétariat. « Le lien entre leurs fonctions individuelles et leur unité comme corps productif se trouve *en dehors d'eux...* L'enchaînement de leurs travaux leur apparaît idéalement comme le *plan* du capitaliste (3) et l'unité de leur corps collectif leur apparaît pratiquement comme son autorité, la puissance d'une *volonté étrangère,* qui soumet leurs actes à son but. » (4).

IV

Dans les dernières pages de la *Misère de la Philosophie,* Marx a tracé le tableau du développement du prolétariat, tel qu'il pouvait lui apparaître en 1847, au milieu des agitations anglaises : il dit lui-même qu'il signale seulement « quelques phases » de ce développement. On doit remarquer surtout, dans cette description, que le prolétariat est d'abord considéré comme classe pour les capitalistes, contre lesquels il dresse ses sociétés de résistance et que, plus tard seulement, il devient classe pour lui-même.

(1) La brochure de 1900 renvoyait à un article publié dans le *Devenir social* en janvier 1896 ; j'en reproduis un long extrait dans la note D ; j'aurais, aujourd'hui, quelques réserves à faire sur les thèses que je présente dans cet article.

(2) Sur le pouvoir des dénominations, consulter Gustave Le Bon, *Psychologie des foules,* pages 94-96.

(3) Ce qui est dit ici du capitaliste peut s'appliquer à tout autre chef qui n'appartient pas au corps des travailleurs.

(4) Marx, *Capital,* page 144, col. 1.

« Les intérêts qu'il défend *deviennent* des intérêts de classe. Mais la lutte de classe à classe est une lutte politique. » (1).

Ces indications si brèves n'ont pas attiré suffisamment l'attention des socialistes. Il est tout à fait regrettable que le langage permette de confondre avec une facilité dont abusent les polémistes, les divers sens du mot politique. On l'applique tantôt aux agitations des partis qui cherchent à conquérir l'Etat pour le plus grand profit de leurs membres, pour exercer des vengeances ou pour imposer des idées religieuses (ou irréligieuses) , tantôt à des mesures d'ordre général ayant pour objet de modifier, d'une manière notable, le système juridique existant ; ainsi changer le mode de partage des héritages, permettre les fidéicommis, augmenter la liberté de tester, autoriser la création de *homesteads,* donner à la femme plus de liberté, voilà bien ce qu'on appelle des mesures politiques.

Pour transformer la masse chaotique des prolétaires en classe pour elle-même, il y a à effectuer un immense travail de décomposition et de recomposition. Marx pensait que ce travail devait s'effectuer en partant de l'organisation des sociétés de résistance ; mais en 1847 sa pensée n'était pas encore parfaitement précise ; il croyait, d'ailleurs, qu'on allait entrer dans une période d'agitation révolutionnaire extrêmement longue, où rien ne pouvait être prévu avec quelque chance de succès. Quand il écrivait le *Capital,* sa pensée était davantage mûrie et il disait dans sa préface : « Abstraction faite de

---

(1) MARX, *Misère de la philosophie,* édition de 1896, page 241.

motifs plus élevés, leur propre intérêt commande
aux classes régnantes actuelles d'écarter *tous les
obstacles légaux qui peuvent gêner le développement
de la classe ouvrière* » ; afin que la révolution sociale
ne prenne pas une forme barbare. Dans sa lettre
sur le programme de Gotha, en 1875, il demandait
que l'Etat ne se chargeât pas de l'éducation du peuple, mais dotât seulement les écoles.

La pensée de Marx ne peut être douteuse : la
transformation doit se faire par un mécanisme intérieur ; c'est dans le sein du prolétariat, c'est au
moyen de ses ressources propres, que doit se créer
le droit nouveau. Ce qu'il faut demander aux pouvoirs publics, c'est d'accorder des facilités pour procéder à cette transformation du peuple par lui-
même : c'est dans ce but que les ouvriers entrent
dans l'arène électorale. La raison de la lutte politique se trouve ainsi bien déterminée : on n'a plus en
vue une fin arbitraire ou *idéale,* comme celle que
poursuivaient les révolutionnaires politiques.

Examinons, maintenant, d'une manière plus précise, ce que l'expérience nous apprend sur cette formation du prolétariat en classe pour lui-même ;
c'est-à-dire, cherchons quels sont les aspects juridiques nouveaux sous lesquels les rapports économiques se présentent actuellement aux ouvriers.
Comme Marx, nous prenons pour point de départ
la société de résistance ; nous devons donc nous demander si la coalition ne fait pas naître — dans
l'âme ouvrière — des principes juridiques en contradiction avec ceux que la tradition a consacrés.

Le droit, tel qu'il est formulé par les codes libéraux, ne connaît guère que l'ouvrier isolé ; chaque

individu peut quitter le travail ; des travailleurs peuvent s'entendre pour abandonner ensemble l'atelier, mais la multiplication d'un fait individuel n'en change pas le caractère (1); chacun des grévistes peut reprendre sa besogne quand il le juge convenable ; le patron peut traiter avec d'autres salariés et ce contrat n'offre rien de répréhensible ni de blâmable ; telle est la théorie que les tribunaux appliquent sous le nom de théorie de la liberté du travail.

Pour les syndiqués ces thèses sont fausses ; l'ensemble des travailleurs forme un corps ; les intérêts de tous sont solidaires ; nul ne peut abandonner la cause de ses camarades sans être considéré comme un traître. Ce qui caractérise la grève pour la conscience ouvrière c'est cette solidarité ; et Marx la définit très bien en disant que « la coalition a pour but de faire cesser la concurrence» entre les salariés (2).

La loi française du 27 décembre 1892, sur la conciliation, reconnaît, implicitement, l'existence de cette solidarité : en effet, si on se place au point de vue strictement individualiste, il n'y a point de con-

----

(1) Au point de vue du droit abstrait, que considèrent seul dans leurs argumentations les professeurs, les avocats et les juges, dont la fonction est d'appliquer aux questions débattues dans les prétoires une logique capable de satisfaire les esprits subtils ; mais le juriste philosophe n'ignore pas que la quantité peut avoir une valeur décisive pour la détermination de la qualité. (Cf. MARX, *loc. cit.*, page 133, col. 2.)

(2) Les idées que j'ai exposées ici, en 1898, se rattachent à une théorie juridique dont j'ai donné une esquisse dans la *Science sociale* en 1900 (novembre, pages 433-436). Les ouvriers croient posséder un droit au travail sur l'usine où ils sont occupés.

ciliation à tenter ; la grève a rompu tout lien de droit entre le patron et chacun de ses ouvriers (1) ; il n'existait que des contrats individuels avant la grève; comment peuvent-ils se transformer en obligations qui lieraient le patron et un *corps* avec lequel il n'a jamais traité ? C'est pour cette raison que bien souvent les industriels ne veulent pas se présenter devant le juge de paix : ils ne veulent pas reconnaître l'existence d'un corps qui aurait le monopole de la main-d'œuvre dans leur usine, tout comme jadis une corporation avait le monopole de la production dans nos villes.

Le législateur n'a pas osé aller bien loin dans cette voie ; il institue une procédure où figurent des délégués nommés par les ouvriers, mais il ne donne aucune sanction aux accords intervenus ; les délégués ne peuvent même imposer à leurs mandants la convention qu'ils ont signée. Un projet de loi a été déposé le 8 février 1894 par Jules Guesde pour donner une constitution aux groupements des travailleurs, qui devaient être assimilés « pour la gestion des intérêts de leurs membres aux sociétés capitalistes par actions » ; les auteurs de la proposition tiraient de ce principe des règles relatives à l'exercice du droit qu'aurait eu la majorité d'imposer la grève à la minorité ; mais ils ne s'occupaient point des conditions de la vie normale de cette société anonyme de fait. Il est peu probable que cette idée aboutisse d'ici longtemps à quelque chose de pratique (2).

(1) C'est ce que la Cour de cassation a maintes fois décidé.

(2) On s'est demandé si Jules Guesde songeait à faire aboutir vraiment un projet de réglementation des grèves ;

Les ouvriers considèrent que les grévistes doivent être tous repris, et ils n'hésitent pas à faire les plus grands sacrifices pour obtenir la réintégration de leurs camarades exclus. Je trouve ce principe exprimé, d'une manière très nette, dans une transaction intervenue à Limoges. « Les soussignés reconnaissent qu'en matière de grève et lorsque le conflit est éteint, les ouvriers en grève sans exception doivent reprendre leur travail primitif. » (1)

L'enquête sur le trade-unionisme que Paul de Rousiers a dirigée, nous fournit de très précieux renseignements sur le degré auquel s'est élevé l'esprit de corps des travailleurs anglais. Ainsi en 1897 on pensait que les *blacklegs* (ouvriers qui prennent la place des grévistes) disparaîtraient rapidement (2). Le marché collectif de travail devient de plus en plus l'usage : patrons et ouvriers se soumettent à des règles qui ont autant de force que si elles étaient fondées sur une loi ; le marché collectif est, pour Paul Rousiers, une nécessité imposée par les conditions de l'industrie moderne (3). Enfin, dans les régions où les syndicats sont bien organisés, les discussions pour l'application des tarifs ne se produisent plus

dans le *Socialiste* du 2 décembre 1900 a paru un extrait d'un article de Parvus, qui réduisait la proposition de Jules Guesde à une manifestation destinée à agiter les esprits.

(1) OFFICE DU TRAVAIL. *Statistique des grèves et des recours à la conciliation et à l'arbitrage pendant l'année 1894*, page 164.

(2) PAUL DE ROUSIERS, *Le trade-unionisme en Angleterre*, page 193.

(3) PAUL DE ROUSIERS, *op. cit.*, page 11, page 67, pages 337-333.

entre ouvriers et commis, mais entre fonctionnaires
des Unions ouvrières et patrons (1).

Voilà tout un système de droit nouveau qui s'est
développé au milieu de luttes et de difficultés sans
nombre ; les ouvriers ont eu besoin de trouver devant eux une autorité divisée en partis, par suite
incertaine dans ses plans, tantôt violente, tantôt plus
bienveillante (2) ; l'influence des conditions politiques de l'Angleterre est indéniable dans l'histoire
du trade-unionisme ; mais cette influence a été indirecte ; des obstacles juridiques ont été levés, des
facilités ont été données aux syndicats pour agir,
l'instruction populaire a été développée ; mais les
ouvriers peuvent bien se vanter d'avoir gagné eux-
mêmes leur cause, d'avoir produit dans le sein du
prolétariat inorganisé une organisation nouvelle et
indépendante de toute organisation bourgeoise.

Les syndicats ont d'ordinaire habilement manœu-
vré pour mettre l'opinion publique de leur côté ; c'est

(1) Paul de Rousiers, *op. cit.*, page 246, page 322.
(2) On a dit souvent que le prolétariat a devant lui une
masse réactionnaire; je citais, en 1898, contre cette opinion,
un article que Turati venait de publier dans la *Critica
sociale* du 16 septembre ; j'ajoutais : « Dans l'hypothèse
de la division en deux camps opposés, l'émancipation du
prolétariat dépendrait de la conquête du pouvoir par les
révolutionnaires politiques ; mais cette hypothèse étant
fausse, l'émancipation et l'éducation des classes ouvrières
peuvent être réalisées par les travailleurs eux-mêmes. »
La difficulté que paraît présenter la conception *dichotomique* de la société, ne paraîtra pas grande aux personnes
qui auront lu les pages par lesquelles se terminent les
Réflexions sur la violence ; elles y verront comment l'activité prolétarienne peut être tantôt conforme à cette conception *dichotomique,* tantôt mêlée à la vie bourgeoise.
(*Réflexions sur la violence,* pages 428-432.)

bien une lutte politique, celle qui s'établit entre des groupes ennemis pour obtenir la faveur de l'opinion ; c'est une lutte politique plus efficace souvent que celle qui se produit dans les assemblées parlementaires, car les lois sont inopérantes tant que l'opinion ne les soutient pas. Les Unions se sont imposées au respect de tout le monde: elles ont prouvé aux patrons qu'elles sont « des associations bien organisées et responsables » (1); elles ont ainsi conquis la reconnaissance effective de leur *capacité ;* elles sont devenues majeures en démontrant leur virilité.

En Angleterre, il s'en faut de beaucoup que le mouvement syndical ait acquis encore sa complète maturité. Plus d'une fois, on a vu des Unions, qui semblaient très bien lancées, se dissoudre ou, tout au moins, dépérir quand les associés n'ont plus senti d'une manière pressante la nécessité de l'union, quand ils ont cru que les résultats acquis étaient consolidés, quand ils ont trouvé trop dure l'obligation de payer toujours (2). Il faut « de l'intelligence, une certaine largeur d'idées, de l'*esprit public*, comme disent les Anglais, c'est-à-dire l'idée que les intérêts, pour être collectifs, n'en restent pas moins proches, pour décider l'ouvrier à répéter chaque semaine le prélèvement qu'il s'impose sur son salaire. » (3). Aussi, tous les observateurs s'accordent-ils à reconnaître que les trade-unions ont été une école excellente pour les travailleurs, dont la moralité a été transformée ; les syndicats sont partout formés des meilleurs élé-

---

(1) PAUL DE ROUSIERS, *op. cit.,* page 26
(2) PAUL DE ROUSIERS, *op. cit.,* page 154, page 300.
(3) PAUL DE ROUSIERS, *op. cit.,* page 41.

ments du corps de métier. L'expérience a montré qu'il n'y a pas avantage à multiplier les adhésions au détriment de la qualité : « On s'affaiblit en absorbant des éléments faibles », disait (1) à Paul de Rousiers un membre important de la société des mécaniciens. De là résulte que beaucoup d'ateliers embauchent de préférence des ouvriers syndiqués qui leur semblent offrir les garanties que l'on s'attend ordinairement à rencontrer chez des hommes ayant été sélectionnés par des épreuves d'ordre moral ; même pour les travaux des docks les employeurs trouvent intérêt à s'adresser aux hommes des Unions (2).

Dans quelques localités, là où l'industrie n'a pas pris complètement l'allure moderne, pour quelques professions exceptionnelles, on trouve encore dans les Unions des allures corporatives. Paul de Rousiers estime que ces survivances du passé disparaîtront (3). En général, les syndiqués ne poursuivent pas une fin égoïste, destinée à leur donner des privilèges ; ils poursuivent une fin générale, la réalisation d'un règlement dont profiteront tous les ouvriers, même ceux qui ont rendu leur lutte plus pénible, par leur

1) PAUL DE ROUSIERS, *op. cit.*, page 93.
(2) PAUL DE ROUSIERS, *op. cit.*, page 132, page 272
(3) PAUL DE ROUSIERS, *op. cit.*, page 44, page 51, page 67, page 94, page 334. — L'opinion de Paul de Rousiers me semble aujourd'hui contestable ; il faut distinguer deux classes d'entreprises : dans celles qui ont un champ d'action pratiquement illimité (filatures du Lancashire), le travail est ouvert à tout le monde; dans celles dont l'expansion est généralement limitée (bâtiment), des mesures de protectionnisme corporatif semblent appelées à se maintenir. Chez les constructeurs de navires en fer, l'enquête de Paul de Rousiers a signalé un esprit très étroitement corporatif (pages 248-251).

apathie ou leur lâcheté. Une appréciation intelligente de leurs intérêts particuliers conduit les grandes Unions à prendre en main, au cours des conflits industriels, la protection de tous les travailleurs dont la vie est atteinte par l'arrêt des entreprises ; ainsi les mécaniciens, durant les grèves de la Clyde en 1893, ont, non seulement soutenu leurs adhérents, mais encore alloué des secours aux non-unionistes et aux membres de sociétés trop faibles pour supporter de lourdes charges (1).

Les Unions anglaises sont très divisées, depuis quelques années, sur la question des *benefits* : les plus anciennes perçoivent des taxes élevées et distribuent à leurs adhérents des secours en cas de maladie, de chômage, d'accidents, font même des pensions aux vieillards ; elles sont, à la fois, sociétés de résistance et sociétés de secours mutuels. Ce système a donné des résultats excellents tant qu'on n'a cherché à unir que des ouvriers d'élite, recevant de forts salaires : ainsi, l'Union des mécaniciens exige une cotisation de 2 fr. 50 par semaine, celle des charpentiers 1 fr. 25. Quand les vieux syndicats ont ouvert, petit à petit, leurs rangs aux ouvriers auxiliaires, aux *unskilled,* peu de ceux-ci ont pu profiter du nouveau règlement, parce que leurs ressources étaient trop faibles. Quand on a voulu former des syndicats avec des ouvriers trop mal payés, comme les ouvriers agricoles ou les dockers, la difficulté a été bien plus grande, parce que des cotisations d'un sou par jour étaient déjà assez fortes pour décourager bien des travailleurs. Alors s'est propagée l'idée qu'il fallait

(1) PAUL DE ROUSIERS, *op. cit.*, page 262.

limiter à la lutte le rôle des Unions et supprimer les *benefits.*

La tactique des nouvelles Unions s'explique parfaitement par les nécessités de la situation ; mais on a voulu lui donner une base théorique et on a eu tort, à mon humble avis. L'expérience ayant montré combien il est difficile de maintenir les ouvriers dans les syndicats, il semble étrange d'abandonner les moyens puissants que fournissent les sentiments provoqués par l'idée mutualiste. D'ailleurs, chez les dockers même, dont l'Union avait été tout d'abord conçue dans un esprit tout opposé à celui du vieux trade-unionisme, on a très vite reconnu qu'il serait utile de donner un secours de 100 fr. en cas de décès (1).

Dans cette question, comme dans toutes les questions pratiques, il y a une juste mesure à garder ; les règlements des anciennes Unions n'étaient pas assez élastiques ; il ne faudrait pas rendre obligatoires les versements pour tous les *benefits*, de manière à ne pas éloigner les moins fortunés ; les assurances en cas de chômage et en cas de maladie pourraient être seules obligatoires ; mais les types à adopter varient suivant les circonstances. Si la qualité est un élément essentiel de succès, il ne faut pas non plus négliger, trop complètement, le nombre, aussi

---

(1) Cette mesure fut adoptée sur la proposition de Tom Man et de Ben Tillet (PAUL DE ROUSIERS, *op. cit.*, page 168). — Les chefs de ce groupe semblent s'être trompés en croyant qu'ils maintiendraient la solidarité par une agitation incessante ; ils connurent de graves échecs (pages 171-173). — De 1890 à 1895, le nombre des dockers compris dans les deux Unions de Londres et de Liverpool tomba de 90.000 à 25.000 (pages 161-162).

bien dans les luttes sociales que dans les batailles. La question de principe ne paraît pas devoir faire de doute : réduire les syndicats à n'être que des sociétés de résistance, c'est opposer une barrière formidable au développement du prolétariat ; c'est s'exposer à le livrer à l'influence prépondérante des démagogues bourgeois, en réduisant l'importance des forces économiques qui peuvent contribuer à maintenir l'autonomie de la classe ouvrière (1) ; c'est l'empêcher d'élaborer, conformément à sa manière propre de vivre, les principes nouveaux de son droit ; c'est, en un mot, lui refuser la possibilité de devenir une classe *pour lui-même*. Les sociétés mutuelles fondées par les syndicats ne fonctionnent point sur les mêmes principes que les caisses bourgeoises ; au lieu de s'inspirer de l'association des capitaux, elles gardent une allure de solidarité prolétarienne (2).

Plus il se produit de relations distinctes dans le milieu inorganisé et confus des travailleurs, plus

(1) Le mutualisme est évidemment propre à entretenir ectte vie instinctive, sans laquelle le mécanisme social ne saurait avoir de stabilité, comme je l'ai indiqué dans la note de la page 80.

(2) Un des collaborateurs de Paul de Rousiers a été très frappé des règles suivies par les mécaniciens. Leur Union est divisée en *branches*, qui administrent chacune sa propre caisse ; mais le Comité central exige que l'avoir soit partout en égale proportion avec le nombre de membres ; c'est pourquoi il procède, de temps à autre, à un prélèvement sur les fonds des *branches* riches pour doter les branches pauvres. « Tel est l'esprit de solidarité et, disons-le aussi, la claire notion de leurs véritables intérêts [que] chacun sent d'instinct que de cette assistance mutuelle dépend la force de la collectivité. » (PAUL DE ROUSIERS, *op. cit.*, page 268.)

on est sûr qu'il s'élabore de nouveaux éléments de
réorganisation sociale. On parle beaucoup d'organiser le prolétariat : mais organiser ne consiste point
à placer des automates sur des boîtes ! L'organisation est le passage de l'ordre mécanique, aveugle,
commandé de l'extérieur, à la différenciation orga-
nique, intelligente et pleinement acceptée ; en un
mot, c'est un développement moral. On n'y parvient
que par une longue pratique et une expérience acquise dans la vie. Toutes les institutions se sont formées de la même manière ; elles ne résultent pas de
décisions de grands hommes d'Etat, non plus que de
calculs de savants ; elles se font en embrassant et
condensant tous les éléments de la vie. Pour quelle
cause le prolétariat échapperait-il donc à la nécessité de *se faire* par cette voie ?

Une chose m'a toujours frappé d'étonnement, c'est
l'aversion de très nombreux marxistes pour la coopération : on soutient que les ouvriers, une fois
occupés de menus détails d'épicerie et de boulangerie, seraient perdus pour le socialisme et cesse-
raient de comprendre la lutte des classes. De cette
desertion résulterait, au moins pour l'Italie, l'influence de l'esprit petit bourgeois dans le parti socialiste (1). Que met en évidence cette désertion dont
on se plaint ? Une seule chose : la mauvaise composition du parti socialiste italien ; et cette mauvaise
composition résulte de nombreux articles publiés
dans la *Critica sociale*. L'épreuve de la pratique
est la véritable épreuve des idées : au contact de la
vie économique, dès qu'il s'agit de sortir des dissertations vagues, si les ouvriers s'aperçoivent que leurs

(1) *Critica sociale,* 1ᵉʳ sept. 1897, page 262.

chefs ne sont pas capables de les diriger, ils les abandonnent. Les chefs du mouvement sociailste sont faits pour servir les hommes, de même que la théorie est faite pour la pratique. Qu'arriverait-il donc, si, après la révolution sociale, l'industrie devait être dirigée par des groupes incapables de mener aujourd'hui une coopérative ?

Je ne pense pas que la révolution sociale puisse ressembler à une scène de l'Apocalypse. On raille parfois les anciens idéalistes qui croyaient à l'influence souveraine de l'éducation, et on assure, avec le plus grand sérieux, que les hommes se transformeront sous l'influence de la nouvelle économie ! Mais a-t-on fait ainsi grand progrès ? Comment sait-on que ce changement se produira dans les limites où on espère le voir se produire ? Comment sait-on qu'une nouvelle économie pourra fonctionner d'elle-même ? Ne nous cache-t-on pas le moteur de toute cette éducation, le *bon despote* imaginé par tant de philosophes ? En tout cas, cela est bien utopique. C'est dans le sein de la société capitaliste que doivent se développer, non seulement les forces productives nouvelles, mais encore les relations d'un nouvel ordre social, ce qu'on peut appeler les forces morales de l'avenir. Avant que ces forces morales aient atteint une certaine maturité, quand elles sont encore indistinctes, on vit, en apparence, d'après les règles du passé ; mais en poussant à bout ces règles, en les employant à des usages nouveaux et imprévus, on les use et on les ruine petit à petit (1).

_____

(1) C'est là une des lois les plus importantes de l'histoire des transformations sociales, une de celles qui tiennent de plus près à la conception matérialiste de Marx. D'anciens

Sans doute, les coopératives ne sont pas des institutions spécifiquement socialistes ; elles peuvent
même être dirigées dans le but de combattre la propagande socialiste. Mais toutes les institutions présentent le même caractère *formel :* elles ne sont rien
que par ce qu'on met dedans ; mais elles peuvent
se prêter plus ou moins à recevoir une semence socialiste ; elles peuvent faciliter ou gêner indirectement le mouvement prolétarien.

Quand les coopératives n'auraient pour résultat
que de rendre la vie matérielle moins dure aux ouvriers, ne serait-ce pas déjà un énorme résultat ?
L'expérience avait déjà montré au célèbre agronome
du XVIII° siècle, Arthur Young, que les ouvriers
les mieux rétribués étaient les plus enclins à la résistance (1) ; tous les auteurs sont aujourd'hui unanimes pour reconnaître que la misère est un grand
obstacle aux progrès du socialisme. Mais elles ont un
effet bien plus direct encore en ce qu'elles enlèvent
le travailleur à la direction du boutiquier, ce grand
électeur de la démocratie bourgeoise ; ce n'est pas
un mince résultat (2).

---

rapports juridiques, avant de disparaître, règlent, pendant
longtemps, une vie nouvelle.

(1) De THOROLD ROGERS notons l'observation suivante :
« Il ne s'aperçoit pas que les gens qui jouissent d'un bien-
être relatif peuvent seuls se permettre de manifester leur
mécontentement, et que son expression est rare partout où
règnent le désespoir et la misère. » (*Travail et salaires en
Angleterre depuis le XIII° siècle,* trad. franç., page 359.)

(2) Les radicaux et les socialistes bourgeois ne paraissent pas aimer beaucoup les coopératives. Dans un journal,
distribué par le Comité électoral d'André Lefebvre en 1896
(*Journal de Neuilly-Boulogne,* 27 décembre), on lisait les
déclarations suivantes faites par ce candidat socialiste —

Les syndicats peuvent exercer une grande influence sur les coopératives, en les commanditant, surtout au moment de leur formation : il dépend d'eux de les animer de l'esprit prolétarien, de les empêcher de se transformer en simples économats, de faire disparaître tout ce qui rappelle l'association capitaliste. Ce qu'il est essentiel d'obtenir, c'est que les coopératives développent dans la classe ouvrière des notions juridiques nouvelles : les notions de vendeur-acheteur, prêteur-emprunteur, sont celles qui dominent la vie des travailleurs dans leurs relations avec le boutiquier : qu'elles disparaissent pour faire place à des notions dérivant de la mutualité et de la solidarité.

Je trouve dans un livre de Georges d'Avenel un détail qui paraîtra minime à plus d'un lecteur, mais dont l'importance me semble très grande. « Dans les statuts [de la Moissonneuse] votés en assemblée générale, *l'union libre* jouit des mêmes égards et confère les mêmes droits que le *mariage légal*. Au décès d'un sociétaire, dit l'article 15, sa veuve, *sa compagne,* ou ses enfants peuvent faire opérer le

---

soutenu par le groupe socialiste de la Chambre et un fils d'Israël millionnaire — : « Le candidat déclare qu'il n'est pas partisan de la coopération, parce qu'elle est souvent funeste pour les coopérateurs eux-mêmes et qu'elle ne profite qu'aux gros patrons. Le premier résultat de la coopération a toujours été de provoquer à bref délai la baisse des salaires. » Le président du syndicat de l'épicerie appuyait André Lefebvre en ces termes : « Puisque les socialistes sont les seuls qui veuillent bien prendre en main notre cause, c'est à nous... d'aller immédiatement et franchement à eux. Votez tous pour le citoyen Lefebvre... Vous aurez en lui un digne représentant, un mandataire fidèle et un défenseur dévoué. »

transfert à leur nom de son action ». (1). Voilà bien un droit nouveau proclamé et appliqué, en opposition avec le droit ancien, et en opposition avec des parties de ce droit que l'on considère ordinairement comme fondamentales. Il n'est pas sans intérêt de rappeler ici que l'une des premières manifestations du droit canonique primitif paraît avoir été le décret du pape Calliste, autorisant des *unions chrétiennes* dans des cas où la loi impériale interdisait de *justes noces* (2).

V

Les trades-unions anglaises sont loin d'embrasser une fraction aussi considérable qu'on le croit souvent des classes ouvrières. Un directeur d'une compagnie de docks disait à l'un des collaborateurs de Paul de Rousiers : « Le trade-unionisme comprend tout au plus un sixième ou un septième des travailleurs ; il n'y a pas lieu de se préoccuper outre mesure de ce que peut faire cette minorité. » Mais, observe l'auteur, comment se fait-il donc que les employeurs soient si embarrassés en temps de

---

(1) G. D'AVENEL, *Le mécanisme de la vie moderne*, 1re série, page 211.

(2) La matrone ne pouvait même contracter le concubinat avec un esclave. Au temps de Marc-Aurèle, il fut décidé qu'une femme *clarissime* perdrait son titre en se mariant à un homme d'un rang inférieur au sien. Calliste permit aux femmes chrétiennes constituées en dignité « de prendre pour époux soit un esclave, soit un homme libre de toute condition, et de le considérer comme époux légitime quand même, selon la loi, elles ne pourraient être valablement mariées avec lui ». (PAUL ALLARD, *Les esclaves chrétiens,* 3e édition, pages 288-294.)

grève ? « L'influence morale du trade-unionisme s'étend bien au-delà des 1.500.000 hommes environ qui représentent sa force numérique ; ces 1.500.000 hommes sont comme l'effectif de paix de l'armée du travail ; en temps de guerre les engagés volontaires affluent.... Il est heureux que les non-unionistes prennent peu à peu l'habitude de se ranger sous les ordres des chefs des Unions », parce que ceux-ci parviennent généralement à empêcher les foules de commettre des excès (1).

Bien des personnes croient que les remarquables résultats obtenus en Angleterre justifient l'idée de restaurer les corporations obligatoires ; j'ai déjà dit que Paul de Rousiers considère la corporation comme une forme économique vieillie, incompatible avec les conditions de la grande industrie moderne. De ce qu'on a obtenu d'excellents effets par l'organisation d'un nombre considérable de travailleurs, il ne faut pas conclure que les choses iraient encore beaucoup mieux en les organisant tous : les sophismes de ce genre sont fréquents dans la science sociale pratiquée par les débutants. Le succès des trade-unions provient d'une sélection particulière exercée dans les corps de métier : cette sélection justifie, aux yeux de Paul Rousiers, certains actes que l'on est habitué chez nous à incriminer et à rapporter à la *tyrannie des syndicats*. Dans l'industrie du bâtiment les Unions cherchent à exclure les non-unionistes des grands chantiers et elles y arrivent assez généralement, si bien qu'elles parviennent à englober la grande majorité des travailleurs.

(1) PAUL DE ROUSIERS, *Le trade-unionisme en Angleterre*, page 193.

Notre auteur apprécie ainsi ces mesures inspirées
par des traditions corporatives : « Ramenée à ses
justes proportions, la tyrannie des syndicats... perd
ce caractère terrorisant que lui prêtent complai-
samment certaines imaginations ; surtout elle n'est
pas générale et elle s'exerce toujours sur un personnel extrêmement restreint et peu digne d'intérêt. » (1).

Au degré de développement atteint par beaucoup
de sociétés ouvrières, le principe nouveau n'est pas
encore complètement dégagé des traditions corporatives ; aussi, je ne cite pas l'exemple des ouvriers
du bâtiment comme un exemple irréprochable ; je
veux seulement montrer que des actes assez contestables peuvent paraître justifiés par la capacité supérieure des syndiqués ; ceux-ci donnent (sans
espoir d'avantages exclusivement personnels) leur
temps et leur argent ; ils acquièrent ainsi le droit
incontestable au gouvernement de leur groupe.

Il ne semble pas trop désirable que la proportion des syndiqués devienne extrêmement forte dans
un métier, non seulement parce que la sélection est

---

(1) PAUL DE ROUSIERS, *op. cit.*, page 93. — Cet habile
observateur dit qu'en Angleterre on raisonne sur la liberté
d'après « une règle de bon sens qui pourrait se traduire
ainsi : L'homme honnête et capable ne doit pas être entravé
dans son action par l'incapacité des autres. Il résulte de
là que si la négligence, la paresse, l'incapacité ou la mauvaise volonté d'hommes inférieurs ou malhonnêtes créent
un obstacle à cette action, on considère comme légitime de
porter atteinte à leur liberté » (page 95). Il est évident que
Paul de Rousiers assimile implicitement les trade-unions
à des *autorités sociales* qui sont obligées parfois de gêner
quelques individus pour assurer les conditions de la prospérité générale.

moins sévère, mais encore parce qu'alors l'esprit exclusivement corporatif se développe. On ne saurait, évidemment, poser aucune règle ; les proportions les plus avantageuses varient d'un corps de métier à un autre, suivant mille circonstances locales.

Nous nous trouvons en présence d'un principe vraiment nouveau, qui bouleverse toutes les idées que les théoriciens ont cherché à vulgariser depuis un siècle. *Le gouvernement par l'ensemble des citoyens* n'a jamais été qu'une fiction ; mais cette fiction était le dernier mot de la science démocratique. Jamais on n'a essayé de justifier ce singulier paradoxe d'après lequel le vote d'une *majorité chaotique* fait apparaître ce que Rousseau appelle la *volonté générale* qui ne peut errer. Souvent, les écrivains socialistes, malgré leur mépris pour les utopistes du XVIIIe siècle, reproduisent l'idée de Rousseau : ils disent que l'État n'existera plus, parce que les classes ayant disparu, il n'y aura plus d'oppression dans la société et qu'alors l'administration publique représentera vraiment la collectivité. Ce sont des affirmations sans commencement de preuves (1).

(1) En 1898, je ne m'étais pas encore rendu compte du véritable fonctionnement des institutions dites démocratiques dans les vieux cantons suisses, auxquels Rousseau a si souvent pensé d'une façon en quelque sorte instinctive. (C'est ce qui a empêché tant de lecteurs de comprendre ses théories, dont les bases réelles demeurent cachées.) Les *autorités sociales* y jouissent d'une influence prépondérante. On a retrouvé un système fort analogue de gouvernement dans les villages kabyles : tout s'y décide en assemblée générale ; mais les notables seuls donnent leur avis.

Rousseau, d'ailleurs, posait comme condition de son paradoxe la disparition de toutes brigues et factions : mais c'est une hypothèse terriblement invraisemblable ; car, en fait, l'histoire c'est l'histoire des factions politiques qui s'emparent de l'Etat et y exercent leur petite industrie déprédatrice (1).

Ce que nous trouvons ici, n'est pas une nouveauté au point de vue strictement formel : la nouveauté réside dans le mode de sélection et dans le but de la sélection. Les groupements anciens étaient surtout politiques, c'est-à-dire constitués principalement pour la conquête du pouvoir ; ils recueillaient tous les gens audacieux, n'ayant qu'une médiocre aptitude pour gagner leur vie par le travail (2). Les groupements nouveaux sont professionnels : ils ont pour base le mode de production de la vie matérielle et ils ont en vue les intérêts industriels ; ils sont donc susceptibles, d'après les principes du matérialisme historique, de servir de support à la structure socialiste.

Ces explications étaient nécessaires pour justifier une résolution du congrès du parti ouvrier français tenu à Romilly en 1895 : « Le congrès se prononce

(1) Parfois le gouvernement du parti organisé est crûment mis à nu, comme cela a eu lieu pour les Guelfes de Florence et nos Jacobins durant la période du gouvernement révolutionnaire.

(2) « Voyons-nous sur la carte d'un monsieur qu'il est député ? Aussitôt nous sommes prévenus contre lui ; nous supposons que ce doit être quelque raté, échoué là faute d'avoir pu réussir dans la carrière où il était entré. *Et cela est quelquefois injuste...* Politiciens et littérateurs, occupés, ceux-là, à nous exploiter et ceux-ci à nous amuser, vivent pareillement en dehors de la nation. » (R. Doumic, *Débats*, 21 sept. 1897).

en faveur d'une loi rendant obligatoires pour tous les ouvriers d'un même métier, syndiqués ou non syndiqués, les décisions du syndicat en matière de tarifs ou de salaires et, en général, pour toutes les conditions du travail. » Ce vœu a passé à peu près inaperçu (1) et on n'en a guère compris la portée en France : il tend à rendre légal ce qui est devenu la pratique des syndicats anglais : il consacre le principe du gouvernement par les groupes professionnels sélectionnés, c'est-à-dire le nouveau principe politique du prolétariat. A une égalité purement idéale et utopique se substituerait *la juste et réelle égalité organisée* (2).

Mais des principes de ce genre ne passent point dans la pratique par de simples décrets ; il faut que les syndicats prouvent leur capacité juridique. C'est déjà beaucoup de pouvoir constater que le principe est clairement reconnu ; mais il y a mieux encore : les syndicats sont entrés en lutte pour conquérir, fragmentairement, les nouveaux pouvoirs. Dans cette lutte, ils se trouvent en concurrence avec les pou-

---

(1) En partie probablement à cause des nombreux articles dans lesquels Jules Guesde avait jadis déclaré que son parti ne cherchait pas tant à faire aboutir des réformes (à la manière du parti *possibiliste*) qu'à montrer aux ouvriers qu'il existe une contradiction absolue entre leurs aspirations et la législation bourgeoise. — D'après Malon, Jules Guesde aurait eu beaucoup de peine à faire accepter par Marx l'article du programme de 1880, relatif à la fixation d'un salaire minimum. (*Revue socialiste,* janvier 1887, page 54.) Cet article était évidemment excellent pour l'agitation.

(2) Les syndicats apparaissent ici comme étant fort analogues à des *autorités sociales* qui exercent un contrôle sur les conditions normales du travail.

voirs constitués en vertu des principes de la démocratie bourgeoise.

La démocratie ne tient guère à la liberté du travail telle que la définissent les économistes ; la coercition ne lui fait pas peur ; en général les radicaux aiment assez à manier l'autorité ; ils ont du goût pour la police et leur main n'est pas légère. Il leur paraît tout simple que les difficultés économiques se règlent par la décision des pouvoirs publics ; aussi accepteraient-ils volontiers les corporations obligatoires régies par la commune ; l'autorité municipale ferait des règlements généraux pour établir les conditions du marché collectif (1).

Bien des personnes estiment que les bureaux de placement devraient être municipalisés : actuellement ce n'est pas une industrie libre ; ce sont des *offices*, tout comme les charges de commissaires priseurs, de facteurs aux halles, etc. On se demande s'il ne vaudrait pas mieux, tant dans l'intérêt des ouvriers que pour éviter des abus immoraux, changer le mode d'exploitation de ces offices et faire faire leur travail par des employés municipaux. Dans beaucoup de villes, on a établi des bureaux de placement gratuit ; la généralisation de cette mesure n'est pas pour déplaire aux radicaux. Mais les syndicats ont très bien compris que s'ils pouvaient obtenir l'administration des placements, cette conquête serait pour eux d'une très grande importance, non seulement par l'autorité qu'ils auraient sur les travailleurs du métier, mais surtout parce qu'ils auraient arraché à l'autorité politique traditionnelle un lambeau de son pouvoir.

(1) C'est bien ce qu'on a essayé de faire pour Paris.

Il y a quelques années, on a créé des délégués mineurs pour suppléer à l'insuffisance de la surveillance administrative ; on a suivi pour leur désignation la vieille tradition démocratique ; on a laissé de côté les syndicats. Il en a été de même quand il a fallu organiser les caisses de retraite et de secours : on a fait appel à l'élection directe, au lieu de donner aux syndicats un nouveau champ d'activité. En fait, les syndicats s'efforcent de conquérir indirectement ce pouvoir de surveillance, en agissant sur les électeurs ; quand ils l'auront acquis d'une manière générale et indirecte, le législateur sera forcé de le leur reconnaître et de supprimer la fiction d'un vote inutile (1).

Tout le monde se plaint de la surveillance exercée sur les ateliers industriels ; les inspecteurs sont trop peu nombreux et leur bonne volonté (quand ils en ont) est détruite par l'inertie administrative ou même réfrénée par les pouvoirs publics. La solution des radicaux est très simple : multiplier les fonctionnaires, pour fournir des emplois aux Intellectuels sans travail (2). La solution socialiste est plus simple et plus économique : charger les syndicats de faire faire l'inspection ; on serait ainsi assuré que celle-ci serait sérieuse et pratique.

Enfin, n'est-il pas évident que les syndicats seraient bien plus aptes que les employés municipaux

(1) Et qui peut être nuisible par suite de l'intrusion des politiciens.

(2) Quand il arrive un accident de chemin de fer, vite on demande le renforcement du contrôle, la nomination de nouveaux fonctionnaires ; le contrôle ne cesse pas de marcher de plus en plus mal, au fur et à mesure qu'on le renforce et qu'on le réorganise.

à s'occuper de toutes les questions d'assistance ? Là
encore leur intervention serait plus efficace et moins
chère que celle des corps constitués.

Telles sont les premières conquêtes que peuvent
poursuivre les syndicats dans le domaine politique;
il faut qu'ils arrachent ces pouvoirs petit à petit, en
les réclamant sans cesse, en intéressant le public à
leurs efforts, en dénonçant sans relâche les abus,
en montrant l'incapacité ou l'improbité des administrations publiques. Ils arriveront ainsi à enlever
aux formes antiques, conservées par les démocrates,
tout ce qu'elles ont de vie et ne leur laisseront que
les fonctions rebutantes de guet et de répression.
Alors une société nouvelle aura été créée avec des
éléments complètement nouveaux, avec des principes purement prolétariens. Les sociétés de résistance auront fini par agrandir tellement leur champ
d'action qu'elles auront absorbé presque toute la
politique.

La voilà, telle que je la comprends, d'après la
conception matérialiste de l'histoire, la lutte définitive pour les pouvoirs politiques. Ce n'est pas une
lutte pour prendre les positions occupées par les
bourgeois et s'affubler de leurs dépouilles ; c'est
une lutte pour vider l'organisme politique bourgeois
de toute vie et faire passer tout ce qu'il contenait
d'utile dans un organisme politique prolétarien,
créé au fur et à mesure du développement du prolétariat.

VI

Il me reste à traiter un sujet fort difficile et que je n'aurais peut-être pas abordé si je n'avais trouvé dans un livre récent de Durkheim (1) des thèses qui sont de nature à consolider le matérialisme historique. La partie faible du socialisme est la partie morale : ce n'est pas que bien des auteurs socialistes n'aient écrit sur ce sujet des pages éloquentes ; mais les amplifications oratoires sont faciles quand il s'agit de morale ; ce sont toujours à peu près les mêmes choses qui se répètent ; et toutes les homélies ont eu, jusqu'ici, peu d'influence sur les hommes.

(1) E. Durkheim me paraît avoir fait ses recherches sur le suicide dans le but de fournir des arguments scientifiques aux écrivains qui dénoncent l'abaissement de nos mœurs actuelles. On admet, en effet, d'ordinaire comme une chose évidente que la multiplication des suicides est un indice très sûr de graves troubles moraux ; il convient de ne pas serrer de trop près une telle relation, et on a pu très justement reprocher à E. Durkheim d'avoir abusé de la statistique, quand, par exemple, il croit y trouver des indications propres à montrer aux législateurs les inconvénients des divorces trop faciles et de l'insuffisance de l'enseignement donné aux filles. (*Le suicide. Etude de sociologie,* pages 442-444.) — Les causes économiques semblent à E. Durkheim insuffisantes pour expliquer la rapide aggravation de ce qu'il nomme les courants *suicidogènes.* « Il est certain, dit-il, que, à tous les degrés de la hiérarchie sociale, le bien-être moyen s'est accru, quoique cet accroissement n'ait peut-être pas toujours eu lieu dans les proportions les plus équitables. Le malaise dont nous souffrons ne vient donc pas que de ce que les causes objectives de souffrances ont augmenté en nombre ou en intensité ; il atteste non pas une plus grande misère économique, mais une alarmante *misère morale* » (page 445).

Il serait criminel de pousser à une révolution sociale qui aurait pour résultat de mettre en péril le peu de moralité existant. Dans un discours prononcé à Montigny-sur-Sambre, qui a été très souvent cité par les journaux français, E. Vandervelde disait : « Si les travailleurs triomphaient sans avoir accompli les évolutions morales qui sont indispensables, leur règne serait abominable et le monde serait replongé dans des souffrances, des brutalités et des injustices aussi grandes que celles du présent. »

Sans doute il est inexact de dire que la question sociale est une question morale, quand on entend cette formule dans le sens que lui donnent certains philosophes. Mais, d'autre part, il faut dire aussi que les transformations économiques ne peuvent se réaliser si les travailleurs n'ont pas acquis un degré supérieur de culture morale (1). La notion même de l'interdépendance des phénomènes, qui fait le fond du matérialisme historique, rend la chose évidente : cependant, on voit souvent les disciples de Marx montrer une insouciance étonnante dès qu'il est question de morale ; cela tient à ce qu'ils ont reconnu que les principaux remèdes proposés par les philosophes sont d'une faible efficacité. E. Durkheim écrit avec beaucoup de raison : « Quand on dit d'une affection individuelle ou sociale qu'elle est toute morale, on entend d'ordinaire qu'elle ne relève d'aucun traitement effectif, mais ne peut guérir qu'à l'aide d'exhortations, d'objurgations mé-

---

(1) Selon G. de Molinari, cette culture est restée au-dessous de ce qui convient au régime industriel actuel. (*Science et religion*, pages 188-194).

thodiques et en un mot par une action verbale...
On ne voit pas que c'est appliquer aux choses de
l'esprit les croyances et les méthodes que le primitif
applique aux choses du monde physique. De même
qu'il croit à l'existence de mots magiques qui ont le
pouvoir de transmuter un être en un autre, nous
admettons... qu'avec des mots appropriés on peut
transformer les intelligences et les caractères...
Nous pensons que si nous énonçons avec chaleur
notre désir de voir s'accomplir telle ou telle révolution, elle s'opérera spontanément. » (1).

G. de Molinari fait appel à l'influence religieuse (2);
E. Durkheim la croit peu efficace : « Quand elle
n'est plus qu'un idéalisme symbolique, qu'une philosophie traditionnelle, mais discutable, et *plus
ou moins étrangère à nos occupations quotidiennes,*
il est difficile qu'elle ait sur nous beaucoup d'influence » (3). L'éducation ne lui semble avoir aussi
qu'une action bien limitée : « Le milieu artificiel de

---

(1) E. DURKHEIM, *op. cit.*, page 445.

(2) G. DE MOLINARI, *op. cit.* 94 : « C'est, dit-il, la religion
qui, dans l'enfance de l'humanité, a élevé l'édifice de la
morale; c'est elle qui la soutient et qui peut seule la soutenir. » Il espère que le catholicisme acceptera les idées
essentielles des progrès modernes qu'il avait condamnées
au temps de Pie IX (pages 207-208).

(3) E. DURKHEIM, *op. cit.*, page 431. — L'auteur a suivi
peut-être trop fidèlement l'enseignement que venait de
donner Th. Ribot dans la *Psychologie des sentiments* (publiée en 1896). Suivant le professeur du Collège de France,
« la religion tend à devenir une philosophie religieuse »,
en perdant ses valeurs affectives et en laissant ses fidèles
donner à ses rites un sens symbolique, qui les met au
même rang que des métaphores (pages 307-310, pages 313-
314). A cette époque, le catholicisme paraissait bien entraîné
par des forces immanentes à subir cette déliquescence, que

l'école ne peut préserver [l'enfant] que pour un temps et faiblement. A mesure que la vie réelle le prendra davantage, elle viendra détruire l'œuvre de l'éducateur. » (1).

On comprend que plus d'un socialiste, après avoir constaté, comme E. Durkheim, l'impuissance des méthodes que l'on préconise pour moraliser les peuples, soit arrivé à une conclusion sceptique et ait écrit que le monde futur s'arrangerait comme il pourrait. Sans doute, nous n'avons pas à déterminer ce qui existera plus tard : l'histoire n'a aucun moyen pour prévoir ; mais la question est posée pour le présent et elle est d'ordre urgent. Il faut reconnaître cependant qu'elle est mal posée : il ne s'agit pas de savoir quelle est la meilleure morale, mais seulement de déterminer s'il existe *un mécanisme capable de garantir le développement de la morale.*

E. Durkheim, cherchant quel mécanisme pourrait arrêter la désorganisation morale, que révèle l'accroissement continu du nombre des suicides, ne trouve de ressources que dans les groupements professionnels. «En dispersant les seuls groupes qui pussent rallier avec constance les volontés individuelles, nous avons brisé de notre propre main *l'instrument désigné de notre réorganisation morale.*» (2). — «Puisque [la corporation] est composée d'individus qui se livrent aux mêmes travaux et dont les intérêts sont solidaires, ou même confondus,

le protestantisme libéral avait réalisée complètement ; mais il serait téméraire aujourd'hui d'affirmer que les catholiques tendent à ne plus croire à la vertu des sacrements.
(1) E. DURKHEIM, *op. cit.,* page 428.
(2) E. DURKHEIM, *op. cit.,* page 439.

il n'est pas de terrain plus propice à la formation d'idées et de sentiments sociaux » (1). Grâce à la renaissance du régime corporatif, la société moderne jouirait de cette *intégration* modérée, qui, d'après l'interprétation donnée par E. Durkheim aux statistiques des suicides, serait si bienfaisante pour les citoyens (2). Mais la corporation où l'esprit administratif tend nécessairement à dominer, est bien inférieure, sous ce rapport, au syndicat dans lequel se groupent les travailleurs qui ont fait preuve, à un degré particulièrement élevé, de capacités productives, d'énergies intellectuelles et de dévouement pour les camarades, au sein duquel la liberté est en voie d'organisation, et où, en raison des nécessités des luttes économiques, la volonté de solidarité est toujours fortement tendue (3). Nous avons donc de

(1) E. DURKHEIM, *op. cit.*, page 435.

(2) E. DURKHEIM, *op. cit.*, pages 222-232 et *passim.* — Les faits relevés par E. Durkheim sont susceptibles d'une interprétation plus psychologique et conséquemment plus profonde que la sienne. Dans les crises très graves de la volonté, l'individu a besoin de se sentir soutenu par une force qui inspire le respect autour de lui : il peut recevoir une aide efficace d'*autorités sociales ;* il peut également en recevoir d'un groupe dans lequel existe un puissant esprit de corps. Nous arrivons ainsi à reconnaître, comme E. Durkheim, la bienfaisance des associations professionnelles ; mais nous sommes à même de mieux déterminer qu'il ne le fait les causes de cette bienfaisance.

(3) Par ce caractère de tension constante de la volonté, les syndicats se rapprochent fort des *autorités sociales,* qui ne remplissent bien leurs fonctions censoriales que si elles sont dominées par un sentiment passionné des devoirs imposés par la tradition ; quand cet état psychologique dégénère, elles se transforment en une oligarchie contre laquelle se révoltent les hommes qu'elles auraient dû protéger.

bonnes raisons pour penser que les syndicats pourraient être de puissants mécanismes de moralisation.

Les collaborateurs de Paul de Rousiers nous ont donné, dans le livre déjà si souvent cité, de nombreux témoignages du progrès moral réalisé sous l'influence du trade-unionisme. Les changements ont été très remarquables chez les dockers bien que leur association ne soit pas des plus prospères ; beaucoup ont abandonné leurs habitudes d'intempérance et quelques-uns sont devenus même *teetotalers* (1) ; — les chefs des Unions se préoccupent beaucoup de combattre l'ivrognerie ; Knight, le secrétaire général des constructeurs de navires en fer, le fait avec d'autant plus de mérite que ses camarades passent pour être portés à la boisson (2).

L'expérience a montré que la législation et la police officielles sont impuissantes pour arrêter l'alcoolisme : en Belgique, le parti ouvrier a compris qu'il y avait là une question de vie ou de mort pour le prolétariat et il a commencé une campagne très énergique contre l'alcoolisme. Il ne semble point impossible de réussir grâce à la surveillance incessante des camarades : aujourd'hui on va au cabaret par point d'honneur, pour faire comme les autres et se montrer bon frère ; il faut qu'on abandonne le zinc du bistro par point d'honneur. Ce n'est pas une chose au-dessus des forces des syndicats : mais pour qu'ils puissent remplir ce rôle, il faut qu'ils soient plus forts et plus disciplinés qu'aujourd'hui.

(1) PAUL DE ROUSIERS, *Le trade-unionisme en Angleterre,* page 189.
(2) PAUL DE ROUSIERS, *op. cit.,* page 239.

Deux autres problèmes non moins graves sont posés aujourd'hui : la protection de la femme contre son mari, la protection de l'enfant contre son père. Je n'ai aucune confiance dans la législation, l'inspection et la police : il faut que les ouvriers exercent eux-mêmes leur inspection et leur police : cela est relativement facile puisque la femme est une travailleuse industrielle et qu'elle peut ainsi s'offrir à des syndicats qui lui donneront aide, quand son mari la traitera comme il ne voudrait pas que son patron le traitât lui-même (1). Par la femme, l'Union ouvre l'œil sur l'enfant, espoir du prolétariat, qu'il faut introduire très jeune dans les groupements socialistes.

C'est ici que nous voyons apparaître encore l'importance des *benefits* des vieilles trade-unions. La femme retirée de l'atelier reste membre d un groupe ouvrier, prend encore part à ses délibérations, a des intérêts dans les caisses de secours instituées par le syndicat, et, par suite, a toujours derrière elle une force qui peut la soutenir. L'enfant peut être engagé dès son jeune âge si le syndicat a des formes variées pour venir en aide à ses associés, être surveillé à l'école et durant son apprentissage (2).

(1) Discours de Vandervelde déjà cité.

(2) La jeune fille travaillant, presque toujours, dans les ateliers, se trouve, tout naturellement, comprise dans les syndicats et elle peut y trouver une protection que l'organisation bourgeoise est impuissante à lui donner. Observons ici que l'une des choses qui étonnèrent le plus les Romains de la décadence fut la vie des barbares Germains, qui avaient horreur des *institutions de prostitution*. Il y a des municipalités socialistes : ont-elles supprimé la police des mœurs et la traite des blanches ? Je ne le crois pas. Qu'ont

Ainsi, le syndicat se révèle, pour peu qu'on le considère avec tout son développement, comme une des plus fortes institutions pédagogiques qui puissent exister (1).

CONCLUSION

Cette étude nous fournit une belle illustration des doctrines de Marx : les chefs du mouvement syndical ne connaissaient pas ses théories et, même le plus souvent, n'avaient sur le matérialisme historique que des notions confuses. Leur tactique a pu être parfois critiquable, parce qu'ils étaient obligés de faire l'apprentissage de la vie et que personne ne pouvait leur donner des conseils. Aujourd'hui, les choses sont assez avancées pour qu'il soit possible de se rendre compte du rôle que les syndicats sont appelés à jouer.

Nous voyons, aujourd'hui, d'une manière très claire, que le prolétariat ne peut s'émanciper de toute exploitation en se constituant sur le modèle des anciennes classes sociales, en se mettant à l'école de la bourgeoisie comme celle-ci s'était mise à l'école de la noblesse, en adaptant à ses besoins nouveaux les vieilles formules politiques, en conquérant les pouvoirs publics pour s'en approprier le profit comme a fait la bourgeoisie en tous les pays.

Si, comme le dit Marx, les prolétaires ne peuvent

---

fait dans le même ordre d'idées les municipalités dévouées aux intérêts religieux et ayant toujours le mot « *morale* » à la bouche ?

(1) Il est évident que dans les divers genres d'activité qui viennent d'être passés en revue, les syndicats exercent des fonctions que Le Play imposait aux *autorités sociales,*

s'emparer des forces productives sociales qu'en abolissant « les méthodes par lesquelles il leur était fait une part de revenu et par conséquent... tout le régime existant de répartition des revenus (1) », comment peut-on admettre qu'ils puissent conserver la quintessence du mode d'appropriation bourgeois, c'est-à-dire les formes du gouvernement traditionnel ? Une pareille conclusion serait la négation de tout le matérialisme historique. Enfin, comment la différenciation des gouvernés et des gouvernants pourrait-elle disparaître s'il n'existe point dans la société des forces, longuement développées, capables d'empêcher le retour du passé ?

Vis-à-vis de l'Etat, l'action du prolétariat est double : il doit entrer en lutte dans les rapports actuels de l'organisation politique, pour obtenir une *législation sociale*, favorable à son développement ; — il doit user de l'influence qu'il acquiert soit dans l'opinion, soit dans les pouvoirs pour détruire les rapports actuels de l'organisation politique, arracher à l'Etat et à la commune, une à une, toutes leurs attributions, pour enrichir les organismes prolétariens en voie de formation, c'est-à-dire surtout ses syndicats.

Le prolétariat doit travailler à s'émanciper, dès maintenant, de toute direction qui n'est pas interne. C'est par le mouvement et l'action qu'il doit acquérir les capacités juridique et politique. La première règle de sa conduite doit être : *rester exclusivement ouvrier*, c'est-à-dire exclure les Intellectuels dont la direction aurait pour effet de restaurer les hié-

(1) CH. ANDLER, *Le manifeste communiste*, tome I, page 38.

rarchies et de diviser le corps des travailleurs. Le rôle des Intellectuels est un rôle auxiliaire : ils peuvent servir comme employés des syndicats (1) ; ils n'ont aucune qualité pour diriger, aujourd'hui que le prolétariat a commencé à prendre conscience de sa *réalité* et à constituer son organisation propre.

Le développement du prolétariat comporte une puissante discipline morale exercée sur ses membres : il peut l'exercer par ses syndicats, qui sont appelés à faire disparaître toutes les formes de groupements léguées par la bourgeoisie.

Pour résumer toute ma pensée en une formule, je dirai que *tout l'avenir du socialisme réside dans le développement autonome des syndicats ouvriers.*

(1) Depuis 1900 l'expérience m'a appris que les Intellectuels n'acceptent presque jamais un tel rôle, à moins qu'ils n'aient l'idée d'utiliser les organisations ouvrières pour rendre plus facile leur carrière politique. Plus d'un avocat syndicaliste est devenu député et aspire à devenir ministre.

Instruction populaire

———

Dans mon essai de 1898, j'avais parlé de l'action bienfaisante que les syndicats me paraissaient capables d'exercer sur les mœurs du prolétariat; depuis quelques années on se demande s'ils ne seraient pas appelés à prendre la direction de l'instruction donnée aux enfants des classes ouvrières ; les résultats obtenus par les écoles officielles sont, en effet, très peu satisfaisants au point de vue socialiste. Le socialisme se propose de ramener tout le monde vers la production ; toute occupation qui n'est pas dépendante du processus de la production, qui n'est ni du travail manuel, ni un auxiliaire indispensable du travail manuel, ou qui n'est pas liée à celui-ci par quelques liens technologiques, ne se traduisant par aucun temps socialement nécessaire, ne pourrait être

(1) La brochure imprimée en 1900 contenait quatre notes finales : *Grèves et Conseils du travail*, — *Coopération socialiste*, — *Syndicats obligatoires*, — *Instruction populaire*. Les trois premières notes ayant été rédigées en raison des circonstances de cette époque, ont perdu presque tout leur intérêt ; il n'en est pas de même de la quatrième, dans laquelle se trouvent exposées des idées que j'ai reprises en rédigeant les *Réflexions sur la violence ;* toutefois, j'ai refait un nouveau texte, en me conformant très exactement aux indications de l'ancien.

regardée en régime socialiste que comme un luxe
qui n'a droit à aucune rémunération ; dès maintenant les socialistes devraient regarder avec méfiance
ce qui vit en marge de la production. Or les collèges
et les Universités sont surtout appropriés à pousser la jeunesse vers cette existence qu'on peut nommer anti-socialiste.

Marx a défini ainsi la psychologie du mouvement
moderne : « Le capitaliste n'a aucune valeur historique, aucun droit historique à la vie, aucune raison
d'être sociale qu'autant qu'il fonctionne comme capital personnifié... Agent fanatique de l'accumulation, il force les hommes, sans trêve ni merci, à
produire pour produire et les pousse ainsi instinctivement à développer les forces productrices et les
conditions matérielles qui seules peuvent former la
base d'une société nouvelle et supérieure (1) ». La
société socialiste ne connaîtra plus la contrainte du
capitalisme ; mais sa liberté sera celle qui convient
à des producteurs animés d'un puissant esprit progressif ; leur psychologie aura dû être préparée par
une longue évolution transfusant dans les prolétaires
actuels des instincts de travailleurs d'ordre supérieur. Ainsi la préparation du socialisme impose
l'obligation de produire en vue de produire toujours
mieux ; il ne faut pas seulement faire beaucoup, il
faut encore savoir bien faire ; il est nécessaire de
bien comprendre sa besogne et d'être aux aguets pour
saisir la possibilité d'apporter quelque petit perfectionnement dans les méthodes suivies. Pour assurer
l'affranchissement futur, il est donc essentiel d'ame-

(1) MARX, *Capital,* page 259, col. 1 et 2.

ner les jeunes gens à aimer leur travail, à chercher l'intelligibilité de tout ce qui se passe dans l'atelier, à considérer ce qu'ils font comme une œuvre d'art qui ne saurait être trop soignée. Ils doivent devenir consciencieux, savants et artistes, dans toute leur participation à l'industrie.

La tendance à la routine est le grand danger qui menace les ateliers qui ne sont pas soumis à la contrainte du capitalisme ; celui-ci est parvenu à triompher des forces normales de notre psychologie profonde, toujours désireuse de médiocrité ; mais notre nature se hâte de reprendre ses droits dès qu'elle est libre de le faire. Dans le régime de l'industrie moderne qui ne peut s'arrêter à aucune technologie, les chefs d'entreprise, les ingénieurs et les ouvriers sont condamnés à demeurer toute leur vie des apprentis ; les hommes soumis à une telle condition se plaignent amèrement de la dureté du destin ; les utopistes avaient obtenu jadis beaucoup de succès en promettant que leurs inventions sociales affranchiraient l'humanité de cet apprentissage perpétuel. Le marxisme accepte pleinement l'héritage de l'ère capitaliste ; mais il est loin d'avoir mesuré encore toute l'étendue des problèmes que pose cette nouvelle orientation ; il n'est pas facile de réaliser la psychologie si contraire à la médiocrité que j'ai définie ci-dessus.

Les écoles primaires n'ont pas été faites en vue de ce progrès des classes ouvrières. Leurs programmes renferment un peu d'arithmétique et d'arpentage, parce que ces connaissances sont extrêmement utiles pour le boutiquier et le petit propriétaire, personnages que la démocratie est obligée de ménager. Mais les choses de la vie économique ne sont pas celles qui sont essentielles aux yeux des hommes d'Etat libéraux. Dans les pays qui se piquent d'être à la tête du progrès des lumières, on se préoccupe surtout d'inculquer aux enfants du peuple quelques formules d'histoire, de philosophie et de politique qui doivent les préparer à devenir d'ardents électeurs des partis avancés. Trop souvent, sous le fallacieux prétexte d'ennoblir l'âme des prolétaires en l'élevant au niveau du génie de la bourgeoisie, on donne aux fils d'ouvriers un enseignement esthétique si drôlement compris qu'il tend à les dégoûter du travail qu'ils auraient à faire pour gagner leur vie (1).

(1) L'Angleterre serait arrivée d'un seul bond à un niveau remarquable d'absurdité, d'après ce que raconte Augustin Filon dans les *Débats* du 19 juin 1900 : « Le programme des études [des Board schools] comprend quelques éléments de dessin d'ornement, des morceaux de littérature... que les enfants apprennent par cœur, des exercices de chant, et enfin des *callisthénies*. Un clergyman... m'a conduit, il y a trois ans, à la séance d'ouverture d'une des écoles... Les petites filles ont exécuté... des évolutions qui tenaient le milieu entre une manœuvre militaire et un ballet de music-hall... Je suis partisan d'une éducation générale pour la fille de cuisine et pour le maçon, comme pour le médecin et l'ingénieur. Encore faut-il que cette éducation se superpose et ne s'oppose pas à l'instruction technique, professionnelle. » L'auteur constate que dans toute la race anglaise existe une « même tendance à éviter le travail pénible et, autant que possible, le travail manuel ». — Les personnes qui ont lu les observations que j'ai présentées à la fin de la deuxième édition des *Illusions du progrès* comprendront comment il se fait que l'école peut avoir une faible valeur pour le bien (comme l'affirme E. Durkheim) et une grande efficacité pour le mal, notre nature cherchant toujours à s'échapper vers la décadence. Il me semble probable que l'école américaine est, dans

Il y a quelques années, les hommes les plus considérables de l'Europe étaient persuadés que ces fantaisies scolaires ne pourraient avoir de graves conséquences économiques. On supposait que la prospérité des usines dépendait uniquement d'une science
que le capitalisme enrôlait à son service pour lui
fournir des machines à haute production. On était
persuadé que l'avenir appartiendrait aux nations
qui arriveraient à fabriquer dans des conditions de
bon marché exceptionnel ; que la qualité importe-
rait de moins en moins, la camelote suffisant déjà
généralement aux Yankees très civilisés, comme elle
suffit aux sauvages ; que, par suite, il serait désormais bien oiseux de chercher à former des ouvriers
possédant les qualités qui avaient fait l'honneur des
artisans aux grandes époques. Les Allemands crurent
tout d'abord avec une foi solide à ces dogmes ; ce
fut malheureux pour eux, car l'Exposition de Phila-
delphie, en 1876, fit ressortir, d'une façon éclatante,
l'échec de l'industrie qu'ils avaient créée après la
guerre ; depuis ce temps ils ont fait d'admirables
efforts pour relever le niveau de leur travail, mais
sans parvenir cependant à acquérir le prestige des
grands producteurs.

Aujourd'hui on répète à chaque instant que l'avenir économique de la France serait compromis si
on ne trouvait pas moyen d'enrayer la décadence de

une large mesure, responsable des défauts qui rendent les
Yankees si peu sympathiques : orgueil national insensé,
idée que tous les moyens sont bons pour arriver à la fortune, indifférence pour tout ce qui constitue la noblesse
de la vie. En 1860, Proudhon disait que les Américains
étaient « au dernier rang des nations civilisées ». (*Correspondance*, tome X, page 270.)

l'apprentissage ; une littérature énorme a été consacrée aux réformes que pourrait comporter l'éducation technique des ouvriers ; les gens compétents sont d'accord pour regarder comme fort médiocre ce que proposent de faire nos législateurs.

Voici comment je crois pouvoir reconstituer le système des causes profondes qui ont fait naître l'idée de créer ces écoles professionnelles dont le succès a été si faible. On avait maintes fois observé que des hommes ayant acquis une grande habileté dans une profession sont capables de tenir un rang fort honorable dans d'autres métiers (1). L'explication la plus simple que l'on puisse donner de ce phénomène, consiste à dire qu'ils avaient eu la divination fragmentaire d'une théorie générale synthétisant toutes les pratiques manuelles; cette conception devait être reçue, avec une extrême facilité, implicitement par les hauts dignitaires de nos administrations, qui sont habitués à raisonner à la manière des intellectualistes ; un enseignement de la science des métiers devait ruiner la routine des exécutants, comme l'enseignement des sciences appliquées avait ruiné la routine des directeurs d'usines (2). Mais en fait, les choses se passent tout autrement que le supposent les rêveurs rationalistes. Ne pouvant fournir aux aspirants-ouvriers une doctrine directrice de la technique manuelle, doctrine qu'il leur semble impossible de constituer, et ne voulant pas se borner à décrire des routines, les profeseurs

(1) MARX, *loc. cit.*, page 211, col. 2.
(2) La chimie permet à l'ingénieur moderne de comprendre toutes les inventions métallurgiques qui ne cessent d'apparaître, de les appliquer dans les conditions les plus variées et de les perfectionner.

des écoles d'apprentissage sont réduits à faire apprendre à leurs élèves quelques débris des connaissances que l'on acquiert d'une façon régulière dans les écoles d'ingénieurs ; ces notions imparfaites, dont l'utilité est bien mesquine pour l'amélioration de la production, inspirent aux novices de l'industrie une fierté qui les porte à trouver anormale la situation modeste à laquelle leur donne droit leur capacité réelle ; de là résultent des déboires, des jalousies, des querelles, qui ont fini, bien souvent, par éloigner de leur métier des jeunes gens qui avaient donné de belles espérances.

N'y aurait-il pas aussi quelque contradiction entre l'esprit des écoles professionnelles, ouvertes pour les jeunes ouvriers, et le génie de l'industrie moderne ? Les professeurs de ces écoles sont naturellement portés à trouver excellent ce qui se faisait dans les ateliers au temps où ils étaient eux-mêmes des producteurs (1) ; leur enseignement ne peut pas facilement échapper au préjugé que la technologie a déjà atteint des solutions presque parfaites ; ce sont des conservateurs, alors que les méthodes suivies réellement dans les usines depuis qu'ils en sont sortis, ne cessent de se révolutionner. Les élèves pourvus de diplômes sont maintes fois scandalisés par le spectacle que leur offrent les établissements

---

(1) Un esprit tout semblable a été signalé dans les conseils supérieurs de notre marine de guerre. Leurs membres, « au terme d'une carrière active, sont d'autant plus attachés aux navires de leur âge qu'ils les ont, ou plus brillamment commandés ou plus soigneusement construits. » (L.-E. BERTIN, *La marine moderne*, 2ᵉ édition, page 69.) Les progrès de l'architecture navale se sont ainsi trouvés maintes fois entravés.

où ils entrent à la sortie de l'école ; des procédés
qu'ils croyaient consacrés pour toujours, sont souvent déjà regardés comme surannés ; ils regrettent
de n'avoir pas été exercés à reconnaître les insuffi-
sances des moyens que l'homme emploie pour lutter contre la nature (1). Une telle critique ne peut
être bien faite qu'au milieu de la production réelle.

Pour que l'apprentissage soit vraiment efficace,
il faut qu'il ait lieu à l'usine; comme l'ancienne préparation, qui enfermait l'artisan dans les limites
étroites d'une routine, ne saurait convenir à une
industrie destinée à de fréquentes transformations.
un enseignement suggérant la généralité devrait
être annexé au travail manuel. La variété des aptitudes que devrait posséder le bon ouvrier moderne, n'est pas plus mystérieuse que celle qu'on
est habitué à rencontrer chez le chirurgien, chez
le peintre ou le sculpteur (2), chez le physicien
ou le chimiste. Dans tous les cas, cette variété d'aptitudes tient à un même régime psychologique : la
vision et le toucher possèdent une rapidité presque
foudroyante d'opération ; l'œil est capable de saisir
d'infimes détails avec la sûreté d'un instrument mathématique ; la main est toujours en tension pour

(1) Préparer les jeunes gens à faire cette critique devrait être le but essentiel de l'enseignement théorique
donné dans les écoles; il est facile de reconnaître que
nos écoles d'ingénieurs sont, elles-mêmes, très peu satisfaisantes à ce point de vue.
(2) Je me rappelle avoir entendu Carpeaux s'emporter
contre la sottise de l'administration des Beaux-Arts, qui le
jugeait impropre à sculpter des animaux pour la fontaine
du Luxembourg.

exécuter ce que suggère la vue. On arrive à obtenir ces qualités en faisant des besognes extrêmement soignées sous le contrôle de maîtres très expérimentés qui viennent juger d'une manière motivée l'ouvrage, qui apprennent aux débutants l'art de bien voir et qui leur montrent comment on évite les défauts. Dans un tel régime d'enseignement, la généralisation se traduit bien moins en paroles qu'en créations matérielles ; elle dépend peu du cerveau et beaucoup des sens et des muscles (1); elle n'est pas le dernier terme d'une abstraction qui amaigrit le réel, mais le chef-d'œuvre du concret. Ce qui réussit parfaitement dans les hôpitaux, dans les écoles de Beaux-Arts, dans les laboratoires, peut réussir dans l'industrie.

Une telle organisation de l'apprentissage ne serait pas bien difficile à réaliser si l'aspirant ouvrier partageait ses journées entre l'atelier commun et l'école ; Marx trouvait excellent un tel emploi du temps ; il a écrit : « L'éducation de l'avenir... unira, pour tous les enfants au-dessus d'un certain âge, le travail productif (2) avec l'instruction et la gymnas-

___

(1) Le cerveau me paraît être un appareil d'arrêt, plutôt qu'un centre d'où partiraient les mouvements. Pour acquérir une supériorité dans les arts qui exigent une grande dextérité, il faut arriver à l'empêcher de gêner les communications entre l'œil et la main. Les hommes qui possèdent une supériorité dans une spécialité, y ont été prédestinés par la constitution de leurs conductions nerveuses. L'imagination de l'artiste plastique dépend probablement surtout des organes périphériques.

(2) Nous voilà bien loin des idées des universitaires qui ont proposé, il y a une dizaine d'années, d'introduire le travail manuel comme un sport dans les lycées : « Nous croyons qu'il sera pour [les élèves], disait un professeur,

tique ; et cela non seulement comme méthode d'accroître la production sociale, mais encore comme la seule et unique méthode de produire des hommes complets » (1). Il ne faut pas se dissimuler que de telles conceptions ont bien peu de chances d'être adoptées chez nous, parce qu'elles ont contre elles tous les préjugés de nos professeurs. Les chefs de nos Universités se rendent compte qu'elles auraient pour conséquence de bouleverser les méthodes suivies dans l'enseignement des sciences physiques ; on serait amené à ne plus voir dans les laboratoires un lieu où les théories sont illustrées par des expériences, mais un atelier où l'élève se met à découvrir les lois de la nature par des recherches méthodiques ; les cours ne serviraient plus qu'à apprendre l'art d'utiliser des formules établies pour résumer les faits d'une façon commode (2). Ce serait le renversement de toute la hiérarchie intellectuelle.

une des formes les plus précieuses de l'application et du divertissement, que leurs études ordinaires n'en souffriront pas, que leur santé y gagnera et que l'intelligence s'en trouvera bien », en ayant ainsi un moyen de se garder contre les paradoxes. (*Débats*, 13 juillet 1903.)

(1) MARX, *loc. cit.*, page 209, col. 2.

(2) Sur les méthodes employées en Amérique pour l'enseignement des sciences. Cf. GUSTAVE LE BON, *Psychologie de l'éducation*, 13ᵉ édition, pages 65-68, pages 77-80. L'idée de réduire une méthode d'enseignement universitaire à être une imitation des pratiques de l'apprentissage est de nature à scandaliser les bourgeois lettrés de France, tous élevés dans le culte de la Raison. Gustave Le Bon, malgré la grande indépendance de son esprit, n'a pas osé examiner la question des origines de l'enseignement scientifique donné dans les collèges américains ; les analogies qui existent entre les laboratoires universitaires d'Amérique et les usines crèvent cependant les yeux.

L'esprit petit bourgeois

———

On n'a pas toujours assez pris garde aux dangers que présente pour le mouvement socialiste le progrès possible de l'esprit de la petite bourgeoisie dans les associations ouvrières. Il y a quarante ans, Corbon, qui avait été un des principaux disciples de Buchez et l'un des écrivains marquants de l'*Atelier* avant 1848, définissait ainsi l'idéal de chacune des trois catégories qu'il distinguait dans la classe moyenne populaire : « Celui de la première est simplement d'avoir du travail assuré ; celui de la seconde de pouvoir envoyer bon an mal an cinq ou six cents francs au pays ; celui de la troisième d'avoir assez d'aisance pour jouer aux bourgeois et se donner une bonne qui parlerait à ses maîtres à la troisième personne. Comme on vient de le voir, il n'y a ici ni ambitions effrénées, ni aspirations d'un caractère inquiétant pour le gouvernement ou pour les classes favorisées » (2). Il dit qu'il ne s'occupera point dans

———

(1) Cette note et la suivante avaient été rédigées pour l'édition italienne projetée en 1905 ; elles ont paru dans le *Mouvement socialiste*, 1-15 septembre 1905.

(2) A. CORBON, *Le secret du peuple de Paris*, 2ᵉ édition, page 64. — L'auteur, ancien sculpteur sur bois, est mort questeur du Sénat.

son étude sur le peuple parisien de ces personnages neutres. La catégorie supérieure de la classe moyenne populaire « pourrait être appelée l'arrière-ban de la bourgeoisie laborieuse. Elle est honnête, active, prévoyante. Si la classe moyenne en masse est [en raison de ses humbles vues] l'idéal du peuple rêvé par les gouvernements incapables, la troisième catégorie de cette classe est l'idéal du peuple rêvé par nos économistes, nos philanthropes, nos moralistes. Elle ne demande rien au philanthrope, elle ne fait pas peur au moraliste, et elle a un titre précieux à l'estime de l'économiste ; elle est prudente dans le mariage » (1). Cette nullité a valu à cet « arrière-ban de la bourgeoisie laborieuse » d'être regardé comme un des éléments les plus essentiels de la paix sociale.

Depuis un certain nombre d'années, les gens qui veulent réaliser la paix sociale, cherchent les moyens d'amener à cet esprit de petite bourgeoisie le plus qu'ils peuvent d'ouvriers intelligents et actifs, parce qu'ils savent que c'est le moyen certain de les *neutraliser*. L'expérience montre que cela peut réussir, quand on profite de ces moments de découragement qui se produisent toujours dans la vie d'un militant et quand on sait employer des procédés appropriés pour donner satisfaction aux désirs cachés de l'amour-propre.

L'amour-propre est une force qui dans l'histoire sociale a souvent tenu une place plus grande que les intérêts matériels et les passions religieuses. Il y a bien peu d'hommes qui n'aspirent point à être admis, en raison de leur mérite personnel, dans la *hiérarchie mondaine* sur le même pied que les gens qui

---

(1) A. CORBON, *op. cit.*, pages 62-63.

y occupent un rang incontesté en raison de leur naissance, de leurs grades ou de leur richesse. Il n'y a pas de haines plus fortes que celles qui naissent, du refus d'admission dans cette hiérarchie, chez un homme qui croit avoir le droit d'y entrer. Pour pouvoir fréquenter la noblesse, quantité de riches industriels donnent leurs filles à des nobles ruinés, mais pleins de morgue, qui dévorent la fortune et méprisent leur femme. Le parti catholique er France doit sa grande influence au contrôle qu'il exerce sur les salons, dont il peut ouvrir ou fermer la porte aux fonctionnaires, aux magistrats, aux officiers.

Pour le bourgeois vaniteux et affamé de hiérarchie, le nœud de la question sociale est dans le protocole. Le maire de Lyon, Augagneur, — député socialiste, qui a eu des démêlés bruyants avec la Bourse du Travail de sa ville, et qui s'est retiré du parti parce qu'il trouvait Jaurès trop condescendant pour les révolutionnaires — disait le 22 mai 1905, à la Chambre, que les grèves ont surtout pour cause l'erreur des patrons, « qui n'ont pas le sens exact de l'attitude qu'il faut avoir à notre époque à l'égard des associations ouvrières et des syndicats » ; quant à lui, il croit faire un acte digne d'être inscrit aux annales de la démocratie « en recevant des syndicats de cantonniers ou d'égoutiers ». Le *Musée Social,* toujours à l'affût des moyens propres à détourner le prolétariat de la voie socialiste, a ouvert, depuis longtemps, une véritable *foire aux vanités,* en mêlant dans ses commissions des secrétaires d'organisations ouvrières, de riches industriels, des membres considérables du parlement, des académiciens. L'ancien anarchiste Briat est devenu une des grandes curiosités de cette foire, où il figure ce qu'un mauvais plaisant nomme le « prolétaire officiel ». Le ministère du commerce imite autant qu'il peut le *Musée Social.*

Nous avons sur cette propagande d'esprit petit bourgeois, un document qui a presque la valeur d'un manifeste ; je veux parler d'un article publié le 26 juillet 1900 dans le journal la *Suisse,* sur une fête donnée par Millerand ; l'article est dû à Mme Georges Renard, dont le mari est un des conseillers écoutés de Millerand : celui-ci l'a fait venir de Lausanne, où il enseignait la littérature, pour lui confier une chaire d'histoire du travail au Conservatoire des arts et métiers. Ce document ayant une très grosse importance comme signe des temps, je reproduis le long extrait qu'en donne L. de Seilhac dans *Le monde socialiste :*

« M. Millerand a inauguré la série de ses futures fêtes ouvrières, avec un programme de raffinés et de gens du monde. La pensée qui l'avait inspiré est tout à fait délicate. M. et Mme Millerand ont payé leur dette, avec abondance, à la société mondaine. Et maintenant, s'est dit le ministre, pourquoi les ouvriers en cotte et en bourgeron n auraient-ils pas leur tour ? Pourquoi, alors qu'on prodigue les régals artistiques aux comblés de ce monde, les intelligents, les modestes créateurs du luxe de Paris, n'auraient-ils pas leur jour, ne seraient-ils pas une fois invités ? (1).

----

(1) Comme c'est bien là le sentiment du *parvenu !* Il croit qu'il est d'une essence très supérieure et a pour les pauvres diables une bonté pleine de mépris ; les auteurs comiques connaissent bien ce trait de caractère.

« Chaque invité reçut sa carte libellée suivant le *Code mondain :* « Le ministre du commerce et Mme Millerand vous prient de vouloir bien honorer de votre présence la fête qui sera donnée en l'honneur des collaborateurs de l'Exposition universelle et des Associations ouvrières, le dimanche 22 juillet, à 3 heures précises, dans la Salle des fêtes de l'Exposition. »

« Maintenant réfléchissez. Supposez la laborieuse famille assemblée et voyez l'arrivée de la gentille lettre. Quelle vive et intime petite satisfaction ! Car enfin, on a beau être conscient de ses droits, de sa valeur d'homme, on est toujours charmé d'être traité en conséquence (1). Et puis le plaisir de la femme, celui des femmes, celui des enfants ! La satisfaction de dire à sa concierge (2), à son voisin : « Voyez, ne vous gênez pas ; lisez la lettre que m'envoie le ministre ! »

« Je l'ai très bien vu ce sentiment qui, du reste, n'a rien de répréhensible, chez un très sympathique ménage ouvrier, qui pénétrait à la fête en même temps que nous. Au guichet extérieur, l'administration, selon sa coutume, se montrait tracassière ; et il fallait voir avec quelle allégresse, quelle autorité, le jeune mari réclamait : « Mais enfin, monsieur, quand on est l'invité du ministre, ce n'est pas

---

(1) Mme Renard a dû pouvoir observer souvent quelles vives satisfactions procure à la bourgeoisie de petite ville l'entrée dans un salon de grande ville.

(2) Voilà un trait merveilleux : l'opinion de la concierge joue un rôle énorme dans la vie du petit bourgeois ; je reproche cependant à Mme Renard d'avoir oublié la fruitière.

pour subir vos tatillonneries ». Sur ce raisonnement vainqueur, nous passâmes sans encombre.

« A la porte de la Salle des Fêtes, M. Millerand, *lui-même*, entouré de son haut personnel, recevait les invités. »

Le président de la République paraît, donnant le bras à Mme Millerand ; ici la narratrice s'élève au niveau de Pindare :

« Je me sens très émue et très rassurée ; je suis fière aussi. Car *l'incarnation féminine du ministre socialiste* est tout à fait réussie (1). Au bras de M. Loubet, avec sa longue robe blanche, Mme Millerand est si gracieuse et si grave ; elle fait si bien son métier de maîtresse de maison, que je me dis, ravie : « Allons, c'est la fin d'une légende. Sous la Restauration, un libéral était défini un forçat libéré. Il y a trente ans, il était convenu que tout républicain avait les ongles noirs et du linge sale (2). Plus tard, les socialistes remplacèrent les républicains. Maintenant à qui le tour ! »

(1) Cela veut dire sans doute que la toilette que la femme du ministre portait faisait honneur à Paquin et justifiait la décoration singulière que Millerand attribua à ce couturier, si peu respectueux des lois dites de protection ouvrière, mais dont la collaboration vint jeter un éclat inespéré sur le socialisme ministériel, grâce à la charmante robe fournie à « à l'incarnation féminine du ministre socialiste ».

(2) C'est un peu exagéré, car à la fin du second Empire, les avocats républicains occupaient une place très honorable dans la bourgeoisie française ; ils ne gagnaient pas tant d'argent que les avocats socialistes actuels, mais ils avaient une tenue très convenable. Les souvenirs de Mme Georges Renard se rapportent peut-être à quelques bouzingots de brasserie, réfugiés en Suisse après la Commune.

Cette invitation s'adresse sans doute aux anarchistes, qui ne semblent point disposés à prendre rang dans la hiérarchie des salons. Quant aux socialistes officiels, rien n'égale leur préoccupation du code des bienséances ; dans l'*Action* du 28 février 1905, on signalait l'exquise urbanité et le tact avec lequel les conseillers municipaux *socialistes* recevaient leurs invités à une fête donnée à l'Hôtel de ville de Paris ; le récent voyage du roi d'Espagne nous a procuré le plaisir de voir parader, suivant les règles du protocole, le fameux P. Brousse, l'ancien ami de Bakounine (1). Les révolutionnaires, avec leur barbarie prolétarienne, placent leur idéal un peu plus haut que les politiciens civilisés ; mais précisément *parce que l'idéal des socialistes idéalistes est très bas, il est très dangereux,* et on ne saurait donc trop profiter de toutes les occasions qui se présentent pour couvrir de ridicule le *socialisme mondain,* sur lequel comptent les financiers dreyfusards pour énerver le mouvement ouvrier.

(1) Le hasard a parfois de singulières ironies : P. Brousse, qui avait jadis eu des ennuis en Suisse pour avoir manifesté ses sympathies pour les régicides, s'est trouvé président du conseil municipal parisien quand des anarchistes, instruits dans ses principes anciens, ont lancé une bombe sur le roi d'Espagne : il a immédiatement prié le gouvernement d'exprimer à Sa Majesté « les sentiments de douloureuse émotion » causée par ce « lâche attentat ».

La mutualité

Les institutions dites de mutualité ne jouissent pas d'une grande faveur auprès des syndicalistes français ; cependant F. Pelloutier estimait qu'elles seraient peut-être appelées à un grand avenir et il fondait cette appréciation sur les raisons suivantes, qui rentrent dans l'ordre d'idées que développe si souvent la nouvelle école socialiste : « Les syndicats, disait-il, les uns d'instinct, les autres avec netteté, conçoivent (par une application toujours plus large du principe de la lutte des classes et en vertu de leur tendance socialiste à *éliminer progressivement toutes les institutions actuelles*), conçoivent, disons-nous, la nécessité de façonner eux-mêmes les services de tout ordre dont a besoin aujourd'hui l'homme réduit à ne vivre que s'il trouve chaque jour un travail de plus en plus précaire et déprécié » (1).

Les sociétés de secours mutuels apparaissent aux grands pontifes de la paix sociale comme des patronages qui permettent à l'ouvrier de supporter, avec une souffrance réduite, ces incidents que Le Play nommait les *phases de la vie*. Ces patronages sont organisés de manière à produire : d'une part, l'illu-

(1) F. PELLOUTIER, *Histoire des Bourses du Travail*, page 111.

sion de la fusion des classes par le mélange de membres riches et honoraires et de membres pauvres et participants; d'autre part, un profond respect pour les autorités établies. Il n'y a point de solennités mutualistes sans un déluge d'éloquence officielle : les sociétés de secours mutuels, les orphéons et les compagnies de pompiers jouent un rôle considérable dans la vie des préfets et des députés français. Mais pourquoi les patronages ne pourraient-ils pas être remplacés par l'aide mutuelle qui, organisée par le syndicat, pourrait favoriser la propagande socialiste en intéressant toute la famille à la prospérité des organisations prolétariennes ? Il ne faut pas oublier l'importance de l'aide mutuelle dans les groupements de village en maint pays ; rien n'est plus curieux que cette aide mutuelle en Kabylie, dans un pays qui, avant la conquête française, vivait sans gouvernement. Nous ne saurions négliger l'expérience historique quand nous cherchons à déterminer les voies sur lesquelles le prolétariat peut s'engager pour arriver à l'organisation autonome.

Les syndicalistes sont hostiles à l'idée mutualiste parce qu'ils ont horreur de la manière dont celle-ci se réalise sous leurs yeux ; ils ne voudraient pas laisser envahir leurs groupements par une *lèpre de paix sociale.* Pendant longtemps les mêmes préjugés ont existé en France contre la coopération ; les socialistes croyaient que celle-ci ne peut être autre chose que ce que racontent le professeur Gide et les marchands de protestantisme social ; ils regardaient la coopération comme destructive de l'esprit socialiste ; aujourd'hui peu de personnes ont conservé cette manière de voir. Il est possible qu'un revirement analogue se produise en faveur de la mutua-

lité ; il convient donc d'examiner quels peuvent être
les inconvénients de celle-ci, même quand elle est
débarrassée de ses membres bourgeois.

Le premier vice qui saute aux yeux, se retrouve,
au même degré, dans les coopératives : la direction
de l'affaire engendre une catégorie de fonctionnaires
d'esprit bourgeois, qui s'emparent du pouvoir, travaillent à s'y perpétuer par des ruses de politiciens
et conduisent la société au gré de leu petit génie. On
ne saurait mieux comparer ces personnages qu'aux
bas employés du clergé, qui vivent pauvrement du
culte et qui constituent de fanatiques gardes de
l'Eglise. Les avantages matériels ne seraient pas suf-
fisants pour expliquer les tendances de ces gens : il
faut surtout tenir compte des avantages de vanité
Le moindre bedeau, le président d'une société de secours mutuels, ou le gérant d'une épicerie coopérative, ne sont pas des hommes comme vous et moi ;
chacun de leurs actes a, suivant eux, de l'influence
sur la marche du monde ; ils ont une mission à remplir et ils entendent qu'on reconnaisse leur importance ; quand les autorités donnent satisfaction à
leur vanité, ils deviennent les serviteurs dévoués du
bon gouvernement, qui comprend la démocratie.
C'est sur cette observation qu'est fondé l'enseignement que donnent les apôtres de la paix sociale. Ils
disent que rien n'est plus simple que de diriger le
peuple, pourvu que l'on sache s'y prendre, et, en
effet, le peuple s'est toujours laissé facilement duper
par les menteurs.

On peut même penser que les sociétés de secours
mutuels sont encore plus favorables que les coopératives au développement de cet esprit de sacristain.

L'homme qui fait des chiffres jouit, dans presque tous les pays, d'un prestige extraordinaire ; les ministres des finances sont, en France du moins, des hommes généralement fort médiocres ; et les rapporteurs du budget ne brillent point d'un vif éclat; mais la Chambre les admire comme des phénomènes. Le président d'une société de secours mutuels, qui sait ébaucher un calcul rudimentaire d'actuaire, est un génie transcendant, aux yeux des gens de son quartier, — quelque chose comme le prédicateur du carême pour les vieilles dévotes de la paroisse.

On comprend que les syndicalistes aient peur qu'en annexant à leurs organisations des institutions qui produisent de tels résultats, ils n'aboutissent à en remettre toute la direction entre les mains de *gens importants* qui préfèrent aller parader dans le cabinet du préfet que de propager l'idée de lutte de classe. Déjà les hommes importants, compétents et scientifiques constituent une plaie pour beaucoup de syndicats : ces hommes aspirent toujours à être traités en bourgeois et ils ont grand mépris pour la barbarie socialiste. Que serait-ce donc si les vaniteux spécialistes du secours mutuel venaient encore renforcer le groupe des *réformistes-nés* ? La crainte des syndicalistes n'est donc pas sans fondement ; mais le danger deviendra bien moindre le jour où les syndicats seront animés d'un esprit plus socialiste et ne se laisseront plus mener par des gens qui apportent dans le prolétariat les mœurs de la politique démocratique.

On peut encore reprocher aux mutualités — comme aux coopératives de consommation — de n'être que des associations apparentes. Il semblerait qu'une société ouvrière, ayant pour objet de grouper des hommes et non des capitaux, devrait se caractériser

par un fonctionnement mettant en évidence l'action
de chaque membre : n'est-ce point pour indiquer ce
caractère que l'on a imaginé le mot *coopération,* qui
donne l'idée d'une nombreuse réunion d'ouvriers,
fonctionnant à peu près comme fonctionne un groupement de commerçants associés en nom collectif ?
En réalité, un membre d'une société de secours mutuels est un assuré à prime fixe, comme un coopéra-
teur est un client d'épicerie : dans une organisation
syndicaliste cela ne devrait pas être.

Il me semble qu'un syndicat, pratiquant l'aide mutuelle, ne se tiendrait pas à une règle mathématique ;
qu'il chercherait à attribuer peu de secours aux membres qui cherchent à bénéficier de la société ; mais
qu'il subviendrait largement aux nécessités des familles dont le chef rend des services à la cause révolutionnaire. Je suis le premier à reconnaître qu'une
telle pratique présente d'énormes difficultés ; mais il
faut bien se persuader que tout est prodigieusement
difficile dans l'organisation vraiment socialiste.

La mutualité plaît beaucoup aux débitants de paix
sociale parce qu'elle conduit à accumuler de grosses
réserves et qu'on croit avoir observé que les associations riches deviennent conservatrices. Il y a là quelque chose de vrai et les révolutionnaires ont, maintes
fois, manifesté la crainte que leur fait éprouver l'enrichissement des syndicats (1). Quelle est la cause de
cette dégénération ?

Il faut signaler, tout d'abord, l'illusion que produit
chez tout pauvre une participation même infime à
une richesse qui lui semble énorme. On a souvent

(1) F. PELLOUTIER, *op. cit.,* pages 217-218.

vanté la participation de l'ouvrier aux bénéfices du patron comme un moyen d'en faire un *petit conservateur,* aussi borné que le propriétaire d'une parcelle rurale : un boni qui s'élève rarement au dixième du salaire, est cependant fort peu de chose ! Certaines sociétés qui ne donnent que des retraites insignifiantes, éblouissent leurs adhérents en faisant des solennités chaque fois qu'un nouveau million entre dans leur caisse.

Le rôle des *hommes importants* devient d'autant plus grand que les intérêts financiers qui leur sont confiés s'accroissent ; leur vanité grandit beaucoup plus vite encore que le trésor dont ils ont la gestion ; la vanité de ces personnages est la plaie des associations ouvrières.

Il faut observer que ces inconvénients se produisent surtout quand les mutualités veulent assurer des retraites à leurs membres ; les autres services n'exigent pas de fortes réserves. Il est bon d'ailleurs qu'un syndicat ne puisse pas se contenter de taxes invariables : quand il est fait appel à des taxes supplémentaires, l'attention des adhérents est éveillée et chacun prend davantage d'intérêt à la gestion (1).

L'établissement des retraites ouvrières par l'Etat français aura pour effet de débarrasser le plus grand nombre des mutualités de ce cauchemar de la retraite qui les tourmente toutes ; ces sociétés deviendront davantage des caisses de secours ; et les syndicats

---

(1) Les grosses réserves des associations ouvrières ont pour effet d'exciter, d'une manière dangereuse, les appétits des employés, qui finissent par croire que l'association est faite pour leur profit ; cela est surtout remarquable dans les coopératives prospères.

n'auront plus autant de peine à faire ces services.
Cette loi diminuera beaucoup le prestige des financiers mutualistes et elle sera bonne à ce point de vue,
en faisant perdre à la paix sociale tout son bas clergé.
Les bourgeois démocrates pensent que le lourd sacrifice exigé de l'Etat pour l'établissement des retraites sera compensé par un recul du socialisme ;
j'estime qu'ils se trompent beaucoup et que ces modestes retraites ne feront qu'accroître le mécontent-
tement. Il est facile d'observer, en effet, qu'un homme
qui se trouverait satisfait d'une retraite modique
obtenue par ses versements à une mutualité, trouve
ridicule la même retraite quand elle lui est versée
par une riche compagnie de mines ; la *grande générosité* de la démocratie française ne fera que des
mécontents.

En résumé, il en est de la mutualité comme de
beaucoup d'autres services que *peuvent* rendre les
syndicats ; on ne saurait poser de règles générales ;
j'avais eu tort, dans la première édition de ma brochure, de me contenter d'une vue abstraite. Je suis
toujours persuadé que les associations syndicales auraient un grand intérêt à assurer les secours de mutualité à leurs membres ; mais elles doivent bien
prendre garde de suivre les exemples que leur donnent les associations mutualistes actuelles.

J'estime qu'on peut dire que celles-ci manquent de
sens ; elles n'ont pas de but propre, pas de véritable
individualité, puisqu'elles se bornent à une assurance
automatique ; la coopérative qui distribue entièrement ses bonis est dans la même situation (1). Le

(1) Il y a beaucoup à apprendre dans les exemples des
associations rurales de la vallée du Pô ; si elles n'ont pas

grand problème est d'arriver à donner *une raison d'être socialiste* à ces organisations, en les reliant aux syndicats d'une manière plus ou moins étroite, suivant les conditions locales et les traditions. Mais cela n'est possible que si l'on parvient à renforcer aussi considérablement la tendance qui est, aujourd'hui, si fortement menacée par la propagande réformiste. On peut donc dire que la mutualité ne deviendra recommandable qu'au fur et à mesure que disparaîtront des syndicats les hommes qui cherchent à les orienter dans les voies dites pratiques, et que notamment les mutualistes officiels cesseront de vouloir être les éducateurs du mouvement syndical.

---

toujours une raison d'être socialiste, elles ont au moins un sens social, car elles contribuent toutes au progrès de l'agriculture. Cf., plus loin la *Préface pour Gatti*, § 4.

Sur les usages des fabriques

... Les gens étrangers à l'industrie se font des idées fausses des conditions dans lesquelles s'opère le travail dans les fabriques modernes prospères. Ils ne voient que la subordination de l'ouvrier à la direction intellectuelle donnée par un chef. L'idéal de l'atelier est pour eux le régiment ; le bon commis est le sous-off ; la discipline militaire est l'idéal de la discipline. Mais tout cela est pure fantaisie Dans les industries perfectionnées l'obéissance passive tend à devenir une exception ; Kropotkine observe que les meilleures usines anglaises ont peu de surveillants et que le travail deviendrait impossible si les ouvriers avaient la volonté tenace de mal faire (2). G. de Molinari soutient, de son côté, que le progrès du machinisme rend nécessaire un progrès moral de l'ouvrier qui doit acquérir un plus haut sentiment de sa responsabilité (3). Au fond, l'anarchiste

(1) Cette note est tirée d'un article publié dans le *Devenir social* en janvier 1896 ; cet article était consacré à un volume de l'Office du travail : *Statistique des grèves et des recours à la conciliation et à l'arbitrage survenus pendant l'année 1894.*

(2) KROPOTKINE, *La conquête du pain*, page 202 et page 207.

(3) G. DE MOLINARI, *Science et religion*, pages 34-36.

et le doyen des économistes classiques sont d'accord.

On peut considérer comme acquise à la science économique une notion du travail organisé qui diffère complètement de la notion vulgaire. La production moderne requiert une action mutuelle des ouvriers, une coordination volontaire, des relations systématiques, qui transforment l'agrégat accidentel en un corps où l'homme se révèle comme espèce... On ne peut pas demander à des boutiquiers de savoir ces choses ; mais on a bien le droit de s'étonner de les voir ignorées par les gens qui forment les conseils d'administration des sociétés anonymes.

A Rive-de-Gier on avait embauché un ancien ouvrier mineur dans une verrerie ; il avait refusé d'entrer dans le syndicat, avait eu des querelles avec des camarades, en avait dénoncé dix et fait condamner un. Il ne semble point que cet ouvrier (chargé de ranger les bouteilles dans le four à recuire) possédât des qualités exceptionnelles. Le syndicat arguait que suivant l'usage établi il intervenait dans le recrutement du personnel (1). Quelle raison sérieuse pouvait avoir la compagnie pour imposer à des ouvriers, travaillant en équipes, la collaboration d'un ouvrier mineur, n'ayant aucune aptitude spéciale, qui s'était disputé avec ses coopérateurs ?... Je suppose que la compagnie prétendit qu'il s'agissait d'une question d'ordre et de discipline ; mais l'ordre et la discipline ont pour base la bonne entente qui existe entre les ouvriers ; on ne voit aucune raison pouvant justifier un embauchage qui introduisait un élément de désordre.

_____

(1) Il y avait eu à ce sujet un accord verbal entre l'ancien patron et le syndicat.

La manière suivant laquelle se manifeste aujourd'hui le sentiment de la coopération est étroitement unie aux formes générales que tend à prendre tout ce qui touche à la grande industrie. Le patronat privé met en présence des volontés entre lesquelles peuvent s'établir des relations sympathiques, en raison des caractères des individus ; mais si un conflit survient, il est insoluble parce qu'entre de telles forces il n'y a point de lien objectif. La fabrique exploitée par la société anonyme ne connaît point de volontés libres, mais des fonctions réglées ; les employés supérieurs sont des salariés dont l'œuvre doit être coordonnée à l'œuvre des ouvriers (1). Il y a dans de telles entreprises une administration possédant une certaine permanence ; si l'opération est importante on complète l'usine en fondant des caisses de secours, des économats, en construisant des maisons à bon marché, etc.; enfin les travailleurs ne sont point ordinairement renvoyés quand ils ont cessé de plaire. On pourrait comparer les gens attachés à ces agences de production à des fonctionnaires ayant un état (2).

Presque partout on a reconnu l'utilité d'institutions qui attachent, d'une façon plus ou moins fixe, l'homme à l'usine ; quand il s'agit d'affaires desti-

---

(1) Je ne tenais pas assez compte ici de l'opposition latente qui existe entre le travail intellectuel et le travail manuel dans notre industrie ; cette opposition peut être extrêmement atténuée en temps normal, bien qu'elle se traduise par une hostilité déclarée en temps de crise.

(2) Je reconnais que le terme *fonctionnaires* n'est pas très heureux, parce qu'il peut provoquer des équivoques en laissant supposer que les industries évoluent vers un système conforme au socialisme d'Etat ; mais je n'avais pas trouvé de meilleur mot.

nées à durer très longtemps, on crée des caisses de
retraite ; et cependant l'idée juridique de *l'état* des
ouvriers permanents n'est pas facilement admise
par les administrateurs (1). Lorsque les affaires vont
mal, qu'on ne peut occuper tout le personnel, il y a
une sélection à faire : les ouvriers croient que les
plus anciens devraient jouir d'un certain privilège et
que les licenciements devraient porter sur les plus
jeunes. Le principe de l'ancienneté est tellement conforme aux idées courantes, aux usages les plus uni-
versellement respectés dans la vie, qu'on a peine à
comprendre qu'il ne s'impose pas dans les industries,
surtout dans celles qui ont un caractère nettement
administratif ; ce principe fut reconnu par les patrons bonnetiers de Troyes, dans le procès-verbal
du comité de conciliation ; il est étrange qu'il ait
été contesté par la compagnie des mines de Graissessac, qui, obligée de licencier un cinquième de son
personnel, renvoyait des anciens.

(1) Je crois que les capitalistes ne détestent rien tant
que les idées juridiques dont la genèse tient à la pratique
d'un régime où se manifestait clairement *l'état* des ouvriers permanents, l'équivalence des fonctions, l'étroite solidarité des salariés. Ils sentent, plus ou moins vaguement,
que la réflexion sur de tels sujets peut faire naître très
facilement l'espérance d'une liquidation sociale, faisant
passer l'entreprise, comme l'espérait Proudhon, des mains
patronales à une coopérative socialiste. Le peu qu'ils savent de la psychologie populaire leur suffit pour comprendre quel danger font courir à leur classe les doctrines
proudhoniennes, fondées sur une connaissance si exacte
des instincts profonds de la partie du prolétariat qui est la
plus laborieuse, la plus intelligente et la plus révolutionnaire. — En corrigeant cette épreuve, je me demande si la
révolution russe (des *soviets*) ne va pas contribuer à mieux
faire apprécier chez nous la valeur des idées de Proudhon.

A Graissessac, les anciens demandaient à la compagnie de faire chômer tout le monde deux jours par semaine de manière à répartir le travail entre tous les intéressés durant la crise. Il est évident qu'au point de vue social il y a intérêt à ce qu'un personnel ne se dissolve pas ; on connaît bien des cas où des usines ont travaillé sans bénéfice pour pouvoir conserver une agglomération coordonnée, qu'elles auraient eu de la peine à reconstituer plus tard. La compagnie refusa ; on n'apporte aucun fait pour montrer que l'organisation projetée pourrait avoir eu pour résultat de gêner l'industrie...

L'argument favori de certains chefs d'industrie, est que le travail ne peut fonctionner sans discipline : cela n'est vrai que dans la mesure où cette discipline est l'expression strictement nécessaire d'une force coercitive externe, s'ajoutant aux forces internes qui sont encore insuffisantes pour maintenir organisé le corps des travailleurs (1). Cela est donc à la fois vrai et faux. L'expérience apprend que dans bien des cas cette discipline est détournée de son but coopératif, et sert de prétexte au développement ou au maintien des *mauvais usages ;* — nul n'ignore, en effet, je le suppose, que les *mauvais usa-*

---

(1) Cette discipline externe atteignit son maximum au XVIII⁰ siècle, en Angleterre, au temps où Arkwright introduisit avec tant de peine son métier à filer le coton. (Cf. MARX, *Capital,* page 183, col. 2.) Lorsque le corps des travailleurs a fait entrer dans ses habitudes de nouvelles manières de produire, il n'y a plus de lutte engagée par les patrons pour imposer une adaptation que les ouvriers refusent ; il n'y a plus qu'une éducation donnée aux nouveaux par les anciens.

ges ne furent pas spécifiques du régime féodal ; on les retrouve partout où l'autorité s'exerce pour la propre satisfaction de celui qui la détient. L'un des plus scandaleux est celui des grosses amendes imposées pour des entrées en retard ; ainsi à Chazelles, les chapeliers étaient mis à pied pour deux ou trois jours quand ils arrivaient cinq minutes en retard. On peut considérer aujourd'hui que les trois principes suivants ressortent de la pratique des meilleurs ateliers : 1° Les amendes ne doivent pas entrer dans la caisse du patron, mais être versées dans les caisses de secours des ouvriers ; par là se trouve mise en évidence la discipline interne du corps des travailleurs ; 2° Les amendes doivent être bien proportionnées au trouble occasionné, de manière à ressembler autant que possible aux peines pécuniaires que prononcent les tribunaux ; 3° Il est très utile pour le patron que ses contre-maîtres n'abusent pas de leur autorité. Je crois que s'il s'élève des conflits à propos d'abus commis dans la surveillance, ces difficultés sont de celles qu'il convient de soumettre à la décision d'un expert...

L'Office du travail signale « l'hésitation des patrons et des ouvriers à recourir à un arbitrage proprement dit, c'est-à-dire à l'intervention de personnes non directement intéressées dans le conflit »... Pour que cet état d'esprit se modifie, il est tout d'abord nécessaire que le conflit prenne un aspect juridique, c'est-à-dire qu'il ne soit plus engagé entre deux volontés, mais qu'il porte sur des *choses soumises à des règles*. Les comités de conciliation pourraient rendre de très grands services, s'ils s'efforçaient, dans chaque affaire, de déterminer les principes suivant lesquels devra procéder l'arbitre. C'est par un procédé analogue que se constitue le droit international : dans les matières où l'on peut procéder d'après des règles (parfois établies pour la circonstance par la diplomatie), les conflits entre les Etats peuvent être réglés par un tribunal arbitral. Il y a quelque chose d'analogue à faire dans les luttes industrielles où les juges pourraient souvent donner aux parties d'excellents conseils juridiques (1)...

(1) Ces remarques ne s'appliquent évidemment pas aux grèves qui ont pour objet des élévations de salaires réclamées par les ouvriers. De tels conflits ne renferment rien de juridique, pas plus que les conflits internationaux ayant pour objet des annexions territoriales. Pour que les comités de conciliation pussent faire progresser le droit ouvrier, il faudrait qu'ils fussent présidés par un magistrat connaissant parfaitement les principes du droit (de tels magistrats sont très rares chez nous) ; ces présidents feraient comprendre aux ouvriers ce qu'il y a de juridique dans les questions soulevées ; des experts seraient chargés de faire apprécier aux parties les avantages que présentent les bons usages.

DEUXIÈME PARTIE

———

BASES DE CRITIQUE SOCIALE

AVERTISSEMENT

Raisonnant sur des abstractions futures, la littérature socialiste est plus vague, plus débridée, plus périlleuse que la littérature politique ordinaire, dont les divagations peuvent être contrôlées, dans une certaine mesure, par l'observation des faits actuels ; il ne faut donc pas s'étonner si les théories socialistes, au lieu de projeter de la lumière sur les opinions communes, servent aux politiciens à tout embrouiller ; les démagogues socialistes ont ainsi amplement prouvé aux ouvriers que les choses favorables à la puissance parlementaire du parti préparent un avenir de bonheur universel. Le philosophe, qui se propose seulement d'apercevoir la vérité, se tient le plus près qu'il peut des réalités humaines, bien loin par suite de la dialectique ; pour lui la grande question serait de déterminer exactement la nature psychologique du mouvement que l'agitation socialiste provoque dans le monde du travail ; comme les sentiments se présentent presque toujours, à la conscience des sujets, engagés dans un mélange difficile à débrouiller, on est obligé de procéder à une sorte d'induction pour donner une juste expression aux tendances de l'âme populaire.

Dans la préface que j'ai écrite en 1898 pour le livre publié par Saverio Merlino sous le titre : *Formes et essence du socialisme,* je disais, conformément aux principes énoncés ci-dessus : « C'est par le contenu psychologique sentimental que nous devons apprécier les institutions pour savoir si elles ont ou n'ont pas une affinité avec les aspirations du socialisme. Tout ce qui tend à diminuer l'esprit de responsabilité, la valeur de la dignité personnelle, l'énergie de l'initiative, doit être condamné ; car cela tend à diminuer ce qui devrait être exalté dans la société future (1). Le prétendu socialisme municipal, qui transforme les travailleurs en fonctionnaires hiérarchisés (2), qui crée une catégorie de privilégiés au milieu de la masse prolétarienne, qui subordonne l'existence de cette caste au succès d'un parti, ne développe aucun des sentiments que le socialisme a intérêt à développer. Il ne semble bon qu'à préparer le règne d'une oligarchie démagogique, opprimant les producteurs au profit de cliques électorales » (3).

On lit plus loin : « *Le socialisme est une question morale,* en ce sens qu'il apporte au monde une nouvelle manière de juger tous les actes humains, ou, suivant une célèbre expression de Nietzsche, une nouvelle évaluation de toutes les valeurs... Le socialisme... ne sait pas s'il pourra, ou quand il pourra, réa-

---

(1) On verra, dans la citation suivante, qu'en 1898 je regardais comme seulement hypothétique la réalisation de la société future annoncée par Marx.

(2) Le fonctionnaire n'est pas rétribué sur la base commune du travail ; il a droit à un salaire hiérarchique, et sa place dans la hiérarchie dépend de son genre d'esprit, de la politique, de relations d'amitié, etc.

(3) SAVERIO MERLINO, *Formes et essence du socialisme,* page XXVI.

liser ses aspirations actuelles, car le temps change aussi bien nos idées morales que nos conditions économiques ; mais il se pose devant le monde bourgeois comme son adversaire irréconciliable, le menaçant d'une *catastrophe morale,* plus encore que d'une catastrophe matérielle » (1).

Les réflexions par lesquelles se termine cette préface, me semblent dignes d'être prises en très sérieuse considération par les philosophes qui étudient l'histoire des classes ouvrières dans la démocratie contemporaine :

« Engagé dans des luttes incessantes avec le capitalisme, [le prolétariat] acquiert des notions catastrophiques sur la propriété, c'est-à-dire sur ce qui forme la citadelle du droit bourgeois ; il est donc en état d'accomplir une grande mission historique, en opposant sans cesse à la société un système juridique nouveau, — incompatible avec la tradition, mais capable cependant de faire pénétrer des améliorations dans le système actuel (2).

(1) SAVERIO MERLINO, *op. cit.* page XLII.

(2) Aux pages 183-186 de son livre, Saverio Merlino a esquissé un plan de production socialiste ; mais il ne s'intéresse vraiment qu'aux changements actuels (page 201). Les grèves se terminent par des accords qui donnent aux rapports du travail et du capital une nature tout autre que celle qu'ils avaient au début de la grande industrie : « Le socialisme commence à vivre, pour ainsi dire, sous l'enveloppe capitaliste » (page 205). — « Il y a sans doute plus de socialisme dans l'organisation économique de la classe ouvrière et dans ses efforts pour régulariser le contrat de travail et systématiser les conditions du travail, que dans la proclamation d'un communisme ou d'un collectivisme dépourvus d'un contenu juridique correspondant à la forme. C'est la conclusion vers laquelle convergent les différentes parties de ce livre... De nouveaux principes de justice sont

« Les classes moyennes prennent une part très active au mouvement social; mais elles sont redevables de leurs conceptions fondamentales aux classes supérieures ; comme le Tiers Etat de 1789, elles forment une aristocratie, qui a généralement beaucoup de sympathies pour les ouvriers, mais qui se rattache plus naturellement, par l'origine de ses idées, à la bourgeoisie qu'au prolétariat. Beaucoup de conservateurs estiment que la meilleure manière de lutter contre le socialisme est de faire la part belle à la petite bourgeoisie et de lui octroyer des réformes largement démocratiques.

« Pour que le mouvement se produise dans le sens que les socialistes désirent, il faut que les classes moyennes reçoivent l'impulsion (1) d'une classe qui n'emprunte rien aux classes bourgeoises, qui manifeste sa force indépendante par des institutions nouvelles, qui se constitue en Etat supprimant l'Etat traditionnel (2) ; il faut que ces institutions soient assez fortes pour inspirer le respect, car les classes intermédiaires se dirigent volontiers du côté où la force se manifeste avec éclat, habituées qu'elles sont à recevoir le mouvement du dehors.

« Les classes moyennes ne trouvent pas dans leurs conditions de vie de quoi produire des idées qui soient en opposition absolue avec les idées bourgeoises ; la notion catastrophique leur échappe d'une manière complète. Le prolétariat, au contraire, trouve

en formation, principes qui doivent gouverner les relations sociales sous le régime socialiste » (page 211).

(1) Ce sont, en effet, elles qui nomment la majorité des députés sous un régime démocratique.

(2) Il convient de se reporter, pour bien entendre cette formule, à l'*Avenir socialiste des syndicats*, v.

dans ses conditions de vie un aliment aux sentiments
de solidarité et de révolte (1); il est en guerre journalière avec la hiérarchie et avec la propriété; il peut
donc concevoir des valeurs morales opposées à celles
que la tradition a consacrées. C'est dans cette nouvelle évaluation de toutes les valeurs par le prolétariat militant que consiste la haute originalité du socialisme contemporain ».

Ces thèses se rattachent, d'une façon bien évidente,
aux conditions que l'affaire Dreyfus avait fait naître
au milieu de l'année 1898 : les ouvriers parisiens socialistes et anarchistes étaient dreyfusards contre la
boutique fanatiquement nationaliste ; il y avait de
bonnes raisons pour supposer que le parti de la révision l'emporterait ; je pensais que le prolétariat
aurait acquis dans cette lutte un tel prestige que
désormais il pourrait imposer son impulsion à la
bourgeoisie démocratique, dont il avait été jusqu'a-
lors le dévoué satellite. Je m'étais gravement trompé
et dans plusieurs morceaux groupés ici se trouve
l'écho de mon illusion.

---

(1) A l'avant-dernier chapitre du tome I du *Capital*, Marx
dit que « s'accroît [journellement] la résistance de la
classe ouvrière, sans cesse grossissante, et de plus en plus
disciplinée, unie et organisée par le mécanisme même de la
production capitaliste [et qu'enfin sonnera] l'heure de la
propriété capitaliste ».

Préface pour Colajanni [1]

I. — *Le socialisme comme théorie et comme politique. — Indifférence de l'auteur pour la métaphysique de l'école marxiste.*
II. — *Divers sens du mot* classe *dans Marx. — Caractères spéciaux des classes moyennes. — La conquête du droit. — Le mythe catastrophique. — Classes ouvrières et démocratie.*
III. — *Raisons des théories fondées sur le vrai, le beau et le bien.*
IV. — *Question de la population. — La loi psychoérotique.*

I

De tous les représentants de la démocratie italienne, Colajanni est celui dont le nom est, à bon droit, le plus populaire en France : dans les circonstances les plus critiques de l'histoire contemporaine, on n'a eu à lui reprocher aucune défaillance ; et nous ne saurions oublier avec quel courage il a bravé les insultes d'une presse servile pour défendre

(1) Cette préface, écrite à la fin de 1899, précède un volume dont voici l'indication bibliographique : « *Le socialisme*, par N. Colajanni, député à la Chambre italienne ; traduit sur la 2e édition italienne, revue et augmentée, par M. Tacchella ; Giard et Brière, éditeurs, Paris, 1900.

la République française (1). Des amis de Colajanni ont pensé que le moment était favorable pour présenter au grand public de notre pays une traduction de son livre sur le socialisme: il est, en effet, important de savoir ce que pense sur ce sujet un sociologue qui est en même temps un homme d'Etat expérimenté, au moment où, dans tous les pays d'Europe, le socialisme devient un facteur décisif de la lutte engagée par les partis populaires pour la conquête ou pour la défense des institutions démocratiques.

Lorsque la première édition de ce livre parut en 1884, les socialistes l'accueillirent avec une certaine méfiance ; c'était l'époque où la dogmatique de la socialdémocratie allemande commençait à être importée en Italie ; les importateurs se regardaient volontiers comme des *professionnels privilégiés ;* et Colajanni ne tenait nul compte des formules germaniques. Notre auteur se séparait des marxistes de ce temps sur deux points essentiels : il n'a jamais cessé d'attacher une très grande importance aux considérations morales ; et à cette époque la morale était fort suspecte aux socialdémocrates ; — il a toujours été un des champions les plus ardents du fédéralisme

---

(1) En 1899, je croyais, comme tous mes compatriotes, que la France n'est guère critiquée à l'étranger que par des journalistes que l'Allemagne stipendie. Aujourd'hui, je sais que la grande campagne *morale,* qui aboutit à la chute de Crispi, avait été dirigée par notre ministère des Affaires étrangères ; Cavalotti s'était trouvé être, à son insu, le chef du parti de l'étranger ; le correspondant des *Débats* aurait, dit-on, joué un grand rôle dans cette affaire. Les Italiens s'aperçoivent maintenant qu'il leur faudra bien des années pour réparer le tort que leur ont fait les ennemis de Crispi.

en Italie ; et les socialdémocrates étaient partisans fanatiques de la forte centralisation ; ils avaient hérité des préjugés révolutionnaires des hommes de 93 et de 48 ; ils ne tenaient pas grand compte de l'évolution qui s'était faite dans l'esprit de Marx depuis la rédaction du *Manifeste communiste* (1).

Aujourd'hui les idées ont beaucoup changé en Italie : presque tout le monde reconnaît que les socialistes ne doivent plus avoir la prétention de changer à bref délai la face du monde et que leur rôle consiste à travailler, de concert avec les autres partis populaires, au triomphe de la démocratie. L'esprit sectaire, qui est encore tout puissant en Allemagne, est en décadence chez les Italiens ; Turati ne semble pas éloigné de croire que, d'ici longtemps, les socialistes ne devront rien faire autre chose que de combattre dans les rangs des libéraux avancés (2).

En France, l'affaire Dreyfus a ébranlé toute l'organisation des partis et a provoqué des rapprochements inattendus entre démocrates, socialistes et anarchistes. L'entrée de Millerand au ministère a été la conséquence de cette rupture des vieux cadres politiques et a consacré la coopération du socialisme à l'œuvre démocratique : les théoriciens se sont voilé la face ; les ouvriers ont applaudi (3) ; —

---

(1) Cf. BERNSTEIN, *Socialisme théorique et socialdémocratie pratique,* trad. franç., page 227.

(2) *Critica sociale,* 1ᵉʳ août 1899, page 182, col. 2, et 1ᵉʳ septembre 1899, page 230, col. 1.

(3) Il est bon d'observer que parmi les socialistes étrangers, qui ont émis des avis sur cette question dans la *Petite République,* L. Bertrand (Belgique), Keir Hardie (Angleterre) et Greülich (Suisse), trois anciens travailleurs vivant encore aujourd'hui en contact avec le monde ouvrier, ont

les ouvriers ont, sans doute, quelque droit à avoir
un avis en matière de socialisme.

Loin d'être un recul, comme le pensent quelques
socialistes, l'évolution, que nous voyons se produire,
constitue un progrès : c'est le passage de l'esprit
sectaire à l'esprit politique, de la spéculation abstraite à la vie réelle. A l'origine le socialisme se
présente comme une *doctrine philosophique* sans
grande influence sur la société ; — il devient ensuite une *secte,* qui croit posséder la vérité ; elle
aspire à révolutionner le monde, à le réformer par la
dictature, à lui imposer la pratique de programmes
tirés de doctrines philosophiques ; la secte s'occupe
peu ou point des réformes pratiques ; — enfin dans

été partisans de la conduite de Millerand (*Petite République,*
26 sept., 22 et 28 octobre 1899). — L'année suivante, au
Congrès international, Anseele, le célèbre directeur du
Vooruit de Gand, expliqua de la manière suivante pourquoi il avait félicité Millerand d'être entré dans le ministère : « Je n'ai pas été préoccupé par les conditions particulières dans lesquelles se trouvait la France ; les uns
disaient : La République est en danger ; les autres disaient : c'est inexact. Pour moi, la question était secondaire ; si j'ai envoyé mon télégramme de félicitations, c'est
parce que je croyais sincèrement que ma classe et ma cause
pouvaient avoir des profits et des intérêts nouveaux dans
ce nouveau moyen de lutte, dont la classe ouvrière en
France pouvait s'emparer » (*Cahiers de la Quinzaine,* 16ᵉ
de la IIᵉ série, page 154). Il comparait la situation de Millerand à celle d'un socialiste qu'une grande société pla-
cerait à la tête d'une affaire : « Qui donc oserait dire à cet
homme : N'entrez pas dans cette sorte de ministère ; en y
entrant, vous trahissez la cause ouvrière ? Et qui oserait
dire encore que toute la responsabilité des actes de ce
ministère devrait tomber sur le représentant de la classe
ouvrière, même si dans des grèves des injustices étaient
commises par l'industriel ? » (page 157). Ce compte-rendu
sténographique n'a pas été révisé par les auteurs.

sa *maturité* il donne naissance à un *parti politique*, c'est-à-dire qu'il devient une force se combinant avec d'autres forces alliées ou antagonistes pour administrer les affaires, améliorer la législation et diriger l'Etat. La secte peut s'isoler ; l'isolement est même une condition de sa pureté doctrinale ; le *parti politique* ne peut exister que s'il est mêlé à la vie générale, s'il est un organe dans un organisme. Le socialisme devient, de plus en plus, en France, un *mouvement ouvrier dans une démocratie* (1).

Lorsque la deuxième édition du livre de Colajanni a paru en 1898, on a reproché à l'auteur de ne pas avoir assez discuté les théories marxistes ; cette critique n'était pas, à mon avis, bien fondée, d'autant plus que Colajanni annonçait la publication prochaine d'un ouvrage consacré à l'économie et à la politique; il est clair que c'est dans cette publication qu'il devra exposer en détail les doctrines de Marx; ici il est question des sélections sociales.

Pour bien apprécier la valeur de ce reproche, il serait nécessaire de comparer le livre de notre auteur avec celui que publia, dix ans après lui, Enrico Ferri. Ayant récemment adhéré au socialisme, sur lequel il allait jeter tant d'éclat, Enrico Ferri ne pouvait oublier qu'il avait été en Italie un des représentants les plus écoutés de la philosophie évolutionniste. Il était donc tenu de justifier sa conversion devant le public universitaire, en montrant

_____

(1) J'aurais raisonné bien différemment sur la maturité du socialisme si j'avais eu, en 1899, une meilleure connaissance du pluralisme ; j'aurais approfondi les questions traitées au § IV de l'*Avenir socialiste des syndicats*, au lieu de faire une synthèse des moments intellectualistes.

que le marxisme peut se concilier avec les théories qu'il avait jusque-là enseignées. De là le titre un peu énigmatique de sa brochure : *Socialisme et science positive ; Darvin, Spencer et Marx* (1). Concilier les trois conceptions qui se rattachent à ces trois grands noms, était une œuvre hérissée de difficultés, que Enrico Ferri a abordée avec une très grande ingéniosité et avec une rare liberté d'esprit. Il ne semble pas qu'on lui ait tenu grand compte de cet effort ; car si on a reproché à Colajanni de négliger Marx, on a accusé Ferri de l'avoir défiguré (2); l'idée de rapprocher Marx de Spencer devait paraître quelque peu impertinente aux personnes qui pensent, avec le professeur Antonio Labriola, que Spencer est un « raisonneur à vide, prolixe et ennuyeux » (3).

Rien n'obligeait Colajanni à aborder une tâche pareille ; il se préoccupe seulement des idées générales qui intéressent l'homme d'Etat et il ne cherche pas à constituer une philosophie. C'est ainsi qu'il a pu laisser de côté (comme l'a fait aussi d'ailleurs Enrico

---

(1) Publiée en 1894, elle a été traduite chez nous en 1897.

(2) ANTONIO LABRIOLA, *Socialisme et philosophie,* trad. franç., pages 122-124.

(3) ANTONIO LABRIOLA, *Essais sur la conception matérialiste de l'histoire,* page 90. — Notons que William James n'est pas plus favorable à Spencer que le professeur italien : « On connaît, dit-il, son tempérament de maître d'école, sa sécheresse ; on connaît sa monotonie, rappelant celle d'une vielle ; on connaît son manque de culture, jusque sur les principes de la mécanique, et le vague de ses idées fondamentales ; on sait, enfin, tout ce qu'il y a de raide et de gauche, en même temps que de fragile, dans son système construit, semblerait-il, avec des planches de sapin toutes fendues, qu'on aurait assemblées à grands coups de marteau. » (*Le pragmatisme,* trad. franç., page 52.)

Ferri) la théorie dialectique oui, d'après Engels, serait caractéristique de la nouvelle manière de penser ; le professeur Labriola nous en a parlé en ces termes : « Le concept de la dialectique est inintelligible aux empiristes purs, aux survivants des métaphysiciens et à ces évolutionnistes vulgaires qui s'abandonnent si volontiers à l'impression générique de ce qui est et s'en va, apparaît et disparaît, naît et meurt, et n'expriment pas dans le mot évolution l'acte de comprendre, mais l'incompréhensible ; tandis qu'au contraire, dans la conception dialectique, on se propose de formuler un rythme de la pensée qui exprime le rythme le plus général de la réalité qui devient » (1).

Cette mystérieuse dialectique est chose assez simple d'après les exemples donnés par Engels : le grain en germant se détruit ou *se nie ;* la plante arrivée à maturité meurt et produit des graines plus nombreuses et plus perfectionnées que celles de la semence ; c'est une négation de négation ; — la géologie nous montre les roches se détruisant et fournissant par leurs débris des matériaux à de nouvelles formations ; — dans l'algèbre il y a les quantités négatives dont le carré (négation de la négation) est positif ; — la philosophie a été matérialiste, puis idéaliste et revient à un matérialisme supérieur ; — la terre a été commune, puis appropriée et elle doit redevenir commune.

Ce ne sont vraiment que jeux de mots et il me sem-

_____

(1) Antonio Labriola, *Socialisme et philosophie,* page 188. — En 1899, j'avais un peu abrégé cette citation ; je la donne in-extenso dans l'espoir qu'un lecteur habile trouvera un sens à cet oracle.

ble qu'on peut fort bien se passer de toutes ces amusettes ; — malgré l'importance que lui attribuent les admirateurs d'Engels (1), je crois que cette dialectique n'a rien à faire avec le marxisme. Il en est autrement de la lutte des classes ; plus d'un lecteur sera peut-être étonné de ne pas voir Colajanni attribuer une plus grande importance à cette théorie dans son étude sur les sélections sociales ; il est donc nécessaire d'examiner de près quel usage on peut faire de la théorie des classes.

II

Marx a employé le terme *classe* dans plusieurs sens ; ses disciples emploient parfois ce mot pour

---

(1) Le traducteur français de l'*Anti-Dühring* assimile à la dialectique d'Engels la logique « large et souple » employée par le calcul infinitésimal, suivant laquelle « les concepts, au lieu de s'opposer violemment et d'être isolés sans intermédiaires possibles, se fondent les uns dans les autres par une infinité de degrés intermédiaires [suivant laquelle] la droite est une courbe et la courbe une droite. » (ENGELS, *Philosophie, économie, politique, socialisme*, page 167, note.) La dialectique d'Engels me semble avoir plus d'analogies formelles avec la science antique qu'avec la science moderne, la première « s'arrêtait à certains moments soi-disant essentiels », tandis que la seconde « s'occupe indifféremment de n'importe quel moment » (BERGSON, *Evolution créatrice*, page 364, cf. page 362). Je ne parviens pas à trouver dans le calcul infinitésimal la *logique large et souple* dont parle assez étourdiment le commentateur d'Engels. — Ce que cet auteur a publié sur le socialisme pendant la guerre, montre qu'il manque totalement de sérieux ; les titres universitaires dont il est affublé lui donnent cependant encore un certain prestige aux yeux des mandarins de la prétendue pensée française.

désigner une « division de la population suivant le
degré de fortune » (1); généralement on entend par
classe un groupement de gens ayant une certaine
solidarité. Il dit dans le *XVIII brumaire,* à propos
des paysans, que « la grande masse de la nation
française est constituée par une simple addition de
grandeurs de même nom, à peu près de la même façon qu'un sac de pommes de terre » ; et il ajoute :
« Ces paysans ne forment une classe qu'à un point
de vue : des millions de familles vivent dans des
conditions économiques qui séparent leur mode d'existence, leurs intérêts et leur culture de ceux des
autres classes et les placent à l'égard de ces dernières
dans une position hostile. Ils ne forment pas une
classe à un autre point de vue ; seul un lien local
réunit les paysans parcellaires ; la similitude de leurs
intérêts ne crée pas de communuauté, d'unité nationale et d'organisation politique entre eux... Ils ne
peuvent pas se représenter eux-mêmes ; il faut les
représenter. Leur représentant doit leur apparaître
de plus sous la forme d'un maître, d'une autorité,
d'un pouvoir illimité, capable de les protéger. » (2).
Au cours de lettres réunies sous le titre : *L'Allemagne
en 1848,* il distingue dans son pays cinq classes : noblesse féodale, bourgeoisie capitaliste, petite bourgeoisie, ouvriers, paysans ; — et à cette époque les
groupes sociaux allemands étaient encore moins solidaires que ceux de France ; — dans la classe des
paysans il sépare quatre parties : grands et moyens
propriétaires occupant des salariés, petits proprié-

(1) Rienzi (H. van Kol), *Socialisme et liberté,* page 154.
(2) Marx, *La lutte des classes en France, Le XVIII brumaire de Louis Bonaparte,* trad. franç., pages 346-347.

taires indépendants, fermiers de la noblesse féodale, travailleurs ruraux. Il s'agit là d'une division analogue à celles qu'emploient tous les auteurs, quand ils ont à étudier la constitution sociale d'un pays tant au point de vue juridique qu'au point de vue économique.

Une classe pleinement développée est, d'après Marx, une collectivité de familles unies par des traditions, des intérêts, des vues politiques, — et parvenues à un tel degré de solidarité qu'on puisse attribuer à l'ensemble une personnalité, le considérer comme un être qui raisonne et qui agit d'après ses raisons. Il est clair que jamais l'observation ne nous montre la classe parfaite ; par conséquent, la théorie marxiste des classes constitue une *abstraction* (1). Mais on va encore bien au-delà de ce point

(1) Marx n'a pas toujours tenu compte de ce caractère ; il lui est, d'ailleurs, souvent arrivé de mêler dans ses exposés les constructions logiques avec les phénomènes.

Je n'ai pas cru avoir le droit de rien changer à cet exposé parce que Ch. Andler a contesté, en un ouvrage classique, le caractère d'*abstraction* que j'avais, en 1899, attribué à la théorie marxiste des classes (*Le manifeste communiste*, tome II, page 82). Il a profité de l'occasion pour me reprocher d'avoir appelé classes : l'armée, la bureaucratie et le clergé. Je ne crois pas avoir mérité ce reproche : dans un article écrit sur un livre de Saverio Merlino, *Pro e contro il socialismo,* j'ai dit que Marx, en étudiant la chute de la seconde République, « prend en considération tous les groupes qui existent », et j'ai ajouté en note l'énumération suivante : « Propriété foncière, capitalisme, petite bourgeoisie, aristocratie financière, bureaucratie, paysans ; sans compter le clergé, l'armée, les groupes de la bohème politique et les coteries de conspirateurs républicains. » (*Devenir social,* octobre 1897, page 869). Mon critique a été choqué de voir la bureaucratie placée entre l'aristocratie financière et les paysans ; « Les fonctionnaires, ditet on considère comme étant surtout caractéristique du marxisme la *division dichotomique* de la société : quand on parle de se placer sur le terrain de la lutte des classes, on prétend suivre une politique qui oppose la masse des prolétaires à la masse des capitalistes, l'ensemble de ceux qui ne possèdent pas à l'ensemble de ceux qui possèdent.

Les socialdémocrates conviennent bien que la division dichotomique ne représente pas notre état social ; mais ils prétendent que les classes moyennes sont d'importance secondaire, parce qu'elles sont condamnées à une mort prochaine et inéluctable ; Marx n'a-t-il pas écrit dans le *Manifeste* de 1847 que « de plus en plus la société tout entière se partage en deux grands camps ennemis, en deux grandes classes directement opposées : la bourgeoisie et le prolétariat ? » (1). C'est à cause de ce préjugé que les socialistes ont été si longtemps rebelles à l'idée d'une union démocratique (2). Mais les classes moyennes ne disparaissent pas ; elles ne cessent point d'exercer la grande influence qu'elles ont eue durant toutes les révolutions contemporaines ; et la majorité des chefs des partis socialistes appartiennent à ces classes moyennes.

La notion de classe s'applique fort mal à la petite

il, ne sont que des fondés de pouvoir du gouvernement, qui est lui-même une délégation de la classe dirigeante ». Mais j'ai adopté l'ordre dans lequel je rencontrais les dix grands groupes ; Marx dit, d'ailleurs, que le coup d'Etat permit aux fonctionnaires d'atteindre leur but qui était « de se constituer en autorité indépendante » (*op. cit.*, pages 344-345). Sur le clergé et l'armée, Cf., pages 354-355.

(1) Ch. Andler, *op. cit.*, tome I, page 21.

(2) Se reporter à ce qui a été dit plus haut sur le mouvement ouvrier dans une démocratie.

bourgeoisie ; Pecqueur, en 1838, avait parfaitement reconnu ce fait (1) : « La classe moyenne, disait-il, n'est pas, à vrai dire, une classe ; elle est une lice, un concours pour tous ». Il y a un mouvement incessant d'ascension et de descente des individus à travers les positions moyennes ; les groupements sont presque toujours temporaires ; des courants très instables agitent cette masse ; son influence est de sens très variable et de là dérive la principale source des contingences que l'on trouve dans l'histoire contemporaine. Dans l'espoir d'arriver à raisonner plus scientifiquement sur l'avenir, les socialdémocrates procèdent par abstraction : ils font disparaître le hasard et suppriment pour cela les classes moyennes.

Pour étudier le mouvement politique des temps modernes, l'histoire se préoccupe de connaître les courants principaux d'opinion qui se forment dans la société. Les groupes à distinguer sont parfois très nombreux ; et pour procéder scientifiquement, il faut opérer comme fait Marx, c'est-à-dire n'avoir aucune idée préconçue sur la règle qui doit présider à la division en groupes ; cette *division est un fait empirique,* qu'il faut accepter tel qu'il est. Pour bien comprendre les conflits qui se produisent, il est nécessaire de rattacher les opinions de chacune des classes aux traditions, aux habitudes de travail, aux idées morales courantes ; il s'agit d'observer ce qui est, sans se laisser influencer par aucune théorie sur ce qui devrait être.

Mais toutes ces opinions sur les transformations

(1) PECQUEUR, *Des intérêts du commerce, de l'industrie, de l'agriculture et de la civilisation en général sous l'influence des applications de la vapeur,* tome II, page 207.

sociales, — les craintes et les espérances qui se rattachent à l'avenir, — les constructions idéales desquelles chaque groupe voudrait voir tous les hommes s'inspirer, ne sont pas absolument sans lien entre elles. Chaque solution particulière dépend de solutions générales et participe de deux théories contraires. Si la division dichotomique n'existe pas dans le monde réel, on la découvre dans les bases de tous les facteurs moraux des luttes historiques.

Pour que ces deux contraires puissent se former, il faut qu'il y ait dans la société une *lutte pour la conquête de droits*, une protestation faite au nom d'une masse considérable par des groupes novateurs qui se forment des idées en opposition avec les idées reçues, qui prétendent les faire passer dans la pratique, qui trouvent assez d'appui dans les forces réelles pour parvenir à leurs fins dans une certaine mesure. D'autre part, les conceptions conservatrices sont transformées en systèmes par des théoriciens, qui leur donnent une forme beaucoup plus absolue que celle qui résulte de la réalité : c'est ainsi que la législation des grands pays industriels n'a jamais été conforme aux principes de l'école des économistes dits libéraux.

Se plaçant à ce point de vue de la conquête du droit, Marx a bien fait, en 1847, de ne pas s'en tenir aux descriptions empiriques de la complexité sociale et de présenter le grand conflit des idées juridiques sous la forme de luttes engagées entre *couples antagonistes* : « Toute l'histoire de la société humaine jusqu'à ce jour est l'histoire de luttes de classes. Homme libre et esclave, patricien et plébéien, baron et serf, maître artisan et compagnon, — en un mot, oppresseurs et opprimés, dressés les uns contre les autres dans un conflit incessant, ont mené une lutte qui chaque fois s'est achevée soit par un bouleversement révolutionnaire de la société, soit par la destruction des deux classes en conflit. » (1).

A l'heure actuelle toutes les solutions des grandes batailles politiques dépendent du mouvement qui se produit dans les classes ouvrières (2), toute la pensée moderne est occupée à juger ce mouvement ; elle lui est favorable ou défavorable. Les consciences, s'inspirant des conflits incessants des classes ouvrières et des classes capitalistes, cherchent à s'orienter entre des thèses contraires et ne peuvent le faire qu'en passant par l'abstraction de la division dichotomique. Les propagandistes socialistes ne peuvent se résoudre à subordonner leurs conceptions des classes aux faits, qui nous montrent une excessive complexité de la structure sociale ; sans la division dichotomique il leur serait impossible de faire comprendre l'*idée révolutionnaire*, de même que sans la description d'un idéal futur ils ne pourraient faire pénétrer dans les masses la notion de la *catastrophe morale*. Autre chose est faire de la science sociale et autre chose est *former les consciences*.

Comme tous les hommes passionnés, Marx avait beaucoup de peine à séparer dans sa pensée ce qui est proprement *scientifique*, d'avec ce qui est proprement *éducatif* ; de là résulte l'obscurité de sa doctrine de la lutte des classes. Très souvent il a matérialisé ses abstractions et il a exprimé ses espé-

(1) CH. ANDLER, *loc. cit.*, page 20.
(2) Cf. la fin de l'avertissement.

rances socialistes sous la forme d'une description historique, dont la valeur ne dépasse pas celle d'une image artistique destinée à nous faire assimiler une idée.

C'est ainsi qu'il a pu conserver à la fin du *Capital* l'avant-dernier chapitre, qui avait été écrit probablement bien longtemps avant le livre et qui correspond fort mal à l'état où se trouvait l'industrie en 1867 (1). Dans ce texte on trouve exprimées, d'une manière saisissante, les diverses hypothèses qui dominent sa conception de l'avenir : l'affaiblissement du parti des capitalistes ; — les divisions qui existent entre eux ; — la croissance du prolétariat et son unification ; — enfin la disparition de la propriété fondée sur le travail d'autrui. Pris à la lettre, ce *texte apocalyptique* n'offre qu'un intérêt très médiocre; interprété comme produit de l'esprit, comme une image construite en vue de la formation des consciences, il est bien la conclusion du *Capital* et *illustre* bien les principes sur lesquels Marx croyait devoir fonder les règles de l'action socialiste du prolétariat (2).

Mais si Marx a fait généralement un usage heureux de cette *poésie sociale*, ses disciples ont fait, presque toujours, un usage déplorable de la *doctrine abstraite* de la lutte des classes ; ils ont introduit dans le mon-

(1) Marx y écrit que « s'accroît la misère, l'oppression, l'esclavage, la dégradation (*Entartung*), l'exploitation (*Ausbeutung*) » de la classe ouvrière ; et, cependant, à la page 127 (col. 2), il avait dit que depuis la mise en vigueur de la législation de fabrique, tout le monde a observé « la renaissance physique et morale des travailleurs ».

(2) C'est, je crois, ici que j'ai indiqué pour la première fois la doctrine des mythes que j'ai développée dans les *Réflexions sur la violence*.

de de véritables forces magiques, qui opèrent avec autant de ruses que l'*Inconscient* de Hartmann et permettent d'expliquer les phénomènes historiques les plus complexes, sans la moindre difficulté. Trop souvent les marxistes ne cherchent même qu'à tirer de cette méthode des résultats paradoxaux ; je connais peu d'exemples plus singuliers que les deux suivants, empruntés à un livre tout récent : 1° on nous apprend que Socrate fut un profond politicien, qui créa la morale individualiste de la bourgeoisie comme moyen de maintenir l'ordre social (1); 2° on nous dit que d'après Marx « la lutte de classes se manifeste d'abord [dans les temps préhistoriques] sous la forme de *lutte de sexes* » (2).

La conception de la lutte des classes constitue un grand progrès sur les théories qui font de la société un être pensant, voulant, agissant ; ces doctrines unitaristes ont trouvé, de nos jours, leur expression définitive dans l'hypothèse de l'organicisme social, que l'on a souvent discutée sans la bien comprendre: il ne faut y voir qu'une image construite en vue d'exprimer, sous une forme parfaitement précise, des

(1) PAUL LAFARGUE, *Recherches sur l'origine de l'idée de Justice et de l'idée du Bien*, page 73. Cette curieuse opinion se trouve dans un chapitre intitulé : *Idéal moral bourgeois*. Cette brochure avait d'abord paru dans la *Neue Zeit*, qui est l'organe de la science socialdémocratique.

(2) PAUL LAFARGUE, *op. cit*, page 48. — Ce dernier paradoxe provient d'un texte d'Engels, dont le sens a été déformé gravement grâce à une lecture hasardeuse ; on sait que beaucoup de thèses dites *marxistes* ont été obtenues au moyen de telles manigances ; aussi me semble-t-il intéressant de reproduire ici le texte d'Engels. Celui-ci avait écrit : « Dans un vieux manuscrit inédit, élaboré en 1846 par Marx et moi, je trouve cette phrase : La première division du travail est celle qui se fit entre l'homme et la

thèses que l'on avait jusque-là exposées d'une manière vague et au moyen de figures purement littéraires. L'organicisme n'est pas une grande découverte ; mais ce n'est pas non plus une bêtise, comme on l'a dit souvent ; c'est un auxiliaire de l'esprit, mais un auxiliaire qui se rapporte à un premier moment de l'investigation sociologique.

Pour atteindre la vérité complète, il ne faut ni s'en tenir à ce premier moment unitariste, ni accorder la valeur de réalités aux abstractions auxquelles conduit la division en classes ; il faut procéder à une synthèse. Nous savons, et Marx l'a déjà observé, que la démocratie se considère comme étant au-dessus des conflits de classes (1); en cherchant comment, sous la pression du mouvement ouvrier, se forment les conceptions démocratiques relatives à

femme pour la procréation des enfants. Et, aujourd'hui, je puis ajouter : Le premier antagonisme de classes qui fît son entrée dans l'histoire *coïncide* avec le développement de l'antagonisme entre l'homme et la femme dans la monogamie et la première oppression de classes avec l'oppression du sexe féminin par le masculin. » (*L'origine de la famille, de la propriété privée et de l'Etat,* trad. franç., pages 78-79.) — Dans le *Capital,* Marx a corrigé ce que la phrase écrite par Engels et par lui en 1846 présente d'un peu trop naïf : « Dans une famille et dans la famille élargie, la tribu, une division spontanée du travail s'ente sur les différences d'âge et de sexe, c'est-à-dire sur une base purement physiologique » (page 152, col. 1). Nous sommes ici loin de Paul Lafargue.

(1) Marx, *La lutte des classes en France, Le XVIII brumaire de Louis Bonaparte,* page 246. — Marx, pour expliquer ce fait, se contente de dire que la démocratie « représente une classe intermédiaire où s'émoussent les intérêts de deux classes ». Je crois qu'il faudrait ajouter que la démocratie se regarde comme l'héritière du *roi de droit divin,* placé au-dessus des conflits privés.

l'évolution sociale, on aura effectué cette synthèse et on aura déterminé les forces décisives qui entraînent les pays modernes dans la voie du progrès (1).

Colajanni, guidé par l'instinct d'un homme d'Etat expérimenté, n'a point exposé toute cette métaphysique ; il n'a pas cherché quelles relations théoriques existent entre la démocratie et le socialisme ; mais il a écrit tout son livre sous l'influence des idées auxquelles nous sommes parvenus ici par une longue analyse. Il est dès lors facile de comprendre qu'en 1884 des socialistes nourris de la dogmatique allemande aient eu quelque peine à comprendre ses thèses, qui dépassaient alors de beaucoup les points de vue du socialisme germanique.

III

Je ne veux pas entrer dans la discussion des problèmes traités par Colajanni, d'autant plus qu'il les a discutés avec beaucoup d'ampleur ; je veux me borner à quelques observations d'ordre très général. Il s'agit toujours de déterminer quelles opinions se font les démocrates à propos des évolutions sociales: il est de la plus haute importance, par exemple, de savoir si la coopération, la mutualité et la solidarité

(1) Je n'ai pas besoin de rappeler que Saverio Merlino est parvenu à des idées fort analogues (*Formes et essence du socialisme*). Il y est parvenu en partant de l'anarchisme, c'est-à-dire d'une conception tout à fait abstraite et intellectualiste de la société ; son évolution a été déterminée par des préoccupations juridiques ; le juriste ne peut se contenter de théories ; il est toujours serré de près par les faits et sent la nécessité des **applications pratiques de** tout discours.

seront considérées comme des règles supérieures, ou bien s'il faut admettre que l'on doit abandonner les hommes aux hasards de la lutte à outrance ; — s'il est possible d'assurer un certain bien-être aux travailleurs ou bien s'il convient de les laisser succomber sous le faix des *misères naturelles* ; — si toute inégalité et toute lutte doivent disparaître, ou bien si certaines formes d'inégalité et de lutte doivent subsister.

Une recherche sociologique complète sur l'évolution comporte une *triple distribution des valeurs* ; on passe de l'abstraction purement superficielle et logique à la profonde réalité dont notre activité libre, informée par des principes éthiques, après avoir traversé l'esthétique, nous offre le spectacle.

Par la logique nous ne dépassons pas les classifications des produits rigides de notre entendement ; nous reconnaissons que ces classifications ne dépendent pas complètement des sujets traités, qu'on peut les comparer entre elles et qu'il y a profit à contrôler les systèmes les moins parfaits en les rapprochant de ceux qui ont fait leurs preuves scientifiques. Tout le monde sait que l'esprit transporte continuellement des sciences naturelles aux sciences sociales (et réciproquement) des relations abstraites et que c'est ainsi que s'est formée la philosophie évolutionniste.

Pour pouvoir entrer en rapports pratiques avec la nature et utiliser ses forces d'une manière vraiment rationnelle, nous sommes obligés de la transformer pour lui trouver une commùne mesure avec nous, de la faire semblable à une œuvre humaine, de lui attribuer une valeur artistique. Depuis que l'évolutionnisme a donné tant d'importance à la notion de la victoire des plus aptes, on a repris les considérations, longtemps négligées, sur l'ordre, l'harmonie et l'utilité des parties ; on a considéré le rôle des organes de l'animal pour la conservation et le perfectionnement du *tout ;* on est, ainsi, revenu à ce que renfermait de vraiment philosophique l'ancienne théorie des causes finales. Nous considérons les êtres, non plus comme des arrangements simplement mécaniques, mais comme des édifices bâtis par un architecte qui, vraiment artiste, s'élève au-dessus des besoins extérieurs et prétend surtout satisfaire aux convenances internes de sa construction. L'artiste veut créer un ensemble pleinement un ; il cherche à montrer comment il a compris la valeur relative de chacune des parties ; il n'est satisfait que s'il fait comprendre, par des combinaisons intelligibles plutôt que par des signes symboliques, l'accord réalisé entre le but et les moyens.

La société humaine, par suite de l'extrême enchevêtrement des activités, présente un spectacle analogue à celui de la nature ; elle est également un *règne de la nécessité ;* mais nous pouvons nous servir des conditions mécaniques, offertes par elle, pour créer librement ; nous sommes artistes dans les institutions comme dans la construction des monuments. Nous sommes donc amenés à faire aussi de la société une œuvre d'art et à la traiter comme un être dont l'harmonie intéresse notre jugement esthétique. — C'est ainsi que le darwinisme est devenu, pour beaucoup d'auteurs, une théorie sévèrement aristocratique et que certains sélectionnistes ne cessent de réclamer l'extermination des races inférieures. — Lorsque des relations sociales et des usages ont été idéalisés par la poésie populaire, leur ruine blesse nos sentiments esthétiques, alors même que parfois nous reconnaissons que cette ruine est réclamée par des aspirations vers une meilleure justice.

Par la morale nous rentrons en nous-mêmes et nous nous demandons quelles intentions supposent les actes auxquels nous avons rapporté la création de ce que contient l'histoire sociale. Le jugement moral est, le plus souvent, mêlé à des jugements esthétiques ; il ne saurait d'ailleurs exister sans ceux-ci, car il présuppose que toute activité a été provoquée par une détermination raisonnée ; nous ne pouvons juger une œuvre qu'en nous l'appropriant et en nous demandant suivant quels principes nous aurions agi en la faisant (1).

IV

L'homme d'État a besoin de trouver dans l'observation des phénomènes sociaux des systèmes susceptibles d'être considérés comme des expériences, sur lesquels il puisse s'appuyer pour justifier ses réfor-

(1) On voit que cette critique des trois valeurs fondamentales infuse une vie nouvelle dans la vieille triade du vrai, du beau et du bien. Si j'écrivais aujourd'hui ce passage je modifierais l'ordre que j'avais adopté en 1899 ; il me semble, en effet, que l'esprit n'arrive à donner à une connaissance la forme logique recherchée par la science qu'après avoir parcouru un long chemin esthétique ; on devrait donc placer à la base le beau dans la triade cousinienne. — Dans une étude que j'ai faite autrefois, et dont j'ai perdu le manuscrit, je montrais que Marx avait établi ses thèses du *Manifeste communiste* d'après la loi de la triade. — Il n'est pas rare que les philosophes évolutionnistes sous-entendent des intentions morales dans la nature. Je crois que l'*Évolution créatrice* de Bergson serait tout autre si l'auteur n'avait eu des préoccupations religieuses.

mes et montrer la possibilité des résultats qu'il attend. Il ne suffit pas d'affirmer, par exemple, que la population se mettra en équilibre avec les subsistances, quel que soit le régime social existant ; il faut le prouver. Cette question de la population préoccupe beaucoup les Italiens (1), et Colajanni l'a examinée fort longuement.

Je vais m'y arrêter, à mon tour, parce qu'il n'y a pas de sujet que les auteurs socialistes aient traité d'une manière plus superficielle. Ils ont proposé des solutions trop souvent absurdes, tel ce collaborateur de la *Revue socialiste,* qui espère que les femmes seront dans l'avenir peu fécondes parce qu'elles aimeront passionnément leurs maris (2). Bebel a entendu parler de recettes culinaires qui, pratiquées dans la vieille Bavière, seraient propres à restreindre la natalité, sans nuire à la beauté de la race (3). On sait que Fourier a dépassé tous les autres utopistes par ses solutions extravagantes ; il comptait que sous le régime de l'Harmonie la vigueur exceptionnelle, la bonne chère, les *mœurs phanérogames* et l'exercice physique limiteraient la fécondité. L'expression bizarre de *mœurs phanérogames* ne désigne rien de bien admirable : « Les bacchantes, bayadères, faquiresses et autres corporations chargées du service des ar-

---

(1) La *Critica sociale* a fort répandu en Italie un livre malthusien de Karl Kautsky, dont les conclusions ne présentent, suivant Nitti. « aucun intérêt ni théorique, ni pratique » (*La population et le système social,* trad. franç., page 66). Il est clair que le problème de la population dépasse un peu trop le niveau des facultés philosophiques du directeur de la *Neue Zeit.*

(2) *Revue socialiste,* juillet 1897, pages 30-32.

(3) BEBEL, *La femme dans le passé, le présent et l'avenir,* trad. franç., page 359.

mées et des caravansérails, seront nécessairement *phanérogames* ; ce sera de leur part un acte de dévouement dont l'Etat recueillera de grands avantages. Ce genre de mœurs, par son extension aux *deux tiers* des femmes, sera un très puissant moyen de stérilité » (1). Proudhon, qui connaissait encore d'autres turpitudes, enseignées aux initiés (2), estimait avoir bien le droit d'écrire dans les *Contradictions économiques :* « Le fouriérisme poursuit de tous ses vœux, de tous ses efforts, la *prostitution* intégrale. C'est tout le secret de la solution fouriériste du problème de la population. » Il paraît qu'il y avait aussi un cinquième moyen renouvelé des Grecs, car dans l'*Avertissement aux propriétaires* Proudhon avait dit : « Je sais que Fourier, qu'on n'accuse pourtant pas d'avoir eu des goûts socratiques, a étendu fort au delà des barrières accoutumées les relations amoureuses et que ses spéculations sur l'analogie l'avaient conduit jusqu'à sanctifier les conjonctions unisexuelles. »

L'expérience a montré que les peuples arrivent rapidement à limiter leur population dès que leur degré de culture devient suffisant ; Malthus l'avait déjà reconnu ; mais il avait cru, à tort, qu'il est pos-

---

(1) Ch. FOURIER, *Le nouveau monde industriel et sociétaire,* page 400. — Fourier croyait que les citadins oisifs, dont le corps est peu occupé, ont « leurs facultés matérielles et vitales très engorgées », ce qui les pousse à l'érotisme ; il prescrit aux femmes harmoniennes qui veulent « se disposer à la fécondité » de suivre un régime calme pendant trois mois, afin que « les sucs... se portent sur la partie sexuelle » (pages 400-401).

(2) Proudhon, dans un article du *Peuple,* a signalé l'existence d'un manuscrit de Fourier, inédit et étrange, intitulé : *Amours des saints* (12 février 1849).

sible de produire artificiellement cette limitation, en prêchant la continence à des gens incapables de suivre une telle règle. On a souvent expliqué cet arrêt de la population par des considérations purement utilitaires, par des préoccupations qui seraient spéciales à l'ordre capitaliste, et l'on s'est demandé si des réformes socialistes ne produiraient pas des naissances désordonnées et un excès de peuplement. Mais il ne faut jamais oublier que la femme est la grande régulatrice de la natalité et que, partout, elle revendique le droit de ne pas être transformée en bête reproductrice, dès qu'elle n'est plus élevée dans le respect superstitieux de la force du mâle (1).

Les socialistes ont donc eu raison de considérer l'affranchissement de la femme comme une partie très essentielle de toute réforme profonde de la société. Malheureusement, beaucoup d'entre eux ont abordé cette question sans aucune préoccupation morale et ils ont semblé trop souvent demander pour la femme le droit de se livrer à ses caprices amoureux. Il ne devrait exister qu'une seule morale pour les deux sexes ; mais il ne faudrait pas que les femmes imitassent les mauvais exemples que leur ont donnés jusqu'ici les hommes.

Cette question des mœurs est de la plus haute importance pour les réformes sociales ; tous les philosophes, depuis l'antiquité, ont, plus ou moins exacte-

(1) Dans les pays où l'alcoolisme est répandu, on observe assez généralement une natalité abondante, que des sociologues-démographes ont souvent attribuée naïvement à de prétendues vertus domestiques de ces ivrognes. Beaucoup d'enfants sont conçus à des époques d'orgies, c'est-à-dire dans des conditions extrêmement défavorables pour les qualités de la race.

ment, noté l'influence que les usages sexuels exercent sur la marche de la société (1) ; toute notre psychologie se concentre, en quelque sorte, dans ces usages ; il n'y a point pour l'observateur social de loi plus féconde en conséquences que la *loi psycho-érotique*. C'est pourquoi l'homme d'Etat doit toujours se demander, quand il étudie une réforme législative touchant, par quelque côté, au statut familial, quelle portée elle aura sur la conduite de l'homme et sur son respect pour la dignité de la femme.

Nous pouvons affirmer que le *monde ne deviendra plus juste que dans la mesure où il deviendra plus chaste ;* je ne crois pas qu'il y ait de vérité plus certaine (2).

---

(1) Examinant les causes profondes de la victoire remportée par l'Allemagne sur la France, Renan signalait, en 1872, chez nos adversaires « la qualité qui donne toujours la victoire à une race sur les peuples qui l'ont moins, la chasteté ». (*La réforme intellectuelle et morale,* page 53.)

(2) Cette thèse a paru scandaleuse à beaucoup de personnes ; elle est tout à fait dans l'esprit proudhonien ; mais, en 1896, Arthur Desjardins avait dit que sur la question des relations sexuelles « Proudhon joue le rôle d'un hérésiarque » : l'orthodoxie socialiste serait représentée par les folichonneries d'Eugène Fournière (*P.-J. Proudhon ; sa vie, ses œuvres, sa doctrine,* tome II, page 86.) On pourrait former un compendieux recueil d'âneries lubriques en dépouillant les œuvres de cet illustre franc-maçon, qui a découvert que « la prostituée est la compagne naturelle du penseur » (*L'âme de demain,* page 140). La clique démocratique lui a trouvé tant de mér'te qu'elle créa pour lui une chaire de professeur au Conservatoire des arts et métiers ; le burlesque guerrier André le nomma maître de conférences à l'Ecole polytechnique. Le socialisme d'Eugène Fournière était de l'espèce la plus marmiteuse. — Dans les *Débats* du 16 janvier 1909, écrivant sur le centenaire de Proudhon, Jean Bourdeau fait cette remarque profonde : « Qu'y a-t-il de commun entre l'idéal austère et stoïque

A l'heure actuelle, la société se préoccupe très vivement de ce qui peut améliorer la vie familiale des classes ouvrières. Il y a un grand effort tenté pour perfectionner la moralité des hommes et rendre plus délicate notre appréciation des rapports sexuels. Le progrès sans lequel le mouvement socialiste avorterait n'est donc pas une utopie : toutes les classes collaborent inconsciemment à rendre plus facile la réalisation des conditions morales du socialisme.

de Proudhon, qui fut la pratique de sa vie, et le Paradis de Mahomet, où tant de socialistes bourgeois promettent de conduire la classe ouvrière, après avoir inscrit sur la porte en lettres flamboyantes : le droit à la paresse ? » Jean Bourdeau fait ici allusion à Paul Lafargue, dont les idées étaient le plus souvent celles qui auraient convenu à un commensal d'Helvétius.

Il me semble que mes idées ont fait quelque chemin depuis 1899, au moins en Italie. En corrigeant cette épreuve, j'ai sous les yeux un article publié dans le *Resto del Carlino* du 7 août 1918, par Giuseppe Prezzolini, qui ne croit pas que les socialistes aient le droit d'espérer vaincre le monde bourgeois aussi facilement que les chrétiens ont vaincu le monde antique. Les premiers chrétiens, dit-il, avaient sur leurs adversaires une incontestable supériorité morale : « Ils étaient chastes, tempérants et capables de sacrifices ; ils n'imitaient pas les vices de leurs ennemis ». La réforme morale chrétienne était un retour aux usages de la vieille Rome, en un temps où triomphaient les aventuriers favorisés par les empereurs.

Préface pour Gatti [1]

___

I. *Variété des idées sociales que se forment les travailleurs des divers pays. — Persistance de conceptions médiévales en Angleterre. — Ce que Marx a emprunté aux ouvriers anglais.*

II. *Caractère nomade de l'Américain. — Mélange des intérêts des classes. — Sentiment commun d'élévation progressive.*

III. *Les syndicats suivant les idées des gouvernements français. — Leur valeur comme forces d'intimidation manœuvrées par les partis. — Pas de progression dans l'éducation juridique.*

IV. *Coopération agricole. — Sa valeur considérable pour l'observation du juriste. — Espérances que font naître les coopératives en Italie au point de vue socialiste.*

I

Il y a dans le monde beaucoup de thèses qui se maintiennent par la force de la routine et qui ne sont plus fondées sur les faits : c'est ainsi qu'il n'est pas exact de dire aujourd'hui que les partis socia-

___

(1) Cette préface, écrite à la fin de 1901, précède un volume dont voici l'indication bibliographique : *Le socialisme et l'agriculture*, par G. Gatti, député au Parlement italien, Giard et Brière, éditeurs, Paris, 1902. Elle a été reproduite dans les *Cahiers de la quinzaine*, 14ᵉ de la IIIᵉ série, sous le titre : *Socialismes nationaux.*

14

listes nationaux ne sont que des fractions d'une grande armée prolétarienne, répandue dans le monde entier, animée d'un même esprit, poursuivant un but identique pour tous. Lorsque l'on veut faire ressortir les ressemblances qui existent entre les divers socialismes, on est obligé de se contenter de formules dénuées de portée pratique ou d'en revenir aux déclarations purement démocratiques.

En réalité, il y a au moins autant de socialismes qu'il y a de grandes nations ; pour les étudier, il ne faut pas seulement connaître le développement industriel de chaque pays, il faut savoir aussi quelles sont les vues politiques dominantes et les diverses manières de comprendre les rapports sociaux, c'est-à-dire les sentiments juridiques du peuple. On a pu dire qu'il y a autant de socialismes que de races, et Gustave Le Bon s'est efforcé, dans sa *Psychologie du socialisme*, de mettre en lumière les grandes différences qui existent, à ce point de vue, entre les Latins et les Anglo-Saxons ; son étude est souvent insuffisante, parce qu'elle est fondée sur les qualifications de la psychologie courante ; et nous savons que celle-ci a été conçue pour décrire la vie des classes supérieures ; les explications ordinaires de l'histoire par la psychologie sont superficielles parce qu'elles supposent que presque tout, dans l'histoire, dépend des sentiments des gens du monde.

On admet, comme une chose évidente, que les idées socialistes se rattachent étroitement à l'organisation du travail ; mais cela ne signifie rien tant que l'on ne spécifie point ce qu'on entend par ce terme. Dans un premier sens, on peut dire que les manières de vivre et d'agir des ouvriers se rattachent à leur métier ; mais il ne s'agit pas seulement

de connaître l'outillage dont se servent les travailleurs : le métier est, en quelque sorte, une technique
vivante, qui fait de l'homme un élément du mécanisme de la production.

L'homme n'est pas un instrument passif, dont le
mouvement soit donné par une définition géométrique ; il faut savoir de quelle manière il s'adapte
à son travail ; on est ainsi amené à se poser des
questions qui se rattachent à la psychologie de l'attention et qui ne doivent pas être examinées d'une
manière générale, mais à propos de chaque genre
d'occupation. Marx considérait la race comme un
facteur essentiel dans l'histoire de l'industrie humaine (1) ; mais peu de recherches ont été faites par
les marxistes dans cet ordre d'idées ; — cette omission de leur part ne doit pas trop étonner, car ils
ont, généralement, fort négligé aussi la différenciation technologique dans l'économie (2) et beaucoup
trop raisonné suivant la tradition démocratique, qui
nivelle toutes choses.

(1) Marx dit dans le *Capital :* « Abstraction faite du
mode social de production, la productivité du travail dépend des conditions naturelles au milieu desquelles il s'ac-
complit. Ces conditions peuvent toutes se ramener soit à
la nature de l'homme lui-même, à sa *race*, etc., soit à la
nature qui l'entoure » (page 220, col. 2). Dans *L'Allemagne
en 1848,* il avait paru regarder les Slaves comme spécialement voués à l'agriculture (trad. franç., pages 82-83. —
Des voyageurs récents estiment que les ouvriers japonais
sont moins aptes que les ouvriers chinois à produire éco-
nomiquement dans la grande industrie.
(2) En 1898 j'écrivais : « Les lois de la technique n'exigent point partout l'emploi d'instruments énormes, à marche très rapide et, par suite, à production journalière co-
lossale. Dans l'agriculture, l'expérience montre que la petite
exploitation l'emporte généralement sur la grande » ; et,

Les idées sociales apparaissent seulement quand le travailleur fait un retour sur lui-même pour juger les rapports qui se sont réalisés dans l'atelier : c est ainsi que la conscience juridique du peuple se remplit de notions qui sont en rapport étroit avec la constitution des classes et qui persistent fréquemment durant des siècles, longtemps après que les conditions primitives ont disparu. Tous les voyageurs nous apprennent que les émigrants transportent souvent, loin de leur pays, des manières tout à fait particulières de comprendre la société : les observateurs ont noté, par exemple, la conduite des Irlandais en Amérique ; dans les professions où ils sont nombreux, l'organisation ouvrière prend des caractères exceptionnels (1) ; — si en Nouvelle-Zélande les Ecossais ont exercé une grande influence sur la législation sociale (2), cela tient moins, je crois, à leur tendance aux solutions théoriques qu'aux idées féodales transmises par une longue tradition (3).

dans une note, j'ajoutais : « La marche intensive est surtout nécessaire dans les industries où la chaleur joue un grand rôle et dans celles où il faut utiliser les produits secondaires jusqu'à la dernière limite. Il y a aussi intérêt à faire tourner vite les machines rotatives : on peut alors les faire plus légères et mieux utiliser le travail d'ouvriers exercés. » (SAVERIO MERLINO, *Formes et essence du socialisme,* préface, pages XXXIII-XXXIV.)

(1) Les vieux syndicats de mécaniciens, de chauffeurs, de serre-freins, de télégraphistes de chemin de fer, sont des sociétés secrètes dont les Grands Maîtres sont des personnages très puissants. (*Musée social,* avril 1899.)

(2) PIERRE LEROY-BEAULIEU, *Les nouvelles sociétés anglo-saxonnes,* page 137.

(3) En Ecosse, ce fut seulement à partir du 1er juillet 1775 que l'on put embrasser les professions de houilleur

Ce qu'on appelle, assez mal à propos, le socialisme municipal en Angleterre est basé sur des idées anciennes relatives au rôle des municipalités (1). Si ce genre d'administration fonctionne passablement de l'autre côté de la Manche, cela tient à ce qu'il a été possible, dans certaines villes tout au moins, de conduire les affaires municipales comme des affaires privées ; cela suppose un ensemble de traditions qui n'existent pas chez nous ; on sait, en effet, que les ouvriers de nos régies administratives ne travaillent pas comme ceux de l'industrie ; et des personnes, qui semblent être bien informées, assurent que l'Etat français fait de sérieuses économies lorsque, ses ouvriers se mettant en grève, il peut acheter des allumettes sur le marché international, au lieu de les faire fabriquer dans ses manufactures.

Enfin, l'idée, si profondément médiévale, du juste prix s'est si fortement maintenue dans la jurisprudence anglaise que nous la trouvons appliquée aux Etats-Unis dans les relations des gouvernements avec les compagnies de chemins de fer. Il y a une trentaine d'années, la Cour suprême décidait que, d'après la *common law*, les pouvoirs publics peuvent fixer des limites aux rémunérations réclamées « par les entrepreneurs de transports publics, les portefaix, bou-

et de saunier sans être asservi à l'obligation de les garder toute sa vie. En 1799 on affranchit les anciens ouvriers. La servitude des mines de houille avait été établie par la coutume postérieurement à l'abolition du régime féodal. (Thomas Erskine May, *Histoire constitutionnelle de l'Angleterre,* trad. franç., tome II, pages 334-335.)

(2) A la fin de l'Ancien Régime, les villages du Roussillon donnaient à ferme : la boulangerie, la boucherie, le cabaret, la fourniture de la glace. (Jean-Auguste Brutails, *Notes sur l'économie rurale du Roussillon,* pages 174-175.)

langers, meuniers, maîtres de quai, aubergistes, et réglementer, en général, l'usage d'une propriété privée dès que cet usage peut affecter l'intérêt public » (1). Il est résulté de cela que, si les *charters* des compagnies de chemins de fer semblent leur donner une liberté illimitée, presque partout les Etats ont cependant interdit la perception de taxes déraisonnables : et cette législation a été reconnue constitutionnelle (2).

Ce qui caractérise surtout l'Angleterre, c'est le vieux trade-unionisme classique, qui n'a pu se développer complètement que là. Dans la préface qu'il a écrite pour le livre de Louis Vigouroux, sur *La concentration des forces ouvrières dans l'Amérique du nord*, Paul de Rousiers montre qu'il faut se garder de transporter d'un pays dans un autre de prétendues lois qu'on aurait tirées de l'observation ; les organismes « ne sont pas interchangeables comme les pièces de machines semblables ; [ils] répondent à des besoins différents et conviennent chacun à l'usage auquel ils sont destinés » (3). Il me semble que ce grand économiste n'a pas suffisamment signalé les causes spécifiques qui ont assuré le succès du trade-unionisme anglais.

En Angleterre, l'organisation du travail a été, jusqu'à une époque récente, soumise à des principes du Moyen Age. Il n'y a pas si longtemps que la loi désignait l'entrepreneur et l'ouvrier par les termes

---

(1) LAVOINNE et PONTZEN, *Les chemins de fer en Amérique*, tome II, page 492.

(2) LOUIS-PAUL DUBOIS, *Les chemins de fer aux Etats-Unis*, page 163, page 179, page 181. (Ce livre est de 1896.)

(3) LOUIS VIGOUROUX, *La concentration des forces ouvrières dans l'Amérique du nord*, pages xx-xxi.

master et *servant,* qui comportaient un sens quasi-
féodal ; l'ouvrier anglais était vraiment un *asservi ;*
il faut toujours penser à cela quand on lit le *Capital.*
Ce n'est point par un abus métaphorique des mots
que Marx compare le capitaliste à un législateur
privé, rédigeant un code qui « n'est qu'une caricature de la régulation sociale *(kapitalistische Karika-
tur der gesellschaftlichen Regulirung des Arbeits-
processes)* telle que l'exigent la coopération en grand
et l'emploi des moyens de travail communs » (1).

Dans son exposition, Marx s'est efforcé de se pénétrer, aussi complètement que possible, des idées
anglaises, de les faire passer de l'état confus qu'elles
ont dans la conscience populaire, à un état supérieur
et de leur donner ainsi un aspect juridique. Cela crée
de très grandes difficultés pour les lecteurs superficiels du *Capital* qui, souvent, ne réfléchissent pas
aux conditions particulières de la société sur laquelle
raisonnait l'auteur.

La masse ouvrière est un *champ de travail* sur
lequel les capitalistes moissonnent (2) ; ce champ
n'est pas à eux ; ils abusent souvent de leur droit et
ils épuisent le domaine ; il faut empêcher cet abus
qui compromettrait l'avenir du pays: la limitation de

---

(1) MARX, *Capital,* page 183, col. 2. — Cette législation
privée *(privatgesetzlich und eigenherrlich),* pleine de colè-
res, manque de rationalité ; elle est donc bien une caricature de l'ordre qui correspond à l'organisation de l'atelier,
tandis que dans la législation publique on rencontre un
essai plus ou moins heureux d'élévation de la vie économique à la rationalité.

(2) Marx se demande *(loc. cit.,* page 113, col. 1) si le
fabricant d'acier, Sanderson, croit posséder, en vertu de son
outillage, un droit de vingt-quatre heures sur ses ouvriers
(Anweisung auf die Arbeitzeit).

la journée de travail est aussi nécessaire que l'introduction du guano dans l'agriculture anglaise (1).

La vieille législation avait fixé la durée du travail et le salaire ; depuis que le commerce est devenu libre, les capitalistes s'efforcent d'accroître leurs profits, et ce changement est interprété en partant de l'ancienne doctrine juridique du travail : quand le patron parvient à allonger la journée sans augmenter le salaire, il semblerait naturel de dire qu'il diminue le prix de l'heure; Marx, à l'imitation des ouvriers anglais, dit que le patron profite du travail non payé (*unbezahlte Arbeit, unpaid labour*) (2). Les ruses que les entrepreneurs emploient pour allonger la journée normale sont assimilées constamment à des usurpation et à des vols (3). La *grande charte* du travailleur moderne est la loi qui sépare « le temps propre de l'ouvrier et celui de son maître » (*the worker's own time und his masters*) (4).

Les idées que les ouvriers anglais se font de leurs droits sont, en grande partie, basées sur la pratique du long apprentissage qui a habitué les ouvriers qualifiés à se considérer comme séparés du reste des travailleurs : les hommes qui ne sont pas en règle (comme ils disent) n'ont pas qualité pour leur

(1) MARX, *loc. cit.*, page 103, col. 1 ; Cf. page 114, col. 2, page 116, col. 1 et col. 2.

(2) MARX, *loc. cit.*, page 108, col. 1. — J'ai fait observer déjà dans la *Revue internationale de Sociologie* (avril 1900, pages 268-269) que toute la théorie de la valeur de Marx est dominée par les idées anglaises qui font de l'homme « du temps de travail personnifié » (MARX, *loc. cit.*, page 104, col. 2).

(3) MARX, *loc. cit.*, page 104, col. 2 ; page 108, col. 2 ; page 114, col. 1 ; page 184, col. 2.

(4) MARX, *loc. cit.*, page 130, col. 2.

faire concurrence ; l'ouvrier qui ne paie pas ses cotisations régulièrement à son Union, est un irré-
gulier contre lequel la persécution est permise ; le
blackleg, celui qui vient prendre la place d'un gréviste, est un véritable malfaiteur.

La notion du domicile légal constitue un deuxième
élément essentiel dans la formation de l'esprit anglais ; les ouvriers attachent une certaine valeur
juridique au lieu où ils ont le droit de travailler ;
en 1895, au Congrès de Cardiff, les trade-unionistes
demandaient qu'une loi interdît de faire venir des
travailleurs de districts étrangers. Cette influence
traditionnelle du domicile légal a été renforcée par
un fait très important : les grandes industries sont
généralement concentrées sur une faible étendue de
pays ; il est facile de voir combien chez les coton-
niers et les constructeurs de navires cette concentration a développé l'esprit de corps.

Enfin, il faut ajouter que jusqu'à ces derniers
temps on croyait à la supériorité incontestable de
l'industrie anglaise ; les ouvriers pensaient que la
production anglaise était assez forte pour imposer
ses prix et que les crises provenaient de l'imprudence des fabricants. Avec une marche sage, rien
ne pouvait s'opposer à l'établissement de bons salaires (*living wage*) ; et pour assurer cette marche
sage le contrôle des trade-unions pouvait être seul
efficace, parce qu'il pouvait seul empêcher la sur-
production.

Habitués à se considérer comme étant les seuls
qui fussent appelés à se servir de l'outillage per-
fectionné existant dans le lieu de leur résidence, les
ouvriers anglais se sont considérés comme ayant sur
les machines une sorte de *jus in re aliena* et entre

eux s'est développé un esprit de corps que l'on ne retrouve que très exceptionnellement ailleurs. Sans cette notion juridique je ne crois pas qu'il y ait de trade-unionisme possible.

Dans le monde moderne les progrès incessants que la science apporte, constituent une source énorme de richesses que l'on peut considérer comme une masse commune et dont les diverses classes s'efforcent de s'approprier la jouissance (1). Une grande question pratique à résoudre perpétuellement par les trade-unions est de savoir dans quelle mesure les nouvelles machines doivent profiter aux ouvriers (2). La législation sociale n'a de raison que tout autant qu'on l'examine à ce point de vue : les règlements de l'autorité, en réduisant la durée du travail, ou les lois de prévoyance, en créant des institutions de secours ou de retraites, empêchent les patrons d'accaparer tout le bénéfice de la science appliquée et en attribuent une part aux ouvriers. Cette intervention de l'Etat est naturellement subor-

_____

(1) « La grande industrie, écrivait Proudhon en 1851, peut être assimilée à une terre nouvelle, découverte ou créée tout à coup par le génie social au milieu de l'air, et sur laquelle la société envoie, pour en prendre possession et l'exploiter au profit de tous, une colonie. Cette colonie sera donc régie par un double contrat : le contrat qui lui donne l'investiture, établit sa propriété, fixe ses droits et ses obligations envers la mère-patrie ; le contrat qui unit entre eux ses divers membres et détermine leurs droits et leurs devoirs. » (_Idée générale de la Révolution au XIX_e _siècle_, 6e étude, § 3.)

(2) Dans le Lancashire, la règle, au temps où Paul de Rousiers faisait son enquête, était d'attribuer aux ouvriers 40 p. 100 des avantages, (PAUL DE ROUSIERS, _Le trade-unionisme en Angleterre_, page 320.)

donnée à cette condition fondamentale, *qu'elle soit favorable au progrès de l'économie* (1) ; et Marx s'est attaché à démontrer, avec minutie, que cette condition avait été remplie en Angleterre.

II

Je n'ai pas la prétention de donner ici un tableau complet de toutes les formes que peut revêtir l'organisation ouvrière et de rechercher toutes les conceptions juridiques qui en dérivent ; il est manifeste que dans la réalité les types que la science peut établir, ne se réalisent jamais d'une manière pure et qu'il y a des mélanges, comme cela se produit dans toute formation sociale. L'expérience montre que l'on peut cependant trouver, pour chaque pays et pour chaque époque, un type qui est vraiment essentiel, qui permet de définir les conditions juridico-économiques du peuple au temps considéré. Pour l'Amérique, cette recherche n'est pas très difficile ; il est clair que c'est dans l'étude de la Fédération américaine du Travail que l'on trouve les éléments les plus spécifiquement américains.

Si le vieux droit anglais est aussi vénéré d'un côté que de l'autre de l'Atlantique, il s'en faut de beaucoup que le contenu de la conscience populaire soit le même en Amérique et en Angleterre ; tandis que dans ce dernier pays, sous l'influence

_____

(1) C'est une considération fondamentale au point de vue marxiste, mais tout à fait secondaire au point de vue des philanthropes ; — à l'heure actuelle, les marxistes ne prennent pas toujours assez garde au danger qu'il y a de faire campagne avec les philanthropes.

de fortes survivances féodales, du domicile légal et du long apprentissage, chaque ouvrier qualifié se considère comme attaché à son métier et à son lieu, — l'Américain est un nomade, aussi bien pour sa profession que pour sa résidence.

Habitué à passer d'un travail à un autre, ne pouvant pas acquérir, par une longue pratique et par tradition, les ficelles de métier, ne possédant jamais ce genre de virtuosité spécifique si longtemps considéré comme essentiel, l'ouvrier américain se trouve être mieux approprié au travail des machines modernes que l'européen (1). Non seulement la production est plus forte, mais encore les progrès sont plus faciles à réaliser en Amérique qu'en Angleterre : l'esprit de routine domine dans le plus grand nombre des ateliers de ce dernier pays ; on le retrouve naturellement à tous les degrés de l'échelle, puisque la majorité des chefs a passé par la vie ouvrière ; il est vraiment étonnant que Barnes, le secrétaire de l'Union des mécaniciens, ne s'aperçoive pas que l'état arriéré qu'il signale dans les usines anglaises (2), provient surtout de la formation de l'ouvrier anglais. En Amérique, tout le monde est animé d'un même esprit progressif ; en Allemagne, la routine des ouvriers a été vaincue grâce à la formation spéciale des ingénieurs sortis des écoles scienti-

(1) Il y a quelques années des fabricants français de boutons de nacre transportèrent leurs machines de France en Amérique et furent tout surpris de voir les Américains produire plus qu'on ne produisait dans des pays où cette industrie était traditionnelle.

(2) D'après un article de Biard sur *l'industrie américaine et l'industrie anglaise,* dans le *Bulletin de la Société d'encouragement,* avril 1900, page 639.

fiques et à l'exacte discipline militaire imposée à tout le monde.

Pour l'Angleterre, nous devons continuellement nous référer à des *idées réglementaires* provenant de la tradition médiévale ; en Amérique, tout est pénétré d'*idées commerciales*. Barnes se trompe donc gravement quand il croit (1) que l'Angleterre a dépassé le moment historique où se trouve l'Amérique à l'heure actuelle ; il ne comprend pas les liens qui rattachent les idées anglaises actuelles à un passé lointain, qui ne peut guère revenir.

Toute notion de hiérarchie, ayant ses racines dans la féodalité, est inintelligible pour l'Américain ; il ne semble même pas bien se rendre compte de ce qu'on nomme en Europe lutte de classe, parce que cette notion renferme beaucoup d'éléments historiques. La vie ouvrière n'est point, à ses yeux, un état particulier propre à une section du peuple, mais plutôt une préparation, une école, un *moyen de sélection pour tout le monde :* l'idée fondamentale est ici que tout citoyen doit se considérer comme ayant dû passer par cet apprentissage de l'individu (2).

Les questions sociales ne sont plus posées en partant de l'idée d'un partage à établir entre des classes concurrentes, mais comme des questions d'édu-

(1) *Article cité,* page 641.
(2) Marx observant, au milieu du XIXᵉ siècle, la mobilité des conditions de vie américaine, pensait que les classes n'étaient pas encore fixées aux Etats-Unis, mais il supposait évidemment qu'elles se fixeraient comme en Europe (*La lutte des classes en France. Le XVIII brumaire de Louis Bonaparte,* page 205). Les choses ne semblent pas avoir beaucoup changé.

cation intéressant tout Américain, — qu'il soit ouvrier, patron ou commerçant. La première condition que l'on désire chercher à remplir dans un pays de ce genre, est que tout homme *voulant s'élever* trouve du travail à sa disposition, qu'il puisse en vivre, en attendant qu'il profite des occasions favorables qui peuvent se présenter (1). Il est donc naturel que tant de personnes suivent avec intérêt les efforts tentés par la Fédération américaine du Travail pour organiser les ouvriers, combattre les maisons qui imposent de trop mauvaises conditions et obtenir la réduction de la journée (2).

Aux yeux des Américains les courtes journées de travail offrent deux avantages : procurer de l'occupation à beaucoup de personnes et donner aux ouvriers un loisir qu'ils emploieront à s'instruire. Les philanthropes qui rêvent sur le progrès humanitaire, n'examinent que très légèrement cette question de l'instruction ; il est assez douteux que les ouvriers anglais tirent grand parti des réductions de la journée ; mais en Amérique il n'en est pas de même ; il y a tant de gens qui sont obligés de passer par la vie ouvrière (3) que le pays a un grand intérêt à

(1) Paul de Rousiers raconte que des Américains riches, après revers de fortune, n'hésitent pas à gagner leur vie par le travail manuel (*La vie américaine. L'éducation et la société*, page 21).

(2) Louis Vigouroux. — *La concentration des forces ouvrières dans l'Amérique du nord,* pages 322-328, pages 243-251, pages 334-347.

(3) Il n'est pas rare de rencontrer des étudiants d'Université qui sont domestiques, allumeurs de réverbères ; Paul de Rousiers dit qu'un élève du séminaire catholique de Boston se plaça comme garçon de restaurant pendant la saison thermale à Saratoga pour pouvoir payer son éducation ecclésiastique. (*op. cit.*, page 16.)

rendre cette vie compatible avec la formation normale de l'intelligence.

Dans ce pays où tout le monde veut participer au
mouvement progressif et où ce mouvement est ap-
puyé sur des conditions économiques qui en assurent la durée, l'éducation est la constante préoccupation de tous les hommes occupant une grande
situation. L'Américain estime qu'une partie notable
des richesses produites par la grande force commune qu'engendre la science, doit être employée
pour mettre tous ceux qui veulent s'élever en mesure de le faire efficacement. On dépense des sommes énormes pour les écoles ; et de riches particuliers fondent des établissements d'enseignement supérieur, fournissant aux hommes qui veulent apprendre des facilités inconnues en Europe (1). L'expérience a montré que tous ces efforts n'ont pas été
effectués en pure perte, comme l'ont été pour la
plus grande partie, les sacrifices faits chez nous
pour développer les Universités : celles-ci ont formé une jeunesse peu capable de gagner sa vie, qui
ne sait vivre que d'emplois et qui a besoin de chefs ;
— en Amérique, s'est formée, au contraire, une race
d'une énergie exceptionnelle ; Paul de Rousiers y
signale ce caractère particulier que généralement
les hommes arrivés s'efforcent de *forcer à s'élever*
tous ceux qui peuvent le faire (2). Le système américain a donc fait ses preuves.

(1) Paul de Rousiers, *op. cit.*, pages 150-154.
(2) Paul de Rousiers, *op. cit.*, page 146, page 148. —
Chez nous, les gens qui ont eu la chance de parvenir à de
hautes situations ressemblent bien rarement à ces riches
Américains, dont Paul de Rousiers vante l'intelligent esprit
de patronage ; ils redoutent que les succès de nouveaux

Les organisations ouvrières se préoccupent d'amener les industriels à suivre une pratique conforme à leurs vues, en obtenant l'appui de leur clientèle ; c'est ici que se manifeste, d'une manière éclatante, ce caractère mercantile que j'ai indiqué plus haut. On s'efforce de faire les consommateurs juges des différends qui s'élèvent entre patrons et ouvriers : si les consommateurs estiment que le progrès moral des travailleurs, que l'on peut espérer atteindre par une réforme des ateliers, vaut la peine d'être payé par une légère augmentation de prix, ils cessent de se fournir chez le marchand *boycotté* et achètent, autant que possible, des marchandises portant le *label*.

On a cherché à transporter en Europe ces procédés commerciaux mais ils n'ont eu qu'un succès très partiel ; c'est la preuve matérielle que l'état d'esprit diffère totalement d'un côté à l'autre de l'Atlantique.

Le socialisme américain paraît être jusqu'ici quelque chose de bien vague ; les grandes organisations à grandes visées, comme les Chevaliers du Travail, n'ont pas donné beaucoup de résultats *pratiques*. Il ne semble pas que les importateurs de théories européennes aient encore pu s'acclimater à la vie américaine ; ils ont surtout dépensé leur énergie à entrer en conflit avec la Fédération du Travail.

venus ne diminuent l'importance qu'ils ont dans l'aristocratie de l'argent ; ils ne favorisent guère que les hommes qui consentent à leur former une cour d'admirateurs.

III

Pour étudier ce qui est particulièrement français dans l'organisation ouvrière nous prendrons comme types les groupes dont le fonctionnement a motivé depuis longtemps la politique sociale de nos gouvernements (1). Si les syndicats étaient de simples *agences des affaires d'un métier,* on ne comprendrait pas qu'ils aient été traités avec tant de méfiance sous les régimes les plus divers. Placer des ouvriers, procurer aux patrons des équipes à prix débattu (comme cela se passe pour la composition des journaux à Paris) ou conclure, au nom de leurs adhérents, des contrats collectifs, qui s'appliqueront à tout l'atelier, voilà des besognes qui rentrent dans ce qu'on peut appeler l'organisation commerciale du travail. Les syndicats, aux yeux des bureaux de l'Office du travail français, sont bien autre chose que des *agences d'affaires* réglant des questions d'intérêt ; ce sont des *agences d'altruisme,* qui débitent du sentiment : « Par la *générosité* et la généralité de ses vues, le syndicat professionnel est en train de devenir la meilleure école de dévouement social (1). »

(1) On ne doit s'attendre à trouver ici aucune considération relative au syndicalisme révolutionnaire, dont Fernand Pelloutier (mort le 13 mars 1901) s'était fait l'apôtre dans de nombreux écrits que résume son *Histoire des Bourses du travail.* — En 1901 je n'avais encore qu'une idée assez confuse des propositions que je devais présenter plus **tard** dans les *Réflexions sur la violence.*

(1) OFFICE DU TRAVAIL. — *Les associations professionnelles ouvrières,* tome I, page 282.

L'Office du travail observe que des associations peu nombreuses peuvent produire de grands résultats, hors de proportion avec leur importance matérielle ; ainsi, en 1896, deux cents maçons lyonnais et, en 1898, pareil nombre de terrassiers parisiens ont provoqué deux grandes grèves qui ont compris, la première, huit mille ouvriers et la seconde, quinze mille. Ce n'est pas sans raison que de pareils phénomènes ont été rapprochés de ceux qu'on observe en matière électorale, les masses suivent des groupes peu nombreux, unis autour de comités (1). D'après la doctrine de l'Office du travail, *le syndicat est une coalition permanente,* ce qui veut dire qu'il est une agence d'agitation, suscitant des difficultés incessantes au patron et épiant le moment favorable pour provoquer un conflit (quand le fabricant a de fortes commandes et ne peut pas reculer).

Des associations de ce genre ne peuvent pas conclure de vrais contrats collectifs, parce qu'elles ne sauraient en assurer l'exécution ; elles n'ont aucun moyen pour forcer leurs adhérents à fournir un travail de qualité supérieure. Quand une grève est terminée par une augmentation de salaire ou une réduction de journée, la discipline patronale est obligée de devenir souvent plus dure pour adapter le travail aux nouvelles conditions techniques qui s'im-

---

(1) OFFICE DU TRAVAIL, *loc. cit.*, page 277. Le rédacteur ministériel fait la remarque importante qui suit : « A la suite de la grève de 1893, le syndicat des mineurs du Pas-de-Calais perdit les neuf dixièmes de ses membres, et, cependant, les candidats recommandés par lui pour le poste de délégués mineurs continuèrent à l'emporter sur leurs adversaires. »

posent au chef d'entreprise (1). Il faut éliminer les
éléments inférieurs, accélérer la marche des machines, resserrer les temps perdus. De là résultent de
nombreuses difficultés pratiques : beaucoup d'ouvriers mécontents s'adressent au syndicat et le forcent à les soutenir contre les nouvelles tendances
des chefs d'atelier ; la lutte se termine, presque toujours, par l'expulsion des meilleurs militants, que
le patron considère comme constituant un obstacle
à l'amélioration du travail. Toute autre solution sera
impossible tant que le syndicat sera une « coalition
permanente ».

De pareils comités fonctionnent comme des comités politiques et sont à la merci de réunions publiques ; ainsi à Saint-Etienne, en 1899, le syndicat
demandait quarante centimes d'augmentation, on
vota, dans une grande réunion, qu'il fallait réclamer cinquante. Dans un trop grand nombre de cas

(1) On s'exagère souvent la facilité avec laquelle les travailleurs acceptent l'intensification de leurs efforts. A la
suite d'une grève survenue à la fin de 1899, dans les mines
de la Loire, intervint un arbitrage réduisant la durée du
travail de 6 p. 100 et augmentant les salaires de 9 p. 100 ;
on avait cru que la production du bassin ne baisserait pas ;
mais on constata, à la fin de 1900, qu'elle ne s'était accrue
que de 3,6 p. 100, tandis que le nombre des ouvriers
s'accroissait de 7,2 p. 100 (COMITÉ CENTRAL DES HOUILLÈRES
DE FRANCE, *Réponse au questionnaire adressé le 25 juillet
1901 par la Commission de la durée du travail dans les
mines,* pages 18-20). — Il est arrivé parfois que des statis-
ticiens ont été trompés par les chiffres des compagnies ;
celles-ci ont une tendance naturelle à abandonner les couches difficiles quand les frais d'extraction augmentent ; il
peut donc arriver que la production par homme ne diminue pas quand on raccourcit la journée parce qu'on ne travaille plus que dans des couches riches.

les syndicats sentent leur impuissance et ils s'en remettent aux décisions de leurs adhérents : quelquefois même ils laissent la première place à des comités improvisés et servent seulement de commissionnaires. Il est impossible de traiter des affaires sérieusement par des procédés aussi extraordinaires (1).

On comprend facilement que tous les gouvernements aient considéré les syndicats comme des cercles qu'il était nécessaire de surveiller ; une décision impériale du 30 mars 1868 leur accorda cependant la liberté, mais l'Empire se proposait une double fin politique : combattre l'influence de la bourgeoisie libérale, qui commençait à faire de l'opposition, et effrayer le monde des affaires quand il devenait utile de provoquer une « terreur salutaire de l'anarchie » (2). La politique bonapartiste ne fut pas chez nous, comme on l'a cru souvent, un accident tenant à la présence de quelques hommes ; elle a été continuée par une très grande partie des républicains. Les amis de Gambetta surtout rappellent beaucoup les anciens amis de l'empereur ; ils ont comme eux un grand mépris pour le droit ; la main-forte leur plaît infiniment et les programmes les plus radicaux ne leur font pas peur ; comme leurs prédécesseurs, ils croient qu'il faut s'occuper d'affaires et ne pas trop se préoccuper de l'avenir. La démagogie

(1) Cf. *Musée social*, février 1900, page 42. Le type accompli du genre tumultuaire se trouve dans la grève des dockers de Marseille (*Musée social*, juillet 1901).

(2) J'ai été à même d'observer de près cette politique dans les dernières années de l'Empire ; les amis personnels de l'empereur n'en faisaient pas mystère.

autoritaire contemporaine comprend le rôle des syndicats comme l'avait compris l'Empire.

La loi de 1884 n'accorda aux syndicats que des avantages illusoires ; la grande faveur de la personnalité civile ne sert pas à grand chose et on sait que beaucoup d'associations prospères s'en passent fort bien ; on ne fit rien pour amener les syndicats à devenir des agences d'affaires corporatives. Les ouvriers croient que cette loi a eu pour objet de forcer les patrons à *reconnaître* les syndicats, c'est-à-dire à accepter leur médiation pour les contestations : la décision arbitrale de Waldeck-Rousseau sur la grève du Creusot (7 octobre 1899) montre qu'il n'en est rien (1) ; — le syndicat n'a aucun moyen pour contraindre le patron à respecter le contrat collectif ; chaque intéressé devrait plaider individuellement (2) ; — réciproquement il ne peut donner aucune garantie à l'industriel. En réalité, ce contrat collectif n'est pas un contrat ; il n'est qu'une promesse dont l'exécution n'est assurée par aucun moyen de droit ; et la force du syndicat est souvent si faible que c'est même à peine une promesse dans certains cas.

Le caractère démagogique de la loi de 1884 (3)

---

(1) « L'intermédiaire du syndicat auquel appartient l'une des parties peut être utilement employé si toutes deux y consentent ; il ne peut être imposé » (OFFICE DU TRAVAIL. *Statistique des grèves et des recours à la conciliation et l'arbitrage survenus pendant l'année 1899,* page 509.)

(2) Arrêt de Cassation du 1er février 1893 (OFFICE DU TRAVAIL, *Les associations professionnelles ouvrières,* tome I, page 86).

(3) Il ne faut jamais oublier qu'à cette époque les conservateurs n'avaient pas désarmé ; les élections de 1885 montrèrent qu'un retour offensif contre la République

apparaît surtout dans l'abolition de l'article 416 du Code pénal qui punissait « tous ouvriers, patrons ou entrepreneurs, qui, à l'aide d'amendes, défenses, proscriptions, interdictions prononcées par suite d'un plan concerté, auront porté atteinte au libre exercice de l'industrie et du travail ». Cette rédaction adoptée en 1864 avait aggravé assez notablement l'ancien Code, en imposant aux juges la mission de protéger une chose aussi vague que le libre exercice de l'industrie et du travail ; l'interprétation que le tribunal de Marseille avait donnée à cet article (8 juillet 1864)), dans l'affaire des portefaix, était de nature à rendre toute discipline impossible dans les associations (1). Il y avait donc à modifier la formule, à distinguer au moins trois espèces d'actes : ceux qui sont nécessaires pour assurer l'ordre intérieur du syndicat, ceux qui ont pour objet de donner une sanction au contrat collectif par la mise à l'index de certaines maisons et ceux qui sont motivés par de pures vengeances. Les tribunaux civils apprécient un peu au hasard les conséquences pécuniaires de ces quasi-délits ; il aurait été très

était encore à craindre. La loi de 1884 fut donc une loi de défense républicaine plutôt qu'une vraie loi sociale, inspirée d'une étude sérieuse des besoins des travailleurs.

(1) La société de bienfaisance des portefaix de Marseille interdisait à ses membres de travailler pour une maison qui ne fût pas agréée par le conseil de la société, sous peine d'amende ou même d'exclusion perpétuelle. Des portefaix ayant été exclus pour s'être laissé embaucher par les Docks, le tribunal décida que « soumettre les membres de la société à ces exigences [des statuts], c'est évidemment dépasser la limite des règlements de discipline et d'ordre intérieur, c'est imposer un acte qui attente à la liberté du travail ». (OFFICE DU TRAVAIL, *loc. cit.,* page 43).

utile de poser dans la loi pénale des distinctions précises, mais on ne songeait nullement, en 1884, à l'éducation juridique des masses (1).

Le gouvernement a fait de grands efforts pour prendre contact avec les syndicats ; le bureau créé, au ministère de l'Intérieur, par Barberet, n'ayant pas eu beaucoup de succès, on institua l'Office du travail au ministère du Commerce dans l'espoir que les ouvriers s'en défieraient moins. Cet Office cherche à se rendre populaire en flattant les préjugés des ouvriers; il se garde bien dans ses publications d'expliquer aux grévistes ce qu'ils peuvent faire et ne pas faire ; il évite de leur donner la moindre indication pour les amener à savoir raisonner sur le licite et l'illicite ; il semble même que souvent il cherche à embrouiller les idées des travailleurs. Cette tactique peut être habile, mais elle est bien coupable.

Il n'y a rien de plus important pour l'avenir d'un pays que le progrès de l'éducation juridique du peuple (2). Il faut que les ouvriers arrivent à compren-

(1) Il n'est pas nécessaire d'être grand clerc en sociologie pour s'apercevoir que la loi pénale exerce une influence beaucoup plus efficace que la loi civile dans l'éducation juridique des masses ; celles-ci font une grande différence entre une amende qui punit le trouble apporté à l'ordre et des dommages-intérêts qui ont pour cause un tort causé à un propriétaire ; les prolétaires sont toujours portés à penser que le Code civil est uniquement rédigé pour les besoins économiques des patrons, en sorte qu'il leur serait étranger.

(2) Ch. Guieysse, secrétaire de la Société des Universités populaires, a remarqué que les auditeurs de ces conférences ne prennent qu'un intérêt médiocre à ce que disent les avocats sur les lois. (*Cahiers de la quinzaine,* 2ᵉ de la IIIᵉ série, page 46.)

dre qu'il y a des raisons de droit devant lesquelles les sentiments doivent fléchir et que tout ce qui les gêne n'est point nécessairement bon à jeter au feu : de ce que souvent les syndicats ont été condamnés pour avoir fait des actes constituant des quasi-délits, devons-nous penser que le quasi-délit doit disparaître de nos Codes ou encore devenir inapplicable aux syndicats ? (1) Il faudrait que les hommes qui parlent au nom du socialisme aient toujours présentes à l'esprit ces fortes paroles que Proudhon a insérées dans son apologie du mutuellisme :

« Dans ces luttes de coalitions entre ouvriers et maîtres... des intérêts d'un ordre plus élevé [que les augmentations de salaires] se trouvent en jeu ; je veux dire la réalisation du droit dans le corps social, manifestée par l'observation des formes légales et le progrès des mœurs qui ne permet pas que la violence, eût-elle cent fois raison, l'emporte sur la loi, celle-ci ne servît-elle que de palliatif à la fraude. Que les ouvriers le sachent donc, non pour leur confusion mais pour leur plus prompt avancement :

---

(1) Dans un article relatif à *la réforme de la loi sur les syndicats,* que Waldeck-Rousseau et Millerand avaient proposée en 1899, Marius Moutet signale une note curieuse de l'Union des syndicats de la Seine, publiée le 5 février 1900 dans la *Petite République :* « L'Union estime qu'il y aurait lieu de demander, *pour les syndicats professionnels,* l'abrogation de l'article 1382 du Code civil, article qui généralement est employé par les patrons et les renégats des syndicats ouvriers, mis à l'index par ceux-ci, pour les faire condamner. » (*Mouvement socialiste,* 15 mars 1900, page 342.) L'auteur ne présente aucune observation au sujet de cette demande de privilège ; peut-être faut-il voir là un exemple de la difficulté que les ouvriers éprouvent à comprendre les règles du droit civil.

c'est cette ignorance, ce manque d'habitude, je dirai même cette incapacité des formes légales qui a fait jusqu'à présent leur infériorité. » (1).

Les conflits qui se rattachent à la liquidation de l'affaire Dreyfus, ont donné un grand développement à la démagogie en France ; les grèves tendent à devenir de moins en moins des questions économiques pour passer dans le domaine de la politique. Les conflits du Travail et du Capital deviennent des facteurs essentiels dans les luttes des partis : les amis du gouvernement actuel ont prétendu que leurs adversaires avaient entretenu la grève des mineurs de Montceau en vue de créer des difficultés au ministère ; — on a eu de bonnes raisons de supposer que les tullistes de Calais ont refusé d'accepter le règlement du travail en deux postes sur l'incitation d'agents du ministre du Commerce ; il est, en tout cas, remarquable que les tullistes de Caudry, qui, appartenant au parti guesdiste, étaient à l'abri de telles suggestions, trouvèrent très convenable le système de travail, contre lequel s'étaient insurgés les ouvriers de Calais (*Socialiste*, 21 avril 1901) ; — enfin les menaces de grève générale que font les mineurs semblent rendre les plus grands services

---

(1) PROUDHON, *De la capacité politique des classes ouvrières*, page 326. — En insistant ainsi sur les formes, Proudhon montre, une fois de plus, à quel point son esprit avait pénétré les principes historiques de droit ; le droit romain a dû sa réputation de perfection à ce qu'il a été constitué au moyen de ce que j'ai appelé ailleurs des *fonctions de procédure*, analogues à des fonctions mathématiques. (*Insegnamenti social della economia contemporanea*, page 307.) Proudhon s'était donné pour mission de travailler à l'émancipation des masses par le droit et par la liberté. (*Correspondance*, tome XII, page 7.)

à Waldeck-Rousseau que les modérés n'osent renverser.

Cette déviation de l'action ouvrière conduit les travailleurs à penser qu'au lieu de discuter avec leurs patrons sur leurs intérêts économiques il serait beaucoup plus avantageux pour eux de s'adresser aux pouvoirs publics, en les invitant — *sous menaces de troubles* — à faire aboutir leurs réclamations. Cet état d'esprit est tout naturel dans les sociétés encore mal préparées à la vie publique ; on avait cru qu'il disparaîtrait avec la pratique de l'organisation syndicale ; il n'en a rien été ; les tendances politiques semblant même devenir tout à fait dominantes, l'avenir du socialisme en France donne beaucoup à réfléchir. Devons-nous penser que le monde des travailleurs se mettra désormais à la remorque de démagogues qui lui promettront de faire passer une partie de la richesse des *gras* aux *maigres* ? Le socialisme est-il destiné à devenir, suivant une expression du vieil Engels, un antisémitisme à grandes phrases ? (1).

Il faut espérer que les accidents actuels n'auront pas une influence définitive sur l'avenir du mouve-

(1) Dans l'article qu'il publia en 1894, dans la *Neue Zeit*, sur le programme agricole, voté par les guesdistes à leur Congrès de Nantes, Engels exprimait la crainte de voir ceux-ci parler aux paysans français un langage analogue à celui des antisémistes allemands, qui promettent aux petits propriétaires et aux petits patrons de garantir leur état actuel contre les dangers dont les menacent les gros capitalistes. Agir ainsi, c'eût été « perdre la dignité du parti, le rabaisser au niveau d'un antisémitisme à grandes phrases ». (*Mouvement socialiste,* 15 octobre 1900, page 462 ; cf. pages 458-459.)

ment ouvrier ; mais il ne faut pas perdre de vue le danger démagogique (1). On peut poser, je crois, en règle que si la démagogie vient à s'installer dans une société offrant déjà des signes de faiblesse, elle accélère la décadence économique. Notre pays est d'autant plus menacé que son énergie est quelque peu épuisée ; l'esprit de confiance dans le progrès s'éteint de plus en plus : la faiblesse du mouvement de la population résulte surtout de cette cause. Nous sommes dans une époque critique : si, appuyée sur la philanthropie et la sottise bourgeoises, la démagogie l'emporte, la France est perdue : un fort courant *vraiment socialiste* pourrait seul, à l'heure actuelle, sauver la France de cette marche vers la ruine (2).

IV

L'Italie est, encore plus que la France, un grand pays agricole ; et on oublie trop souvent que l'agriculture est de quelque poids dans l'économie des nations ; il me semble vraisemblable que l'évolution du socialisme devra subir très fortement l'influence d'institutions rurales qui étaient à peu près inconnues il y a trente ans.

(1) La démocratie agit de la façon la plus fâcheuse sur le prolétariat en lui enlevant souvent ses meilleures forces intellectuelles, qu'elle attire vers des carrières politiques fructueuses.

(2) Les *Réflexions sur la violence* ont été écrites, en bonne partie, pour faire comprendre aux Français les avantages que peut procurer un mouvement révolutionnaire qui, en 1905, semblait avoir évincé la démagogie des mauvais bergers.

Les associations agricoles ont pris chez nous un énorme développement ; on a eu la sagesse de les laisser fonctionner à leur guise et de se contenter des formalités qu'elles remplissent en se constituant sous forme syndicale. Les auteurs de la loi de 1884 ne se doutaient, en aucune façon, des applications que l'agriculture allait en faire ; quand on examine l'extrême complexité des relations (1) qui auraient dû être réglées par une loi complète sur la matière, on doit se féliciter de l'erreur commise en 1884 ; l'expérience a montré une fois de plus, contre les socialistes de la chaire et les professeurs de l'Ecole de droit, que la meilleure manière de protéger les associations, c'est de les laisser tranquilles.

Les socialistes ne semblent pas être encore bien fixés sur l'avenir et sur la portée de ces sociétés ; il y a quelques années beaucoup les considéraient comme un moyen de réaliser le socialisme : « Nous ne croyons pas, en effet, que pour s'élever à la propriété collective, les paysans propriétaires soient fatalement, inéluctablement, condamnés à descendre la pente qui conduit au prolétariat et à gravir ensuite le calvaire douloureux de l'exploitation capitaliste. Il leur appartient, au contraire, d'y arriver par d'autres chemins et d'éviter la phase de la prolétarisation, en associant leurs efforts. » (2). Et ailleurs, dans

(1) Les théoriciens de la coopération à la campagne énumèrent les variétés en s'arrêtant aux caractères les plus superficiels ; j'ai essayé de donner un tableau fondé sur les vraies causes de différenciation. (*Les divers types de sociétés coopératives. Science sociale*, septembre 1899.)

(2) J. DESTRÉE et E. VANDERVELDE, *Le socialisme en Belgique*, page 429. — Cette thèse figurait dans un rap-

le même livre, Emile Vandervelde disait encore à propos de la fondation de plusieurs coopératives : « il n'est pas douteux... que l'irrésistible action du développement technique et capitaliste de l'agriculture déterminera dans un avenir prochain, des transformations intellectuelles et morales éminemment favorables au développement de l'idée socialiste. » (1). Aujourd'hui, Emile Vandervelde paraît être beaucoup moins optimiste (2) ; ce changement d'attitude s'explique facilement quand on voit à quels maigres résultats sont parvenus les socialistes belges ; les succès des coopératives rurales catholiques les inquiètent avec raison (3).

Les socialistes belges ne sont peut-être pas très bien placés pour faire la théorie de la coopération rurale, parce qu'ils prennent pour mesure de la valeur d'une réforme l'influence qu'elle peut exercer

port fait le 19 décembre 1897 au Congrès agricole de Waremmes par Emile Vandervelde.

(1) J. DESTRÉE et E. VANDERVELDE, *op. cit.*, page 329. — C'est la reproduction d'une conférence faite en 1896.

(2) « Je ne pense point, disait-il dans une conférence donnée à Paris en 1901, qu'on puisse attribuer à la coopérative de production en agriculture la portée socialiste que lui assigne Gatti. En réalité, elle aide au développement du socialisme, mais au même titre qu'une fabrique capitaliste quelconque, c'est-à-dire en industrialisant l'agriculture, en formant un prolétariat d'auxiliaires, en marquant une séparation de plus en plus nette entre le Tiers et le Quatrième Etat dans les campagnes » (*Mouvement socialiste,* 15 avril 1901, pages 472-473.) Ici, Emile Vandervelde condamne bien crûment les paysans aux souffrances de la prolétarisation, qui auraient pu leur être évitées, d'après son mémoire de 1897.

(3) *Mouvement socialiste,* 1er avril 1901, pages 388-400.

sur la prospérité de leurs Maisons du Peuple. Ces dernières institutions se ramènent, en dernière analyse, à ceci : un comité d'hommes politiques ouvre un magasin et dit aux ouvriers : « Assurez la prospérité de cette boutique, en devenant une clientèle fidèle ; nous vous ferons participer aux bénéfices et nous emploierons le surplus des bénéfices à des œuvres de propagande socialiste et d'éducation populaire ». Ce n'est que par une figure de rhétorique — frisant l'ironie — que l'on peut appeler *coopérateurs* les *clients* d'une Maison du Peuple qui est gouvernée par un groupe très restreint de maîtres habiles (1). Les directeurs de ces magasins ont été parfois amenés, pour accroître les profits, à ouvrir des ateliers de confection et ils seraient disposés à commanditer des laiteries leur fournissant du beurre à bon compte : la coopération rurale serait ainsi une annexe d'un magasin urbain (2) ; impossible d'en méconnaître davantage le vrai caractère !

(1) Dans les conclusions d'une étude consacrée à *La fédération ouvrière gantoise,* Varlez se demande ce que deviendront les institutions socialistes de Gand lorsqu'elles devront se gouverner démocratiquement. (*Musée social*, janvier 1899, page 41.)

(2) Dans sa conférence de 1901, Vandervelde disait que les socialistes belges comptaient, pour s'implanter solidement dans les campagnes, sur la coopération, et que « le *pivot* de l'organisation rurale [qu'ils avaient réalisée était] la coopération urbaine » (*Mouvement socialiste,* 1er avril 1901, pages 392-393). Il soutenait, contre Gatti, qu'on ne peut accorder de valeur socialiste à la coopération de production rurale que si elle est rattachée à des coopératives de consommation gouvernées par des socialistes (*Mouvement socialiste*, 15 avril 1901, page 473). Ainsi les bases économiques de la société sont jugées en raison des intérêts des partis.

L'association agricole est l'association par excellence, celle qui réalise le plus complètement la notion. La société la plus parfaite n'est pas, en effet, celle qui réunit des hommes, mais celle qui met la volonté au second plan pour faire passer au premier les intérêts communs existant entre des biens : c'est faute d'avoir compris cette vérité bien simple que les théoriciens de la coopération tombent si souvent dans le bavardage philanthropique. L'union entre des hommes est toujours précaire ; elle ne se maintient (après les premiers jours d'enthousiasme) que par routine, indifférence, soumission ou par intérêt : et nulle part les intérêts ne sont combinés d'une manière aussi forte, aussi stable et aussi claire que dans les sociétés qui ont pour objet l'amélioration des exploitations rurales.

Dans l'agriculture on rencontre tout ce qui peut donner la force à l'association : les associés ont des intérêts communs d'une nature autrement plus concrète que ne sont les intérêts des actionnaires ; cette coalition d'intérêts se révèle dans la pratique de la vie économique journalière et se rapporte tout au moins à l'achat ou à la vente de produits semblables ; — ils sont d'un même lieu et on ne saurait trop insister sur l'importance de cette considération, car l'unité de résidence crée non seulement un usage commun et continuel des choses collectives, mais à la campagne force presque tout le monde à s'intéresser à la gestion de ces choses collectives ; — enfin des héritages voisins gagnent tous beaucoup à la multiplicité des services fonciers réciproques ; c'est ce que l'on voit se manifester à un degré éminent dans les pays d'arrosage.

Il est étonnant que Vandervelde, qui a attaché tant

d'importance à la conservation des communaux (1), n'ait pas reconnu que la coopération rurale est fortement apparentée à l'antique association de la *marche*.

C'est dans la vie des sociétés agricoles qu'il faut aller chercher la théorie de toutes les sociétés ; on ne saurait faire cette théorie en partant des associations si abstraites que nous montre le droit commercial moderne, ni des simples groupements de bonnes volontés en vue d'œuvres spirituelles, ni de la cité politique. Il faut prendre pour point de départ ce qui contient le plus de moyens de travail fixes, groupés suivant un plan et déterminant l'activité des individus, c'est-à-dire ce qu'il y a de plus concret dans la vie sociale.

Nous trouvons dans ces sociétés rurales complètes quelque chose d'analogue à ce qui a lieu dans la fabrique moderne : « Dans la manufacture, dit Marx, la division du procès de travail est purement subjective ; c'est une combinaison d'ouvriers parcellaires. Dans le système de machines, la grande industrie crée un organisme de production complètement objectif ou impersonnel, que l'ouvrier trouve là, dans l'atelier, comme la condition matérielle toute prête de son travail (*als fertige materielle Producktions bedingung*)... Le caractère coopératif du travail y devient une nécessité technique dictée par la nature même de son moyen » (2). Mais dans la fabrique tout dépend d'une volonté extérieure, en sorte qu'il n'y a pas d'association ; tandis que dans un syndicat

---

(1) Cf. E. VANDERVELDE, *L'exode rural et le retour aux champs*, pages 53-68.

(2) MARX, *Capital*, page 167, col. 2.

d'arrosage il n'y a pas de volonté extérieure et toutes les volontés particulières sont directement subordonnées à l'instrument d'amélioration pour tout ce qui concerne le but du syndicat : le caractère capitaliste, qui résulte de ce que le plan de division du travail est revendiqué comme propriété du Capital (1), ne se trouve plus ici.

C'est dans ce genre de production qu'apparaît avec toute son étendue le principe de l'association ; c'est à l'étude de tels groupements qu'il faut avoir recours pour comprendre (par des raisons juridiques) les règles relatives au droit des majorités, soit pour la formation, soit pour l'administration des associations. C'est ensuite par les voies de la logique juridique que l'on peut étendre ces règles aux cas plus abstraits. C'est toujours dans l'observation de ce qui est le plus concret que le droit se revivifie, tout comme la science.

Les associations rurales deviennent singulièrement importantes pour les socialistes le jour où ceux-ci comprennent que tout changement social suppose l'élaboration de nouvelles formes d'association et l'éducation juridique du peuple. C'est à la campagne, bien plutôt qu'à la ville, qu'ils doivent aller chercher des exemples capables d'éclairer la notion d'association. D'autre part les associations agricoles se présentent à nous comme les facteurs directs et indispensables du progrès technique actuel dans les campagnes : elles agissent donc dans le sens du socialisme. Elles ont d'autant plus de valeur pour nous qu'il est souvent difficile de savoir si certaines

(1) MARX, *loc. cit.*, page 157, col. 1.

pratiques assurent le progrès économique dans l'industrie, tandis qu'ici il ne peut y avoir de doute dans les appréciations.

S'il existe donc dans un pays un socialisme rural — lié d'un côté aux forces qui produisent l'éducation juridique et de l'autre à une organisation du travail où le progrès est facile à mesurer — il ne peut être exposé à tomber dans l'utopie ; il ne peut être que réaliste

L'Italie possède, depuis des siècles, de grandes associations de dessèchement, de défense et d'irrigation ; depuis quelques années des sociétés de toute nature se sont constituées pour permettre à l'agriculture de suivre la voie progressive ; Mabilleau, Rayneri et de Rocquigny en ont décrit plusieurs types remarquables dans leur livre sur *La prévoyance sociale en Italie*. Gerolamo Gatti a la bonne fortune de vivre dans une région où les institutions coopératives et les nouvelles méthodes de culture ont pris le plus grand développement ; c'est dans l'Emilie que le député Guerci et le professeur Bizzozzero ont accompli une des œuvres qui prouve le plus l'énergie de nos voisins ; c'est également là que le célèbre Stanislao Solari a inauguré son système d'assolement qui semble destiné à exercer une influence si considérable sur l'avenir de l'Italie (1).

_____

(1) Sur le système Solari, Cf. le livre du professeur FILIPPO VIRGILII, *Il problema agricolo e l'avvenire sociale*, qui lui est entièrement consacré. L. Mabilleau, Ch. Rayneri et le comte de Rocquigny en ont signalé les bienfaits (*La prévoyance sociale en Italie*, pages 272-273). Le clergé catholique s'est fait l'ardent propagateur des idées de Solari.

Dans quelle mesure les associations rurales ita-
liennes se pénètrent-elles de socialisme, c'est ce que
je ne saurais déterminer ; mais Gerolamo Gatti semble plein d'espoir et il est mieux placé que nous
pour juger ses compatriotes. Si vraiment le coopé-
ratisme rural se présente en Italie comme une bonne
préparation des paysans au socialisme (1), il faut
en conclure que le socialisme est appelé a prendre
chez nos voisins des formes nouvelles d'un grand
intérêt pour l'avenir.

Le socialisme traverse, en ce moment, une grave
crise, qui trouble les meilleurs esprits ; les gens qui
se contentent de grands mots et de formules aussi
vides que pompeuses, sont les seuls à nier cette crise.
Les thèses que l'on regardait jadis comme classiques,
ne s'appliquent pas aux besoins de la pratique actuelle ; il y a dissociation entre la doctrine et la conduite ; le socialisme aboutit à une casuistique permettant toutes les compromissions. Les résultats sont
d'autant plus arbitraires que l'écart est plus fort entre la théorie et la pratique ; aussi les plus opportunistes d'entre les socialistes trouvent-ils parfois commode d'être les plus intransigeants. J'écrivais, il y a
quelques années, dans la *Critica sociale* (1er mai
1898) : « La science est, pour Marx, simplement l'ex-

(1) Saverio Merlino était de cet avis, puisqu'il indi-
quait, dans son livre de 1898, parmi les réformes préparatoires du socialisme « l'institution des coopératives
agricoles, l'organisation du crédit mutuel dans les campagnes, les unions de fermiers et de petits propriétaires
d'une commune pour l'achat des semences et des en-
grais et pour la vente des produits du sol » (*Formes et
essence du socialisme,* page 208).

pression abstraite d'une certaine manière d'exercer notre pouvoir sur les choses. Je ne puis pas croire que l'avenir prévu par les programmes maxima soit une des choses sur lesquelles nous exercions notre pouvoir... Les programmes minima, trop souvent encore, dépassent les limites de notre action possible ; ils dépassent donc ce que nous pouvons dire de scientifique sur les questions sociales ». Au dernier Congrès international, Enrico Ferri exprimait des idées presque identiques : « Je dis qu'on ne peut pas faire de distinction entre les principes et la tactique... Nous disons que la théorie n'est que la pratique généralisée et la pratique n'est que la théorie en action. » (1).

Ramener l'accord entre la doctrine et la conduite, voilà ce que devrait réaliser le socialisme pour vaincre la crise ; mais il ne semble pas que l'on ait fait encore de pas décisifs dans cette voie. Il ne serait pas impossible que l'Italie fût appelée à résoudre le conflit, grâce à la pratique de ses institutions rurales ; elle a été déjà plusieurs fois l'éducatrice de l'Europe ; elle pourrait l'être encore une fois de plus; car elle semble être arrivée à une situation qui lui permettrait d'élaborer des doctrines qui revivifieraient le socialisme. On pourrait se demander si l'Italie rurale du nord ne serait pas une terre d'élection du socialisme moderne au même titre que l'Allemagne industrielle. Dans peu de pays le mécanisme social sur lequel se fonde la doctrine marxiste de la lutte de classe, n'est aussi bien déterminé que dans la vallée du Pô. Le *risorgimento*

(1) *Cahiers de la quinzaine*, 16e de la IIe série, pages 118-119. — Compte-rendu sténographique.

avait été l'œuvre des villes, où se réunissent les populations qui vivent aux dépens des paysans (gens
de loi, usuriers, marchands, agents de la propriété,
fonctionnaires, etc.), les socialistes se sont assez
facilement emparés des campagnes que leur aban-
donnait presque entièrement la démocratie urbaine;
ils n'ont pas eu beaucoup de peine à faire comprendre à leur clientèle qu'elle ne devait pas suivre les
idées des *signori*. L'Italie rurale se trouve ainsi
nous apporter une double expérience : une expérience idéologique, nous montrant comment se développe la conception de la lutte de classe, enten-
due en un sens très strict (1) ; une expérience économique, nous montrant ce que peuvent produire
les instituts de coopération.

(1) Le roi d'Italie qui se vante d'être un prince démocrate, a tenu à faire entrer son pays dans la guerre contre
les Empires centraux, en espérant que le socialisme serait
absorbé par la démocratie. Les paysans de la basse vallée
du Pô ne se sont pas laissés séduire.

Mes raisons du syndicalisme [1]

I. *Illusions rationalistes de Proudhon.* — *Véritable rôle de l'intelligence.* — *Justification psychologique des idées de groupe, de classe ou de métier.*
II. *Origines jacobines des conceptions syndicalistes vulgaires.* — *Marx dans le socialisme français.* — *Saverio Merlino et la révision du marxisme.*
III. *Incertitudes des socialistes durant l'affaire Dreyfus.* — *Gouvernement de Défense républicaine.* — *Mouvement ouvrier dans une démocratie.*
IV. *Alliance des socialistes et des démagogues contre l'Eglise.* — *Le socialisme et les Droits de l'homme.* — *Décadences démagogiques.*
V. *Résultats inespérés de la violence.* — *Le syndicalisme comme asile de la philosophie marxiste.* —

I

La méthode que j'ai suivie en composant cet **essai**, ayant paru satisfaisante à divers critiques autorisés, je me crois tenu d'ajouter quelques explications pré-

(1) Cet essai a d'abord paru en articles dans le *Divenire sociale* de Rome (1er mars-16 mai 1910). Il a été édité en brochure au mois de juillet de la même année. Comme je l'avais écrit pour servir de préface à un livre relatif au syndicalisme, je ne lui avais pas donné de

liminaires à l'édition française que j'en donne aujourd'hui ; j'espère parvenir ainsi à faire admettre, par les personnes qui veulent bien s'intéresser à mes travaux, que j'ai eu raison de ne pas recourir au genre d'argumentation employé ordinairement par les auteurs qui entreprennent de justifier des opinions politiques ; l'œuvre de Proudhon est très propre à nous fournir des lumières sur cette question de méthode, parce que nul philosophe n'a été, au cours du XIX° siècle, autant que lui victime des préjugés rationalistes. On sait que ceux-ci doivent la plus grande partie de leur force au prestige dont jouissent chez nous les choses du prétoire ; éprouvant une admiration passionnée pour la jurisprudence, Proudhon trouvait naturel qu'elle imposât ses lois au monde entier de l'esprit ; c'est pourquoi les problèmes de morale, d'économie et de politique lui paraissaient être, en dernière instance, des affaires juridiques. Cette conception a conduit plusieurs fois Proudhon à adopter des philosophies si subtiles, que ses adversaires ont pu l'accuser, avec une certaine apparence de raison, d'avoir, à l'occasion, sophistiquement défendu des paradoxes.

Dans la *Justice,* au premier chapitre de la première Etude, Proudhon se plaint de ce que la philosophie morale soit atteinte de discrédit depuis que les moralistes, s'inspirant plus ou moins de Jean-Jacques,

titre : le traducteur italien le nomma : *Confessioni ;* la brochure porte en sous-titre : *Come divenni sindacalista.* Le manuscrit français n'ayant pas été conservé, j'ai fait une version libre du texte italien. Le § I est entièrement nouveau. J'ai supprimé (comme insuffisamment étudié) ce que je disais, à la fin, sur les analogies de l'esprit syndicaliste et de la pensée contemporaine.

négligent les descriptions intellectuelles ; voulant
réagir contre des littérateurs qui « semblent s'être
donné le mot pour répandre sur les lois de la conscience le caractère d'une semi-révélation qui satisfait aussi peu la droite raison que la foi sincère »,
il annonce qu'il va procéder avec la rigueur qu'on a
le droit de demander à l'homme de science ; il pose
en conséquence sept définitions qu'il croit fondées
sur le sens commun (1), et huit axiomes, qui semblent destinés à jouer un rôle analogue à celui des
notions communes de la géométrie grecque (2). Cet

(1) « Il est d'autres notions qui reviennent fréquemment dans les livres de morale, dit Proudhon : telles sont
celles de religion, justice, liberté, etc. La définition de ces
notions est elle-même un problème des plus difficiles, que
ces études ont précisément pour objet de résoudre. » Il ne
s'est pas aperçu que les prétendues « idées de sens commun » qu'il affirme, présentent, elles aussi, de grosses difficultés ; les définitions que donne Proudhon sont fort chargées de réminiscences théologiques. On a le droit de dire
que si Jean-Jacques doit beaucoup au christianisme sentimental, Proudhon est un héritier de la théologie française.
Il ne serait pas impossible que la renaissance des études
proudhoniennes, que l'on constate aujourd'hui, contribuât
à ramener l'esprit des laïques vers la théologie, — de même
que les livres de Rousseau ont beaucoup contribué à relever le prestige de la littérature dévote.

(2) Principe de *nécessité:* Rien de nécessaire n'est rien;
— Principe de *réalité :* Rien ne peut être tiré de rien, ni
se réduire à rien ; — Principe de *causalité :* Rien ne se
produit en vertu de rien ; — Principe de *finalité* ou de
félicité: Rien ne se fait en vue de rien ; — Principe de
stabilité et d'*égalité :* Rien ne peut être balancé par rien ;
— Principe de *signification* ou de *phénoménalité:* Rien ne
peut être l'expression de rien ; — Principe d'*évolution* ou
de *durée:* Rien ne devient ou ne décline en zéro de temps;
— Principe de *série* ou de *synthèse :* Rien ne se compose
que de parties. Toutes ces règles se rapportent peut-tre

appareil ne fournit à Proudhon aucun secours véritablement essentiel pour arriver aux conclusions qui ont fait la gloire de son livre ; on pourrait se demander même si la trop grande confiance qu'inspiraient à Proudhon les formes de la démonstration abstraite, n'a pas contribué à le tromper sur la valeur de certaines thèses contestables ; en tout cas, après avoir lu la *Justice,* on ne peut manquer de trouver parfaitement motivée la sentence que Daniel Halévy a prononcée contre le « fatras dialectique » qu'il faut écarter si on veut bien entendre la philosophie de Proudhon (1).

Sur la fin de sa vie, comme tous les hommes de premier ordre, Proudhon s'attacha à approfondir des notions qui avaient fait une forte impression sur sa jeunesse ; s'il n'avait pas été enlevé par une mort prématurée, il aurait, sans aucun doute, révisé quelques-unes de ses théories les plus importantes (2), en écartant les apports des maîtres qu'il avait rencontrés, en se livrant tout entier à la réalité

seulement à la structure logique du langage; elles ne pourraient donc nous fournir aucune connaissance.

(1) Dans un très remarquable article *Sur l'interprétation de Proudhon,* dans les *Débats* du 3 janvier 1913.

(2) Daniel Halévy dit que pour comprendre la pensée de Proudhon « il faut la chercher avec lui, comme lui. N'oublions pas ce qu'il commença d'écrire assez tard, vers trente ans ; qu'il mourut assez jeune, à cinquante-six ans ; qu'il travailla dans la contrainte et dans la hâte, perfectionnant sans cesse ses pensées ; donc qu'il faut considérer surtout la direction de l'œuvre et son dernier état » Il parle d'un commentateur qui regrette que Proudhon ne s'en soit pas tenu à sa première théorie de la propriété. Il estime qu'une telle méthode d'interprétation fausse l'œuvre de Proudhon.

et en plaçant les mécanismes intellectualistes au
rang qui leur convient (1) ; son mémoire posthume
sur la propriété nous révèle le secret de son génie
bien mieux que le premier mémoire de 1840. Tout
le monde est d'accord pour regarder comme les plus
belles pages de Proudhon celles où, racontant des
épisodes de son existence de travailleur, il nous
montre le fond de son cœur de Vieux Français (2) ;
ses dernières idées sur la propriété sont entièrement
dominées par des souvenirs d'une vie paysanne qu'il
avait connue dans la Franche-Comté ; mais ses états
psychologiques sont illuminés par la littérature latine. Cet exemple nous aide à comprendre que le
rôle de l'intelligence ne doit pas être de substituer
aux complexités historiques des machines manœu-
vrant suivant les règles de l'art du logicien ; elle est
destinée à nous amener à regarder ce qu'il est important d'observer, à rapprocher les faits actuels

(1) « Proudhon, dit Daniel Halévy, a d'abord été touché
par l'optimisme et le rationalisme de son siècle. Il en a
partagé les espérances et par là s'est laissé mener fort près
du socialisme et du démocratisme. Mais il a rectifié ses
vues, courageusement et à grand'peine. Il a reconnu le
caractère permanent, inéluctable, des antagonismes qui
traversent la vie des sociétés, comme celle des individus. »

(2) « Les chercheurs que groupent les *Cahiers du Cercle
Proudhon,* dit Daniel Halévy, se tromperaient s'ils pensaient
tirer des œuvres de leur maître un système complet de
restauration nationale, une théorie de l'Etat, de la monarchie héréditaire, de l'aristocratie et du peuple. Proudhon
ne donnera jamais ces choses-là. Mais si tout leur dessein
(et je l'entends ainsi) est de considérer d'abord, pour étudier les problèmes de l'heure, un type achevé du paysan,
de l'artisan français, un héros de notre peuple, ils ne peuvent mieux choisir : qu'ils lisent, qu'ils connaissent **Proudhon.** »

d'exemples fameux, à nous prémunir contre des analogies trompeuses ; en un mot sa mission est de renforcer les puissances de la personne pour la mettre en mesure de produire tout ce qu'on peut attendre d'elle (1).

Nous allons maintenant chercher comment il convient de s'y prendre pour justifier, en s'inspirant des observations précédentes, les idées de groupe, de classe ou de nation. L'usage le plus répandu est de présenter ces idées comme la conclusion d'une suite de déductions susceptibles de satisfaire un logicien qui aurait admis certains postulats. En l'honneur de ces hypothèses fondamentales on invoque des données de bon sens, des faits empruntés à l'expérience de peuples prospères, des enseignements de l'histoire ; on vante les avantages que les hommes pourraient retirer de l'adoption des principes proposés ; on soutient qu'ils présentent à un degré éminent les caractères du beau, du vrai et du bien. Mais les gens prudents, qui tous sont inconsciemment plus ou moins pragmatistes, sachant combien il est dangereux de donner une adhésion inconditionnée aux bases d'une théorie, avant d'être fixé sur toutes les conséquences qu'elle comporte (2),

_____

(1) On reconnaîtra facilement ici un écho de ce que dit Bergson dans l'*Introduction à la métaphysique.*
(2) Trop souvent les dialecticiens placent à l'origine de leurs raisonnements des formules vagues, dans l'espérance que beaucoup de personnes ne les contesteront pas, tout en n'étant pas d'accord sur les interprétations qu'elles comportent. Au fur et à mesure qu'ils avancent dans leur exposition, ils fixent davantage le sens qu'ils veulent attribuer à leurs postulats ; mais ils procèdent parfois avec tant d'adresse que le lecteur ne s'aperçoit pas du façonnement

sont d'ordinaire assez peu sensibles à de telles justifications. La véritable question est, pour un pragmatiste, de savoir si un homme menant une vie honorable, possédant des connaissances étendues et doué d'un esprit critique pénétrant, emploie sa raison d'une manière digne de lui, quand il conforme son activité aux idées que l'on discute. Si l'on a choisi heureusement les personnages représentatifs dont la psychologie doit être scrutée (1), on a devant les yeux des manifestations longuement développées des puissances personnelles, éclairées par l'intelligence et par suite assez faciles à analyser ; tandis que dans la méthode usuelle la discussion concentre ses principales forces sur les origines d'une série dialectique, ici elle se répand d'une façon presque uniforme le long de la route effectivement parcourue par une âme ; le contrôle du jugement pratique s'exerce alors avec d'autant plus de sûreté que l'on peut décomposer le tout concret en détails très minimes, les petites erreurs d'appréciation commises ne s'accumulent pas et la conclusion est donnée par une intuition bien préparée.

Ce procédé psychologique peut rendre les plus grands services au philosophe qui est appelé si souvent à examiner si une doctrine a devant elle un grand avenir ; les hypothèses qu'il formerait sur les futurs, en s'appuyant sur de prétendues tendances de l'histoire, seraient fort peu satisfaisantes ; mais

qu'ils opèrent sur la matière primitive par transformations infinitésimales. De toutes les sophistiques, la plus dangereuse est celle qu'on pourrait nommer homéopathique.

(1) Il faut de l'art pour faire ce choix ; mais dans les sciences naturelles ne faut-il pas aussi beaucoup d'art pour découvrir des lois au moyen de l'induction ?

en comparant les gens du commun avec les théoriciens qui portent les idées, il découvre, souvent sans beaucoup de peine, s'il existe dans la société des forces capables de faire pénétrer profondément ces idées dans les âmes, de les consolider par des soutiens efficaces et, en conséquence, de leur donner de la durée.

S'il se rencontre un témoin autorisé d'un mouvement social, qui soit bien nourri de l'idéologie de son groupe et dont l'âme soit assez haute pour que sa bonne foi soit au-dessus de tout soupçon, la confession d'un tel homme aura évidemment plus d'utilité qu'une analyse de sentiments collectifs établie par l'historien le plus habile. C'est pourquoi on ne saurait attribuer trop de valeur à l'*Apologie pour notre passé* (1) que Daniel Halévy a écrite pour justifier les bourgeois libéraux qui soutinrent la cause de Dreyfus contre un gouvernement dont ils n'avaient qu'à se louer. Cet écrivain dont le beau talent est admiré par tous les juges compétents, après avoir pris une part aussi active que désintéressée à la révolution dreyfusienne, dont il déplore beaucoup de conséquences, a raconté, avec une éloquente franchise, les crises de sa conscience. Il conclut en affirmant que, malgré tout, il recommencerait la campagne dreyfusarde, si les mêmes circonstances se reproduisaient. Ainsi se trouve démontré, suivant Daniel Halévy, que la bourgeoisie libérale a eu raison d'agir comme elle l'a fait. L'exemple de l'*Apologie pour notre passé* m'a pleinement confirmé dans

(1) Cette brochure après avoir paru dans les *Cahiers de la Quinzaine* (10ᵉ cahier de la XIᵉ série), a été réimprimée dans le volume *Luttes et problèmes,* en 1911.

l'opinion que j'avais adopté une bonne méthode en 1910, quand je justifiais le syndicalisme par une analyse psychologique (1).

II

Presque tous les socialistes qui parlent du syndicalisme avec sympathie, sont dominés par cette idée fixe : que la société capitaliste pourrait être bouleversée de fond en comble par des forces offrant une grande analogie avec celles qui ont jadis débarrassé la société française des entraves de l'Ancien Régime ; la révolution future résulterait donc d'une étroite collaboration de groupes populaires et des Extrêmes-gauches d'assemblées constitutionnelles ; les transformations seraient probablement plus aisées encore qu'autrefois, car les syndicats actuels, ayant, grâce à leur fréquente intervention dans des conflits économiques, introduit une sérieuse discipline dans d'importantes masses de travailleurs, sont bien autrement puissants que ne l'étaient les clubs jacobins.

Cette collaboration est suceptible de revêtir des formes bien diverses. Les socialistes qui se piquent d'avoir étudié, croient assez généralement que les syndicats devraient se placer sous la direction du parti qui représente l'intelligence du mouvement, qui est en état d'utiliser sagement des courants spontanés d'opinions et qui pourrait apprendre aux prolé-

(1) Sans que nous ne nous fussions concertés nous avons publié, Daniel Halévy et moi, nos études presque simultanément.

taires à distinguer le possible du chimérique. Vaillant et ses amis ne veulent pas que la Confédération du Travail soit subordonnée au parti, qui est toujours menacé de dégénérer par suite de l'adhésion de politiciens radicaux étrangers aux aspirations du prolétariat ; ils savent que si les organisations ouvrières continuent à ignorer les difficultés que présente la confection des lois, elles ne se contenteront jamais des compromis que sont heureux d'accepter des parlementaires ; elles constitueront ainsi un moteur capable d'empêcher le parti de tomber dans l'opportunisme. Les jeunes gens qui n'ont pas encore beaucoup de chances électorales, manifestent souvent beaucoup de mépris pour les vétérans, assis dans les chaises curules (1) ; ils prétendent que ceux-ci devraient être des avocats du prolétariat, obligés de soutenir toutes les causes dont les chargeraient les syndicats, alors même qu'ils n'approuveraient pas toutes leurs revendications ; le cœur de la vie socialiste se trouverait ainsi dans le syndicalisme, qui plaît d'ailleurs à ces ambitieux, non encore satisfaits, en leur fournissant de belles occasions pour manifester leurs exaltations de révolte.

Je ne suis pas venu au syndicalisme par les voies jacobines ; il ne me semble pas que j'aie eu jamais une grande vénération pour les hommes de la Révolution française. Tous les hommes de mon âge

(1) Dans les considérants du programme du parti ouvrier, rédigé en 1883, on lit que ce parti n'est point « entré dans les élections pour s'y tailler des sièges de conseillers ou de députés, qu'il abandonne aux hémorroïdes des bourgeois de tout acabit », mais pour pouvoir faire de la propagande dans les réunions politiques et surtout pour forcer les adversaires à accepter des discussions contradictoires.

avaient été fort impressionnés par les malheurs
qu'avait engendrés en 1871 l'imprudence des révolutionnaires, s'emparant du gouvernement de Paris,
abandonné par Thiers ; et cependant les chefs de la
Commune furent généralement bien supérieurs aux
terroristes de 1793. Lorsque je commençai à m'a-
donner à la littérature socialiste, les élections de
1893 venaient de faire entrer à la Chambre un lot
fort hétérogène de députés se disant socialistes, que
dirigeait Millerand ; tous les gens raisonnables com-
prenaient qu'une révolution contrôlée par un tel far-
ceur, ne manquerait pas d'avoir des conséquences
désastreuses.

De 1894 à 1897, je consacrai presque tout mon
temps à travailler pour deux revues marxistes, l'*Ere
nouvelle* et le *Devenir social* (1), qui eurent très peu
de succès ; les socialistes parlementaires s'étaient
appliqués fort consciencieusement à les boycotter.
Je ne suis pas de ceux qui s'imaginent que les transformations du monde doivent être des applications
de théories fabriquées par des philosophes ; mais il
me semble que si l'on réfléchit un peu sur l'histoire
moderne, on reconnaît facilement la vérité du principe suivant : « Une révolution ne produit des changements profonds, durables et glorieux que si elle
est accompagnée d'une idéologie dont la valeur philosophique soit proportionnée à l'importance matérielle des bouleversements accomplis. Cette idéologie donne aux acteurs du drame la confiance qui leur
est nécessaire pour vaincre ; elle élève une barrière
contre les tentatives de réaction que des juristes et

(1) Gabriel Deville et Paul Lafargue étaient parmi les
fondateurs du *Devenir social*.

des historiens, préoccupés de restaurer les traditions rompues, viendront préconiser ; enfin, elle servira à justifier plus tard la révolution qui apparaîtra, grâce à elle, comme une victoire de la raison realisée dans l'histoire ». J'étais persuadé en 1894 que les socialistes soucieux de l'avenir devaient travailler à approfondir le marxisme, et je ne vois pas encore aujourd'hui que l'on puisse adopter un autre procédé pour construire cette idéologie dont a besoin le mouvement prolétarien.

En 1894, les écrits des socialistes français étaient bien loin de donner l'idée que le socialisme fût capable de se conformer au principe que j'ai énoncé ci-dessus ; Benoît Malon, qui passait alors pour un grand docteur, fut en réalité un médiocre, que Gabriel Deville a jugé d'une façon excellente dans la préface de ses *Principes socialistes* (1); les deux plus illustres disciples du *penseur,* Rouanet et Fournière, n'ont jamais été que des journalistes, bien plus remarquables par leur outrecuidance que par leur culture. Les jacobins qui prenaient l'étiquette socialiste, ne désiraient pas que la curiosité philosophique s'éveillât dans le parti ; de simples électeurs qui auraient trop écouté des raisonneurs, auraient pu

---

(1) Gabriel Deville terminait son portrait de Benoît Malon en disant que celui-ci avait seulement fabriqué « un socialisme bon tout au plus pour les francs-maçons et les spirites ». (*Principes socialistes,* page xxv.) Dans son ardeur à se mettre au courant de toutes les idées qui obtenaient la faveur de la badauderie, Benoît Malon n'avait pu négliger l'occultisme ; il paraît même qu'il avait donné aussi dans le bouddhisme ésotérique. — Ses admirateurs ont eu la paradoxale ambition d'en faire un moraliste ! Il n'est pas tout à fait inutile de lire le roman que lui a consacré Mme Desprès : *L'envers d'un apôtre.*

cesser de vénérer les représentants du peuple, qui
étaient surtout représentants de l'ignorance de comités électoraux. Il était donc bien naturel que la
bande de politiciens qui suivait Millerand, vît de
très mauvais œil les efforts tentés par les rédacteurs
de l'*Ere nouvelle* et du *Devenir social ;* les articles
de Rouanet et de Fournière suffisaient amplement à
satisfaire leurs besoins intellectuels ; la *métaphysique* de Marx constituait un breuvage trop amer pour
ces bonshommes. Lorsque le 30 mai 1896, Millerand
prononça à Saint-Mandé le discours-programme du
groupe socialiste parlementaire, il salua en ces termes les maîtres de la pensée nouvelle : « Qu'il soit
permis à un socialiste qui, ni par son ancienneté, ni
par ses services, n'est un vétéran du parti, de se
retourner vers les militants de la première heure,
vers les apôtres qui nous ont frayé la voie, et d'in-
cliner l'hommage des nouveaux venus et des jeunes
devant les Jules Guesde, les Vaillant, les Paul Brousse, devant *la mémoire de Benoît Malon* » (1). Les rédacteurs du *Devenir social,* qui n'avaient aucune
estime pour le prétendu patriarche, glorifié par Millerand, ne pouvaient être que des écrivains suspects
aux yeux de cet intrigant.

Beaucoup des socialistes qui invoquaient l'autorité de Marx et d'Engels, ne se souciaient pas du
tout qu'on étudiât de trop près les textes de leurs
prophétes ; ils croyaient avoir tiré des documents

_____

(1) L'omission du nom d'Engels est de nature à surprendre qui se souvient que le vieil ami de Marx était
mort l'année précédente ; mais Millerand ignorait probablement le rôle qu'il avait joué. J'espère pour lui qu'il
admirait Benoît Malon sans avoir lu ce raseur.

originaux tout ce qui pouvait entrer dans l'enseignement classique du socialisme ; on leur a souvent reproché de n'avoir point cherché à mettre à la disposition du grand public les livres que la socialdémocratie allemande avait répandus par milliers (1).
Diamandy, le fondateur de l'*Ere nouvelle*, a rapporté (dans le numéro du 1er novembre 1893) un pro-·
pos de Jules Guesde qui montre bien que les marxistes français étaient dans un état d'esprit qui ne leur
permettait pas de comprendre l'utilité de l'œuvre
entreprise par cette revue : « Jules Guesde me disait avoir conçu le marxisme avant d'avoir rien
connu de Marx » (2). Dès lors à quoi bon écrire des
gloses sur les textes de Marx et d'Engels ?

Les recherches auxquelles je me livrais pour composer des articles qui portaient sur des sujets très
variés, me conduisaient souvent à m'apercevoir que
le marxisme officiel présentait de graves lacunes ;
mais accablé sous le poids d'une énorme besogne,
je n'avais pas le temps de penser aux moyens qu'on
devrait employer pour mieux l'adapter à la réalité ;
si je relisais aujourd'hui la collection du *Devenir
social*, j'y relèverais certainement beaucoup de sup-
positions hasardeuses, d'erreurs et de sophismes. A
la fin de l'année 1897, j'eus à étudier un livre que
venait de publier Saverio Merlino sous le titre *Pro
e contro il socialismo ;* l'auteur italien s'appliquait
à montrer qu'il était devenu nécessaire de réviser
les bases des théories socialistes afin de les mettre
d'accord avec le mouvement social auquel prenaient

(1) L'*Anti-Dühring*, par exemple, a été seulement traduit
en 1911.
(2) Diamandy, en rapportant ce propos, ne songeait point
à être désagréable à Jules Guesde.

part les organisations socialistes ; je vis alors clairement que je devais travailler en dehors de toute
combinaison ayant des attaches avec l'orthodoxie
marxiste (1). Il me sembla que la meilleure méthode
à suivre était d'essayer de corriger les illusions de
l'école en examinant des phénomènes observés dans
le pays que le maître avait signalé comme offrant
les formes classiques de l'économie moderne ; j'étu-
diai l'enquête faite sur le trade-unionisme anglais
par Paul de Rousiers en 1895 ; c'est ainsi que je fus
amené à écrire l'*Avenir socialiste des syndicats*. Les
préfaces des livres de Colajanni et de Gatti, qui ont
été reproduites plus haut, se rattachent également à
ces études que je faisais pour renouveler le marxisme par des procédés marxistes (2).

III

Au moment où je me décidais à changer ainsi
l'orientation de mon travail, commençait l'affaire
Dreyfus, dans laquelle le gros du parti socialiste
voyait une mine de scandales propres à ruiner le
prestige de l'armée (3), tandis que les malins du

(1) Le dernier article que j'aie publié dans le *Devenir
social* (octobre 1897) est consacré à la discussion du livre
de Saverio Merlino. Cette revue a cessé de paraître à la
fin de 1898.

(2) La préface de l'adaptation française du livre de Saverio Merlino (*Formes et essence du socialisme*) n'a pu
être reproduite ici, parce qu'elle n'est bien intelligible que
pour un lecteur qui a le livre lui-même sous les yeux.

(3) C'est l'opinion de Joseph Reinach, qui a été bien renseigné sur les motifs qui firent agir les socialistes. (*Histoire
de l'affaire Dreyfus*, tome III, page 73.)

parlement étaient surtout préoccupés de calculer quels pièges ils pourraient tendre à des ministres conservateurs, soupçonnés d'être secrètement favorable aux dreyfusards (1). Les docteurs du socialisme avaient maintes fois affirmé qu'ils possédaient une philosophie qui leur permettait de juger souverainement l'histoire; ils ne purent cependant apporter d'appréciations originales, élevées ou pratiques sur le plus grand événement de notre époque ; la révolution dreyfusienne constitue donc une expérience qui établit d'une façon irréfutable l'insuffisance des théories socialistes reçues de ce temps.

Dans un manifeste du 19 janvier 1898, adressé « au prolétariat » par trente-deux députés, on lit ces phrases cocasses : « Pourquoi l'affaire Dreyfus a-t-elle pris des proportions si vastes ? C'est qu'elle est devenue le champ de combat des deux fractions rivales de la classe bourgeoise... D'un côté, les clé-

---

(1) A la fin de 1897, Millerand contribua beaucoup à forcer le ministère à prendre position contre les dreyfusards. Dans la séance de la Chambre du 17 décembre 1900, Méline lui rappela que, le 4 décembre 1897, il avait reproché au gouvernement d'être resté quinze jours inactif, sans relever les attaques dirigées contre les chefs de l'armée, d'avoir cédé à des influences de presse, de politique et d'argent, d'avoir été complice de Joseph Reinach, qui, « au lieu d'essayer de réhabiliter un nouveau Calas, aurait peut-être dans sa famille d'autres réhabilitations à poursuivre ». Dans la séance du 23 mars 1903, Ribot dit aux socialistes : « Que faisiez-vous dans votre parti ? Que faisaient M. Millerand et les autres ? Ils étaient là qui guettaient l'occasion non de se sacrifier pour le droit et la justice, mais d'entrer par surprise dans le gouvernement à la faveur de cette malheureuse affaire... Pendant que M. Jaurès allait à la Cour d'assises fulminer un réquisitoire contre l'armée et ses chefs, que faisait ici M. Millerand ? Il renchérissait sur M. de Mun. »

ricaux... voudraient exploiter la sentence de trahi-
son rendue contre un juif pour disqualifier tous les
juifs et avec eux tous les dissidents : protestants et
libres-penseurs... La France tout entière serait livrée
comme une proie à la bourgeoisie cléricale... De
l'autre côté, les capitalistes juifs, après tous les
scandales qui les ont discrédités, ont besoin, pour
garder leur part de butin, de se réhabiliter un peu.
S'ils pouvaient démontrer, à propos d'un des leurs,
qu'il y a eu erreur judiciaire et violence du préjugé
public, ils chercheraient dans cette réhabilitation
directe d'un individu de leur clan, et d'accord avec
leurs alliés opportunistes, la réhabilitation indirecte
de tout le groupe judaïsant et panamisant... Haut les
cœurs, citoyens, au-dessus de cette ignominieuse mêlée ! Prolétaires, ne vous enrôlez dans aucun des
clans de cette guerre civile bourgeoise !... Poussez
votre triple cri de guerre : Guerre au capital juif ou
chrétien ; guerre au cléricalisme ; guerre à l'oligarchie militaire !... Contre le Capital, le Dogme et le
Sabre, groupez-vous et combattez en pleine clarté
pour la République sociale. »

On aurait eu bien le droit d'espérer peut-être trouver de meilleures raisons dans'le manifeste que Jules
Guesde rédigea le 24 juillet 1898 au nom du parti
ouvrier pour engager les « travailleurs de France »
à se tenir en dehors de l'agitation dreyfusarde (1) ;
mais ce document est, lui aussi, déplorablement ba-
nal : « Libre à la bourgeoisie politicienne et litté-

(1) Au commencement de l'année 1898, Jules Guesde
avait été plus ardent dreyfusard que Jaurès ; personne ne
peut supposer qu'il ait changé d'avis pour les raisons invo-
quées dans ce manifeste ; Cf. G. SOREL, La révolution dreyfusienne, 2ᵉ édition, pages 22-23.

raire de se diviser sur la culpabilité ou l'innocence d'un capitaine d'état-major ou d'un commandant d'infanterie, et de s'entredéchirer au nom de la patrie, du droit, de la justice et autres mots vides de sens tant que durera la société capitaliste... C'est à ceux qui se plaignent que la justice ait été violée contre un des leurs, à venir au socialisme, qui poursuit et fera la justice pour tous, et non au socialisme à aller à eux, à épouser leur querelle particulière... Nous n'avons à être ni esterhaziens ni dreyfusards, mais à rester parti de classe et ne combattant que la lutte de classe pour l'émancipation du travail et de l'humanité... [Aussi] à la révision de procès militaires ou civils, pour laquelle on prétend aujourd'hui confisquer nos efforts, opposerons-nous et devons-nous opposer cette révision — ou cette révolution — sociale qui n'en finira pas seulement avec tels ou tels grands chefs militaires, mais avec le militarisme lui-même, qui ne fait qu'un avec le capitalisme et ne disparaîtra qu'avec lui. »

Lorsque se forma le ministère de Défense républicaine (22 juin 1899), il y avait huit mois que la France vivait dans le cauchemar de coups d'Etat (1); Waldeck-Rousseau passait pour un homme capable de concevoir des besognes hardies ; quand on sut qu'il confiait le ministère de la Guerre à Galliffet, on

---

(1) Le 16 octobre 1898 avait été formé un Comité de vigilance, où siégèrent : Guesde, Jaurès, Briand, Millerand, Fournière, Viviani, Allemane ; le 22 parut un manifeste d'une Coalition révolutionnaire (Allemane, Briand, Broussouloux, Cyvoct, Sébastien Faure, Leyret, Mirbeau, Quillard, etc.), invitant les citoyens à « disputer aux bandes réactionnaires la rue glorieuse, la rue des revendications énergiques, la rue des barricades ». (JOSEPH REINACH, op. cit., tome IV, pages 329-330.)

supposa qu'il avait l'intention de constituer un gouvernement à poigne, capable de briser toute opposition en vue de pouvoir faire réviser le procès Dreyfus au milieu d'un universel silence (1). C'est pour
cette raison que les radicaux se sentirent tout à coup
pris d'une immense pitié pour les communards, jadis fusillés par Galliffet (2). Jules Guesde et Vaillant
estimèrent que l'entrée de Millerand dans la combinaison leur fournissait une excellente occasion pour
rompre avec le clan de la *Petite République ;* ils don-
nèrent des explications déclamatoires dans leur manifeste du 14 juillet : « En sortant du groupe dit
d'Union socialiste de la Chambre, qui venait de fournir un gouvernant à la république bourgeoise, les
représentants de la France ouvrière et socialiste organisée n'ont pas obéi à un simple mouvement de
colère... Il s'agissait d'en finir avec une politique
prétendue socialiste, faite de compromissions et de
déviations que depuis trop longtemps on s'efforçait
de substituer à la politique de classe... La contradiction entre ces deux politiques devait infailliblement

(1) Il est possible que Waldeck-Rousseau ait songé un
moment à un tel rôle, qu'il n'aurait pu remplir qu'avec
l'appui des catholiques ; c'est peut-être dans l'espérance
d'obtenir leur concours qu'il fit, en 1898, le voyage de
Rome ; mais le Vatican ne voulut pas s'engager avec lui.
(Cf. *Le pèlerin du Bloc,* dans l'*Univers,* 25 février 1911).
Le pape Léon XIII se montra bien peu perspicace.

(2) JOSEPH REINACH, *op. cit.,* tome V, page 178. — Joseph
Reinach rapporte, par contre, qu'un « vieux blanquiste,
qui avait été de la dernière barricade de la Commune et
même du peloton d'exécution des otages, dit à Ranc que
mettre Galliffet et Millerand dans le même ministère c'était
un coup de génie » (page 176). Les faits reprochés à
Galliffet seraient d'ailleurs fort exagérés d'après notre auteur (page 170).

se manifester un jour ou l'autre. Par l'entrée d'un socialiste dans le ministère Waldeck-Rousseau, la main dans la main du fusilleur de mai, elle s'est manifestée dans des conditions de gravité et de scandale telles qu'elle ne permettait plus aucun accord entre ceux qui avaient compromis l'honneur et les intérêts du socialisme et ceux qui ont charge de les défendre... Parti d'opposition nous sommes et parti d'opposition nous devons rester, n'envoyant les nôtres dans les parlements et autres assemblées électives qu'à l'état d'ennemis, pour y combattre la classe ennemie et ses diverses représentations politiques » (1).

Cette scission provoqua une très abondante production littéraire ; la *Petite République* consulta, en effet, sur l'affaire Dreyfus et sur le cas Millerand, les écrivains socialistes les plus connus d'Europe, qui furent heureux de trouver une occasion de produire leur prose dans la capitale de lumières (2); mais ces éminents penseurs étaient généralement bien incapables de dire grand' chose d'utile sur des ques-

(1) Parmi les noms des signataires de ce manifeste se trouve celui de Marcel Sembat, qui a été, depuis cette époque, rapporteur du budget des postes ; la Commission du budget ne serait-elle donc pas une des représentations politiques de la classe bourgeoise ? Au Congrès international de 1900, Jules Guesde déclara qu'un Suisse socialiste aurait le droit de chercher à se faire élire membre d'un conseil cantonal (*Cahiers de la Quinzaine*, 16e de la IIe série, page 152) ; cependant, un ministre cantonal aurait souvent des décisions à prendre d'accord avec des collègues bourgeois, qu'il ne pourrait traiter en ennemis. En France même, les maires socialistes sont, en maintes circonstances, des agents de l'ordre bourgeois.

(2) Ces réponses se trouvent dans la *Petite République*, entre le 17 août et le 31 décembre 1899

tions qui n'avaient pas été traitées par Marx ou par Engels. Le conflit fut porté devant le Congrès international tenu à Paris en septembre 1900 ; la solution se trouvait en fait remise à l'arbitrage de la socialdémocratie allemande, qui enviait la chance heureuse de ses alliés de France, dont un « camarade » siégeait au ministère, mais qui désirait fort ne pas humilier Jules Guesde, en donnant trop complètement raison à Jaurès (1) ; on se tira d'affaire en votant un texte que l'ingénieux Karl Kautsky avait si habilement arrangé qu'il n'avait aucune valeur pratique (2). Il fut solennellement proclamé : 1° que l'entrée d'un socialiste isolé dans un gouvernement bourgeois ne peut être considérée comme le commencement normal de la conquête du pouvoir

(1) Auer, qui parla au nom du Comité directeur, ne cacha pas le plaisir qu'il éprouverait si son parti acquérait assez d'importance parlementaire pour qu'un socialiste pût être appelé à devenir membre du gouvernement au cours d'une crise analogue à celle qui venait de se produire en France. Il blâma, de la façon la plus formelle, la thèse que Jules Guesde avait exposée dans son manifeste du 24 juillet 1898 : « S'il s'était présenté en Allemagne une affaire Dreyfus, je crois pouvoir affirmer qu'on n'aurait pas dit : C'est une querelle de bourgeoisie qui ne nous regarde pas. » (*Cahiers de la Quinzaine, loc. cit.,* pages 162-163.)

(2) Emile Vandervelde était l'orateur qui convenait le mieux pour présenter comme une grande chose cet exercice scolastique ; il se surpassa dans le rôle de *père noble :* « Millerand et ses amis, dit-il par exemple, ont commis une faute en acceptant sous leur responsabilité personnelle l'entrée dans le gouvernement de Défense républicaine, et ils commettent une faute que nous déplorons plus encore en y restant contre le vœu d'une fraction importante du socialisme. » (*Cahiers de la Quinzaine, loc. cit.,* page 104.) Cependant cet austère censeur allait féliciter Millerand pour la besogne qu'il accomplissait au ministère.

politique, mais seulement comme un expédient forcé, transitoire et exceptionnel ; 2° que ce fait est susceptible de troubler gravement les cervelles des prolétaires s'il n'est pas agréé par la grande majorité du parti, dont le ministre socialiste doit être le mandataire ; 3° que le Congrès ne pouvait rendre un arrêt de principe sur une simple question de tactique. — Tous les bavardages des guides du socialisme aboutissaient au néant : le Congrès se déchargeant de toute responsabilité sur un parti qui n'existait pas encore en France (1).

La conduite tenue par les membres du parti ouvrier socialiste révolutionnaire me paraissait beaucoup plus intéressante à étudier que les dissertations trop souvent vaines des professionnels du socialisme. Les allemanistes se sont toujours beaucoup défiés des Intellectuels ; ils représentaient un courant d'idées fort analogue à celui qui devait se manifester prochainement dans le syndicalisme ; ils détestaient cordialement Jules Guesde (2) et Vaillant, qui étaient à leurs yeux des bourgeois jacobins, pensant uniquement aux moyens qui pourraient les mener à la dictature. Durant l'affaire Dreyfus ils avaient suivi Jaurès, en légionnaires enthousiastes qui ne ménagent point leurs peines quand leur consul est en présence d'obstacles formidables ; ils ne l'abandonnèrent point lorsque Jules Guesde et Vail-

(1) Aussi Jaurès accepta-t-il la motion de Karl Kautsky.
(2) On l'accusait souvent d'avoir un orgueil d'artiste, qui lui ferait mépriser les ouvriers ; Joseph Reinach, qui ne l'aime pas, note, avec satisfaction, que cet adversaire irréconciliable des bourgeois n'a « jamais manié d'outil » (*loc. cit.*, page 165).

lant mirent en doute la valeur de son socialisme (1) ;
il se trouva finalement que l'archipoliticien Millerand, devenu ministre par la grâce de Joseph Reinach (2), n'eut pas de plus fermes soutiens dans les
congrès socialistes que des hommes de labeur manuel, jusqu'alors connus par l'intransigeance de
leurs conceptions de classe, qu'il avait traités jadis
comme des demi-anarchistes (3).

L'observation de ces faits me conduisait à penser
que les théories alors reçues du socialisme ne cons-
tituaient plus qu'une littérature de bibliothèque ;
adaptées à un régime disparu, elles survivaient sous
des formes abstraites, qui ne pouvaient nous guider
désormais ; il fallait donc chercher à construire de
nouvelles doctrines, fondées sur les résultats de la
révolution dreyfusienne. Il me semblait que pendant
longtemps le parti républicain qui s'était groupé
autour de Waldeck-Rousseau continuerait à faire
appel aux travailleurs organisés, pour pouvoir résis-

---

(1) Joseph Reinach se trompe quand il dit que les allemanistes abandonnèrent Jaurès au mois de juillet 1899
(*loc. cit.*, page 256). Dejeante et Groussier, dont les noms
figurent au manifeste de Jules Guesde, avaient abandonné
le parti ouvrier socialiste révolutionnaire avant l'affaire
Dreyfus.

(2) JOSEPH REINACH, *loc. cit.*, page 162.

(3) Cette manière de voir était assez généralement admise à cette époque. Saverio Merlino range les allemanistes avec les anarchistes des *Temps nouveaux* dans le
groupe des socialistes libertaires, opposé au groupe des
socialistes autoritaires, qui comprend surtout les socialdémocrates. (*Pro e contro il socialismo*, pages 277-284.)
Il est très possible qu'au Congrès de Londres de 1896
Millerand ait cru devoir se montrer si ardent contre les
anarchistes et leurs alliés, pour des raisons parlementaires : il ne voulait pas que *son* parti fît peur aux radicaux.

ter aux retours offensifs des conservateurs, momentanément vaincus ; je supposais, en conséquence, que l'alliance des allemanistes et de Jaurès caractérisait bien le régime nouveau ; c'est cette politique des allemanistes qui donne toute sa signification psychologique à la formule que j'avais écrite dans la préface au livre de Colajanni : « Le socialisme devient de plus en plus en France un mouvement ouvrier dans une démocratie. »

IV

Pendant les temps dreyfusiens (1), presque tous les socialistes prirent une part extrêmement active à une agitation dont les objectifs étaient de faire disparaître l'influence exercée, depuis bien des années, sur le gouvernement de la France par les éléments militaires et de rendre difficile l'existence des institutions essentielles du catholicisme (2) ; pour arriver à produire un changement si profond dans la vie française, des hommes appartenant à tous les rangs de fortune, exerçant des professions les plus diverses et ayant puisé leurs idées primi-

(1) Je crois qu'il conviendrait de désigner ainsi la période qui s'étend de 1897 à l'application de la loi séparant l'Eglise de l'Etat.

(2) « Presque tous les députés socialistes, dit Joseph Reinach en résumant l'histoire des temps dreyfusiens, ajournent leur programme qui les rejetterait dans l'isolement, la théorie et l'opposition, alors qu'à *prendre la tête du mouvement contre les partis d'Eglise*, ils sont ou paraissent les maîtres du pouvoir et participent largement à ses avantages. » (*Histoire de l'affaire Dreyfus*, tome **VI**, page 428.)

tives dans des traditions inconciliables, formèrent
un bloc si solide que le principe marxiste de la lutte
de classe parut à beaucoup de personnes submergé
définitivement dans l'océan démocratique de l'unité
du peuple (1) ; l'expérience a finalement montré
qu'une telle coordination du socialisme et de la démocratie ne permet pas de conserver à l'idéologie
révolutionnaire la hauteur qu'elle devrait avoir pour
que le prolétariat pût accomplir sa mission historique. Je croyais alors, comme beaucoup d'autres,
qu'une coalition temporaire, établie dans un but bien
déterminé et étranger à l'économie, entre gens de
groupes que les théoriciens du marxisme regardent
comme fatalement ennemis, ne nuit pas nécessairement à l'autonomie de la pensée socialiste. Mes illusions sont exposées d'une manière particulièrement
précise dans un *Essai sur l'Eglise et l'Etat,* que je
composai peu de temps après que la loi du 1ᵉʳ juillet 1901 eut donné aux associations un statut qui
devait être si fatal aux ordres religieux. L'attitude
démocratique des socialistes me paraissait comman-
dée par les conditions historiques créées au cours
de la révolution dreyfusienne, conditions que les
conseillers les plus écoutés du prolétariat avaient
déclaré être très favorables au mouvement ouvrier.
Je veux reproduire un assez long fragment des con-

(1) Les démocrates, suivant **Marx**, raisonnent et agissent
comme si tout ce qui se trouve au-dessous de la petite
bourgeoisie formait une extension de leur groupe. Cette
masse forme le *peuple ;* « Ce qu'ils représentent c'est le
droit du peuple ; ce qui les intéresse, c'est *l'intérêt du
peuple* » ; ils dénoncent à l'occasion les « funestes sophistes qui partagent le *peuple indivisible* en camps ennemis »
(*La lutte des classes en France. Le XVIII brumaire de
Louis Bonaparte,* page 247).

clusions, qui est plein d'erreurs, non seulement parce que je ne veux pas être accusé de dissimuler mes variations, mais surtout afin de montrer le danger des préjugés démocratiques, dont nous avons beaucoup de peine à nous libérer.

« Le socialisme, disais-je alors, renferme des éléments spirituels, et tout au moins en renferme-t-il en tant qu'il est intéressé au développement de la démocratie ; car la démocratie n'a essentiellement que des fins spirituelles : la liberté, le droit pour tous. etc. (1). Je sais bien que, pour Marx, le socialisme n'est pas un accroissement de la démocratie (2) et que celle-ci a seulement pour utilité socialiste de jeter de la clarté sur nos luttes (3) ; si elle

---

(1) Je confondais ici l'utopie philosophique de la démocratie, qui a enivré l'âme de nos pères, avec la réalité du régime démocratique, qui est un gouvernement de démagogues ; ceux-ci ont intérêt à célébrer l'utopie afin de dissimuler aux yeux du peuple la véritable nature de leur activité ; ils arrivent d'autant plus facilement à créer des illusions favorables à leur tyrannie, qu'ils font passer dans le droit quelques formules assez analogues à celles de l'utopie ; les réformes juridiques leur sont utiles pour ruiner les anciennes structures qui favorisèrent le prestige des *autorités sociales,* dont les démagogues veulent à tout prix se débarrasser.

(2) En 1852, Marx définissait ainsi le programme des démocrates socialistes qui formèrent la *Montagne* à la fin de 1848 : « On demande des institutions républicaines, démocratiques, non pour supprimer deux extrêmes, le capital et le salariat, mais pour atténuer leur antagonisme et le transformer en harmonie... Quelles que soient les idées plus ou moins révolutionnaires [que l'on invoque], le but est la transformation de la société par voie démocratique, une transformation qui ne dépasse pas les limites de la petite bourgeoisie » (*op. cit.,* page 241).

(1) Dans sa lettre de 1875 sur le programme de Gotha, Marx dit : « La démocratie vulgaire voit dans la répu-

est dans une certaine mesure l'ennemie du socialisme, elle est aussi un aliment de son progrès, car c'est grâce à elle que l'éducation populaire peut se faire de la manière la plus complète (1). La contradiction entre la démocratie et le socialisme porte surtout sur l'économie ; leur accord sur le côté spirituel de la vie sociale...

« Dans l'affaire Dreyfus, il n'y avait aucune question juridico-économique en jeu ; et, par suite, que viendrait faire là le *précepte de la lutte de classe* ? Quelques auteurs, mal informés des principes du socialisme moderne, ont trouvé ce bel argument que Dreyfus était riche et que les malheurs d'un officier

blique démocratique la réalisation du millénaire et ne se doute pas que c'est sous cette dernière forme politique de la société bourgeoise que doit se livrer le suprême combat des classes. » (*Revue d'économie politique*, septembre-octobre 1894, page 767.) En 1852, il avait déjà écrit dans le même esprit : « La république n'est que la forme politique sous laquelle se transforme la société bourgeoise ; ce n'est pas la forme sous laquelle elle vit et se conserve. » (*La lutte des classes, etc.*, page 205.) Il pensait que c'est sous le régime démocratique que l'antagonisme des classes se manifeste enfin « clairement », en sorte que « toute lutte contre la puissance publique [devient alors] une lutte contre le capital » (page 263).

(1) Cela pourrait être vrai seulement si la démocratie purgeait la société de tous les organismes qui gênent le libre développement des sociétés prolétariennes ; Marx était fort opposé à l'enseignement populaire par l'Etat, alors que la démocratie attache une grande importance à diriger cet enseignement au moyen d'une puissante administration. L'expérience contemporaine montre que la démocratie engendre des structures de partis politiques très complexes qui tendent à gêner l'autonomie de la vie ouvrière ; on pourrait se demander si cette autonomie n'est pas plus facile sous les régimes aristocratiques que sous les républicains, si préoccupés de solidarité nationale.

riche ne devraient pas intéresser les prolétaires (1) ;
ils ajoutaient que beaucoup de pauvres diables
étaient martyrisés dans les ateliers de travaux publics (2). L'argument aurait pu avoir de la valeur s'il
se fût agi de savoir quel degré de sympathie méritent les victimes des conseils de guerre ; or, il ne
s'agissait pas de cela, mais de savoir quelles sont
les circonstances les plus favorables pour réunir des
forces suffisantes en vue de lutter contre la domination de la caste militaire.

« C'est dans l'anticléricalisme que l'on trouve le
plus complètement peut-être l'amalgame des diverses
classes sociales ; il représente parfaitement la lutte
continuelle contre la domination, parce que le prêtre
est en contact journalier avec le citoyen, tandis que
l'oligarchie militaire n'exerce qu'une tyrannie inter-
mittente. Je crois qu'il n'y a pas d'action plus importante pour activer la propagation du socialisme
dans les campagnes que l'action anticléricale ; qu'on
lise, d'ailleurs, les journaux socialistes de province,

---

(1) Les journaux antidreyfusards insistèrent beaucoup
sur ces raisons. Joseph Reinach dit qu'elles gênèrent beaucoup les amis de Jaurès, qui « furent toujours réduits à
s'excuser d'être accessibles à la pitié » ; ils employèrent
quelquefois de singuliers sophismes pour justifier leur
oubli de la haine des classes : « [Dreyfus] n'est plus ni
un officier, ni un bourgeois, écrivait Jaurès. Il est dépouillé,
par l'excès même du malheur, de tout caractère de classe.
Il n'est plus de ces classes dirigeantes... Il n'est plus de
cette armée... Il est seulement un exemplaire de l'humaine
souffrance... Il est le témoin vivant du mensonge militaire,
de la lâcheté politique, des crimes de l'autorité » (*op. cit.*,
tome III, pages 255-256).

(2) La peine des travaux publics est prononcée pour des
délits purement militaires.

on verra que leur principal moyen d'influence est la guerre contre les curés. Le clergé s'est arrangé, en effet, pour symboliser tous les genres de persécution sous tous les gouvernements : les souvenirs de la Restauration sont restés vivants jusqu'à une époque qui n'est pas très lointaine ; durant les dix premières années de l'Empire le curé a été plus redouté et plus haï que le gendarme (1). »

(1) Pour bien faire comprendre ce passage, je crois utile de reproduire ici quelques réflexions, non moins anticléricales, de Lucien Jean, écrivain dont l'esprit, généralement très réfléchi, était tout dominé par le génie du prolétariat : « Quand il y a bataille, il ne faut pas philosopher. Si donc je me trouvais dans un tumulte de ces jours-ci, je crierais vraisemblablement : *A bas la calotte !* car on ne crie pas des arguments et on ne nuance pas des élans de combat. Ceci posé, nous pouvons, sur le papier, proposer des points de vue : 1° Quel est le spectacle le plus comique de ceux qui se réclament d'une tradition d'autorité pour acclamer la liberté, ou de ceux qui prétendent fonder une tradition sur la liberté et font acte d'autorité ? 2° Lorsqu'il s'agit de choses aussi importantes que les formes essentielles de la vie, et qu'au fond la guerre est déclarée entre deux ennemis irréductibles, n'est-il pas charmant qu'on rattache tout cela à des interprétations de texte ? 3° *Ils* ne veulent pas le détruire, cet ennemi ; ils veulent le soumettre ; et c'est pourquoi nous avons une grande méfiance. Est-ce que nous aurions affaire, nous d'un clergé gallican et républicain, dont ils s'accommoderaient fort bien ? Ils sont anticléricaux, il fallait être sincèrement antireligieux. 4° Mais la plus grande folie est de s'attacher aux cléricaux par *pitié*. Est-ce que nous pourrons vivre avec des hommes qui adorent d'autres dieux que les nôtres ? Il faut souhaiter leur défaite ou la nôtre. » (*Parmi les hommes,* pages 282-283). — A quelques pages plus haut, parlant d'une pièce que Malato avait composée dans le goût des farces de Léo Taxil, il écrit : « L'humanité a mis des siècles à modeler une figure douce de mère, chaste, aimante et douloureuse. Allez au Louvre, vous y verrez cela, et essayez de lire votre pièce devant une *Marie* de Vinci

Lorsque j'écrivais ces choses, je n'avais pas encore d'idées bien précises sur les questions qui forment l'objet principal des *Réflexions sur la violence*. Bien que j'eusse publié, quelques années auparavant, l'*Avenir socialiste des syndicats*, dans le but de montrer combien il est utile à la classe ouvrière de ne pas laisser contrôler son organisation de lutte par des Intellectuels, je distinguais mal en 1901 le socialisme politique du socialisme prolétarien ; les premières agitations dreyfusardes m'avaient fait augurer que le socialisme gagnerait beaucoup à acquérir la claire conscience d'être un mouvement ouvrier dans une démocratie ; la liquidation de la révolution dreyfusienne devait me conduire à reconnaître que le socialisme prolétarien ou syndicalisme ne réalise pleinement sa nature que s'il est volontairement un mouvement ouvrier dirigé contre les démagogues. A la différence du socialisme politique, il n'emprunte point d'éléments spirituels à la littérature démocratique (1) ; les destructions que les démagogues opèrent dans les structures traditionnelles profitent énormément au socialisme politique, beaucoup plus même qu'aux partis républicains avancés qui les ont légalisées ; le socialisme prolétarien s'oppose donc à la démocratie, au moins en tant que

ou de Solario... Aujourd'hui il est aussi vain d'attaquer un dogme avec ces grossiers jeux d'esprit que de le défendre avec des théories sur le parthénogenèse. » Ces idées ne l'empêchent pas d'avouer que si la censure n'avait pas interdit la représentation de cette sottise, il aurait été probablement se battre pour soutenir Malato ; il ne pouvait aller de l'autre côté (pages 265-266).

(1) Cette littérature est elle-même presque toujours une dégénérescence de philosophies ayant amusé les gens du monde.

celle-ci favorise le progrès de son contraire, le socialisme politique.

Les aventures des temps dreyfusiens ont montré que la guerre faite au catholicisme a beaucoup contribué à accélérer la transformation des idéologies spécifiquement socialistes en idéologies très voisines de celles qu'emploie la démocratie ; il serait très important de faire une étude approfondie de ce phénomène, afin de savoir si l'anticléricalisme ne constitue pas, d'une manière générale, un danger grave pour le développement du syndicalisme, en facilitant la conquête de la classe ouvrière par les politiciens ; en tout cas, on peut, dès maintenant, regarder comme très imprudent d'engager les organisations ouvrières dans les voies anticléricales (1).

Il est très remarquable que Jaurès ait pu, dès 1902, grâce aux avantages que lui avait assurés sur ses concurrents l'affaire Dreyfus, donner au socialisme politique des formules qui, abandonnant les principes marxistes énoncés par Jules Guesde en tête de son programme du parti ouvrier, se rattachaient ex-

(1) S'inspirant des conditions dans lesquelles se trouve la socialdémocratie allemande, obligée de maintenir très vif le sentiment de classe, pour pouvoir enlever des voix au parti catholique, Rosa Luxembourg écrivait, il y a une dizaine d'années, ces réflexions qui pourraient être utilisées par nos syndicalistes : « Si les socialistes... ne proclamaient pas, à toute occasion, que les bourgeois mangeurs de prêtres sont avant tout des ennemis du prolétariat... la lutte des classes serait frappée de corruption... Le danger qui résulte de l'accouplement de l'action prolétarienne et de l'action bourgeoise serait incontestablement plus grand que les inconvénients que l'on peut redouter des menées réactionnaires de l'Eglise. » (*Mouvement socialiste*, 1er janvier 1903, page 37.)

pressément à la littérature démocratique. Voici, en effet, comment débute la déclaration qu'il fit voter au Congrès de Tours (3 mars 1902) : « Le socialisme procède tout ensemble du mouvement de la démocratie et des formes nouvelles de la production. Historiquement, et dès le lendemain de la Révolution française, les prolétaires se sont aperçus que la Déclaration des droits de l'homme resterait illusoire sans une transformation sociale de la propriété. Comment, en effet, la liberté, la propriété, la sûreté, pourraient-elles être garanties à tous dans une société où des millions de travailleurs ne possèdent que leurs bras et sont obligés pour vivre de vendre leur force de travail à la minorité possédante ? C'est donc pour étendre à tous les citoyens les garanties inscrites dans la Déclaration des droits que notre *grand* Babeuf a demandé la propriété commune, garantie du bonheur commun. Le communisme était pour les prolétaires les plus hardis l'expression suprême de la Révolution. »

L'avant-dernière de ces phrases est de nature à troubler singulièrement les gens qui ont entendu dire que le socialisme actuel constitue une des plus fortes expressions de la pensée moderne. Si Babeuf est à classer parmi les grands hommes, c'est que, suivant Jaurès, on devrait nommer grands tous ces personnages, pleins de zèle pour le bien public, un peu écervelés et graphomanes déclarés, qui, aux époques troublés, se rencontrent par centaines dans les assemblées électives, dans les clubs et dans la presse : Babeuf ne serait jamais devenu célèbre si la police du Directoire ne l'avait pas représenté comme un redoutable conspirateur, ayant mis en danger l'ordre établi par la Révolution (1) ; maintenant que le Congrès de Tours a inscrit Babeuf au livre d'or des génies, d'autres congrès pourront décider que Benoît Malon fut un Platon et Fournière un Aristote ! — Je ne puis me résoudre à admettre, comme certains auteurs, qu'une tradition babouviste, transmise principalement par Buonarotti, ait fourni des idées communistes aux réformateurs socialistes, contemporains de Louis-Philippe (2) ; d'innombrables littératures communistes ont, en effet, fleuri dans le monde de la façon la plus spontanée ; il ne faut pas grand génie pour laisser de côté la technique, l'économie et le droit, afin de pouvoir se livrer aux caprices d'une imagination philanthropique. — Observons, enfin, que tant de sociologues contemporains veulent à tout prix placer du communisme dans les institutions primitives de l'humanité parce qu'il leur semble impossible de concevoir un régime qui exige moins de travail intellectuel que le communisme. Il ne faut donc pas nous attendre à trouver chez Jaurès

(1) Advielle est persuadé qu'on a attribué à Babeuf un rôle supérieur à celui qu'il avait eu, afin de le perdre plus sûrement ; le Directoire aurait transformé un procès de presse en affaire de conspiration. (*Histoire de Gracchus Babeuf*, tome I, page 495). Son journal était extrêmement redouté par les gens qui avaient exploité sans pudeur le nouveau régime.

(2) ANTON MENGER, *Le droit au produit intégral du travail*, trad. franç., page 159. — Dans le chapitre consacré à la communauté dans les *Contradictions économiques*, Proudhon n'attache aucune portée spéciale à Babeuf, qui est mentionné dans la masse des rêveurs qui va de Platon et des gnostiques à Cabet ; il dit que dans ces systèmes « le mérite quant à l'invention est zéro » (§ Ier) et que leur mécanisme a « l'avantage d'être à la portée de tout le monde » (§ VII).

autre chose qu'une philosophie misérable du socialisme.

En invoquant la Déclaration des droits de l'homme, Jaurès a sans doute eu l'intention de faire croire à ses anciens collègues de l'Université que *son socialisme* présente sur le marxisme cette éminente supériorité d'être juridique. Dans le document de 1789, le Tiers-Etat avait exprimé les protestations que l'économie roturière élevait contre l'Ancien Régime ; prétendre appliquer à des prolétaires des garanties que la propriété avait réclamées dans son intérêt est d'un juriste de comédie ; ce charabia de Jaurès revient seulement à réclamer pour le prolétaire autant de bonheur que purent en espérer les bourgeois libéraux de 1789. Ce prétendu socialisme juridique se réduirait donc à une distribution philanthropique de la richesse nationale. Jaurès entend bien évidemment relever la tradition de 1848 que l'on croyait morte (1). Dans une brochure intitulée : *Le socialisme, Droit au Travail, Réponse à M. Thiers*, Louis Blanc avait dit : « Le moyen d'affranchissement [des prolétaires] avait été indiqué à notre génération par cette formule, gloire éternelle de nos pères : Liberté, Egalité, Fraternité. Il ne s'agissait plus que de bien définir les trois termes de cette devise sacrée. L'instinct populaire ne s'y trompa point. » Notre auteur entend par : bien définir, supprimer les considérations historiques qui fixaient le sens de thèses anciennes, pour donner aux principes un

(1) Jaurès pourrait emprunter à Cabet cette formule dont se moquait Proudhon : « Mon principe, c'est la fraternité. Ma théorie, c'est la fraternité. Mon système, c'est la fraternité. Ma *science*, c'est la fraternité. »

sens qui rendait facile d'en tirer les conséquences désirées, en utilisant le respect qu'ont les masses pour les mots-fétiches des « devises sacrées ». La liberté devient ainsi un « *pouvoir* accordé à l'homme de développer ses facultés » ; donc plus de régime individualiste du laisser-passer, parce que c'est « l'abandon du pauvre, du faible, de l'ignorant » ; — « l'égalité consiste dans la *facilité* donnée à tous de développer également des facultés inégales » ; donc plus de concurrence anarchique qui étreint les facultés du faible ; — la « fraternité n'est que l'expression poétique de cet état de solidarité qui doit faire de toute société une grande famille » ; donc « plus de mobiles puisés dans l'antagonisme ardent des intérêts » qui engendre des haines et prépare des guerres civiles dans les sociétés (1). Il ne faut vraiment pas regretter que Marx nous ait débarrassés de toute cette sophistique démocratique.

Reprenons le texte voté par le Congrès de Tours : « Entre le régime politique, issu du mouvement révolutionnaire, et le régime économique, il y a une *contradiction intolérable* (2). Dans l'ordre politique, la démocratie se réalise : — le suffrage universel est le communisme du pouvoir politique. Dans l'ordre économique, c'est l'oligarchie du capital qui pos-

(1) Marx dit que les hommes de 1848 croyaient que « les classes n'étaient séparées que par un *malentendu* et [que], le 24 février, Lamartine baptisa le gouvernement provisoire : un gouvernement qui suspend ce malentendu terrible qui existe entre les différentes classes », (*op. cit.*, page 20.)
(2) Cette contradiction est purement verbale ; elle résulte de ce que les mots démocratie et oligarchie son employés dans des sens qui ne restent pas invariables.

sède, dirige, administre, exploite. Les prolétaires sont reconnus aptes comme citoyens à gérer les milliards du budget national et communal ; comme travailleurs dans l'atelier, ils ne sont qu'une multitude passive... La tendance irrésistible des prolétaires est de faire passer dans l'ordre économique la démocratie partiellement réalisée dans l'ordre politique... Ils doivent nommer eux-mêmes les chefs du travail dans les ateliers, comme ils nomment les chefs du gouvernement dans la cité et réserver à ceux qui travaillent, à la communauté, tout le produit du travail. » L'ancien professeur de l'Université de Toulouse ignore évidemment le premier mot du régime administratif de la France. La bureaucratie a encore aujourd'hui une si grande force que les démagogues sont encore très loin de gérer librement les milliards du budget ; les plus importants services de l'Etat (finances, guerre, travaux publics) sont dirigés par des gens qui ont conservé, à un degré tout à fait extraordinaire, l'esprit des vieux corps royaux (1); en se soumettant avec beaucoup de ruse, les directeurs des ministères parviennent à assoupir un peu la folie de leurs maîtres, qui d'ailleurs ne restent pas ordinairement assez longtemps en place pour pouvoir commettre des bévues irréparables. La démocratie confectionne des lois déraisonnables, entreprend des opérations inutiles, distribue de l'argent à de nombreux parasites, mais elle est bien loin de jouer dans les affaires de l'Etat un rôle aussi prépondérant que celui que Jaurès rêve pour elle dans l'industrie.

Les déclamations de Jaurès sur l'organisation dé-

---

(1) Les journalistes avancés dénoncent bien souvent ce caractère *réactionnaire*.

mocratique du travail n'auraient qu'un intérêt fort
minime si on devait les prendre à la lettre ; mais
l'expérience a montré maintes fois que pour donner
sa véritable signification à une thèse de littérature
sociale, il convient de retourner bout par bout, en
quelque sorte, la formule ; nous expliquerons donc
les aspirations réelles de notre éloquent rêveur en
disant que le socialisme politique ne se propose pas
d'imposer à la production une constitution démocratique, mais que ses discours sur un tel idéal ont
pour but de fournir des moyens d'utiliser démagogi-
quement les conflits économiques en vue de faire
prospérer les affaires des politiciens (1).

Les grèves peuvent être très utiles à des orateurs
audacieux qui possèdent l'art d'exciter les sentiments sur lesquels se fonde l'activité de la démocratie : cupidité, haines, rêves puérils de bonheur ;
les concessions que les chefs de fabrique sont amenés à faire, sont assimilées par ces harangueurs à
un butin que l'armée prolétarienne aurait conquis
sous leur direction, dans une citadelle capitaliste ;

(1) Voici quelques exemples de la politique sociale du
parti socialiste, que j'emprunte à une brochure de Victor
Griffuelhes : *Voyage révolutionnaire*. A Limoges, en 1905,
une grève éclate à la suite d'une agitation provoquée en
vue de faire tomber le maire, qui était socialiste indépendant (pages 40-41) ; — à Roubaix, en 1904, à la veille des
élections municipales..., « les politiciens fomentèrent une
grève dans l'unique but de créer à la municipalité bourgeoise une situation difficile et de déterminer chez les prolétaires une hostilité contre elle » ; — à Armentières, en
1903, les amis de Jaurès et ceux de Guesde intriguèrent
fort les uns contre les autres, préoccupés fort peu du sort
des tisseurs grévistes, mais des conséquences politiques
du conflit : « Les uns voulaient par la grève *introduire*
Jaurès dans le Nord ; les autres voulaient garder le Nord
de tout contact avec Jaurès » (pages 8-9).

les masses finissent par croire qu'en votant pour des candidats qui se donnent pour les dispensateurs du *surnaturel démocratique* (1), elles augmenteront leur part de jouissances.

Chez nous la démocratie n'a pu encore s'abandonner en toute liberté à ses instincts de spoliation, parce qu'elle trouve utile d'invoquer assez souvent la gloire d'ancêtres, plus ou moins authentiques, dont le désintéressement fut célèbre, parce que les sophistes ne peuvent pas supprimer complètement l'utopie philosophique de la Révolution et parce que les tribunaux rappellent journellement au public les règles que la Révolution a jadis introduites dans nos codes ; mais le socialisme politique, habitué à présenter les réclamations économiques des ouvriers comme d'admirables revendications des droits imprescriptibles de la dignité humaine, s'abandonne sans frein au matérialisme des intérêts (2); il tend ainsi à faire reparaître les vices de cette démocratie qui ruina les villes grecques, en

(1) En 1875, Marx dénonçait le programme de Gotha « infesté de la servile croyance des partisans de Lassalle à l'Etat, ou, de ce qui ne vaut pas mieux, de la foi au *surnaturel démocratique*. Ou plutôt, disait-il, c'est un compromis entre ces deux sortes de foi naturelle, également éloignées du socialisme. » (*Revue d'économie politique*, septembre-octobre 1894, page 768.)

(2) Dans la déclaration votée au Congrès de Tours, Jaurès a inséré une phrase qui montre avec quelle impudence les *idéalistes* du socialisme politique écartent les préoccupations juridiques dont l'importance avait été si grande en 1789 : « Et comme [le prolétariat] ne reconnaît aucun droit à la propriété capitaliste, il *ne se sent lié à elle par aucun contrat.* » Pourquoi ne pas admettre la *reprise individuelle* de certains anarchistes ? Ce serait logique, mais dangereux pour la politique électorale.

lançant les pauvres à l'assaut des fortunes aristocratiques. La démocratie moderne pourrait commettre beaucoup plus de fautes qu'on n'en a jusqu'ici à lui reprocher, sans aboutir aux désastres
qu'engendra la démocratie antique, parce que l'industrie actuelle tire de la nature des richesses im-
menses, tandis que l'économie des peuples classiques
était pauvre. On ne saurait donc affirmer que les
socialistes politiques conduiraient à une mort certaine les nations qui auraient confiance en eux (1) ;
mais il est tout au moins, incontestable que rien de
grand ne saurait sortir d'un mouvement ouvrier conduit par des politiciens ; je crois avoir démontré
dans les *Réflexions sur la violence* que le syndicalisme peut, au contraire, être une cause de grandeur.

Pour amener les ouvriers organisés à leur assurer
la puissance électorale, les politiciens socialistes ont
besoin de trouver dans le prolétariat des serviteurs
capables d'acquérir la confiance de leurs camarades,
possédant ce genre d'habileté qui permet d'entraîner
les gens du commun là où ils ne songent pas à
aller, et prodigieusement désireux de ne pas demeurer dans les rangs des producteurs. Ces personnages se donnent le titre de *réformistes*, parce qu'ils
se croient capables d'indiquer aux hommes d'Etat
quelles transformations il est urgent de réaliser pour
maintenir une paix sociale temporaire ; dans certains milieux bourgeois qui se piquent de comprendre les lois inéluctables du progrès, ils passent pour

(1) C'est ainsi que les Etats-Unis ne sont pas écrasés
sous le poids des crimes de leurs politiciens.

former l'élite du monde plébéien ; les meilleurs d'entre eux ont des âmes médiocres, raisonnent à peu près comme Joseph Prudhomme sur l'économie, le droit ou l'histoire, et sont doués d'une vanité cocasse qui les livre à la dictature des démagogues dont la langue excelle dans la flatterie. Les plus redoutables sont certains anciens révolutionnaires assagis que j'ai comparés aux mauvais prêtres (1) ; lorsque les uns et les autres avaient cru posséder l'absolu, ils s'étaient débarrassés de la bonne petite morale d'épicier ; après avoir perdu leur foi, ils se trouvent dépourvus de toute force interne pouvant diriger leur conduite vers le bien ; ils n'admirent plus que le succès sans se soucier de savoir quels moyens l'ont procuré. Réformistes et politiciens s'entendent parfaitement à persécuter les travailleurs qui ont le sens syndicaliste : « A Lille, à Roubaix, dit Griffuelhes, malheur à l'ouvrier clairvoyant qui veut connaître et savoir, et qui, ayant appris, veut apporter dans les discussions ou dans les luttes sa pensée et son effort. Il saura ce qu'il en coûte de porter atteinte à l'orthodoxie politicienne. » Dans le Nord, nombreux sont ceux qui « durent quitter la région parce que s'abattaient sur eux la main du patron et celle du politicien » (2). Si grâce aux ouvriers dits *réformistes* le socialisme politique venait à triompher, nous entrerions dans une ère d'épouvantable servitude. Le *sage* socialisme ne peut qu'écœurer les hommes ayant quelque sentiment d'honneur.

(1) G. SOREL, *Insegnamenti sociali della economia contemporanea,* page 344.
(2) VICTOR GRIFFUELHES, *op. cit.,* page 15.

V

La révolution dreyfusienne, qui a permis aux socialistes d'atteindre à des situations inespérées dans la hiérarchie gouvernementale, a fait naître dans les classes ouvrières des états psychologiques singulièrement favorables au développement des idées syndicalistes. Je ne crois pas qu'il soit fort difficile d'expliquer ce phénomène, sur lequel Joseph Reinach n'a trouvé à dire que de vagues paroles de philosophe parlementaire (1).

Tout d'abord nous devons tenir compte du désarroi que jeta dans le monde socialiste la composition hétéroclite du ministère du 22 juin 1899. Millerand, qui, en sa qualité de chef reconnu de la guerre sociale, avait promulgué le programme de Saint-Mandé trois ans auparavant, entreprenait maintenant d'aider le plus célèbre avocat des procès capitalistes à restaurer l'ordre au profit de la bourgeoisie libérale; quantité de jeunes Intellectuels, croyant que le socialisme avait désormais un bel avenir devant lui, déclaraient bruyamment s'être convertis, pour des raisons scientifiques, à des doctrines de rénovation intégrale; les vétérans, demeurés fidèles aux vieux thèmes de Jules Guesde et de Vaillant, se demandaient avec effroi si la révolution qu'ils avaient rêvée pour émanciper des travailleurs, n'allait pas se transformer en une ignoble curée (2). Partisan

(1) JOSEPH REINACH, *Histoire de l'affaire Dreyfus*, tomeVI, page 429.

(2) Joseph Reinach dit que Millerand a « la forte méthode, l'esprit net et d'une implacable précision, la tactique savante, la rudesse et les *maxillaires* » de Dufaure (*op. cit.*,

de la Défense républicaine, Jaurès était couramment dénoncé comme un sophiste dangereux, un *mauvais berger* ou même un traître, par des gens qui avaient jusqu'alors célébré en termes excessifs son éloquence, sa haute raison et son universelle compétence ; de leur côté, les amis de Jaurès et de Millerand ne se gênaient point pour représenter leurs adversaires comme des farceurs qui abusaient de mots révolutionnaires dans le but de tromper le bon public (1). — Il semblait que désormais les chefs socialistes ne pussent plus inspirer confiance aux prolétaires, jadis si pleins de vénération pour leurs guides.

Pendant les années où la profession du dreyfusisme fut dangereuse, les *hommes de la violence* jouèrent un rôle décisif. La province jugeant la lutte furieuse engagée entre révisionnistes et séides de l'état-major à peu près comme l'avait exposée le groupe socialiste parlementaire dans son manifeste

tome V, page164). — Il faut être un politicien endurci pour songer à établir un rapprochement entre l'honnête Dufaure et l'homme auquel Emile Combes a reproché de s'être enrichi des dépouilles des congrégations.

(1) Le 28 mai 1901, au Congrès de Lyon, après que les amis de Vaillant eurent quitté la salle, Viviani stigmatisa en termes véhéments la *fuite* des *pseudo-révolutionnaires*, parmi lesquels, d'après lui, se trouvaient beaucoup d'habitués des antichambres ministérielles. « Il ne faut voir dans leur acte, disait-il, qu'une courtisanerie vis-à-vis de l'antisémitisme parisien et du nationalisme. Ils ont l'air de se proclamer indépendants en se disant antiministériels ; ils sont les esclaves de journaux d'outrage, de chantage et de calomnie... Il n'est pas douteux que ceux qui nous ont quittés vont constituer un groupe [parlementaire] auquel ne manqueront ni les étiquettes, ni les couleurs, ni les épithètes. La révolution sociale à la tribune ! Sauf à corriger à l'*Officiel* par les mots : République sociale.

du 19 janvier 1898, croyait que deux fractions
parisiennes se battaient pour le compte de deux
groupes d'exploiteurs de l'Etat ; la grande presse
détestait une agitation qui profitait beaucoup trop,
à son gré aux journaux qui exploitent la crédulité
publique, les parlementaires avaient une énorme
aversion pour des discussions (1) qui dépassaient infiniment le niveau des conversations qui se tiennent
dans les réunions de groupes et de sous-groupes (2),
les républicains de gouvernement étaient persuadés
qu'il ne fallait pas prendre tout cela au sérieux,
parce qu'un jour ou l'autre le dreyfusisme serait
supprimé par un coup de force judiciaire, analogue
à celui qui avait mis fin au boulangisme (3). Cavai-

(1) Joseph Reinach a, maintes fois, signalé que la Chambre n'a jamais connu grand chose de l'affaire Dreyfus ;
au mois de janvier 1898, Poincaré disait que c'était une
agitation superficielle, pas même « une crise de nerfs »
(*op. cit.*, tome III, page 328).
(2) A propos de la formation du ministère Waldeck-
Rousseau, Joseph Reinach dit que Poincaré se trompa « sur
la politique des groupes et des sous-groupes [qui] dans le
déclassement des partis, depuis l'Affaire, ne correspondait
plus à rien de réel hors des corridors du Palais-Bourbon »
(*op. cit.*, tome V, page 158). Lorsque le ministère fut constitué, Clemenceau écrivit : « Peut-on attendre que M. Poincaré comprenne que la France est au-dessus de son
groupe..., que M. Bourgeois ait achevé ses développements
de rhétorique à La Haye ? » (page 177).
(3) Clemenceau a soutenu contre Joseph Reinach que la
Haute-Cour, qui condamna Boulanger, fut un *tribunal révolutionnaire* (*op. cit.*, tome IV, page 122). La thèse de Clemenceau est incontestable ; en étendant sa compétence de
l'*attentat* au *complot*, la Haute-Cour se donnait le droit de
frapper tout chef de parti trop puissant ; en 1899, les premiers présidents de la Cour de cassation et de la Cour des
comptes et Wallon, « le père de la Constitution », essayè-
rent vainement de ramener le Sénat dans les voies légales
(tome VI, page 59).

gnac avait fait étudier par un jurisconsulte habile
le moyen à employer pour traîner les révisionnistes
devant la Haute-Cour, sous prétexte de complot (1) ;
il est bien probable que les choses auraient mal
tourné pour les amis de Joseph Reinach si les
conservateurs n'avaient été effrayés par la perspec-
tive de livrer bataille aux anarchistes et aux allemanistes. Ce sont, en définitive, les *hommes de la
violence* qui rendirent nécessaire le ministère
Waldeck-Rousseau.

Au temps de Waldeck-Rousseau, les préfets et les
tribunaux furent très embarrassés pour concilier
leurs obligations professionnelles normales avec le
désir de ne pas créer des difficultés à un gouvernement dont faisait partie Millerand. Celui-ci,
n'ayant probablement pas encore une confiance bien
grande dans sa nouvelle fortune, voulait se réserver
la possibilité de reprendre sa place à la tête du
socialisme parlementaire. Jaurès faisait des efforts
inouïs pour empêcher les congrès de prononcer
l'exclusion contre son compagnon de Défense républicaine; mais un incident de grève pouvait faire
avorter les combinaisons les plus ingénieuses de ces
habiles tacticiens de la politicaillerie. Les travailleurs s'aperçurent rapidement que de très puissantes
raisons empêchaient les autorités de suivre maintenant les méthodes, un peu rudes parfois, que l'on
avait employées jusqu'alors pour rétablir l'ordre

---

(1) JOSEPH REINACH, *op. cit.*, tome IV, pages 123-125. Les
ordres du jour Chapuis votés par la Chambre en 1900 et
en 1903 (tome VI, pages 113-114 et pages 245-246), invitant
le gouvernement à empêcher la reprise de l'agitation dreyfusienne, n'auraient eu aucun sens si on n'avait pas songé
aux moyens de réprimer le *complot*.

dans les villes troublées par des conflits industriels;
dès que les chefs de l'administration commençaient
à redouter des rixes sérieuses, ils s'efforçaient
d'amener les patrons à accorder à leurs ouvriers
assez de satisfactions pour calmer l'effervescence
populaire; on eût dit que le vieux droit bourgeois
de répression fût en train de faire place à un droit
naturel, nouvellement reconnu, qui accorderait aux
grévistes des facultés de luttes qu'on leur avait toujours refusées.

Lorsque j'avais écrit en 1901 la préface pour le
livre de Gatti, j'avais cru que le nouveau régime
des grèves aurait pour résultat de subordonner complètement les mouvements prolétariens à la politique démagogique ; mais vers la fin des temps dreyfusiens, le syndicalisme révolutionnaire rencontra
des occurences qui favorisèrent son émancipation.

Les parlementaires socialistes ayant perdu une
grande partie de leur prestige, les *hommes de violence* s'étant couverts de gloire en faisant réussir la
révision de la condamnation de Dreyfus, la timidité
des gouvernants libéraux devenant un facteur plus
important que les facteurs économiques dans la fixation des conditions du travail, les prolétaires se
mirent à penser qu'ils étaient devenus assez forts
pour vaincre désormais les résistances capitalistes
sans le concours d'étrangers. Nous ne nous deman-
derons pas si l'*action directe* doit demeurer la règle
générale des coalitions futures en France (1), parce

(1) Dans l'examen de cette question, il faudrait tenir
compte de ce fait que les hommes du peuple s'attachent
avec énergie aux institutions, aux mœurs, aux idées, qui
leur semblent particulièrement propres à affirmer leur *vo-*

que les conséquences de l'affaire Dreyfus nous intéressent ici bien plus au point de vue de leur efficacité dans la genèse d'idées qu'au point de vue des
phénomènes matériels. Il s'était produit à cette époque une extraordinaire accumulation de hasards,
fort analogue à celles qui font parfois apparaître
au physicien, dans le laboratoire, d'une façon im-
prévue, sous des voiles presque transparents, des lois
qui avaient échappé à de longues investigations méthodiques (1). On s'aperçut que l'*action directe*,
avec son cortège très fréquent de violences, nous
met à même de bien comprendre la nature profonde
du mouvement ouvrier, alors qu'autrefois des manifestations éparses de violence avaient été regar-
dées comme des accidents qui venaient troubler la
marche normale du développement de la classe
ouvrière.

Le marxisme avait occupé une place trop considérable dans le monde pour qu'aucun homme doué
de la moindre perspicacité pût prendre au sérieux
l'idée de le remplacer par les socialismes oratoires,
philanthropiques, démagogiques que Jaurès entreprenait de faire renaître. Les efforts accomplis par
cet habile manieur des foules, ont seulement abouti
à montrer la puérilité de ces romans de palingéné-

lonté de puissance. C'est pour cette raison qu'ils ne peuvent
se dégoûter du suffrage universel. C'est aussi à cause de
ce sentiment qu'ils se laissent si facilement tromper par
les démagogues, qui leur promettent de réprimer l'orgueil
patronal.
(1) Le hasard joue un très grand rôle dans les exemples
que Claude Bernard donne pour montrer comment il a conduit ses investigations (*Introduction à l'étude de la méde-
cine expérimentale,* pages 266 et suivantes).

sie morale. Le marxisme devait être soumis à une
révision qui assurerait la conservation de ce qu'il
avait introduit de fécond dans l'étude des sociétés,
dans l'art de comprendre les transformations de
l'histoire, dans la conception de la mission révolutionnaire du prolétariat.

Jusqu'à une époque toute récente des efforts très
considérables avaient été faits, sans beaucoup de
succès, pour réviser les enseignements de l'orthodoxie marxiste ; Bernstein s'était proposé de rendre
la théorie conforme à la pratique des partis socialistes; mais les défenseurs des anciennes positions
lui reprochaient de démolir l'œuvre monumentale
des ancêtres sans rien mettre de bien solide à la
place. Beaucoup de marxistes pensaient que la faiblesse des corrections proposées prouvait la vérité
du corps principal du système (1). Avant que la
révolution dreyfusienne eût changé le régime des
grèves, personne ne paraît s'être demandé s'il ne
conviendrait pas d'aborder la révision du marxisme
en suivant une autre méthode que celle de Bernstein.
Lorsque l'*action directe* eut fait ses preuves, des
hommes qui avaient espéré, avec une foi absolument
désintéressée, que le socialisme renouvellerait le
monde, employèrent leurs facultés d'invention à es-
quisser une doctrine du mouvement ouvrier qui
s'adaptât exactement à cette forme de la lutte ouvrière ; ils observèrent que des liens très intimes
existent entre l'idéologie syndicaliste et ce qu'il y a

(1) C'est ce qui explique comment Karl Kautsky, dans
la préface du 3 mars 1909, destinée à l'édition française de
son *Programme socialiste,* a pu écrire que les critiques de
Bernstein ne l'avaient point amené à faire des changements
dans un texte qu'il avait publié en 1892.

de plus original dans l'œuvre de Marx ; ainsi se trouvait enfin réalisée la véritable révision du marxisme (1). Je crois avoir démontré, dans les *Réflexions sur la violence,* que cette philosophie est appelée à occuper un rang très honorable dans l'histoire de la pensée moderne. De nouvelles séries de hasards ont été peu favorables au progrès des idées que j'ai proposées sur le syndicalisme ; mais j'ai des raisons de croire que les doctrines des *Réflexions sur la violence* mûrisent dans l'ombre ; elles ne seraient, sans doute, pas si souvent dénoncées comme perverses par les sycophantes de la démocratie, si elles étaient impuissantes.

(1) Cf. G. SOREL, *La decomposition du marxisme.*

TROISIÈME PARTIE

ESSAIS DIVERS

D'un écrivain prolétaire [1]

I. *Caractère d'essais préparatoires que présente l'œuvre de Lucien Jean. — La vie du travailleur. — Son rôle de syndicaliste.*

II. *Conception proudhonienne de la pauvreté. — — Les maisons de la puberté et du mariage. — Aptitudes remarquables pour l'observation.*

III. *Contes mythologiques sur le travail, l'art, la science, l'émancipation.*

I

Ce serait rendre un bien mauvais service à la mémoire de Lucien Jean que de prétendre introduire ses modestes nouvelles parmi les monuments de notre littérature ; d'ailleurs il ne se jugeait pas lui-même encore capable, à l'âge de trente-huit ans,

---

(1) Une première rédaction de cette étude sur l'œuvre de Lucien Jean a paru dans le *Divenire sociale* (de Rome) du 1er juin 1910 ; une rédaction revisée a été publiée par l'*Indépendance* du 1er mars 1912.

de présenter une œuvre véritable au véritable public ; les morceaux que des amis de son camarade Charles-Louis Philippe ont réunis sous le titre un peu énigmatique: *Parmi les hommes*, avaient été destinés au monde très spécial qui lit les petites revues. Ces pièces seraient très propres à intéresser un critique avisé qui les prendrait pour ce qu'elles furent aux yeux de Lucien Jean, pour des exercices qu'un homme exceptionnellement consciencieux avait composés en vue de se préparer à entreprendre une œuvre définitive. Je crois que cette extrême et vraiment admirable prudence provenait de ce que Lucien Jean, ayant voulu compléter son éducation primaire par une étude approfondie de nos grands maîtres, s'était fait sur la dignité du livre des opinions bien éloignées de celles qui ont cours dans la librairie contemporaine.

Lucien Jean était assez maître de la langue pour qu'une revue de lettrés particulièrement pointilleux ait pu parler de « son œuvre brève et parfaite » (1); mais il ne se sentait pas très sûr de son intelligence; les notes critiques qui occupent à peu près un tiers du volume, sont plus d'une fois difficiles à bien entendre, parce que l'auteur n'osait pas rejeter, d'une façon explicite, des idées que beaucoup de ses amis professaient avec ardeur et contre lesquelles protestait son bon sens d'ouvrier parisien (2). Comme

(1) *Nouvelle revue française*, 15 février 1910, page 156.
(2) C'est ainsi qu'il ne se laissa pas entraîner par la vague du nietzschéisme frelaté qui submergea Paris pendant quelques années. « Ulysse, Renaud, d'Artagnan et le prince Rodolphe étaient, dit-il, des héros forts. Mais ils l'étaient simplement parce qu'il faut l'être pour faire des choses fortes. Ils étaient aimables. Ils étaient forts *naturellement*. Ce n'étaient pas des hommes forts » (page 260). Les com-

beaucoup de jeunes gens de son âge, Lucien Jean
s'était enrôlé, au début de sa carrière, sous les ordres de littérateurs qui affectaient une extrême passion pour l'art (1) ; l'expérience montre que la tu-
telle des faux penseurs de cette sorte se maintient
aussi longtemps que leur clientèle se laisse égarer
par de subtils discours en dehors du chemin de la
raison, qui est aussi celui de l'observation ; pour que
Lucien Jean arrivât à une complète émancipation, il
aurait fallu qu'il fût porté par la force qui est propre à un grand sujet, sur le terrain qui convenait à
sa fine nature. Que d'hommes distingués ont ainsi
manqué leur vie, faute d'avoir eu la bonne fortune
de rencontrer les occasions qui leur auraient permis d'utiliser le talent dont la nature les avait do-
tés !

En tête du volume se trouvent quelques renseignements biographiques succincts qu'il est nécessaire de rapporter ici. Fils de travailleurs parisiens,
originaires d'Alsace, Lucien Jean (dont le véritable
nom était Lucien Dieudonné), après avoir été élève

mis qui se mettaient à parler comme des Borgia lui semblaient merveilleusement comiques (page 317). Il observait que les esprits les plus chancelants furent ceux qui
firent le plus grand étalage de nietzschéisme (page 313),
Son camarade Charles-Louis Philippe n'échappa point à la
contagion, qui empoisonnait la majorité des gens de lettres. Il écrivait, le 30 mai 1901 : « Mes amis d'ici, qui me
voient tous les jours, savent que je suis un homme fort...
et que j'ai des volontés furieuses... Je puis commettre des
actes de sombre crapulerie à froid parce que je l'ai décidé. »
(*Lettres de jeunesse à Henri Vandeputte*, page 144.)

(1) Il avait, notamment, fréquenté, en 1895, les réunions
de la Montagne-Sainte-Geneviève, où il rencontrait Zo
d'Axa, Jules Guérin, Barrucand, Lumet, Deherme (*Terre
libre*, 1er avril 1910).

de l'Ecole Turgot, entra à seize ans dans les services municipaux ; faute de connaissances scientifiques suffisantes, il ne dépassa pas le grade de piqueur de la voirie ; marié dans sa vingt et unième année, il eut deux enfants ; c'était un employé parfaitement consciencieux et, pour améliorer la situation des siens, il consacrait une bonne partie de ses soirées à des besognes supplémentaires.

Nous devons noter ici des paroles que Charles-Louis Philippe a mises dans la bouche d'un personnage composé par lui à l'imitation de son camarade Lucien Jean, parce qu'elles montrent que celui-ci avait la réputation d'être le vrai type de l'homme voué entièrement au travail : « Mon âme est venue toute seule avec mon pain quotidien. J'ai toujours cru qu'avoir à gagner leur pain quotidien sauverait les hommes » (1). Les philosophes qui se sont occupés sérieusement d'études sociales, savent de quelle importance est la vocation laborieuse dans la psychologie du monde ouvrier.

(1) Sur la fin de sa vie, Charles-Louis Philippe fut obsédé par l'idée d'écrire un roman sur son père : « Je prends, disait-il, un petit mendiant, un être abandonné. A douze ans il découvre le travail, et le travail le sauve. Il monte d'une classe, jusqu'au vrai peuple ; il devient un bon ouvrier, un père, un patriarche. » A cette époque, Charles-Louis Philippe subissait fortement l'influence de son camarade Lucien Jean. Le manuscrit s'arrête au seuil de l'apprentissage. « Devant le pas décisif, écrit l'auteur auquel j'emprunte ces précieux renseignements, Philippe hésitait, se troublait ; il renonça même à finir le livre ; je pense qu'il l'aurait repris quelque jour... Peut-être Philippe, par respect sincère, se sentait-il indigne de le traiter » (*Nouvelle revue française, loc. cit.*, pages 156-159). — Il serait intéressant d'examiner la question de savoir si un pareil sujet peut être convenable pour un roman ; n'est-ce pas un sujet épique ?

Les gens qui fréquentaient Lucien Jean éprouvaient pour lui une vive affection et souvent même de l'admiration. Nous avons un curieux témoignage de cela dans la correspondance de Charles-Louis Philippe : pour bien entendre la lettre écrite par lui le 23 juin 1899 à Henri Vandeputte, il ne faut pas oublier que cet alambiqueur de mots avait beaucoup de peine à ne pas être gauche quand il voulait être sérieux : « J'ai un ami qui travaille dans un bureau voisin, avec une âme bleue et un beau cœur humain. Il contient une partie de ma joie... Lorsque tu connaîtras sa vie, auprès de sa femme et de ses enfants, tu en rapporteras le souvenir d'un spectacle divin... Je vois mon pauvre ami boîteux, toujours malade, travailleur et bon, qui lit, qui médite, qui aime le bon peuple, celui qui gagne sa vie avec de la peine. Nous causons de toutes les choses humaines... Son intelligence est claire, profonde et humaine. Bien des fois il est mon guide et mon soutien. Cet homme contient de la lumière. Tous ceux qui voient sa face blonde et ses yeux bleus sentent sa vie et l'aiment ». Sous un appareil littéraire qui doit déplaire à beaucoup de lecteurs, Charles-Louis Philippe, pour faire l'éloge d'un homme qui lui ressemblait si peu, a mis tout ce que ses souvenirs pouvaient lui inspirer de plus tendre.

Grâce à l'autorité morale que lui reconnaissaient ses camarades, Lucien Jean put, en 1904, vaincre les nombreuses difficultés que présentait l'établissement d'un groupe corporatif capable de défendre sérieusement leurs intérêts. « Dans les réunions houleuses qui précédèrent la constitution du syndicat des employés municipaux — qui fut spécialement son œuvre — c'est lui, a raconté Emile Janvion dans *Terre libre* du 1er avril 1910, qui d'un geste apaisait les tempêtes. » Cette affaire sociale lui tenait beaucoup plus au cœur que la composition de nouvelles; son camarade qui le connaissait depuis 1895, écrit en effet : « D'une vie diminuée par la maladie, Dieudonné se donna à l'action extérieure plus encore qu'à la littérature. » Et ce qui a été dit de plus juste sur Lucien Jean me semble cette autre observation d'Emile Janvion : « Les pages exhumées dans *Parmi les hommes...* sont d'un littérateur militant et d'un précurseur de la renaissance sociale. » J'estime cependant qu'on pourrait améliorer cette formule, en la précisant : nous voyons dans ce volume comment un *véritable prolétaire* (1) a cherché à exprimer les tendances qui lui semblaient être les plus fondamentales, les plus nobles et les plus efficaces du mouvement syndicaliste. Ainsi un livre qui a pu paraître secondaire à beaucoup de professionnels de la critique littéraire, prendrait une importance majeure aux yeux du philosophe.

---

(1) Il convient de rappeler ici quelques traits bien caractéristiques de la vie prolétarienne que nous offre la biographie de Lucien Jean : il était un travailleur consciencieux; il acceptait volontiers de consacrer tout son temps au travail pour améliorer le sort des siens; il n'aurait pu sortir de sa condition. Son camarade Charles-Louis Philippe, qu'on a voulu faire passer pour l'aède de la pauvreté, avait reçu toute l'instruction scientifique que peuvent donner les lycées de province; il lui était donc facile de concourir pour les emplois supérieurs de la bureaucratie parisienne; mais il préféra obtenir une sinécure, qui, d'après ses admirateurs, ne l'obligeait pas à *perdre* plus de deux après-midi par semaine. (*Nouvelle revue française, loc. cit.,* page 203.)

II

Les conceptions que nous formons sur l'état naturel, l'état futur ou l'état désirable (1) des sociétes, dépendent très étroitement des sentiments que nous inspire la pauvreté, — en sorte qu'il est souvent utile de fonder sur la diversité de ces sentiments la classification des systèmes socialistes. Une profonde révolution se produisit dans la philosophie morale quand les plus hardis des utopistes cessèrent de rêver pour les héros de leurs romans une modeste existence, analogue à celle que Platon aurait voulu imposer à ses guerriers (2). Au cours du xix° siècle, les merveilles engendrées par la grande industrie ont troublé les cervelles à ce point que certains écrivains particulièrement exaltés ont cru que dans le monde délivré du joug capitaliste les richesses seraient assez abondantes pour être abandonnées aux convoitises des passants. D'innombrables philanthropes ont essayé de faire le bonheur de l'humanité sans partir de l'hypothèse naïve d'une production capable de supporter le gaspillage de la *prise au tas* ; ils ont voulu réglementer, suivant divers principes d'équité naturelle, la répartition de biens qui, pour être prodigieux, ne seraient cependant pas illimités ; ils ont donné des formules destinées à assurer aux masses assez d'aisance pour qu'elles ne se révoltent pas

(1) Ces trois conceptions se rencontrent tantôt isolées, tantôt mélangées (avec plus ou moins de discernement) dans toutes les philosophies sociales.

(2) Jacques Flach, dans son cours du Collège de France, a établi un rapprochement entre les guerriers de Platon et les membres des ordres militaires créés au Moyen Age (15 janvier 1907).

contre les magnats de l'idéalisme, qui seraient pourvus d'apanages princiers. Les démocrates avancés
suivent de plus près les possibilités économiques; ils
n'accordent, en effet, aux pauvres que de l'assistance,
au moyen d'énormes impôts prélevés sur une industrie prospère, — impôts qui permettent d'entretenir
par surcroît les démagogues.

Proudhon s'est toujours élevé avec beaucoup
d'énergie contre les illusions de la richesse qu'il
trouvait répandues autour de lui ; l'humanité doit
prodigieusement travailler pour arriver à mettre sa
production au niveau des besoins modérés; la société
juste serait celle qui accepterait la loi de pauvreté.
« La pauvreté, dit-il, est décente; ses habits ne sont
pas troués comme le manteau du cynique... Elle a le
pain quotidien, elle est heureuse. La pauvreté n'est
pas l'aisance... Il importe que l'homme puisse à l'occasion se mettre au-dessus du besoin et se passer
même du nécessaire. Mais la pauvreté n'en a pas
moins ses joies intimes, ses fêtes innocentes, son
luxe de famille, luxe touchant que fait ressortir la
frugalité accoutumée du ménage.

« ... La pauvreté est bonne, et nous devons la considérer comme le principe de notre allégresse. La raison nous commande d'y conformer notre vie par la
frugalité des mœurs, la modération dans les jouissances, l'assiduité au travail et la subordination absolue de nos appétits à la justice » (1).

Le syndicalisme ayant la prétention de changer
l'ordre économique au profit de la masse entière du

(1) PROUDHON, *La guerre et la paix*, livre IV, chap. II, *ad
finem*. William James voyait dans la crainte de la pauvreté la grande maladie morale du monde anglo-saxon.
(*L'expérience religieuse*, trad. franç., pages 316-317.)

prolétariat, ses écrivains tromperaient impudemment les travailleurs s'ils leur promettaient la vie facile ; ils doivent suivre sur ce point très fidèlement ce que leur a enseigné Proudhon ; Lucien Jean a exprimé, avec beaucoup de charme, un sentiment proudhonien de la pauvreté dans la nouvelle intitulée *Deux maisons*. Il nous y décrit, sur un ton comique, la « cahute dérisoire » dans laquelle il vint habiter après son mariage, un de ces immeubles sordides du vieux Paris qui semblent destinés à loger des singes plutôt que des hommes ; mais il prend un ton grave dès qu'il arrive à parler de son ménage. « Ce fut là, dit-il, dans cette chambre qui avait vingt pas de tour, que j'établis mon foyer. C'est là que je jetai l'assise d'une vie pauvre et simple qui fut, qui sera toujours la mienne. Avec ma femme j'eus la joie de créer autour de moi des choses que j'aimai, et du pauvre argent que nous gagnâmes, j'achetai les planches dont je fis un buffet, l'étoffe joyeuse dont j'ornai la fenêtre et la porte, le linge blanc qui couvrait ma table où parfois un ami venait s'asseoir. » L'amour conjugal transfigure si bien à ses yeux ce misérable logis qu'il finit par écrire : « Jours de joie et de jeunesse ! Maison sombre et bizarre, aujourd'hui abattue, tu demeures dans ma mémoire, parée d'une éternelle grâce » (pages 169-172).

Cette nouvelle nous fait connaître que Lucien Jean éprouvait une vive répulsion pour ce vagabondage qui serait l'essence de la vie supérieure, au dire du plus grand nombre des idéalistes révolutionnaires. Des socialistes, constatant que l'attachement à la maison familiale disparaît avec une extrême rapidité dans les classes riches, le regardent comme un préjugé méprisable, bon tout au plus pour de petits bourgeois ; la promiscuité des stations balnéaires serait, semble-t-il, ce qui représenterait le mieux pour eux l'anticipation de la vie de la société future ; le monde devrait ainsi se transformer en un mécanisme formé de pièces interchangeables. L'attitude de Lucien Jean, — qui parle de la stabilité du foyer en termes que pourrait employer un élève de Le Play, — constitue une très forte contribution en faveur de l'hypothèse suivant laquelle le syndicalisme n'appartiendrait pas au même genre philosophique que les idées de la démocratie très avancée.

Ce fils de travailleurs parisiens envie le sort de son camarade Charles-Louis Philippe qui peut aller à la campagne retrouver sa maison, ses voisins, tous ses souvenirs d'enfance. « On revit délicieusement les heures anciennes, parmi les êtres et les choses qui nous ont appris à aimer. Ah ! savoure largement cette joie, et ris, et pleure, grise-toi pour longtemps de jeunesse et d'espoir. » Mais l'habitant des métropoles réside dans des maisons qui « n'ont pas d âmes » ; il ne garde qu'une mémoire confuse des décors successifs qui ont entouré ses premiers ans ; il a habité des appartements sans joie et il les a quittés sans regret. « Et cela est mauvais ; on ne devrait avoir qu'une maison, de même que l'on n'a qu'une mère » (pages 161-163).

Il nous apprend comment il découvrit un jour qu'il peut exister entre l'homme et sa demeure provisoire un lien qu'il n'avait pas soupçonné. Un matin qu'il passait devant un chantier de démolisseurs, il reconnut un bâtiment qu'il avait jadis habité avec ses parents ; sa petite chambre « avec son plancher disloqué s'ouvrait tristement sur la rue » ; son cœur

fut plein de compassion pour la victime des recons-
tructeurs de Paris. « Quelle tristesse, celle de la
maison que l'on tue ! Une nuée d'hommes s'abat sur
elle. On la dépouille d'abord de sa parure. La blan-
cheur des rideaux a disparu ; on en enlève les fenê-
tres et les portes, il reste des plaies béantes... Puis...
les hommes attaquent la façade... et pour la première fois la lumière pénètre jusqu'aux murs inté-
rieurs... Murs chancelants, minces cloisons, on vous
embellissait avec une foi naïve... De longues traînées
de suie montent en zigzags jusqu'aux toits, et c'étaient
les feux d'hiver, les causeries autour des cheminées
flambantes » (pages 167-168). S'il lui fut ainsi révélé
qu'on « laisse tout de même un peu de soi » dans
les maisons parisiennes (page 163), c'est qu'il voyait
détruire un témoin de sa puberté. « J'avais, raconte-
t-il, dix-sept ans et une chambre pour moi seul; mon
lit n'était plus déplié le soir dans la salle à manger,
c'était le commencement de la vie grave ». Cette
chambrette était minuscule; tout près de sa petite
fenêtre « une fenêtre pareille s'ouvrait;... une jeune
fille de mon âge y cousait parfois ; et j'étais
fier, quoique un peu gêné, d'être le voisin d'une
jeune fille. Ah ! ma chambre, que d'heures délicieu-
ses et cruelles j'y passais ! Peux-tu l'imaginer! Songe
à tes premières joies, à tes premiers rêves, au jour
où tu édiflais des jeunes espoirs, à ceux aussi où tu
pleurais, et comme tout cela était doux » (pages
164-165).

Ainsi deux maisons se détachent fortement dans
la mémoire de Lucien Jean ; ce sont celles de son
mariage et de sa puberté. Les époques du mariage
et de la puberté sont décisives pour notre psychologie ; alors se constituent, chez les hommes qui ont

connu l'amour dans des conditions favorables, des idées qui demeureront, durant toute la vie, puissantes dans l'intelligence, bienfaisantes dans l'action, illuminatrices du monde dans lequel nous nous mouvons. Les cliniciens ont notamment observé qu'il est d'une importance capitale que la puberté soit éveillée au milieu de rêves d'une chaste poésie (1). Lucien Jean se trouvait dans des conditions très favorables pour voir, agir et comprendre.

Beaucoup de personnes instruites s'étonnent de ce que les enquêtes sociales, conduites suivant les méthodes de Le Play et de l'abbé de Tourville, soient si généralement peu instructives ; cela tient à ce que pour observer l'intimité des hommes, il faut être placé à une très grande hauteur morale (2) ; Lucien Jean aurait pu nous tracer d'admirables portraits de la population parisienne. Les esquisses qui sont réunies sous la rubrique *Petites gens de la Cité* nous

(1) On ne trouvera donc pas superflues les descriptions que nous donne l'auteur des belles choses que son imagination lui faisait découvrir dans ses deux modestes logis. Il me semble que Lucien Jean a, plus d'une fois, l'imagination franciscanisante. Par contre, il me semble fort déraisonnable de vouloir établir un rapprochement entre son camarade Charles-Louis Philippe et les premiers franciscains. Cependant on a écrit de celui-ci : « Il aimait ceux qui souffrent le mal, il aimait aussi ceux qui le font. Comme François d'Assise interpellait fraternellement le lion, l'âne ou le taureau, Philippe pouvait dire sans aucune rhétorique, dans la simplicité de son cœur : Mon frère l'apache, ma sœur la prostituée. » (*Nouvelle revue française, loc. cit.*, page 194.) Mon Dieu ! que ces lettrés sont donc bêtes !

(2) C'est pourquoi Paul Bureau et Paul de Rousiers sont de si perspicaces observateurs. C'est pourquoi aussi les livres écrits par d'anciens fonctionnaires de la police sont généralement peu instructifs.

permettent de comprendre combien sont résistants
les obstacles qu'il faut vaincre pour arriver à provoquer quelques préoccupations d'ordre spirituel
dans une très notable partie de la population pauvre.
L'auteur s'est amusé à s'introduire dans cette espèce
de ménagerie ; cet artifice littéraire (1) est destiné
à montrer sous une forme particulièrement saisissante les origines de la révolte chez les Intellectuels.

Sur la cour de la maison s'ouvre une remise qui
abrite l'équipage d'un jeune élégant ; « Charles le
cocher fin et correct et rasé, c'est de sa profession.
Mais songez qu'un cocher n'est pas un larbin,... c'est
un homme de métier. Il se donne du mal pour tenir
sa voiture, ses harnais et son cheval nets et bril-
lants et s'il se tient net et brillant comme eux, c'est
par amour de l'ouvrage bien fait... Nous sommes
camarades, étant du même monde ». Charles est une
sorte de littérateur, car il conte des histoires avec
plus de talent que les professionnels. Un jour le
maître vint visiter sa remise. « Je causais avec
Charles. Il a donné des ordres, puis est entré dans
la remise. Il est vrai que je le gênais un peu dans
son passage. Il m'a dit : Pardon meusieu sans
me regarder et il est entré. *Ah, bon dieu, sale bourgeois, mais je ne suis pas cocher ! Tu ne sais pas
que j'écris dans des revues et que j'ai lu deux volumes de Nietzsche !* Et je cherche une phrase à
dire par laquelle on verrait, clair comme le jour,
que je suis un homme cultivé. Mais cela passe avant
que j'aie rien dit » (pages 221-222).

---

(1) Le nom de Nietzsche va être employé de manière à
ce qu'il ne soit pas possible de se tromper sur la nature
du récit, car Lucien Jean était loin d'être un nietzschéen.

Dès qu'un homme riche vient à traverser la société dans laquelle s'écoule la vie de l'Intellectuel pauvre, celui-ci se transforme instantanément. Il ne veut plus être le camarade des petites gens dont la compagnie lui plaît d'ordinaire ; le bourgeois ne peut sans commettre un crime contre l'Esprit, se dispenser de le traiter en membre de la noblesse plumigère ; si on n'a pas assez d'égards pour sa dignité, l'ordre social est mis en cause. Lucien Jean connaissait bien des écrivains qui, pour des raisons d'amour-propre, étaient devenus des révolutionnaires (1).

III

Il me paraît particulièrement utile d'appeler l'attention sur quatre contes mythologiques qui ont permis à Lucien Jean d'exposer quelques-unes de ses plus curieuses conceptions sociales. Ce genre littéraire est assez peu cultivé aujourd'hui, parce que nos contemporains sont trop disposés à croire que toutes choses peuvent être présentées sous une forme scolastique ; ils soupçonnent les écrivains qui emploient des formes mythologiques, de ne pas connaître à fond le sujet traité ; il est très possible que la réaction anti-intellectualiste qui se produit maintenant dans la philosophie, conduise les jeunes générations à adopter une opinion très différente de celle qui a cours actuellement au sujet de la littérature mythologique.

(1) L'admiration que tant d'Intellectuels ont jadis manifestée pour les auteurs de crimes anarchistes provenait, en bonne partie, des mêmes raisons : des gens qui n'étaient bons qu'à aligner des mots sonores, se réjouissaient de voir la terreur troubler une société qui ne les traitait pas en princes.

Dans le jardin. — Un voyageur fantastique s'arrête près d'une tonnelle qui abrite, durant les heures torrides de la journée, quelques travailleurs ruraux ; il entreprend de les initier à la philosophie de l'histoire des héros. « Les hommes manquent en général de bonheur et de beauté », parce qu'ils usent leur vie « en efforts superflus sans but défini ou pour des causes dérisoires » ; il a découvert que « la seule fonction de l'Humanité, c'est de créer des héros » ; il offre sa dictature aux paysans pour les aider à pratiquer le culte du héros. Il est, en effet, le héros des héros, son âme ayant, en quelque sorte, absorbé toute l'âme de l'histoire : « Je vous apporte des lois, de la gloire, des dogmes et des poèmes. Je donnerai au monde la joie, la terreur, l'enthousiasme, la colère, la beauté, le désir et la haine. Je fortifierai les races, et mon geste immense suscitera parmi les nations des héros jusqu'à l'infini (1). » Les paysans vont à leur besogne sans lui répondre ; le soir tous se retrouvent au souper et l'un des compagnons lui explique que son culte des héros est bien inutile : « Vous avez vu aujourd'hui nos royaumes : nous les conquérons chaque jour. Pour manger notre pain chaque soir, c'est moi qui ai forgé le soc de la charrue, c'est Pierre qui a vanné le blé. L'exaltation que vous nous offrez, nous la trouvons dans tout ce qui nous entoure, et dans la bonté de notre besogne... Demeurez avec nous et travaillez selon votre courage. Vos toiles peintes [sur lesquelles étaient figurés les héros-types de l'humanité] nous les mettrons aux murs de la salle et les enfants y liront l'histoire

(1) Lucien Jean a évidemment pensé ici aux positivistes, qui sont toujours en quête de gens disposés à accepter leur direction spirituelle — que ces bons apôtres prétendent rattacher à l'adoration des grands types de l'humanité.

du passé. ». Faire une besogne de magister villageois ne saurait convenir à un personnage qui n'a d'aptitudes que pour la dictature spirituelle de l'univers ; l'apologie du travail est inintelligible pour un si grand Intellectuel ; la fierté de producteurs qui trouvent dans leur vie laborieuse des raisons suffisantes de bien produire, paraît une outrecuidance intolérable à notre *prophète de l'action*. Il quitta la ferme durant la nuit.

Ainsi ont disparu tous les messies sociaux du XIX siècle, sans avoir laissé aucune trace dans le mouvement économique qu'ils avaient prétendu diriger de très haut ; leur activité s'est dépensée en bavardages qui ont été rapidement oubliés ; ils n'ont été que des vagabonds aussi fantastiques que celui de ce conte.

Le dernier chant de Marsyas. — Nous assistons ici à la ruine des civilisations nées dans des milieux de producteurs (1), que les hommes formés dans les écoles savantes suppriment pour imposer les manières académiques de comprendre la vie. Apollon veut qu'on le reconnaisse comme maître incontesté de la musique ; il provoque Marsyas qui a souri de ses prétentions ; Minerve et les Muses jugeront le tournoi. Ce tribunal est tout en faveur des arts urbains ; le satyre se sait condamné d'avance, mais il ne recule pas devant le danger ; avant de prendre sa flûte, il dénonce, avec véhémence, tout ce qu'il y a de médiocre, de faux ou de prétentieux dans les méthodes patronnées par les Muses. Il lance enfin à

---

(1) La campagne a été si longtemps le pays des producteurs que Lucien Jean a eu raison de prendre un génie champêtre pour personnifier l'art des producteurs.

son ennemi un défi superbe : « Ta musique a-t-elle
jamais donné aux hommes une vie nouvelle ?... J'ai
vu, moi, des soirs où mon âme s'exhalait avec le
souffle de ma flûte, j'ai vu pleurer mes frères les
sylvains, et d'autres s'enivrer d'un rut sacré. J'ai
créé de la colère et de l'amour. Et toi ?... Est-ce que
tu as souffert, aimé, pleuré comme un homme ?... Je
sais que tu as envoyé parmi les hommes des poètes
à ton image, fanfarons, menteurs et sonores : ils
chantent ta gloire et celle des rois qui sont aussi
des dieux. Tue-moi donc et retourne goûter leurs
louanges. Je mourrai, mais mon esprit soufflera au
fond des forêts. Et lorsque ta faconde — ah ! tu te
crois immortel ! — sera éteinte, lorsque ton nom
même sera oublié, les satyres et les faunes reconnaî-
tront mes chansons dans la chanson éternelle des
arbres, de la terre et des eaux. »

L'histoire des arts plastiques fournit de nombreux
exemples propres à illustrer les prophéties de
Marsyas ; je rappellerai seulement ici la prodigieuse
renaissance qui se produisit dans la sculpture orne-
mentale lorsque les premiers tailleurs d'images gothiques, abandonnant la tradition qui cherchait à
imiter les objets de luxe orientaux, transportèrent la
fleur rustique dans les églises du XIIᵉ siècle (1).

Barnabé. — Un vieux savant, devenu illustre dans
le monde entier, vient visiter son village qu'il a
quitté depuis un demi-siècle ; ses concitoyens s'ap-

---

(1) D'autre part, lorsque l'art de la Renaissance se sé-
para des métiers, il prépara les conditions d'une rapide
décadence. (MUNTZ, *Histoire de l'art pendant la Renaissance,* tome II, page 194). Les artistes, à partir de Raphaël,
sont des seigneurs d'importance, égaux aux gens de lettres illustres.

prêtent à le recevoir avec le cérémonial des anciennes grandes fêtes religieuses ; « un messie allait venir apportant de la ville la science de l'espoir et du bonheur ». Dès qu'il paraît, chacun lui adresse sa prière : qu'il donne au vieillard le moyen de prolonger sa vie assez longtemps pour pouvoir connaître les enfants de ses petits-enfants ; qu'il guérisse les malades et les infirmes ; qu'il formule la loi qui permettrait de soulager la misère, en assurant une meilleure répartition des richesses. Barnabé cherche à faire comprendre ce qu'est vraiment la science : « Mes amis, je crains de ne pas vous plaire, car les hommes accueillent joyeusement ceux qui viennent à eux avec des promesses, et je n'ai rien à vous promettre... N'oubliez pas les choses essentielles ; qu'il est imprudent de construire sur le sable, d'échafauder sur un mensonge l'apparence d'une vérité (1). La plus grande partie de ma vie, ô mes amis, s'est passée à détruire le mensonge ; ce n'est pas moi qui puis édifier l'avenir et la vie nouvelle... Nous avons débarrassé la terre des racines profondes et des pierres qui la stérilisaient ; à vous de la conquérir définitivement et de l'ensemencer pour les moissons futures. » La désillusion provoque la colère chez les auditeurs. « Bavard, marchand de mots, qu'es-tu venu faire ici ? Qu'avons-nous à faire de cette science qui ne peut rien pour notre bonheur ? » On lui jette des pierres et il tombe blessé sur un tas de fumier ; le soir, accompagné de quelques amis raisonnables, il repart pour la ville ; il y reprendra sa vie fiévreuse, enviant la tranquillité dont jouissent

---

(1) En suivant ce sage conseil, on ne s'expose pas être dupe des blagues débitées par Léon Bourgeois et autres *penseurs* démocratiques.

les hommes des champs et n'emportant point de
colère.

Dans ce beau récit Lucien Jean nous a montré les
illusions barbares que le rationalisme démocratique
répand parmi les travailleurs ; au rôle magique que
le peuple attribue à la science, il a opposé son véritable rôle critique ; elle nous permet d'éviter beaucoup d'erreurs, mais la création n'est pas de sa
compétence. Ils deviennent rares les savants semblables à son Barnabé : modestes, consciencieux et
sans haine (1).

L'homme tombé dans un fossé. — En revenant
d'un joyeux festin, un homme est tombé dans le
fossé qui longe la route. Le premier voyageur qui
passe est un paysan qui ne veut pas se déranger :
« Si tu n'avais pas été soûl, tu serais rentré chez
toi » ; et il continue son chemin, en conduisant son
porc et fumant sa pipe. Survient un poète qui note
les détails pittoresques de la scène en vue de composer des vers sur « un malheureux dans un fossé. »
Trois philosophes, dignes des comédies de Molière,
raisonnent, l'un après l'autre, sur l'accident : Suivant le premier la chute a été un châtiment ou une
épreuve ; il faut méditer sur les décrets de la volonté
divine. — « Quel âne ! » s'écrie le second : tout s'est
passé suivant les lois de la mécanique ; inutile de
former des plans puisque tout est déterminé. —
« Celui-ci est un âne, mais un âne bâté », observe
le dernier qui a entendu parler le scientiste. « La

(1) Si tant d'énergumènes reprochent aujourd'hui à Bergson de « blasphémer l'intelligence », ne serait-ce point
surtout en raison des analogies qui existent entre la pensée de l'illustre professeur du Collège de France et celle du
symbolique Barnabé ?

seule connaissance nécessaire est celle de nos âmes et il importe seulement de vivre avec force » ; l'accident qui est survenu contient de la grandeur dramatique : « Crois-tu que tu vivrais plus hors du fossé qu'au fond ? Tu sais que tu es pitoyable et c'est très beau. Tu agis sur notre sensibilité avec plus de violence qu'un roi ou un génie et par là tu nous es supérieur. » — Enfin apparaît un professionnel de la pitié qui prononce des paroles aussi éloquentes que stupides (1) : « Puisque tu souffres, ta douleur est la mienne. Peux-tu sentir cela, le peux-tu ? Toute la souffrance humaine, vois-tu, je la respire avec l'air, et elle coule dans mon sang et elle se mêle à ma chair comme une substance. Et toute cette souffrance est si bien dans ma chair que mes paroles en sont imprégnées et amères, et que les hommes s'émeuvent quand je parle... Je dirai [aux hommes] : Vous vivez en paix et un homme est là dans le fossé. Ah ! mon frère, comme ils vont trembler et comme ton image lamentable va troubler leur quiétude ! Adieu, mon frère. Tu seras la brebis blanche de la pitié et les hommes te porteront avec amour de leurs épaules. » Abandonné par tous ces discoureurs, « l'homme se recueillit et devint tragique. Il n'y avait plus que lui et les champs et la

---

(1) Lucien Jean regardait la pitié, mise à la mode par Tolstoï, comme une des « folies » qui avaient égaré Paris au XIXᵉ siècle. On avait été romantique, puis dandy, puis impassible « comme un rêve de pierre » ; voilà qu'on se découvrit « charitable et social. On visitait les pauvres, on soignait les malades, on vénérait les simples. Prince Muichkine ! Petite Sonia ! » (page 312). « Ils aimaient tellement l'humilité, la faiblesse, qu'ils les préféraient compliquées de crasse et d'hébétude, pour l'appeler sainteté » (page 315).

route. Un grand effort lent, résolu, le souleva et le mit debout. Et comme le fossé était très peu profond, il mit un pied sur le chemin, puis l'autre et partit vers sa maison. »

Le prolétaire, méprisé par le petit bourgeois, n'a rien à attendre des poètes, des philosophes ou des professionnels de la bonté ; les pensées de ces prétendus guides sont odieuses à force d'être ridicules ; le travailleur doit compter sur lui seul pour améliorer les conditions de sa vie par « un grand effort lent, résolu. »

On ne peut manquer d'observer que dans ces contes Lucien Jean paraît avoir des opinions absolument arrêtées sur toutes les questions abordées par lui ; c'est que la méthode d'exposition mythologique lui fournissait le moyen de suivre ses intuitions de travailleur tout pénétré de l'esprit du travail, sans être gêné par le contrôle des gens de lettres. Cet exemple nous montre que la littérature mythologique peut être très utilement employée par les auteurs qui, ayant entrepris la tâche ingrate de dire à leurs contemporains des choses graves, pour les instruire sur leurs intérêts majeurs, se trouvent, à tout instant, gênés par les opinions que les masses acceptent comme des vérités incontestables (1).

---

(1) Pour apprécier la valeur de ces observations, il faut se souvenir que la *Tentation de saint Antoine* appartient à ce genre littéraire. Jamais Flaubert ne serait parvenu à faire lire à ses contemporains un exposé de sa philosophie s'il n'avait eu recours à l'artifice mythologique. De tous les livres écrits au xixe siècle, aucun certainement ne supportera l'épreuve du temps aussi bien que ce chef-d'œuvre.

Le caractère religieux du socialisme [1]

————

I

De très nombreux écrivains notables ont affirmé qu'il existe des analogies profondes entre nos agitations socialistes et les phénomènes religieux ; malheureusement dès qu'une proposition est entrée dans la littérature politique, — comme cela est arrivé pour celle-ci, — elle perd avec une extrême rapidité toute signification précise; aussi ne faut-il pas s'éton-

————

[1] J'ai d'abord traité cette question dans le *Mouvement socialiste* (novembre 1906); j'ai beaucoup amélioré le texte primitif.

ner que les philosophes n'aient pas fait plus de recherches pour déterminer quels services pourraient rendre à la connaissance de l'esprit les rapprochements que l'on a proposé d'établir entre la religion et le socialisme. Il serait fort déraisonnable de traiter l'essai qu'a publié Edouard Dolléans sur « le caractère religieux du socialisme » (1), avec le dédain que méritent les élucubrations ordinaires de nos petits Montesquieux ; l'auteur, après avoir fréquenté les groupes les plus sérieux de la jeunesse socialiste (2), a été chargé d'une conférence à la Faculté de droit de Paris (3), et d'autre part la *Revue d'économie politique,* où a paru son étude, est un des organes les plus autorisés de la pensée universitaire; les formules ont été composées avec assez de soin pour que cet opuscule mérite d'être placé sur le plan des meilleurs documents de notre enseignement officiel. Je vais le prendre pour point de départ en vue de critiques destinées à élucider quelques thèmes importants.

Il convient d'examiner tout d'abord quel intérêt présente pour les partis la question de savoir si le socialisme a vraiment un caractère religieux. Suivant beaucoup d'économistes, si le socialisme est parvenu à la situation considérable qu'il occupe aujourd'hui,

---

(1) Cet essai, publié dans la *Revue d'économie politique* (juin 1906) et édité en brochure, sert maintenant de préface à un livre d'Edouard Dolléans : *Robert Owen* ; je me reporterai toujours à la pagination de ce volume.

(2) Edouard Dolléans a donné au *Mouvement socialiste* deux articles en 1903 : *La Révolution et le droit ouvrier ; Féminisme et propriété.*

(3) Il est aujourd'hui professeur à la Faculté de droit de Dijon.

cela tient en bonne partie à ce que quantité de naïfs
bourgeois s'imaginent trouver en lui une esquisse de
la vérité de demain ; voyant ces admirateurs fanatiques du progrès regarder les religions comme des
vieilleries destinées à disparaître sous l'influence du
développement scientifique, les adversaires du socialisme espèrent lui enlever tout pouvoir de fascination
en soutenant qu'il n'est rien autre chose qu'une
croyance religieuse ; les braves gens qui manifestent
de la sympathie pour le socialisme dans l'espoir de
passer pour des esprits d'avant-garde, ne le mépri-
seront -ils pas dès qu'ils verront en lui un legs des
siècles barbares ? Edouard Dolléans ne paraît pas
bien éloigné d'adopter cette manière de voir, car il
lui arrive, pour expliquer sa pensée, à la page 5, de
faire appel à une théorie du sentiment religieux qui
a été évidemment suggérée à Gustave Le Bon par des
observations faites sur les populations de l'Inde ? (1).

« Ce sentiment, dit le célèbre psychologue, a des
caractéristiques très simples : adoration d'un être
supposé supérieur, crainte de la puissance magique
qu'on lui suppose, soumission aveugle à ses comman-
dements, impossibilité de discuter ses dogmes, désir
de les répandre, tendance à considérer comme ennemis tous ceux qui ne les admettent pas... On n'est
pas religieux seulement quand on adore une divinité,
mais quand on met toutes les ressources de l'esprit,
toutes les soumissions de la volonté, toutes les ar-
deurs du fanatisme au service d'une cause ou d'un
être qui devient le but et le guide des pensées et des
actions... Les convictions des foules revêtent ces

(1). Gustave Le Bon a publié trois ouvrages sur l'Inde :
*Voyage au Népal ; Les civilisations de l'Inde ; Les monu-
ments de l'Inde.*

caractères de soumission aveugle, d'intolérance farouche, de besoin de propagande violente qui sont inhérents au sentiment religieux ; et c'est pourquoi on peut dire que toutes leurs croyances ont une forme religieuse » (1). — « Les foules ne veulent plus entendre les mots de divinité et de religion, au nom desquelles elles ont été pendant si longtemps asservies ; mais elles n'ont jamais autant possédé de fétiches que depuis cent ans ». (2).

La portée exacte que Gustave Le Bon veut donner à cette théorie est bien déterminée par les exemples qu'il a choisis pour l'illustrer ; il parle des terroristes de 93, des nihilistes russes, des soldats de Napoléon et des patriotes français enthousiastes qui prirent le *brav' général* Boulanger pour une réincarnation d'Héraclès ; il est évident que dans les âmes de tous ces personnages il n'est pas malaisé de signaler l'existence de dispositions fort analogues à celles des Asiatiques. Mais dans le chapitre qui m'a fourni la citation précédente, il n'est pas question du socialisme. Gustave Le Bon a proposé ailleurs une hypo-

---

(1) GUSTAVE LE BON, *Psychologie des foules*, pages 61-62. — Engels raconte qu'en 1840 des démocrates parisiens de la nuance de Louis Blanc disaient à des réfugiés allemands : « Donc, c'est l'athéisme votre religion. » (*Religion, philosophie, socialisme*, trad. franç., page 193). Il s'agit sans doute d'athées très semblables à ceux qu'Henri Heine engageait à lire l'histoire de Nabuchodonosor (*De l'Allemagne*, tome II, page 302). Leur fanatisme aurait été religieux, d'après la doctrine de Gustave Le Bon.

(2) GUSTAVE LE BON, *op. cit.* page 6. — Edouard Dolléans dit dans le même ordre d'idées : « Les socialistes... ont cru renverser définitivement les idoles ; mais sous les noms de Raison, de Science, de Vérité, ils adorent des dieux plus impitoyables encore que les dieux bibliques, des dieux auxquels il n'est plus permis de refuser son adoration. » (page 19).

thèse historique qui attribue au socialisme un rôle bienfaisant dans la suite des développements du monde. Les croyances socialistes séduisent nos contemporains parce qu'elles viennent prendre la place des croyances chrétiennes qui « finissent de mourir » (1) ; mais elles ne sont pas destinées à un triomphe solide, faute du « pouvoir magique de créer une vie future, principale force jusqu'ici des grandes religions qui ont conquis le monde et qui ont duré » ; obligées de procurer aux hommes le bonheur sur la terre, elles engendreront de grandes déceptions qui amèneront leur écroulement. « Le socialisme constituera donc une de ces religions éphémères, qui ne servent qu'à en préparer ou en renouveler d'autres mieux adaptées à la nature de l'homme et aux nécessités de toutes sortes dont les sociétés sont condamnées à subir les lois (2). »

Pour tirer de cette hypothèse tout le profit qu'elle comporte, il faut se rappeler que l'Eglise possède un formidable outillage intellectuel. Lorsque le monde antique a péri, les Pères avaient déjà mis sur pied une philosophie, fondée sur une large interprétation de la pensée grecque, traitant des questions originales et bien plus vivante que celle des païens ; si le socialisme est vraiment destiné à se substituer au catholicisme, n'est-il pas nécessaire qu'il donne au moins autant de satisfaction à l'esprit que peut lui en donner l'enseignement ecclésiastique ? Cette situation ne paraît pas exister à l'heure présente.

---

(1) GUSTAVE LE BON, *Psychologie du socialisme*, 3ᵉ édition, page 95.
(2) GUSTAVE LE BON, *op. cit.*, page 92.

Nous avons vu que suivant Gustave Le Bon le socialisme serait moins fort que les grandes religions faute de pouvoir « créer une vie future »; il serait plus exact de dire que le socialisme ne s'est pas occupé de réfléchir sur les fins dernières de l'homme plus que sur la nature humaine et que sur nos destinées terrestres ; sur tout ce qui touche à la métaphysique de l'âme, les protagonistes du socialisme ne savent guère que ce que leur ont appris les libres-penseurs (1). De là résulte que sa morale se résout presque toujours en un bavardage humanitaire, que sa littérature manque de psychologie profonde, que l'optimisme a étouffé chez ses meilleurs représentants leurs velléités de grandeur. Je ne puis donc admettre qu'Edouard Dolléans ait eu le droit d'employer la formule suivante « Le socialisme, c'est la foi nouvelle qui groupe autour d'elle les âmes insatisfaites et assoiffées d'idéal » (page 6) ; avouons-le sans détour : le catholicisme renferme évidemment plus d'idéal que le socialisme, parce qu'il possède une métaphysique de l'âme qui manque jusqu'ici malheureusement à celui-ci.

Marx avait fait de grands efforts pour introduire dans les théories révolutionnaires des considérations

(1) Dans un article publié par la *Raison* (de Paris) le 29 mars 1903, Emile Vandervelde dit qu'on adopterait une tactique malhabile si on prétendait imposer aux ouvriers catholiques qui adhèrent à des groupements socialistes, l'abandon de la foi de leurs pères ; mais il ajoute : « Nous ne renonçons pas à les convaincre, à leur montrer que logiquement le socialisme aboutit à la libre-pensée, comme la libre-pensée au socialisme. » (*Mouvement socialiste*, 1er mai 1903, page 65). Ainsi le socialisme avouerait qu'il n'a pas d'autre métaphysique de l'âme que celle des libres-penseurs ! Les Intellectuels les plus illustres du socialisme ne sont pas toujours bien inspirés.

historiques, capables de les mettre d'accord avec les tendances du génie moderne, tout plein d'histoire (1); mais ses idées semblent avoir été presque totalement submergées par les rêveries optimistes relatives à la marche de l'humanité vers les lumières, l'égalisation du bonheur (2) ; Bossuet avait une conception des suites des temps plus haute que celle de nos socialistes actuels les plus admirés.

Les doctrines économiques du socialisme et l'exégèse biblique sont *en droit* les deux parties les plus scientifiques des deux systèmes d'idéologies que nous avons ici à comparer ; mais ce sont *en fait* celles sur lesquelles s'exerce avec le plus de succès la dialectique subtile des gens qui veulent donner une apparence de vérité démontrée aux propositions qui leur plaisent ; les utopistes fondèrent sur de fallacieuses interprétations juridiques de l'économie des règles destinées à organiser une société conforme à leurs vœux (3), tout comme les protestants libéraux ont su

(1) Je me demande si aujourd'hui il se trouverait beaucoup de socialistes pour écrire, comme Engels, que tout l'édifice de la civilisation moderne, y compris le socialisme, repose sur l'existence de l'esclavage gréco-romain (*Philosophie, économie politique, socialisme,* page 237).

(2) La notion du rôle que le mal a joué dans le mouvement historique, théorie qui est capitale dans la philosophie de Marx, a disparu du socialisme. (Cf. MARX, *Misère de la philosophie,* page 168.)

(3) Les grands systèmes des utopistes furent constitués suivant les *vœux des bourgeois qui n'avaient pas réussi :* les uns prétendent qu'il faut faire une part très large à leurs talents méconnus dans le monde actuel ; d'autres dénoncent des magnats qui dépensant des revenus infiniment supérieurs à leurs *besoins,* leur semblent être la cause de leur médiocrité ; d'autres enfin se plaignent de ce que les marchands ne leur laissent pas le *produit intégral de leur travail.*

découvrir dans l'Ecriture, au moyen d'habiles contresens, tout ce qu'il leur fallait pour justifier men-
songèrement leur caricature du christianisme.
Edouard Dolléans estime que le socialisme, après
avoir prétendu pendant quelque temps, à l'école de
Marx, s'émanciper de toute vague théorie de justice
sentimentale (1) revient à ses origines, en cessant
de chercher une « assise scientifique » (page 29) ;
le catholicisme a réagi contre les éléments dissol-
vants que des philologues peu versés dans la philosophie voulaient introduire dans son sein, sous prétexte de le faire profiter des *lumières protestantes ;*
on peut donc dire que le catholicisme est devenu
plus exigeant dans l'emploi de la raison, tandis que
le socialisme renoncerait chaque jour davantage, à
faire un usage convenable de celle-ci.

Ainsi dans aucun des grands départements que
nous venons de rapidement examiner, la pensée
socialiste ne se montrant au niveau de la pensée
chrétienne, il n'est donc pas permis de supposer que
la première est appelée à remplacer la seconde pour
maintenir la vie de l'esprit dans le monde. Nous
devons cependant savoir gré à Gustave Le Bon
d'avoir présenté une hypothèse qui nous a mis sur
la trace d'une critique permettant d'atteindre des
profondeurs jusqu'ici mal explorées. Si l'on a le
droit de passer souvent, dans les travaux de recherches, du socialisme à la religion et réciproquement,

---

(1) Edouard Dolléans croit cependant que Marx a, implicitement au moins, porté des jugements sur la justice des
organisations sociales (page 27). Il faut reconnaître que
cette appréciation est vraie pour le *Manifeste communiste.*
— Il est si difficile de se dégager complétement du sophisme de la justice naturelle !

pour éclairer un genre par un autre, cela tient, à mon avis, à ce que les parties les plus nobles du socialisme dépendent d'activités de l'esprit libre (1). Cette manière de voir est corroborée par le fait que l'on peut rapprocher le socialisme de l'art aussi facilement que Gustave Le Bon le rapproche de la religion.

Les plus fortes raisons qui semblent avoir dirigé Gustave Le Bon sont les suivantes : les thèses socialistes ne sont pas susceptibles de démonstration ; les nouvelles croyances engendrent du fanatisme; leurs sectateurs ont le désir de ruiner ce qui rappelle la civilisation actuelle. Tout cela se rencontre également dans l'histoire de l'art. Peu de gens aujourd'hui croient encore que le bon goût soit susceptible d'être fixé scientifiquement ; on ne pourrait prouver, d'aucune manière raisonnable, que les monuments gothiques sont inférieurs à ceux de la Grèce ou à ceux de la Renaissance ; chaque système est usé par des accumulations de petites causes obscures, n'ayant aucun rapport avec les grandes explications rationalistes que l'on a données autrefois. — L'aveuglement dont les grands artistes ont fait preuve quand ils ont eu à parler de choses étrangères à leurs écoles, n'est pas moindre que le fanatisme des inquisiteurs (2). — Nous avons vu de nos jours les restaurateurs de cathédrales traiter les travaux faits au XVIII\ siècle dans ces édifices avec autant de haine que Théodose en avait montré dans l'édit qui ordonnait la destruction des monuments païens.

(1) Je rappelle ici que Hegel rapportait à l'esprit libre l'art, la religion et la philosophie.
(2) On cite souvent un rapport de 1518 dans lequel Raphaël a jugé l'art gothique de la façon la plus bizarre (Müntz, *Raphaël, sa vie, son temps,* page 628.

II

Les souvenirs de la Révolution de 1848 contribuent beaucoup à embrouiller la question que nous cherchons à élucider ici ; le socialisme de ces temps avait fait une effroyable consommation de déclamations prétendûment chrétiennes (1) ; et il n'existe pas encore aujourd'hui un nombre considérable d'historiens qui conprennent bien qu'avec le second Empire a commencé une ère ayant peu de relations idéologiques avec les cent ans antérieurs. Le monument le plus caractéristique de cette époque, si mal douée au point de vue du bon sens, est probablement *Le vrai christianisme suivant Jésus-Christ,* publié en 1846 par Cabet pour démontrer, au moyen de citations du Nouveau Testament et de la patrologie, que le communisme est la doctrine authentique de l'Eglise. Il me paraît nécessaire de reproduire ici une partie de la conclusion, qui donnera une idée claire de cet ouvrage singulier.

« Ainsi le christianisme, c'est la fraternité, c'est le communisme (2)... Vous qui ne voulez voir en

(1) Brunetière a accusé Lamennais, Pierre Leroux, George Sand, Cabet d'avoir établi artificieusement un parallèle entre le socialisme et le christianisme (*Discours de combat,* 1re série, page 315) ; il ne s'est pas aperçu que l'ère de ce genre littéraire était close depuis longtemps.

(2) Cabet cite seulement des auteurs des cinq premiers siècles ; mais il annonce qu'il prouvera ultérieurement la perpétuité de la doctrine communiste en s'appuyant sur les témoignages de saint Bernard, de saint Benoît, de saint Vincent de Paul, de Bossuet, de Fénelon, de Fleury, de Mably.

Jésus qu'un homme, pouvez-vous nier qu'il a concentré dans sa tête et dans sa doctrine toute l'intelligence, toute l'expérience et toute la sagesse de l'humanité jusqu'à lui... ? Et puisqu'il est le *prince des communistes*, traitez donc avec respect, ou du moins avec égards, une doctrine qu'il approuve et proclame... (1) Quant à vous qui reconnaissez en Jésus-Christ un Dieu, comment pouvez-vous hésiter un moment à adopter, à suivre, à propager le communisme... ? Quelque puissants que vous soyez, comment pouvez-vous fermer l'oreille à la voix de votre Dieu qui vous prescrit la communauté ?... Quant à nous, communistes, vrais chrétiens, fils ou frères, puînés ou cadets, continuons ou reprenons l'œuvre de nos aînés ! Ils nous ont donné l'exemple de la prudence jointe au courage et du courage joint à la prudence, l'exemple de la patience et de la foi en la puissance de la fraternité, l'exemple de la persévérance et du dévouement (2) ; serions-nous indignes de nos modèles !... Serviteurs et soldats de la fraternité, humbles disciples de ce Jésus qui l'a proclamée, avançons hardiment, les yeux fixés sur notre maître !... En avant pour l'affranchissement des travailleurs, pour la félicité des femmes et des enfants,

(1) L'auteur identifiant fraternité et communisme, invoque à l'appui de sa thèse la première Epître de saint Jean (II, 8-11) suivant laquelle on ne pourrait prétendre être dans la *lumière* sans aimer les autres chrétiens ; il s'agit ici de la solidarité qui devait exister dans la nouvelle société pour lui permettre de résister à ses ennemis. Cet exemple montre bien l'esprit des démonstrations de Cabet.

(2) Au chapitre précédent, Cabet dit que les communistes sont aussi pacifiques que le furent les premiers chrétiens. « Ils ne demandent à tous les partis que la liberté de discussion, avec la liberté de se mettre eux-mêmes en communauté volontaire, quand ils peuvent le faire utilement. »

pour le bonheur de l'humanité, pour le salut de tous sans exception !!! »

Edouard Dolléans paraît admettre que cette philosophie des hommes de 1848 a quelque valeur ; car il écrit : « Il existe une étroite parenté et comme une communauté d'essence entre les modernes formes du socialisme et le socialisme avant la lettre des premiers chrétiens (1), des Pères de l'Eglise et des canonistes du Moyen Age » (page 7). Je suppose qu'il s'est laissé égarer par Anton Menger, suivant lequel on trouve dans la patrologie « des critiques violentes de l'état social existant qui peuvent être comparées aux meilleurs ouvrages socialistes de notre époque » (2). De telles interprétations de l'antique littérature catholique ne sont plus admises par aucun des historiens qui l'ont étudiée avec un esprit véritablement scientifique (3). Pour bien comprendre ces documents, il ne faut jamais perdre de vue cette règle importante de critique : L'éloquence ecclésiastique enveloppe très souvent des observations d'ordre

(1) Cela suppose implicitement que l'idée de lutte de classe a disparu du socialisme, ou du moins a été fort défigurée par le socialisme bourgeois.

(2) Anton Menger, *Le droit au produit intégral du travail*, page 153. — Engels a soutenu au contraire que les Pères n'ont pas fait une véritable critique de l'économie ancienne (dans son article sur le livre d'Anton Menger ; *Mouvement socialiste*, janvier 1904, page 105). — Le professeur autrichien cite à l'appui de son opinion un ouvrage publié en 1846 par Villegardelle ; les écrivains socialistes de ce temps avaient très peu de critique.

(3) Par exemple : Joseph Rambaud, *Histoire des doctrines économiques* ; Puech, *Saint Jean Chrysostome et les mœurs de son temps* ; Thamin, *Saint Ambroise et la morale chrétienne*. Ces trois savants sont catholiques.

particulier dans des formules ayant l'apparence de thèses universelles (1); les gens du temps qui connaissent exactement les intentions des auteurs, ne se trompent point dans l'application des propositions qu'on leur soumet ; les commentateurs commettent de scandaleux contresens lorsque, renversant l'échelle des valeurs, ils prennent pour l'essentiel ce qui était seulement un artifice d'exposition. Les meilleurs historiens actuels estiment que le prétendu socialisme des Pères se réduit à des appels pressants adressés à la charité de riches fidèles (2).

Je vais rappeler, à la suite de nombreux historiens autorisés, certains faits qu'il est absolument nécessaire de bien connaître pour discuter utilement les textes économico-éthiques des Pères. La richesse provenait à leur époque surtout des fermages de latifundia, d'exactions exercées par les collecteurs d'impôts et de concussions. Elle était ce qu'on peut nommer une richesse de consommateurs dont l'influence sur la marche de la production ne peut être qu'indirecte ; elle n'était pas regardée comme la génératrice du progrès industriel et la récompense des initiatives prises par les maîtres de fabrique, ainsi que cela a lieu de nos jours ; elle manquait

(1) En 1910 il y eut un grand tapage à propos de l'encyclique *Editæ sæpe,* que des polémistes dénoncèrent comme une diatribe dirigée contre les princes luthériens ; en réalité le pape avait seulement parlé des hérétiques suisses des Grisons.

(2) C'est dans le même esprit qu'il faut lire le sermon prononcé le dimanche de septuagésime de 1659, à la maison des Filles de la Providence, sur l'éminente dignité des pauvres ; Bossuet n'avait pas encore 32 ans et son éloquence n'était pas encore très dégagée des sources patistiques. Brunetière ne paraît pas avoir bien compris le sens de ce sermon (*Discours de combat,* 2ᵉ série, page 145).

donc de ces assises matérielles qui établissent entre notre capitalisme et l'économie de la grande exploitation rurale assez d'analogie pour que la richesse moderne trouve sa place dans une philosophie juridique issue du droit romain. — Dans un temps où les révolutions étaient fréquentes, chacun étant pressé de jouir des bonnes aubaines qu'il rencontrait, les dépenses les plus folles étant approuvées par les mœurs, l'idée de conservation étant par suite très peu consistante, le monde paraissait plein d'irrationalité (1). — Entre les positions exceptionnelles de quelques magnats et les classes pauvres n'existait point cette puissante structure médiane dont la loi mathématique fut donnée par Vilfredo Pareto (2) ; les gens aisés étaient assez généralement des usuriers dont la rapacité était le fléau des artisans et des paysans, comme elle l'est dans tous les pays dont la production demeure encore enfermée dans des formes arriérées ; aux yeux de l'Eglise, qui aurait souhaité la disparition de cette caste détestée, le problème social consistait à régler les relations entre les régions les plus hautes et les régions les plus basses de la société. L'Eglise avait un intérêt immense à détourner le plus qu'elle pouvait des sommes gaspillées par l'oligarchie dans un but d'ostentation, vers le soulagement des classes misérables

(1) Il ne faut pas oublier que pour la pensée antique, dominée par la géométrie, la rationalité suppose l'éternité des formes.

(2) Vilfredo Pareto paraît admettre, dans son *Cours d'économie politique*, que la loi de répartition est la même pour tous les siècles (tome II, pages 310-312) ; mais je crois que dans presque tous les cas, la région médiane avait autrefois une forme moins volumineuse. Les revenus extrêmes actuels ne comportent aucune loi précise.

qui, après lui avoir été férocement hostiles **(1)**, avaient fini par lui fournir des clientèles capables d'imposer le respect des décisions rendues par les évêques. Dans l'empire romain, dont l'administration se désorganisait chaque jour davantage, la charité dirigée par les hommes de l'église était un élément générateur d'ordre extra-légal.

Afin de montrer comment on peut utiliser les circonstances économiques pour l'étude des idées éthiques, je vais reproduire quelques extraits de l'*Essai sur l'Eglise et l'Etat* que j'ai publié en 1901. Ces notes sont loin d'épuiser les questions qui y sont abordées ; mais elles me semblent assez exactes comme vues d'ensemble.

« La vie des artisans doit être prise tout d'abord en considération ; là, en effet, l'économie [au moins si elle n'est trop troublée par les basses formes du

---

(1) Renan dit : « Ce que les actes authentiques des martyrs traitent avec le plus de mépris et comme le pire ennemi des chrétiens, c'est la canaille des grandes cités. » (*Eglise chrétienne,* page 308). A Smyrne, saint Polycarpe déclare au proconsul qu'il ne s'abaissera point jusqu'à faire l'apologie de sa foi devant la populace qui hurle contre lui dans le cirque ; l'évêque fut brûlé vif par des énergumènes, sans jugement des magistrats (pages 457-458). — C'est aux caprices obscènes de cette tourbe, qui renfermait un grand nombre de ruffians, qu'il faut se reporter pour comprendre l'origine des condamnations des vierges chrétiennes au lupanar (Cf. sur cette abomination EDMOND LE BLANT. *Les persécuteurs et les martyrs,* pages 205-211). Une telle exécution tumultuaire est à rapprocher d'un usage romain que Théodose abolit : les femmes surprises en flagrant délit d'adultère étaient enfermées dans un petit lupanar, où elles étaient contraintes de se prostituer devant témoins, pendant que la foule se livrait à un horrible charivari (SOCRATE, *Histoire ecclésiastique,* livre V. XVIII).

capitalisme (1)] revêt une forme ayant un aspect régulier ; le rapport du travail aux produits apparaît avec clarté et ce rapport n'est pas éloigné d'affecter une allure mathématique ; sur une pareille économie on peut monter un système juridique... Dans la préface à la traduction allemande de la *Misère de la philosophie*, [Engels a] écrit : « Dès que l'on sait que le travail est la mesure des marchandises, les bons sentiments du brave bourgeois doivent se sentir profondément blessés par la méchanceté d'un monde qui reconnaît bien nominalement ce principe de justice, mais qui, réellement à chaque instant, sans se gêner, paraît le mettre de côté... Le petit producteur doit désirer ardemment une société où l'échange des produits d'après leur valeur de travail soit une réalité entière et sans exception (2). »

« Ces idées devaient agir surtout sur saint Jean Chrysostome, qui a tant vécu à Antioche, ville pleine d'artisans (3) ; aussi aimait-il à se représenter une société idéale dans laquelle n'existeraient que des travailleurs, occupés aux arts les plus nécessaires à

---

(1) J'avais omis cette réserve dans le texte de 1901.

(2) Marx, *Misère de la philosophie*, pages 14-15.

(3) Dans un article de la *Revue de métaphysique et de morale* (janvier 1911, pages 77-78) j'ai signalé l'influence que très probablement a eue l'existence de corporations artisanes sur la conquête chrétienne. Renan dit qu'en Asie Mineure existaient de « puissantes associations d'ouvriers analogues à celles d'Italie et de Flandre au Moyen Age » et s'occupant surtout aux arts textiles (*Saint Paul*, page 355) ; et il est bien remarquable que dans ces pays industriels la propagation du christianisme a été exceptionnellement rapide ; c'est là que « commença la profession publique du christianisme ; là se trouve, dès le iii° siècle, sur des monuments, exposés à tous les regards le mot *christianos* » (pages 362-363).

la vie ; les arts de luxe, qui faisaient la fortune des
grands marchands, eussent été bannis de cette cité
chrétienne (1). C'est à travers cette vision que le
grand orateur voyait le monde, et celui-ci lui semblait laid ou absurde ; la notion du droit se trou-
vant ainsi reléguée dans une utopie artisane, le
monde réel était sans droit.

« Chez saint Ambroise on trouve plutôt un idéal
agricole, que Thamin croit emprunté à Cicéron,
mais dans lequel on pourrait signaler plus d'une
réminiscence virgilienne ; en tout cas, cet idéal
est bien en rapport avec les préoccupations d'un
évêque vivant dans un des pays qui ont été les plus
renommés pour leur agriculture. Dans l'économie
rurale, saint Ambroise trouve de la rationalité : « Il
est frappé [dit Thamin] de la proportion qui
existe... entre la peine et le salaire... Nous récoltons
en définitive ce que nous avons semé (2). » La proportion n'est pas aussi exacte que chez les artisans,
mais elle est encore très visible; il y a encore une
causalité. De plus, saint Ambroise a pour la terre
cette piété qui nous frappe chez presque tous les
Romains : « Une terre possédée de père en fils... fait
partie de la famille, non pas comme un chose, mais
comme un être vivant, comme un serviteur infati-
gable qui survit à toutes les générations de ses maîtres. L'échanger... contre de l'argent serait un sacri-
lège... Au droit de propriété se substitue ainsi dans
la pensée de saint Ambroise un devoir envers la propriété, qui est d'en être un usufruitier fidèle et re-

---

(1) PAUL ALLARD, *Les esclaves chrétiens*, pages 417-418.
— Cet auteur remarque que dans cette société le capital
industriel n'avait qu'un rôle médiocre (page 419).

(2) THAMIN, *op. cit.*, page 287.

connaissant (1). » Voici donc un deuxième idéal, une deuxième utopie qui s'éloigne beaucoup de la réalité, telle qu'on pouvait l'observer au ɪvᵉ siècle dans cette oligarchie prodigieusement riche avec laquelle l'Eglise était en contact journalier.

« En général, il faut beaucoup se défier de la philosophie sociale construite par les utopistes ; ils rêvent, tout comme des alchimistes, au lieu d'observer ; ils moulent leurs conceptions juridiques sur ce qui n'existe pas et non sur ce qui existe. Les utopistes, ne voyant des droits possibles que dans un monde hyperidéal, regardent les phénomènes réels comme engendrés par des purs hasards et ne peuvent concevoir qu'on puisse s'intéresser à autre chose qu'aux efforts faits par les gens de bonne volonté en vue d'atteindre le bien, ou du moins en vue de se diriger dans la voie du bien. Le caractère matérialiste du droit leur échappe complètement.

« Les utopies artisanes et paysannes des Pères leur servaient à juger non pas les économies des artisans et des paysans, mais celle de l'oligarchie ; elles leur servaient à faire ressortir tout ce qu'il y avait d'irrationnel dans cette société de décadence ; ce qu'il y avait de hasard dans l'économie des classes riches leur apparaissait comme d'autant plus odieux qu'ils avaient nourri leur esprit d'un idéal d'où le hasard était presque totalement exclu. Il n'est donc pas étonnant qu'ils aient traité [parfois] fort légèrement le droit de propriété.

« La propriété des patriciens leur semblait n'avoir aucune fonction utile dans la production des richesses ; un hasard avait concédé à une minorité des avantages exceptionnels et sans cause ; il avait du

(1) THAMIN, *op. cit.*, page 286.

même coup imposé à la très grande majorité des misères injustifiables. Un pareil régime pouvait être maintenu par la force; mais il ne pouvait trouver grâce devant la raison, qui lui opposait des constructions idéales toutes différentes. Le vice fondamental de l'économie romaine ne pouvait être couvert que par un seul moyen : que le propriétaire ne se considère point comme ayant le droit de disposer à son caprice des biens qui ne sont pas justifiés; — il n'est pas l'auteur de ses richesses ; entre son activité et son revenu, il n'existe pas de rapport causal ; il n'a qu'un droit d'aubaine sur des choses de hasard ; — sa conduite deviendra respectable s'il fait de ses ressources un usage parfait (1), s'il les met à la disposition de l'Eglise pour lui permettre de satisfaire ses besoins et de soulager les misères de *ses* pauvres.

« La notion de propriété tend ainsi à s'évanouir ; elle est remplacée par la notion d'une *possession contrôlée par l'Eglise*. Dieu donne toute liberté au riche pour employer ses revenus comme il l'entend, pour profiter à sa guise de l'aubaine qui lui arrive ; mais le riche devra rendre compte de l'emploi de son argent devant le juge suprême ; il est un économe placé sous les ordres de la Providence divine ; son métier, suivant saint Jean Chrysostome, est de donner l'aumône aux pauvres (2). »

Les docteurs du Moyen Age sont bien moins intéressants que les Pères parce que passant leur vie à discuter dans les écoles sur des portioncules de textes, ils n'avaient point avec la réalité le contact

---

(1) THAMIN, *op. cit.*, page 290. Il cite à ce sujet une curieuse lettre de saint Augustin.
(2) PAUL ALLARD, *op. cit.*, page 418.

étendu qui a permis aux vieux orateurs chrétiens d'être si puissamment inspirés par toutes les passions de leur temps ; leurs formules n'étant point éclairées par des phénomènes qu'on y puisse rattacher facilement, leurs véritables intentions sont fréquemment obscures; on ne doit donc pas trop s'étonner si plus d'un démocrate-chrétien a eu l'idée biscornue de trouver du marxisme dans saint Thomas (1). Si abstraite cependant que fût cette théologie, si l'on admet, avec Joseph Rambaud, qu'elle avait pour objet de régler d'une façon prudente la direction de la famille et le gouvernement des princes (2) on est amené à penser que les doctrines économico-éthiques que le Moyen Age a construites pour la vie civile, ont dû subir souvent les influences des grandes causes qui agissaient sur la politique des Etats ; lorsque, par exemple, saint Thomas attribue à Dieu le domaine éminent et à l'homme le domaine utile il pense évidemment à la condition des tenures contemporaines ; on a donc le droit de dire, avec Joseph Rambaud, que sa philosophie sociale est faite pour consolider la notion de propriété (3).

Les idées que les scolastiques se formèrent sur la manière de conduire les affaires sont extrêmement embrouillées ; on a supposé plus d'une fois que le robuste bon sens naturel de saint Thomas avait été troublé par des formules péripatéticiennes qu'un docteur du Moyen Age ne pouvait pas facilement se dispenser de respecter (4) ; mais il me semble que

(1) JOSEPH RAMBAUD, *op. cit.*, 3ᵉ édition, pages 49-50.
(2) JOSEPH RAMBAUD, *op. cit.*, page 39.
(3) JOSEPH RAMBAUD, *op. cit.*, page 47.
(4) JOSEPH RAMBAUD paraît un peu disposé à admettre cette opinion. (*op. cit.*, pages 52-53, page 56, pages 58-59.)

les philosophes de ce temps furent surtout gênés par l'obligation de tenir compte des diatribes anti-capitalistes lancées par des tribuns cléricaux au cours de la lutte que l'Eglise soutint contre les classes riches de l'Europe méridionale.

En procédant à leurs opérations commerciales, auxquelles les croisades avaient donné un développement si considérable, beaucoup d'habitants des régions méditerranéennes connurent la vie libertine, fastueuse et comme parfumée d'art que menaient les grands personnages d'Asie ; la bourgeoisie admirait le fonctionnement régulier des administrations musulmanes ; les hommes dont l'esprit s'ouvrait à la libre réflexion comprirent l'existence de sociétés mixtes où des religions diverses vivent en parfait accord sous un régime légal qui ignore les préoccupations confessionnelles. Le monde occidental, encore tout dominé par des forces ecclésiastiques, parut dégoûtant d'ignorance, de naïveté et de grossièreté à bien des gens qui avaient admiré la beauté de ce que l'Orient conservait de la civilisation antique. La grande hérésie de ces temps fut l'aspiration vers le génie païen ; les doctrines théologiques dont parlent si abondamment les historiens de l'Inquisition, n'étaient que des éléments auxiliaires destinés à favoriser l'émancipation des précurseurs de la Renaissance, en soulevant la petite bourgeoisie contre le sacerdoce ; le danger couru par le catholicisme fut très grand lorsque Frédéric II donna aux *épicuriens* l'appui de l'autorité impériale (1).

---

(1) Emile Gebhart pense que l'indépendance spirituelle de Frédéric II correspond bien aux instincts profonds de l'âme italienne (*L'Italie mystique*, 3ᵉ édition, page 181). L'importance des *épicuriens* a été sans doute exagérée par Benvenuto d'Imola dans son commentaire du Xᵉ livre de

On admet assez généralement que le catholicisme fut sauvé par les ordres mendiants ; les moines du nouveau modèle se faisaient facilement applaudir par les plèbes urbaines qui haïssaient les gros marchands, les propriétaires des maisons et les autorités de police ; les magistrats municipaux étaient obligés, souvent bien à contre-cœur, de se conformer aux volontés d'inquisiteurs soutenus par les pauvres (1). Quand la papauté n'eut plus à combattre les Hohenstaufen, elle chercha à se débarrasser des franciscains *spirituels,* dont l'agitation anarchiste la gênait ; les papes d'Avignon, qui voulurent organiser le gouvernement de la chrétienté sur le modèle

l'*Enfer,* quand il attribue cent mille partisans à Farinata degli Uberti. (*op. cit.,* page 173).

(1) Les troubles qui désolèrent Milan de 1058 à 1074 montrent combien il était dangereux pour les classes riches d'avoir à lutter contre les classes pauvres soutenues par la papauté ; les *patarins* conduits par le diacre Arialdo, puis par le noble Erlembaldo, finirent par être les maîtres absolus de la ville pendant deux ans ; mais leurs excès furent tels qu'au lendemain de Pâques 1074, une bataille décisive s'engagea : « Une dernière fois la noire fourmilière des chrétiens déguenillés sortit en rangs pressés de ses ruelles fangeuses. Le grand aventurier tomba dans les replis du gonfalon révolutionnaire de Grégoire VII. La *pataria* avait vécu. » (EMILE GEBHARDT, *Les siècles de bronze,* page 121). — Par contre l'histoire d'Elie de Cortone montre comment un aventurier riche pouvait braver la papauté : cet ancien général des franciscains, déposé par Grégoire IX, devenu un des conseillers de Frédéric II, excommunié, ne voulut jamais se soumettre, malgré les tentatives qui furent faites pour l'amener à se réconcilier avec la papauté. Il avait donné à Cortone de précieuses reliques apportées d'Orient, fait bâtir une église et un couvent pour les franciscains. Il mourut après avoir reçu la communion ; plus tard son corps fut jeté à la voirie. (LEMPP. *Frère Elie de Cortone,* pages 149-155.)

de la monarchie française furent impitoyables pour ces ennemis de l'ordre ; je ne puis me résoudre à croire qu'il faille verser beaucoup de larmes sur les malheurs de tribuns dont la propagande aurait pu être bien plus funeste qu'une invasion de Mongols. Finalement, les docteurs eurent beaucoup à faire pour corriger tant bien que mal les affirmations anti-capitalistes que leurs prédécesseurs avaient été contraints de mêler à leur éthique.

Nos catholiques sociaux espèrent qu'en se don-nant pour les représentants d'une glorieuse tradition qui remonterait aux Pères et aux grands scolastiques, ils parviendront à entourer leurs infimes personna-lités de quelque prestige ; tout le monde lettré se tordrait de rire si Albert de Mun et Henri Lorin (1) annonçaient qu'ils se sentent assez de génie pour terrasser l'hydre socialiste ; mais comme ils se bor-nent à dire qu'ils veulent mettre à la portée de la plèbe les enseignements sublimes de saint Jean Chrysostome et de saint Thomas d'Aquin, de naïfs bourgeois leur offrent de subventionner les « œu-vres » où ces bons messieurs sociaux exerceront leurs fonctions salivaires. Edouard Dolléans n'a pas tort de signaler qu'il existe une concurrence fort tendue entre le cléricalisme social et le socialisme

_____

(1) Cet Henri Lorin est, d'après Drumont, un des clowns les plus comiques de notre temps, il est à la ' ..e d'une très grosse fortune ; à l'époque héroïque des « cercles » d'Albert de Mun, il était un adversaire intransigeant du prêt à intérêt ; mais ses convictions ne l'empêchaient pas de toucher fort régulièrement ses coupons. — Au temps de Léon XIII il était le grand chef occulte du _ralliement;_ ses amis le nommaient le _sous-pape ;_ maintenant il fait une active propagande contre Pie X.

populaire (page 7) ; dans toute concurrence une des
parties cherche à imiter les procédés qui ont réussi
à son précurseur ; si le socialisme avait une origine
chrétienne, comme le disent les catholiques sociaux,
ceux-ci devraient faire preuve de plus d'originalité
que leurs rivaux. Proposer d'examiner une telle
question aurait paru fort oiseux à Brunetière qui
était persuadé que Léon XIII avait changé l'axe du
monde en publiant le galimatias de son encyclique
Rerum novarum (1). Je m'en rapporterai à l'autorité de Vilfredo Pareto, qui me semble avoir plus de
compétence que tous les conseillers de *Sillon*.

« En 1869, écrit le savant professeur de Lausanne.
les évêques d'Allemagne, réunis au Congrès de Fulda,
frappés par les grands progrès du socialisme, déci-
daient de prendre une part active dans les débats sur
la question sociale » (2) ; — « Les évêques allemands, au Congrès de Fulda, employaient les phrases,
les idées, les propositions des socialistes. Le célèbre
programme électoral de 1871, composé par le cha-
noine Moufang, contenait une très grande partie du
programme socialiste » (3) ; — « Quant à ce qu'on
appelle l'action sociale, directement, sans l'intervention de l'Etat, nous voyons que les chrétiens sociaux

---

(1) Je suppose que Brunetière a écrit des choses si extravagantes sur le socialisme parce qu'il fut mal renseigné
par Georges Goyau, qui ne comprend rien aux questions
sociales ni aux questions religieuses. C'est très probablement ce même *spécialiste* qui l'avait amené à prendre au
sérieux les sous-Intellectuels du *Sillon*. La lettre qu'il écrivit le 25 décembre 1904 à ses « chers amis » du *Sillon*, est
passablement comique (*Lettres de combat*, pages 169-174).

(2) VILFREDO PARETO, *Les systèmes socialistes*, tome I.
page 252.

(3) VILFREDO PARETO, *loc. cit.*, page 255.

n'ont rien innové. Parfois ils ont mieux organisé les
institutions de la philanthropie habituelle, mais dans
la plupart des cas ils ont adopté les procédés des
socialistes... En tout, dans les moyens, dans les méthodes de propagande et d'organisation des travailleurs, ils ont copié les socialistes ; mais ils n'ont
pas obtenu le même succès » (1).

Cette impuissance des catholiques sociaux constitue contre leurs prétentions traditionalistes une
présomption très forte, qui vient renforcer les raisons que j'ai données pour rejeter ce que dit Edouard
Dolléans des origines chrétiennes du socialisme.

III

Dans un article du *Peuple* (12 février 1849) où il
dénonçait le charlatanisme des phalanstériens,
Proudhon a écrit ces phrases qui ont une très grande
importance pour la question que nous examinons
ici : « La vérité eut de tout temps pour compagne
la franchise. Que M. Considérant se remémore les
tergiversations de toute sa vie... Après la révolution
de juillet, quand il semblait que la philosophie du
Constitutionnel allait effacer pour jamais ce qui restait en France de catholicisme, M. Considérant, dans

---

(1) Vilfredo Pareto, *loc. cit.*, page 259. — L'auteur pense que seuls des « ouvriers faibles » se soumettent aux
syndicats catholiques ; il nous apprend que dans plusieurs
cas les grèves faites par des syndicats catholiques ont été
plus violentes que les grèves socialistes analogues, faute
d'une bonne éducation de la conscience ouvrière par les
catholiques sociaux. Ceux-ci n'ont réussi à organiser convenablement que les petits propriétaires fonciers (page
260).

un discours à l'Hôtel-de-Ville, parlant au nom de sa secte, osa s'écrier: Nous ne sommes pas chrétiens. Le mot fut recueilli : c'était une flatterie au libertinage du moment. Depuis, le vent a soufflé aux idées religieuses ; on s'est aperçu que le préjugé chrétien résistait à l'inoculation du dogme fouriériste, que la morale de l'Evangile faisait reculer celle du phalanstère. Dès lors, on s'est appliqué à dissimuler les données antichrétiennes du monde harmonien : on a fait avec le ciel des accommodements ; on s'est mis à prouver que Fourier est le continuateur de Jésus-Christ. Flatterie au clergé et aux jésuites. » Ainsi, en ce qui concerne l'utopie qui, au cours de la première moitié du XIXᵉ siècle, a probablement occupé le plus grand nombre des esprits qu'hallucinait le désir de réformer le monde, on ne rencontre point à son origine les caractères religieux qui auraient dû s'y trouver si la théorie de la genèse du socialisme adoptée par Edouard Dolléans était vraie; de tels caractères sont surajoutés tardivement par des sectaires qui cherchent à combiner des moyens auxiliaires capables de faciliter leur propagande ; il me paraît assez facile de découvrir les raisons qui forcèrent les fouriéristes à se découvrir des tendances religieuses, auxquelles n'avait pas songé le fondateur de leur secte. Ces raisons dépassent un peu le niveau des habiletés de tactique dont parle Proudhon (1).

_____

(1) Proudhon donne encore deux autres exemples de « tactique » phalanstérienne qui permettent de penser qu'il y avait beaucoup d'hypocrisie dans le langage de Considérant, prenant une attitude religieuse : « Les vues de Fourier sur les rapports des sexes sont diamétralement opposées au mariage et à la famille. Après avoir sollicité la fibre épicurienne du pays, on a senti que la conscience

Au commencement du XIX° siècle, les inventeurs
d'utopies étaient dans un état d'esprit fort semblable
à celui des législateurs de la Révolution ; ils regardaient les phénomènes religieux comme tout à fait
secondaires; Fourier croyait faire une part très convenable à la religion en annexant ses cérémonies aux
exercices chorégraphiques (1). Plus tard, des esprits
portés à une réflexion philosophique sérieuse arri-
vèrent à penser que les grandes révolutions sociales
ne sont complètes que si elles sont accompagnées de

publique répugnait à cette turpitude des amours libres, et
pendant que l'on continue d'initier les fidèles aux *Amours
des saints* [manuscrit de Fourier], on proteste devant les
profanes du respect le plus profond pour la famille et le
mariage. On accuse même, au besoin, le socialisme violent de vouloir la communauté des biens pour arriver plus
vite à la communauté des femmes. Ainsi le veut l'intérêt
de l'*ordre* : périsse le socialisme, plutôt que le fouriérisme !
Ainsi le prescrit la tactique de M. Considérant. — La *Démocratie pacifique* est fondée. Pourquoi ce nom donné à
une feuille phalanstérienne ? Afin, dit naïvement M. Considérant dans son prospectus d'absorber, d'annhihiler le
parti républicain, la démocratie révolutionnaire, que le
grand prêtre de la secte, regardait alors comme le plus
grand obstacle à l'avènement du fouriérisme. A présent,
M. Considérant est républicain, démocrate, voire même révolutionnaire ; il le dit du moins, mais prenez-y garde, il
en est de son républicanisme comme de son socialisme ; il
ne tiendra pas au premier tour de roue de la fortune ».
Proudhon était fort indigné d'un article de la *Démocratie
pacifique* qui avait signalé « le socialisme violent » comme
responsable des événements de juin 1848.
(1) Fourier dit que chaque phalange fournira 144 jeunes
gens et jeunes filles pour les processions qui seront beaucoup plus pompeuses « dans un centre d'Harmonie que
dans nos grandes capitales » (*Nouveau monde industriel et
sociétaire*, page 260). Sur le plan du phalanstère qui figure
dans beaucoup de brochures fouriéristes, l'église et l'Opéra
sont deux bâtiments symétriques.

profondes transformations religieuses corrélatives.
Cette théorie, qui est probablement venue de l'école
hégélienne dont les influences diffuses et souvent
bien difficiles à déterminer avec rigueur ont été
si considérables en France, obligea les partisans des
utopies à faire des efforts d'imagination en vue de
trouver le moyen de compléter leurs programmes
sociaux par des théologies. En 1825, Saint-Simon
formula le *Nouveau christianisme,* sous l'influence
d'Eugène Rodrigues (1) ; plus tard Cabet déclara
qu'il ne s'agit pas d'inventer un nouveau christianisme, mais de comprendre parfaitement ce qu'ont
enseigné Jésus-Christ, les apôtres et les Pères ; les
fouriéristes ne pouvaient échapper au courant qui
entraînait tant de leurs contemporains à reconnaître
la validité de la corrélation socio-religieuse (2).

Engels prétendait que cette corrélation ne s'est
montrée qu'aux « premières phases de la lutte de
l'émancipation de la bourgeoisie du XIII° au
XVII° siècle » ; à l'origine, les novateurs étaient

(1) Enfantin n'était pas, tout d'abord, fort disposé à entrer dans la voie que ce livre prétendait ouvrir. (CHARLETY,
Histoire du saint-simonisme, page 81.)

(2) Il ne faut probablement pas négliger le fait qu'en
1832 Jules Lechevalier, qui avait suivi les cours de Hegel,
passa du saint-simonisme au fouriérisme. — En 1834, Considérant publia une brochure de *Considérations sociales sur
l'architectonique,* dans laquelle il regarde comme détermi-
nées les unes par les autres les diverses branches du système social : système industriel, système scientifique, système d'éducation, système architectonique (p. 71); il croit
que si on met les hommes à vivre dans un phalanstère
construit suivant les principes de Fourier, le fouriérisme
se réalisera de lui-même (page 72), si bien que la réforme
aurait ainsi une base artistique en plus de ses autres bases.

obligés d'utiliser des idéologies élaborées par des temps qui avaient raisonné sous forme théologique ; « mais aussitôt que la bourgeoisie, au xviiie siècle, fut devenue assez forte pour avoir une idéologie à elle, ajustée à son point de vue de classe, elle fit sa grande et définitive révolution, la Révolution française, en faisant appel exclusivement à des idées juridiques et politiques ; elle ne se souciait de la religion que lorsque celle-ci devenait un obstacle, mais il ne lui vint pas à l'idée de mettre une nouvelle religion à la place de l'ancienne (1) ; on sait comment échoua la tentative de Robespierre » (2).

La question me semble avoir été mal posée par Engels ; il s'agit de savoir quels mythes ont, aux diverses époques, poussé au renversement des situations existantes ; les idéologies n'ont été que des traductions de ces mythes sous des formes abstraites. Durant le Moyen Age les hommes qui cherchaient à soulever la plèbe, trouvaient sur les confins de l'orthodoxie quantité d'éléments propres à entrer dans leurs convictions politiques ; ils annonçaient l'extension à tous les fidèles des bienfaits de la vie évangélique, jusqu'alors monopolisés par les moines, le triomphe des saints du *millenium* prédit par l'Apocalypse, le règne de Paraclet réglé par l'*Evangile éternel* qui devait former l'ultime révélation ; ils devenaient généralement hérétiques quand ils voulaient sortir des domaines de l'imagination pour faire de la philosophie. — Au xvie siècle, les prophètes et les psaumes bouleversent les âmes mises

(1) On sait qu'Edgar Quinet a fort surpris les contemporains du second Empire en soutenant que la Révolution aurait dû accomplir cette œuvre.

(2) Engels, *Religion, philosophie, socialisme,* pages 194-195.

au contact de cette littérature extraordinaire ; les Réformés s'imaginent que les livres de l'Ancien Testament ont été écrits pour leur enseigner la voie du bonheur ; ils croient, en conséquence, que Dieu les comblera de bienfaits s'ils suppriment toute idolâtrie dans le monde chrétien. — La bourgeoisie française du xviiie siècle, qui sourit de la Bible et qui est devenue fanatique de la civilisation antique, va chercher dans des images romaines les raisons motrices d'une activité révolutionnaire.

Aux yeux des bourgeois *avancés* du xviiie siècle, lecteurs de Plutarque, la Cour, avec laquelle ils identifiaient la royauté (1), est une institution exécrable qui ruine les finances publiques, qui livre les décisions des grandes affaires aux cabales des mondains, qui, en réduisant les plus hauts fonctionnaires au rang des gens de service du prince, humilie profondément les âmes vouées au culte des héros. — Ce qui demeure de féodal dans la constitution foncière du pays est regardé par les hommes de loi comme une survivance des temps d'esclavage, qui doit disparaître pour ne laisser subsister que des rapports juridiques fondés sur les principes égalitaires du droit civil. — Le clergé ne cessera d'être traité de corps parasitaire que s'il consent, en s'inspirant de ce qui existait dans les cités classiques, à se réduire au rôle d'auxiliaire des magistrats ; on reconnaîtra l'utilité des prêtres qui contribueront à entretenir l'ordre moral ; mais tout ce qui a seulement une valeur chrétienne (comme les couvents)

(1) Les royalistes contemporains ne paraissent pas toujours bien comprendre que cette identification constitue actuellement la principale cause de leur impopularité. Napoléon III avait commis une faute singulière en créant une cour impériale, qui fut profondément haïe par les Parisiens.

devra disparaître (1). Ces conceptions qui sont encore aujourd'hui très puissantes dans l'esprit français, alimentèrent des mythes tyranniquement prenants aux temps ou tomba l'Ancien Régime.

Les utopistes ne sont point parvenus à déterminer de sérieux mouvements dans le monde, parce qu'ils n'avaient point à leur disposition des mythes doués du pouvoir moteur qui eût été nécessaire ; le socialisme trouve aujourd'hui dans les phénomènes qui se rattachent à la lutte de classe des ressources pour créer les forces psychologiques populaires dont il a besoin ; aussi ne puis-je admettre, avec Edouard Dolléans, que « le socialisme sentimental des premières heures ne diffère pas essentiellement du socialisme le plus moderne, soit qu'il se présente sous la forme du socialisme aimable à la Fournière ou du socialisme pompeux à la Jaurès ou du socialisme renfrogné à la Guesde, soit qu'il revête son idéal d'une armature scientifique ou fasse appel aux plus savantes constructions juridiques » (2) (page 10).

(1) Après la guerre Renan disait au clergé : « Ne vous mêlez pas de ce que nous enseignons, de ce que nous écrivons, et nous ne disputerons pas le peuple ;.. nous vous abandonnerons sans partage l'école de campagne. « (*Réformes intellectuelle et morale*, page 90). — « Quels services ne rendrait pas un curé, pasteur catholique, offrant dans chaque village le type d'une famille bien réglée, surveillant l'école, presque maître d'école lui-même, donnant à l'éducation du paysan le temps qu'il consacre aux fastidieuses répétitions de son bréviaire ! » (page 96) ; — « L'Eglise est une pièce trop importante d'éducation pour qu'on se prive d'elle ; si de son côté elle fait les concessions nécessaires, et ne se rend pas, en exagérant ses doctrines, plus nuisible qu'utile » (page 108).

(2) Il y a cependant beaucoup de vérité dans le jugement de notre auteur ; nous voyons renaître, sous des for-

— Alors même que leur imagination semble évoluer le plus librement au milieu des hypothèses les plus hardies, le critique découvre aisément que les utopistes demeurent toujours embrénés de dialectique ; ils avaient la prétention de combiner scientifiquement les abstractions qu'ils avaient ramassées de droite et de gauche (1) ; si leurs œuvres nous semblent parfois peu raisonnables, il ne convient pas d'expliquer leurs erreurs en supposant que leur cœur eût atteint un degré d'enthousiasme irrésistible pour une intelligence normale, mais en pensant à leur débilité intellectuelle (2). — Beaucoup de gens

mes très diverses, les vieilles utopies ; mais il leur faut tenir compte de la lutte de classe sans laquelle les socialismes littéraires, politiques ou prétendûment juridiques, ne seraient que des rossignols de librairie.

(1) Tel était le cas de Fourier ; Th. Ribot observe qu'il y a chez lui un mélange singulier d'exubérance et de minutie (*Imagination créatrice*, pages 254-255) ; je suis persuadé qu'on n'a pas assez fait attention à cette deuxième particularité ; si on lui attribuait l'importance qu'elle mérite, on reconnaîtrait que Fourier n'est pas un véritable imaginatif, au sens qu'on donne à ce mot dans les beaux-arts, car il n'y a pas d'homme moins poète que lui : dès qu'il est en présence d'une fleur ou d'un animal, il se met à en expliquer les formes et les couleurs par des analogies d'un horrible pédantisme. Exemple : le plumage gris-brun du chardonneret symbolise un enfant pauvre, le rouge de sa tête marque l'ambition et le jaune de ses ailes nous apprend que l'élévation de l'enfant pauvre ne peut être obtenu que par le dévouement de sa famille ; si son chant est aussi beau que celui du serin, c'est que l'enfant pauvre et bien stimulé arrive au même degré d'éducation que l'enfant opulent ; il se plaît sur les chardons parce que pour s'instruire l'enfant pauvre ne doit pas craindre les ronces de la science. (*op. cit.*, page 544.)

(2) A la fin de son livre Edouard Dolléans a donné la traduction du *Catéchisme du nouveau monde moral*, publié

instruits se laissaient jadis éblouir par l'idée que les utopistes étaient peut-être les successeurs légitimes de ces astronomes newtoniens dont les recherches avaient abouti à des résultats prodigieux ; après que l'esprit moderne avait prouvé sa force en se rendant maître des mouvements célestes, pourquoi ne créerait-il pas une science sociale déterminant la route à suivre pour atteindre le bonheur auquel nous sommes naturellement destinés (1) ; une telle analogie qui ferait naître chez les hommes actuels, familiarisés avec le droit historique, une présomption extrêmement défavorable aux utopies, paraissait très forte il y a quatre-vingts ans à de jeunes polytechniciens (2).

par Robert Owen (avant 1828) ; le document est d'une naïveté telle que la critique se sent désarmée : l'homme ne diffère des autres animaux que par une extension plus grande de ses facultés ; il devient méchant et déraisonnable quand ses besoins ne sont pas satisfaits ; il est irresponsable ; ses prédispositions naturelles sont celles qui conviennent à la formation d'un être intelligent, raisonnable et heureux : les maux de l'humanité proviennent des erreurs que répandent les prêtres et les gouvernants dans l'opinion publique et sur lesquelles sont basées les institutions actuelles, etc. — Notre auteur fait un bien vilain compliment à Jaurès quand il dit que celui-ci pourrait écrire ce *Catéchisme* « sans modifications sensibles de fond », (page 30).

(1) Cette destinée est toujours postulée par les utopistes ; on pourrait dire qu'il joue dans leur science sociale un rôle analogue à celui qui revient à l'inertie dans la mécanique rationelle.

(2) Le fouriérisme profita surtout de cette illusion. Les préjugés *scientistes* étaient si forts à cette époque qu'en 1842 Proudhon, dans une brochure où Fourier est traité avec une juste sévérité, dit que celui-ci a mérité la gloire pour avoir affirmé que « l'organisme social doit être l'ob-

Je crois qu'il conviendrait de faire une place à part aux saint-simoniens, dont les aventures peuvent servir à jeter quelque lumière sur l'histoire si obscure du gnosticisme. Ces orgueilleux maîtres d'une prétendue science supérieure du monde moral voulaient ramasser en un syncrétisme tout ce que le génie moderne avait pu découvrir de lois réglant le progrès de l'humanité, comme les gnostiques égyptiens et syriens avaient voulu trouver « la formule de l'absolu » en mélangeant « toutes les théologies et toutes les cosmoganies » (1). Dénués de tout esprit critique, les saint-simoniens attachaient une importance que nous comprenons maintenant difficilement, aux écrits des philosophes amateurs, dont le principal mérite paraît avoir été d'exprimer leurs opinions avec une extrême assurance (2) ; ils recueillaient, en

jet d'une science exacte et positive » (*Avertissement aux propriétaires*, deuxième partie, § 1).

Edouard Dolléans dit que le socialisme est une doctrine idéaliste et statique (page 11) ; cette formule abstraite ne me semble pas être aussi instructive que cette formule concrète : l'utopisme est une prétendue science sociale imitée de l'astronomie, alors qu'une véritable connaissance de la société est historique. Notre auteur observe que le socialisme suppose que « la nature humaine est une matière première malléable » (page 9) ; cette hypothèse dérive évidemment de la physique mathématique.

(1) RENAN, *Eglise chrétienne,* page 143. Le gnostique est le « savant accompli ».

(2) Enfantin dans sa 16ᵉ leçon de la première année de l'*Exposition de la doctrine saint-simonienne,* désigne de Maistre, Lamennais et Ballanche comme les auteurs à lire pour arriver à la véritable doctrine ; Eugène Rodrigues nomme avec vénération les mêmes philosophes dans l'avis qui précède sa traduction de l'*Essai sur l'éducation du genre humain* de Lessing, et il cite plusieurs fois de Maistre, comme une grande autorité, dans ses *Lettres sur la religion et la politique.*

même temps, tout ce qui leur parvenait oralement
de la haute métaphysique allemande (1) ; il ne pouvait résulter de là qu'un embrouillamini aussi « indigeste et malsain » qu'avait été celui du gnosticisme (2). Pierre Leroux nous apprend que les folies
d'Enfantin lui furent suggérées par l'hégélianisme
que lui avaient fait connaître, tant bien que mal,
Eugène Rodrigues et Jules Lechevalier (3) ; ce fait
nous montre une fois de plus « à quel degré d'extra-
vagance en [viennent] des spéculations, assez belles
dans la pensée de leurs auteurs, quand elles tombent
en des mains puériles » (4).

(1) Les questions relatives au fini et à l'infini, qui occupent une place si éminente dans le cours professé en 1828
par Cousin (*Introduction à l'histoire de la philosophie*) in-
téressaient fort Enfantin ; en 1831, Margerin, qui était
membre du Collège saint-simonien, fut excommunié pour
une *hérésie* relative aux rapports du fini et de l'infini. —
Fournel nous apprend dans sa *Bibliographie saint-simonienne* (pages 74-75), que le dogme avait été tout d'abord
mal exposé dans la 7e leçon de la deuxième année ; Enfantin apporta une première correction dans une lettre à
François Peiffer en juillet 1831 et une deuxième le 8 avril
1833.

(2) La comparaison du saint-simonisme au gnosticisme
prouve que Renan avait très exactement jugé celui-ci en
écrivant à propos du milieu alexandrin où le gnosticisme
s'épanouit. « Tout se brouillait dans ces cerveaux à la fois
étourdis et fantasques. Grâce à un charlatanisme souvent
inconscient, les plus graves problèmes de la vie devenaient
de vrais escamotages ; on résolvait toutes les questions
du monde et de Dieu en jonglant avec des mots et par des
formules creuses ; on se dispensait de science réelle avec
des tours de passe-passe. » (*op. cit.*, page 143.)

(3) *Revue indépendante*, mai 1842, pages 332-333.

(4) RENAN, *Marc-Aurèle*, page 121. — Pierre Leroux attribue à Enfantin du « génie naturel pour la métaphysique » ; il voulait sans doute dire qu'Enfantin était aussi

Une loi fatale condamne tout syncrétisme à employer une phraséologie prodigieusement artificielle ; les saints-simoniens avaient « la manie de bâtir de grandes théories en langage abstrait pour exprimer des réalités presque mesquines », en quoi ils ressemblaient, suivant Renan, au gnostique Valentin (1) ; croyant former une aristocratie intellectuelle (2), ils étaient fiers de savoir poser des énigmes que la masse ne pouvait pas comprendre. Une littérature qui se tient ainsi volontairement éloignée des sentiments populaires ne peut parvenir à posséder des pouvoirs de premier ordre ; Renan a certainement fort dépassé les limites de la bienveillance quand il a cru trouver quelque chose de consolant dans cette inscription funéraire valentinienne : « Désireuse de voir la lumière du Père, compagne de mon sang, de mon lit, ô ma sage, parfumée au bain sacré de la myrrhe incorruptible et pure de Christos, tu t'es

rêveur qu'il l'était lui-même. L'un des documents les plus vénérés de l'enseignement d'Enfantin fut sa *Lettre à Duveyrier sur la vie éternelle*, écrite en juin 1830 ; on y relève ces puérilités emphatiques : « Je suis le descendant direct de saint Paul, c'est-à-dire que j'étais en lui, en germe, comme il est aujourd'hui résumé en moi. C'est par moi que Saint-Simon marche vers Dieu, car je suis, en vérité, ce que Dieu a voulu que fût éternellement Saint-Simon le père des hommes.» (CHARLÉTY, *op. cit.*, page 186.) Il convient d'observer ici que la doctrine nuageuse de la migration des génies se rattache à ce courant qui semble porter si facilement les époques de faible intelligence, vers la croyance à la métempsychose ; les gnostiques crurent (comme Pierre Leroux) à la métempsychose, qui peut fort bien avoir été imaginée à Alexandrie sans apports bouddhiques. Rien n'est moins chrétien que ce dogme.

(1) RENAN, *Eglise chrétienne*, page 169.
(2) Renan insiste souvent sur le fait que les gnostiques croyaient former une aristocratie intellectuelle.

nâtée d'aller contempler les divins visages des éons,
le grand Ange du grand conseil, le Fils véritable,
pressée que tu étais de te coucher au lit nuptial,
dans le sein paternel des éons » (1) ; cela me semble aussi glacé qu'une navigation sur le fleuve de
Tendre. Les saint-simoniens ont célébré avec beaucoup de raison le rôle que jouent les imaginatifs
dans l'histoire de la civilisation ; ils ont affirmé que
dans l'avenir « la plus haute poésie sera en même
temps la prédication la plus puissante » (2) ; cependant les poésies qu'ils ont composées sont d'une
telle platitude qu'en les quittant pour lire les chansons de Béranger on croit entrer dans le temple de
Polymnie (3).

(1) RENAN, *Marc-Aurèle*, pages 146-147.

(2) *Exposition de la doctrine saint-simonienne*, 15ᵉ leçon
de la première année. Cette importante conférence d'Olinde
Rodrigues est destinée à combattre Auguste Comte qui
prétendait que l'ère actuelle était devenue celle de la
science positive.

(3) Beaucoup des hymnes saint-simoniennes ne dépassent par le niveau de la poésie de mirliton. Barrault était
l'homme de lettres de la bande. A l'occasion d'une fête
célébrée à Ménilmontant pour l'inauguration des travaux
d'un temple qui ne paraît avoir été jamais sérieusement
projeté, il composa une ode en vers blancs dont voici un
échantillon : « Entre mille et autres bruits d'une société
vieillie et bavardante, — on dit que le monde — quelquefois demande — où sont les saint-simoniens ? — morts ?
partis ? le sait-on ? d'ailleurs qu'importe. — Et ces bruits
vont soudain se perdant sans réponse, — entre mille autres bruits. — Je répondrai ; — voici le jour — je par-
lerai... Pour voir tant de magnificence, — des bouts du
monde associé — force pélerins accourront — et se donneront rendez-vous, — près de l'immortel monument —
que le globe autour du soleil — jusqu'à la fin emportera
— debout sur le même terrain. » (CHARLÉTY, *op. cit.*, pages
222-224.)

De même que les mystères antiques ont versé dans le gnosticisme le meilleur de leur contenu, les sociétés secrètes, qui furent encore très importantes durant le premier tiers du XIXᵉ siècle, apportèrent au saint-simonisme les initiations, le principe de l'obéissance passive, le goût des excitations névropathiques ; à la fin de l'Ancien Régime, les hommes qui avaient espéré avec le plus de confiance faire partager à l'aristocratie intellectuelle du temps leurs idées de régénération humaine, ne s'étaient pas fait faute d'utiliser bien des fois les superstitions occultistes (1); on ne doit donc pas s'étonner si dans le saint-simonisme on rencontre tant de phénomènes qui au premier abord peuvent paraître appartenir au domaine religieux (2), mais qui doivent être rangés dans le domaine de la magie.

Tandis que, durant le second semestre de 1831, Bazard et Enfantin argumentaient avec une extrême ardeur sur les principes qui devaient désormais être suivis par le saint-simonisme, « l'exaltation [des fidèles] toucha au délire. Chacun fit sa confession générale (3), et, dans un élan passionné, quelques-uns, ivres d'enthousiasme prophétique, eurent comme des extases. Reynaud ayant répondu par des paroles d'incrédulité à Olinde, qui demandait s'il n'était pas vrai que le Saint-Esprit fût en lui, celui-ci tomba sans connaissance » (4).

Renan a écrit que dans le gnosticisme « Hegel et

---

(1) GEFFROY, *Gustave III et la Cour de France*, chapitre X.

(2) C'est l'erreur que j'avais commise dans la première rédaction de ce compte rendu.

(3) Gustave III avait fait une confession générale à un franc-maçon allemand célèbre Zinnendorf. (GEFFROY, *op. cit.*, 2ᵉ édition, tome II, page 258.)

(4) CHARLÉTY, *op. cit.*, page 171.)

Swedenberg, Schelling et Cagliostro [se] coudoient » (1). L'épisode suivant montre que le même jugement pourrait probablement s'appliquer aussi bien au saint-simonisme : « D'Eichthal vint un jour réveiller le Père à six heures et demie du matin, lui confia que la veille, après un mouvement de sympathie pour le catholicisme qui l'a poussé à communier à Notre-Dame, il a passé toute la nuit en pleurs ; une certitude lui est apparue : *Jésus vit en Enfantin*. « Tu es [lui dit-il] la future moitié du couple révélateur, l'*Homme-Dieu !* J'attends la fille de Dieu qui doit s'asseoir à tes côtés pour fléchir le genou devant votre dualité sainte. » Enfantin lui dit simplement : « En l'absence de la femme, je ne puis me nommer ; à plus forte raison tu ne le peux pas » ; et il le pria de le laisser dormir. Quand le Père se fut de nouveau éveillé, d'Eichthal insista ; le Père se leva et, mettant ses bas, lui dit : *Homo sum* » (2).

Quand on connaît ces faits, on n'a point de peine à comprendre la raison de l'extraordinaire ascendant qu'exerçait Enfantin sur des hommes qui lui étaient généralement supérieurs au point de vue intellectuel ; il se dominait par la suggestion hypnotique (3) ; il s'expliquait son pouvoir par des théo-

---

(1) RENAN, *Marc-Aurèle,* page 146.

(2) CHARLÉTY, *op. cit.,* page 182.

(3) Cazeaux donnait à Enfantin « l'impression qu'il était magnétisé par lui. » (CHARLÉTY, *op. cit.,* page 171 ; cf. page 62.) — Charléty raconte ainsi la séance du 27 novembre 1831 : « Enfantin présidait, calme et le regard inspiré. L'assemblée était suspendue à ce regard. « Non, s'écria Baud, Dieu n'a pas permis qu'un homme pût se placer en présence des hommes avec cette face calme et sereine, avec cette grandeur et cette beauté pour qu'il s'en servît afin de les séduire et de les perdre ». On l'acclama

ries stupides sur la puissance du regard. Au mois
d'août 1832, à la Cour d'assises, il essaya vainement
de fasciner les juges, les jurés, l'avocat général ; et
comme le président s'impatientait : « Je désire apprendre, dit-il, à M. l'avocat général l'influence
puissante de la forme, de la chair, des sens, et pour
cela faire sentir celle du regard... Ils nient la puissance morale des sens et ils ne comprennent pas que
sans parler, et seulement par mon regard, j'ai pu
leur faire perdre le calme qui convenait à leur rôle.
S'ils m'aimaient, ils sauraient bien trouver dans mon
regard autant d'inspiration d'amour qu'ils viennent
d'y puiser des sentiments de haine » (1). Les psy-
chologues d'aujourd'hui comprennent sans la moindre difficulté l'effet que pouvait produire le regard
du Père sur des disciples entraînés à l'obéissance
hypnotique.

Beaucoup de nos historiens actuels seraient fort
désireux de faire admettre que les gnostiques auraient été calomniés par les docteurs orthodoxes (2) ;

frénétiquement : l'enthousiasme fut si grand que tout le
monde criant à Reynaud : Embrassez votre père, Reynaud,
tout étourdi, hésita, puis se jeta dans les bras d'Enfantin.
Rodrigues prononça la parole définitive : « Au nom du
Dieu vivant, qui m'a été révélé par Saint-Simon, votre an-
cêtre à tous et le mien en particulier, mon premier acte de
foi ici doit être de proclamer, vous, Enfantin, l'homme le
plus moral de mon temps, le vrai successeur de Saint-
Simon, le chef suprême de la religion saint-simonienne »
(pages 175-176). Lorsqu'il put réfléchir Jean Reynaud signa
la protestation des 19 dissidents qui suivirent Bazard, et
que publia le *Globe* du 29 novembre.

(1) CHARLÉTY, *op. cit.*, pages 235-236. — La *Science de
l'homme*, publiée en 1858, contient encore les plus folles
divagations sur le regard.

(2) Telle me paraît être la position de Salomon Reinach.
(*Orpheus*, page 108 et page 374.)

Renan avait une sympathie bien naturelle pour ces personnages, qu'il se représentait comme des « gens du monde » (1) qui « eurent la suprême sagesse, la tolérance, et parfois même... un scepticisme discret » (2) ; mais il reconnaît impossible de rejeter complètement les accusations d'immoralité portées contre eux (3). Désirant que ses lecteurs leur accordent les circonstances atténuantes, il évite d'examiner de trop près le problème psychologique fondamental du gnosticisme : « Il est certain, dit-il, que quand on attache tant d'importance des formules métaphysiques, la simple et bonne morale paraît chose humble et presque indifférente » (4).

(1) RENAN, *op. cit.*. page 119.
(2) RENAN, *op. cit.*, page 146.
(3) « Quelques-uns de ces pasteurs valentiniens étaient de manifestes séducteurs ; d'autres affectaient la modestie ; mais bientôt, dit Irénée, la sœur devenait enceinte du frère. » (RENAN, *op. cit.*, page 119.) — Un gnostique, nommé Markos, séduisit nombre de chrétiennes distinguées en leur persuadant qu'elles devenaient prophétesses : « La malheureuse... reconnaissant que l'abandon de tous ses biens en sa faveur était peu de chose, s'offrait elle-même à lui, s'il daignait l'accepter » (page 293). Il avait séduit la femme d'un diacre d'Asie, qui lui avait donné l'hospitalité et il la traîna longtemps avec lui : « elle se convertit, avoua ses fautes et ses malheurs, passa le reste de sa vie dans une confession et une pénitence perpétuelles, racontant par humilité tout ce qu'elle avait souffert du magicien » (page 295). — A propos des carpocratiens, Renan dit qu'il « est difficile de ne pas admettre qu'il se produisit [parmi eux] d'étranges folies » (page 125). — et ailleurs : « On ne peut douter que les sectes dont nous parlons, n'aient eu en commun une fâcheuse tendance à l'indifférence morale »(page 137).
(4) RENAN, *Eglise chrétienne*, page 163. — Je crois bien que Renan a voulu viser ici non seulement le gnosticisme mais encore le catholicisme. — Cf. : « Le mysticisme a tou-

Le gnosticisme nous fournit, à mon avis, un exemple de ces machinations que forment des gens audacieux, dénués de scrupules et habiles dans l'art de la parole, pour se procurer des femmes et de l'argent, en spéculant sur les forces qui poussent tant d'hommes sur les voies de la superstition magique ; l'appareil métaphysique était là seulement pour donner le change sur les véritables desseins des aventuriers ; il empêchait aussi les victimes de voir quelle décadence elles subissaient sous la direction de leurs maîtres de philosophie.

L'immortalité des saint-simoniens, qui me paraît ressembler à celle des gnostiques, était admise comme un fait incontestable par tous leurs contemporains ; les historiens se sentent un peu gênés pour en parler parce que les documents sont rares ; ceux des anciens amis d'Enfantin qui étaient arrivés à de bonnes situations sociales avaient la sagesse de se montrer très attachés aux camarades de leur jeunesse, de manière à éviter les indiscrétions qui auraient pu les couvrir de ridicule. On serait assez tenté de considérer comme un simple paradoxe littéraire l'article du *Globe* (12 janvier 1832) qui valut à Charles Duveyrier un an de prison. « On verrait, prophétisait-il, des hommes et des femmes unis par un amour sans exemple, puisqu'il ne connaîtrait ni le refroidissement, ni la jalousie ; des hommes et des femmes qui se donneraient à plusieurs sans jamais cesser d'être l'un à l'autre et dont l'amour serait au contraire un divin banquet augmentant

jours été un danger moral ; car il laisse trop facilement entendre que par l'initiation on est dispensé des devoirs ordinaires » (page 152). Formule analogue à la page 175.

de magnificence en raison du nombre et du choix
des convives » (1). Mais il faut tenir compte d'une
lettre écrite à la fin de 1832 par Jean Reynaud à
Enfantin, lettre qui renferme un témoignage si ac-
cablant pour celui-ci que les éditeurs de la collection saint-simonienne n'ont pas osé l'imprimer inté-
gralement : « Depuis quatre ans, pour rester fidèle
aux principes que je m'étais faits, j'ai refusé de
prendre part à la prostitution et à l'adultère » (2).
Ce texte que Charléty trouve fort énigmatique, devient très clair quand on se reporte à des souvenirs
que le même Jean Reynaud a confiés à Mme Juliette
Adam : « Le soi-disant Père, lui a-t-il raconté, dé-
léguait aux femmes des hommes résolus à les séduire par tous les moyens et ensuite à livrer leur
secret à Enfantin, qui obligeait les malheureuses à
se confesser publiquement de leurs fautes »; un
jour il poussa le cynisme jusqu'à déclarer que la
Providence ne l'avait entouré que de maris trompés ; Bazard ayant protesté, il lui révéla solennellement que lui aussi l'avait été (3). Ce renseignement

(1) CHARLÉTY, *op. cit.*, page 191. On a souvent observé
que des époques de profonde médiocrité morale enfantent
des utopies ayant de remarquables analogies avec les
mœurs de peuples sauvages. Les idées que Duveyrier émit
en 1832 rappellent les usages matrimoniaux des Arabes
Hassinyeh du Nil Blanc ; chez eux la femme a le droit de
se livrer à qui lui plaît pendant une partie de la semaine ;
sa liberté est d'autant plus grande que le mari a fait
moins de cadeaux aux parents (GIRAUD-TEULON, *Les origines de la famille,* page 80).
(2) CHARLÉTY, *op. cit.*, page 176.
(3) Mme JULIETTE ADAM, *Mes premières armes littéraires et politiques,* pages 350-351. — Mme Bazard était
une femme d'une nervosité particulière (CHARLÉTY, *op. cit.*,
page 171) ; Jean Reynaud dit qu'on l'avait terrorisée. En-

nous conduit à interpréter toujours dans le sens ignoble ce que les amis d'Enfantin ont écrit sur la femme. Ce furent généralement des gnostiques accomplis, qui n'avaient rien de chrétien (1).

IV

Je vais terminer cette étude en présentant quelques réflexions qu'elle m'a suggérées, dont l'importance me paraît considérable et qui seront utiles à mes lecteurs pour aborder divers problèmes d'un intérêt très actuel.

a). — La thèse d'Edouard Dolléans nous offre un notable exemple de cette critique concordiste qu'affectionne beaucoup notre monde universitaire. Tandis que suivant l'opinion des gens simplement pourvus de bon sens, l'intelligence cultivée serait tenue d'établir des distinctions plus précises que celles dont se contente la langue de la conversation, nos professeurs croient, en général, faire preuve d'un haut esprit philosophique en abaissant les barrières utilisées par la connaissance commune ; c'est ainsi qu'ils défendent à aucune doctrine d'être nouvelle, qu'ils découvrent des influences mystérieuses d'auteurs oubliés ou qu'ils apprennent à l'Eglise com-

fantin démontrait ainsi par le fait que « toutes les femmes étaient mûres pour l'émancipation, pour l'amour libre ». — Il semble résulter de ce que dit Charléty à la page 180, qu'il opérait aussi lui-même comme un Markos.

(1) Renan, qui souvent traite les gnostiques comme des chrétiens hérétiques, signale cependant que « Plotin, écrivant un livre entier contre les gnostiques, ne croit pas un moment avoir affaire à une secte chrétienne » (op. cit., page 148).

ment elle devrait accueillir les résultats de la science protestante (1). Ces hommes dont l'idéalisme est trop élevé pour qu'ils puissent apercevoir les contours pratiques de la réalité, ressemblent à ces amis de Considérant qui prétendaient posséder une doctrine assez large pour satisfaire tous les Français, saint-simoniens, républicains, royalistes, bourgeois et communistes. Proudhon leur adressait les reproches suivants qui méritent bien encore aujourd'hui d'être pris en sérieuse considération : « Je déteste le panthéisme logique à l'égal du panthéisme religieux : car, si ce dernier est la négation de la morale, l'autre est la négation de la raison. Mais il est des gens qui se croient profonds parce qu'ils ont le cerveau vide ; d'autres s'imaginent avoir des idées larges parce que leur vue ne saisit aucune différence ; beaucoup s'attribuent une grande intelligence parce qu'ils se sentent le cœur chaud et l'âme enfiévrée ; tous sont des panthéistes logiques aussi incapables de philosopher que de se connaître, aussi dépourvus de génie que de savoir » (2).

Si les rapprochements suivants qu'Edouard Dolléans établit, à la suite d'Espinas, entre le socialisme et le christianisme, sont absolument dépourvus de toute valeur de vérité, on ne saurait douter qu'ils ne soient très propres à charmer les esprits habitués aux finesses sorbonniques :

(1) Boutroux a beaucoup contribué à assurer l'autorité de cette critique concordiste ; aussi est-il un des oracles du modernisme et du protestantisme libéral qui lui paraissent des moyens propres à concilier « la plus laïque des philosophies » avec le sentiment religieux. (Cf. DOM BESSE, *Les religions laïques,* pages 97-100.)

(2) PROUDHON, *Avertissement aux propriétaires,* 2ᵉ partie, § 3. — Cette brochure est du 1ᵉʳ janvier 1842.

« L'essence de la conception socialiste est dans l'opposition entre la société actuelle d'anarchie et de misère et une société plus juste et plus heureuse... Les origines de cette philosophie sociale sont chrétiennes ; l'unique originalité des penseurs matérialistes du XVIII° siècle a été de laïciser la conception chrétienne (1) et de reporter du passé dans l'avenir l'idée de l'état de nature antérieur au péché, état de perfection, de justice, d'égalité et de bonheur dont parlait la philosophie chrétienne (2)... Les socialistes sont... des chrétiens sans le savoir » (pages 17-18).. Il est bien évident qu'en arrangeant des abstractions si artificiellement, on s'interdit de jamais atteindre ces organisations des volontés qui sont les éléments essentiels de tout grand mouvement populaire ; aucun dialecticien ne pourrait persuader à nos socialistes qu'ils sont « des chrétiens sans le savoir » (3); or c'est surtout l'idée que les hommes se forment de la nature vraie de leur

(1) Edouard Dolléans croit que le socialisme est antérieur aux phénomènes économiques sur lesquels le marxisme prétend le fonder (pages 32-33).

(2) Ce renversement rappelle fort diverses théories que fournirent des naturalistes au commencement du XIX° siècle pour faire ressortir l'unité de plan des organismes. Etienne Geoffroy Saint-Hilaire regardait les homards comme des vertébrés vivant dans leur colonne vertébrale. (EDMOND PERRIER. *La philosophie zoologique avant Darwin*, page 103). — Cf. aux pages 105 et 129-130, d'autres transformations géométriques imaginées dans le même but.

(3) A la page 9, Robert Owen est particulièrement désigné comme « chrétien sans le savoir » ; cette qualification peut paraître, au premier abord, assez vraisemblable parce que les Gallois sont très portés à l'enthousiasme chrétien. Renan a dit que la « douce petite race [celtique] était naturellement chrétienne », en sorte que sa conversion se fit sans lutte *'Essais de morale et de critique*, pages 435-436).

rôle, qu'il importe de connaître pour comprendre l'histoire.

b). — Il s'est introduit dans la philosophie une grave maladie de langage, depuis que l'on a voulu traiter les questions religieuses en fermant l'accès de l'esprit aux moindres réminiscences catholiques. Jadis quand un auteur parlait des mystiques, tout le monde pensait à sainte Thérèse et aux autres personnages dont les révélations jouissent d'une réelle autorité dans l'Eglise ; mais les savants qui entreprennent d'expliquer les religions par théories qu'ils nomment laïques, sont obligés d'employer un autre dictionnaire que les fidèles ; il est aujourd'hui impossible de savoir ce que les universitaires veulent dire quand ils emploient le mot : mystique. On ne saurait contester qu'une telle dissolution d'une notion si importante ne soit le signe certain d'une corruption détestable du langage. Grâce à son actuelle indétermination ce terme a pu passer dans la littérature sociale pour contribuer à accroître la confusion qui n'y régnait déjà que trop.

Edouard Dolléans écrit par exemple : « Plus nombreux que les dominateurs (1) et les égalitaires (2),

Mais l'examen du *Catéchisme du nouveau monde moral* ne me. paraît révéler aucun sentiment chrétien.

(1) « Les dominateurs, ce sont, d'après Edouard Dolléans, ceux dont l'ambition, le besoin d'activité, le désir de conduire et de commander se trouvent à l'étroit dans une démocratie... Les dominateurs, en 1830, c'étaient les saint-simoniens, qui aspiraient à être les prêtres d'une théocratie nouvelle ; aujourd'hui ce sont, parmi les socialistes réformistes, les légistes ; parmi les révolutionnaires, les agitateurs, dont l'esprit d'autorité et de commandement se dépense en action parlementaire ou en action directe. »

(2) « Il y a, dit encore notre auteur, le socialisme de l'en-

il y a les mystiques du socialisme, les âmes qui ont besoin d'une foi, d'un *Credo*, les esprits qui croient posséder la Vérité sociale, comme à une autre époque ils auraient cru posséder la Vérité religieuse » (page 5). Si le texte s'arrêtait là, on pourrait supposer que l'auteur a voulu simplement dire que parmi les militants du socialisme se recrutent beaucoup d'individus désintéressés, enthousiastes, prêts à faire le sacrifice de leur vie (1) ; mais, il veut, sans aucun doute, faire entendre quelque chose de plus, car il parle, immédiatement après de *religiosité* et de *mysticisme ;* comme ces militants ne pratiquent pas les *états d'oraison* que les théologiens attribuent aux mystiques, le psychologue ne sait point à quelles réalités correspondent les formules abstraites d'Edouard Dolléans, en sorte que, faute d'analogies concrètes propres à les éclairer, elles peuvent recevoir des interprétations fort arbitraires.

L'extrême embarras dans lequel se trouve l'esprit moderne quand il introduit des abstractions dans la philosophie religieuse, apparut d'une manière très frappante au cours des discussions que fit naître la publication d'*Orpheus ;* Salomon Reinach avait essayé de « résumer [en quelques brèves formules] le minimum de ce qui doit se trouver dans un système qu'on appelle une religion pour qu'il soit digne

---

vie, qui est celui des égalitaires, des impuissants dont la médiocrité est jalouse de toute supériorité plus encore que de toute égalité. »

(1) C'est de cette manière que Péguy entend le mot mystique quand il oppose ce qu'il nomme la mystique république d'autrefois à la politique républicaine d'aujourd'hui, toute préoccupée de profits. .

de ce nom » (1); ses thèses furent âprement contestées, sans que ses adversaires soient parvenus à en proposer d'autres plus satisfaisantes que les siennes. La véritable conclusion que le philosophe doit tirer de ces polémiques, est qu'on s'engage sur une voie sans issue quand on prétend déterminer *in abstracto* des caractères généraux de ce genre ; l'étude des religions pour être utile, doit demeurer toujours historique, ce qui exige un contact étroit avec le concret ; cette règle écarte toute possibilité de trouver dialectiquement des analogies entre les raisons de psychologie profonde qui expliquent le socialisme et celles qui meuvent la croyance chrétienne.

L'homme prudent, qui aborde les matières religieuses, se défie beaucoup de ces considérations d'idéalisme supérieur, dont usent si abondamment les coryphées du protestantisme ultralibéral, qui espèrent qu'à force d'exercer les jeunes gens à bavarder sur *la religion* ils les amèneront à oublier qu'il existe *des religions* (2) ; il s'attachera à bien connaître ce *surnaturel particulier* que Renan regardait comme incompatible avec le génie de la science

---

(1) Salomon Reinach, *Cultes, mythes et religions*, tome IV, page 458.

(2) Dom Besse signale particulièrement cette tactique chez Ferdinand Buisson, qui ne veut pas que les religions continuent à confisquer la religion (*op.. cit.*, page 51). — Engels a fait une critique très juste de ce galimatias quand il a reproché à Feurbach d'avoir voulu complètement négliger les données de l'histoire dans sa théorie de la religion ; il rendait si vague la notion de religion qu'il y pouvait annexer tous les rapports sympathiques; il supprimait ainsi le fonds, mais grandissait le mot.

moderne (1) auquel le catholicisme doit d'avoir pu reconquérir une place si éminente au XIXe siècle et qui, grâce à William James, a fait une entrée triomphale dans la philosophie contemporaine (2); il s'efforcera de classer de son mieux les phénomènes, en s'appuyant sur les analogies que lui fournit l'histoire des croyances européennes depuis les origines du christianisme (3). Dans bien des cas, des institu-

(1) Dans la préface de la *Vie de Jésus* (éditions postérieures à la treizième), Renan écrit : « Par cela seul qu'on admet le surnaturel on est en dehors de la science, on admet une explication qui n'a rien de scientifique, une explication dont se passent l'astronome, le physicien, le chimiste, le géologue, le physiologiste, dont l'historien doit aussi se passer. Nous repoussons le surnaturel pour la même raison qui nous fait repousser l'existence des centaures et des hippogriffes ; cette raison, c'est qu'on n'en a jamais vu » (page VI). Il a expliqué à la page IV ce qu'il entend par surnaturel: « J'entends toujours par ce mot le *surnaturel particulier*, l'intervention de la Divinité en vue d'un but spécial, le miracle, et non le *surnaturel général*, l'âme cachée de l'univers, l'idéal, source et cause finale de tous les mouvements du monde. » — Ce *surnaturel général* n'est pas susceptible d'une véritable spéculation philosophique, puisqu'il ne se révèle jamais ; on peut seulement bavarder à son sujet. — En affirmant que l'histoire ne renferme rien de particulier, rien qui n'échappe aux lois générales analogues aux lois physiques, Renan énonce un paradoxe que tout le monde juge aujourd'hui insoutenable. D'autre part, il admet que la question reste soumise à l'expérience : William James, au nom de l'expérience, enseigne l'existence du *surnaturel particulier*.

(2) Le livre consacré par William James à l'expérience religieuse a fait date dans l'histoire des idées.

(3) Vilfredo Pareto fait observer qu'on ne peut établir de distinction didactique entre la *religion* et la *superstition*, mais que de tout temps l'Eglise a cherché à adopter une position moyenne (*Les systèmes socialistes*, tome I, pages 306-309).

tions religieuses et des institutions socialistes peuvent avoir sur le monde des réactions assez semblables pour qu'il y ait intérêt à se servir de l'expérience déjà longue du catholicisme pour éclairer l'expérience toute jeune du prolétariat ; mais de ces comparaisons établies entre des réalisations, il faut se garder de conclure à l'identité des forces intérieures ; or, c'est justement sur la nature des forces intérieures que porte la thèse d'Edouard Dolléans.

c) Lorsque, après le départ de Bazard, Enfantin fut libre de conduire à son gré l'école saint-simonienne, cet ancien marchand de vin égaré dans la métaphysique fulmina contre les gens qui avaient cessé de l'admirer, cette sentence magnifiquement comique, dont les historiens de la pensée moderne n'ont peut-être pas examiné d'assez près l'exacte signification : « Les dissidents n'ont jamais senti qui je suis ; tous sont susceptibles du plus généreux dévouement pour les principes et les idées ; mais ils auront honte de confesser le même amour pour des hommes, comme si Dieu n'incarnait pas son verbe (1). *Aucun d'eux n'a jamais été religieux* » (2). Ce charabia doit se traduire ainsi : Celui dont l'âme est vraiment religieuse, doit s'efforcer de ressembler d'une façon complète au moine qui se soumet avec enthousiasme à l'abbé que Dieu a chargé de gou-

(1) Suivant Pierre Leroux l'idée de l'incarnation avait été apportée par des hégéliens à Enfantin et avait tout à fait égaré son esprit. (*Revue indépendante*, mai 1842, page 333.) — Henri Heine, dans les derniers temps de sa vie, racontait qu'il s'était pris pour un Dieu au temps de sa jeunesse hégélienne (*De l'Allemagne*, tome II, page 295, page 309).

(2) CHARLÉTY, *Histoire du saint-simonisme*, page 177.

verner sa congrégation ; Renan se serait donc trop préoccupé des institutions charitables de l'Eglise quand il a écrit : « L'organisation du dévouement, c'est la religion » (1). Le philosophe qui veut aller au fond des choses sociales, devrait plutôt, d'après Enfantin, regarder la religion comme une organisation de l'obéissance fanatique (2).

Le saint-simonisme exagérait une manière de comprendre politiquement la religion qui s'était formée au temps où l'on identifiait la pratique du catholicisme avec le loyalisme du bon Français ; elle s'était beaucoup précisée lorsque Napoléon avait entrepris de se faire accepter pour un nouveau Charlemagne ; transmise par les positivistes à Brunetière, elle a été répandue par celui-ci avec une ardeur extrême dans la bourgeoisie contemporaine. Il est peu de gens instruits chez lesquels on ne rencontre pas quelques formes confuses de cette interprétation de la religion (3). On a maintes fois si-

---

(1) RENAN, *Apôtres*, page 376. Dans l'introduction Renan demande « qui remplacera ce ministère de dévouement des Filles de la Charité » (page LXIII).

(2) A la séance du 19 novembre 1831, Jules Lechevalier avait dit : « Je doute :... je redeviens un philosophe » ; son ami Transon prononça ces paroles qui se rattachent étroitement à la formule d'Enfantin citée plus haut : « Moi, je ne suis pas un philosophe, *je suis un homme religieux*. Je suis un porte-bannière, je ne porte plus la vôtre, je n'y ai plus foi ; je disparais ; *j'irai où je verrai une religion.* » (CHARLÉTY, *op. cit.*, page 173.) Tous les deux devinrent fouriéristes ; Transon a été plus tard un catholique des plus fervents.

(3) Il ne manque pas de conservateurs qui verraient avec plaisir un gouvernement semblable à celui de Louis XV, servi par des ministres incrédules qui persécuteraient les protestants comme ennemis de l'ordre royal.

gnalé que les succès du socialisme politique proviennent de la docilité quasi-ecclésiastique dont fait preuve la classe ouvrière ; aussi beaucoup de personnes, éclairées mais un peu étrangères à la philosophie, sont-elles disposées à admettre que le socialisme serait avant tout un mouvement religieux; mais il me semble bien certain que les caractères cléricaux du socialisme politique proviennent de la démocratie. Voici quelques observations qui montrent à quel point la démocratie copie l'administration de l'Eglise.

Les élus de la démocratie ne sont pas des employés recevant un salaire proportionnel à leur travail et préparés à remplir leurs fonctions par un apprentissage technique ; ce ne sont pas non plus des magistrats chargés de faire vivre au milieu des œuvres actuelles les principes d'une tradition ; ce sont des évêques laïques auxquels l'acclamation populaire a donné un pouvoir indéterminé. Lorsqu'ils sont réunis en assemblée légiférante, ils possèdent les lumières de la Volonté générale, qui les mettent à même de dire ce qu'il convient de faire, dans des questions qu'ils connaissent seulement d'une manière superficielle. Le sacrement électoral efface en eux les tares d'un passé parfois très chargé, crée en leur faveur une présomption de vertu contre laquelle la preuve serait très difficile à faire, et ainsi les met pratiquement au-dessus des attaques de la presse (1).

Je suis étonné qu'un homme aussi avisé que Charles Maurras ne s'aperçoive pas que cette théorie rend l'*Action française* odieuse à un nombre énorme de ses contemporains et notamment à quantité de sérieux catholiques.

(1) Les quelques exemples que l'on peut citer des poli-

Les dogmes de la souveraineté populaire, de la rectitude de la Volonté générale, de la délégation parlementaire s'opposent à ce qu'on puisse opposer le droit aux décrets de la démocratie. Demander à un tribunal de décider si ces décrets sont conformes aux théories juridiques que l'histoire a déposées, d'une façon plus ou moins explicite, dans le trésor national, serait aussi scandaleux que soumettre à un synode ecclésiastique local la question de savoir si certaines décisions pontificales sont conformes à l'enseignement des Pères. Il a fallu des circonstances historiques très particulières pour que les Etats-Unis aient confié à leur Cour suprême le pouvoir d'empêcher l'exécution de lois ; mais il n'y a aucune chance pour que cet exemple soit suivi chez nous ; on peut même se demander si les magistrats américains exerceront encore longtemps leur juridiction, car il ne manque pas de voix considérables pour dénoncer une autorité qui brave la Volonté du peuple.

Les décrets de la démocratie sont censés former une chaîne de réformes destinées à conduire l'humanité vers une justice à laquelle aspirent tous ceux qui souffrent ; toute tentative faite pour reprendre quelque chose de ce *progrès* est, en conséquence, qualifiée d'infâme manœuvre réactionnaire (1); c'est

---

ticiens atteints par de telles attaques, montrent même combien a été forte cette présomption qui leur avait assuré une très longue impunité.

(1) On doit rattacher au même ordre d'idées la réprobation dont les démocraties frappent les hommes qui les abandonnent ; venir à elles est toujours admirable, parce que c'est collaborer au bonheur de l'humanité ; les abandonner c'est renier la cause de l'humanité.

pourquoi les conservateurs ont généralement peur de toucher d'une façon sérieuse aux conquêtes de la démocratie. L'histoire de nos législations modernes ne rappelle donc en rien la pratique de la science expérimentale qui s'avance avec hardiesse parce qu'elle est toujours prête à abandonner ses constructions (1). Mais les décrets de la démocratie, ressemblant fort aux décrets des conciles et des papes qui forment une suite d'éclaircissements de la révélation, sont étrangers à la science expérimentale et ne sont jamais rectifiés par des retours en arrière.

(1) L'idée d'une politique expérimentale a eu très peu de succès chaque fois qu'elle a été émise.

L'organisation de la démocratie

I. *Conception pratique et d'origine bureaucratique d'Adolphe Prins sur l'organisation de la démocratie. — Projets relatifs à la Belgique.*

II. *Idées juridiques de Proudhon. — Formation de la raison collective. — Conditions du régime républicain.*

III. *La démocratie peut-elle s'accommoder du génie républicain défini par Proudhon ? — Projets de réforme fondés sur des théories abstraites : représentation proportionnelle. — A quoi bon organiser la démocratie ?*

IV. *Démocraties primitives et démocraties modernes. — La politeia péripatéticienne et la république proudhonienne.*

I

Depuis nombre d'années, une multitude d'écrivains qui ne sont pas généralement considérables par leur talent, mais qui sont versés dans l'art de faire du bruit, affirment que si l'on se décidait à organiser le suffrage universel d'après les méthodes qu'ils préconisent, la démocratie fonctionnerait de façon à satisfaire les critiques les plus exigeants. Cette littérature est presque toujours bourrée de considérations abstraites, par suite assez vague et peu instructive. On ne saurait négliger complètement le livre qu'Adolphe Prins a publié sous le titre : *De l'esprit du gouvernement démocratique* (1), parce que l'auteur s'y est proposé d'exposer à ses compatriotes des réformes constitutionnelles qui lui semblent convenir aux conditions sociales de la Belgique actuelle.

Pour lire avec fruit cet ouvrage, il ne faut jamais perdre de vue les remarques suivantes. Les hommes politiques belges sont fermement attachés, sauf peut-être les chefs du parti socialiste, aux institutions de liberté (2); les Belges instruits croiraient manquer aux devoirs élémentaires du patriotisme s'ils ne se montraient pas fiers des traditions des vieilles communes flamandes ; la bourgeoisie belge ne sentant pas le besoin d'avoir un chef capable de faire jouer à l'armée nationale un grand rôle dans le monde, d'assurer la continuité d'une politique extérieure qui forme un des éléments considérables de l'équilibre européen, de donner aux intérêts matériels des garanties qui soutiennent la confiance nécessaire au progrès économique, l'esprit bona-

---

(1) J'ai publié deux comptes rendus de ce livre dans le *Divenire sociale* (de Rome) le 16 novembre 1906 et dans le *Mouvement socialiste* du même mois. Je donne ici une troisième rédaction plus étudiée que les précédentes.

(2) Ce doute est motivé par le passage suivant qu'on trouve aux pages 182-183 : « Les masses avides de bonheur, de bien-être et de justice, n'ont pas à elles seules ce qu'il faut pour atteindre leur but. Elles ont besoin de conducteurs. Les socialistes les plus égalitaires ne le nieront pas. Sans des chefs, et souvent même des *chefs très autoritaires,* qui l'ont formé et dirigé, le parti socialiste ne serait rien. Et si le parti socialiste a des sectes, c'est encore parce qu'il possède des chefs de secte. »

partiste n'existe point chez nos voisins du nord, qui peuvent critiquer le travail parlementaire actuel sans désirer l'établissement d'une monarchie absolue (1). D'autre part, Adolphe Prins n'est pas un de ces rhéteurs qui prétendent créer un ordre artificiel suivant des formules scolastiques ; haut fonctionnaire du ministère de la Justice, il est un homme pratique, il a pu notamment observer comment fonc-

(1) C'est cet esprit bonapartiste qui a fait le succès de l'*Action française ;* beaucoup de gens qui se soucient fort peu des principes de la royauté traditionnelle, ont été heureux de voir attaquer avec verve les vices du gouvernement démocratique ; il se pourrait fort bien que la propagande de Charles Maurras fût, en définitive, plus utile au prince Victor qu'au duc d'Orléans. (On m'a dit que cette opinion avait été exprimée par le comte de Sabran Pontèves quelque temps avant sa mort.) Pendant les dix premières années du second Empire, la bourgeoisie française avait estimé que Napoléon III gouvernerait suivant ses besoins de réaction; il a fallu que l'expédition d'Italie ébranlât l'alliance du clergé et du dictateur pour que l'opinion libérale se réveillât ; au moment où les hommes du Deux Décembre paraissaient prêts à se convertir au parlementarisme, Proudhon résumait dans les lignes suivantes les reproches que l'on a le droit de faire au système dit du *Juste-milieu :* « Un système politique, inventé tout exprès, pour le triomphe de la médiocrité parlière, du pédantisme intrigailleur, du journalisme subventionné, exploitant la réclame et le chantage ; où les transactions de conscience, la vulgarité des ambitions, la pauvreté des idées, de même que le lieu commun oratoire et la faconde académique, sont des moyens assurés de succès; où la contradiction et l'inconséquence, le manque de franchise et d'audace, érigés en prudence et modération, sont perpétuellement à l'ordre du jour ; un pareil système se refuse à la réfutation ; il suffit de le peindre. L'analyser ce serait le grandir et quoi que fît le critique, en donner une fausse idée. » (*Contradictions politiques,* pages 222-223.) Ce régime est celui que nous a imposé la démocratie depuis 1871.

tionne une bureaucratie dans un régime de partis. Ses projets sont donc, à la fois, réalistes et libéraux, en sorte qu'ils peuvent servir de bases à d'utiles discussions sur la démocratie moderne.

Les élus de la démocratie occupent des positions qui, dans un gouvernement d'Ancien Régime, seraient confiées à des gens du roi que leurs services antérieurs auraient fait juger dignes de contrôler l'administration, de donner des conseils aux ministres et au besoin de corriger les erreurs du souverain. La bureaucratie actuelle, qui a conservé beaucoup des traditions des vieux corps royaux, désirerait que les parlements se conformassent, dans une certaine mesure, à ses mœurs. Il est donc assez naturel que les projets présentés par Adolphe Prins aient surtout pour objet d'introduire dans la démocratie des idées chères aux fonctionnaires.

Un avancement régulier dans une hiérarchie, combinée de façon à assurer au mérite de justes satisfactions, voilà quelle est pour le parfait employé de l'Etat la base du droit public ; les années du début servent à faire acquérir la routine, loi fondamentale de tout corps administratif ; les jeunes gens qui sont destinés à atteindre les hauts grades, se signalent alors à l'attention en faisant preuve, sur un théâtre modeste, des qualités morales qui leur seront si nécessaires plus tard pour commander. Ne serait-il pas convenable aussi que les hommes politiques fussent obligés de passer par un apprentissage ? Notre auteur le pense ; c'est pourquoi il écrit : « L'exercice des fonctions locales est pour le parlementarisme moderne ce qu'était pour le recrutement du Sénat romain l'exercice des hautes magistratures, ou pour le recrutement des chefs de nos grandes communes l'activité des bourgeois dans les corporations médiévales (1), c'est-à-dire un mode de formation des administrateurs les plus éminents » (pages 266-267); à ses yeux la vie parlementaire a donc pour condition essentielle une vie locale puissante. — Les personnes qui sont appelées à appliquer les lois, déplorent qu'à « l'œuvre sobre et claire du passé » se soit substitué un « inextricable fouillis » (page 169); les solutions des problèmes présentant un énorme intérêt national sont constamment subordonnées aux manœuvres des politiciens (2) (page 171) ; le travail des parlements est gâté par un système électoral qui permet aux candidats de se faire élire sur des programmes trop abstraits (page 239, pages 265-266). Les choses marcheraient probablement mieux si les élections étaient des épisodes du fonctionnement d'organismes locaux, comme cela avait lieu en Angleterre alors que les cours de comtés et les corporations municipales étaient des collèges électoraux (page 280). Adolphe Prins écrit qu'à l'heure actuelle les pouvoirs locaux ont encore pour effet de diluer l'esprit de parti (3),

(1) A la page 191 il ajoute à ces exemples celui de l'Angleterre : « Le secret de la vitalité de l'ancien régime parlementaire anglais, c'était la formation d'une classe politique spéciale qui avait appris à administrer le pays en administrant d'abord le comté. »

(2) Adolphe Prins regrette que l'éducation nationale ne soit pas, en Belgique, placée au-dessus des querelles des partis et réglée par des spécialistes (page 177). .

(3) L'expérience française n'est pas favorable à cette thèse ; dans une grande partie de nos provinces les élections des tribunaux de commerce sont souvent subordonnées aux querelles des partis ; elles deviendraient tout à fait politiques si ces tribunaux avaient à nommer des délégués pour les élections sénatoriales..

en sorte qu'ils discutent les questions d'une manière vraiment objective (pages 260-263) ; au jugement de ce haut fonctionnaire, ils valent mieux que les parlements issus d'un suffrage inorganisé. — Très souvent les ministres se sont bien trouvés, pour préparer des lois difficiles, de réunir des commissions comprenant des représentants de tous les intérêts ; dans le Conseil supérieur du travail, établi en 1892, où siègent 16 sociologues, 16 industriels et 16 ouvriers, l'esprit de conciliation s'est manifesté avec tant de force que le pays a dû à cette institution des mesures pratiques excellentes « à une époque de troubles sociaux » (pages 285-286); un parlement nommé par des curies de talent, du capital et du travail pourrait probablement donner satisfaction à la bureaucratie.

Voici comment Adolphe Prins conçoit l'application complète de ses théories à la Belgique. On augmenterait beaucoup le nombre des membres des conseils communaux, afin d'intéresser plus de citoyens à la prospérité des affaires édilitaires. Ces assemblées se composeraient « pour un quart des représentants de tous les électeurs de vingt-cinq ans, ayant trois ans de résidence dans la commune ; pour un quart des représentants des diplômés de l'enseignement supérieur et moyen ; pour un quart des représentants de certains censitaires occupants de maison ; et pour un dernier quart des représentants des grands intérêts sociaux dont la gestion figure dans les attributions du pouvoir communal (1). Les échevins seraient choisis dans ce der-

(1) Il résulte de l'ensemble des projets d'Adolphe Prins que personne n'est admis à voter dans deux curies.

nier quart de l'assemblée par la majorité des trois
autres réunis » (page 195). Pour les élections parlementaires on tiendrait compte à la fois du groupement de population et des situations sociales des
citoyens. Dans les cantons ruraux il y aurait une
curie de censitaires et une de travailleurs, nommant
chacune un député ; — dans les villes moyennes,
trois curies nommant chacune un député : capacitaires, censitaires occupants de maison, tous les
autres citoyens de vingt-cinq ans, domiciliés depuis
trois ans dans la localité ; — dans les grandes villes,
quatre curies de capacitaires (sciences, lettres, arts,
enseignement avec deux députés ; — droit, justice,
administration, avec trois députés ; — cultes reconnus par l'Etat ayant chacun un député ; — défense
nationale avec un député); quatre curies du capital,
nommant chacune un député (propriété, industrie,
commerce, finances); cinq curies du travail, nommant chacune un député (bâtiment, usines, vêtement
et ameublement, typographie et reliure, autres métiers); une curie de l'hygiène et des travaux publics,
nommant deux députés (pages 286-287) qui sont destinés à être les tuteurs de la santé des classes misérables.

II

L'extrême complication de ce système n'est point
de nature à effrayer un lecteur de Proudhon (1).
Celui-ci, persuadé que la bonne administration de la

(1) Il y a cependant une grande différence entre Proudhon et l'écrivain belge; celui-ci noie toute pluralité dans

chose publique n'est possible que si elle s'inspire beaucoup des pratiques judiciaires, qui mettent en évidence la pluralité des intérêts, a écrit à la fin de sa vie : « Une représentation sincère et véridique, dans un pays comme le nôtre, suppose un ensemble d'institutions tellement combinées que tout intérêt, toute idée, tout élément social et politique puisse s'y introduire, s'exprimer lui-même, se faire représenter, *obtenir justice et garantie,* exercer sa part d'influence et de souveraineté. Car la représentation nationale, là où elle existe comme condition politique, ne doit pas seulement être un rouage comme dans la constitution de 1804, un rouage et un contre-poids comme dans la charte de 1814-1830, la base de l'édifice gouvernemental comme dans les constitutions de 1793 (2). 1848 et 1852 ; elle doit être à la fois, à peine de mensonge, une base, un rouage, un contre-poids, et de plus une fonction, fonction qui embrasse la totalité de la nation, dans toutes ses catégories de personnes, de territoires, de fortunes,

un corps unique, tandis que celui-là songe toujours à la conservation d'une multiplicité fédéraliste.

(1) Dans les *Contradictions politiques,* Proudhon examine assez longuement cette constitution de 1793 qui a été regardée souvent comme le modèle de l'extrême démocratie. « En démocratie, où le souverain est une collectivité, quelque chose de quasi-métaphysique..., dont les représentants sont subordonnés les uns aux autres et tous ensemble à une représentation supérieure, dite Assemblée nationale ou Corps législatif, le peuple, considéré comme souverain, est une fiction, un mythe ; et toutes les cérémonies par lesquelles vous lui faites exercer sa souveraineté élective, ne sont que les cérémonies de son abdication » (page 199). Et comme la démocratie fait grand étalage de théories des droits, on peut dire qu'elle « se ment à elle-même » (page 170).

de facultés, de capacités et même de misère » (1).

Pour complètement saisir la nature de cette conception, il faut, je crois, examiner de près ce que Proudhon a voulu faire entendre en parlant d'une représentation de la misère. Un peu plus haut il s'était demandé s'il est équitable de refuser tout droit parlementaire aux hommes frappés de déchéance légale. « L'Eglise, écrivait-il, a sa pénitencerie, selon laquelle le pécheur doit s'accuser lui-même s'il veut obtenir, avec le pardon de ses fautes, les remèdes de l'âme. Or, la plupart des citoyens exclus des listes électorales sont des malades sociaux et politiques : comment se relèveront-ils, comment obtiendront-ils la justice qui leur est due... s'il leur est défendu d'*ester*, si j'ose ainsi dire, dans l'exercice de la souveraineté du peuple ? » (2). Ce qui doit provoquer ici la méditation du philosophe, c'est l'analogie établie entre les formes judiciaires et le droit politique. Proudhon voyait dans les assemblées législatives des prétoires où chaque groupe vient plaider sa cause devant les personnes qui ont

(1) PROUDHON, *op. cit.*, pages 190-191. — Suivant Proudhon, « les formes de gouvernement essentiellement empiriques, dont l'humanité a jusqu'à ce jour fait l'essai, peuvent être considérées comme... des mutilations du système vrai dont chaque nation poursuit la découverte » (pages 102-103). — « La synthèse électorale [qui est le système vrai de la représentation populaire] doit comprendre, non seulement en théorie, mais en pratique, tous les systèmes produits : admettre à la fois, comme base d'élection, non seulement la population, mais le territoire, la propriété, les capitaux, les industries, les groupes naturels, régionaux et communaux. Elle doit tenir compte des inégalités de fortune et d'intelligence, et n'exclure aucune catégorie » (page 189).

(2) PROUDHON, *op cit.*, pages 188-189.

pris l'habitude d'élever leur esprit au-dessus des appréciations individuelles (1), pour atteindre des solutions dont la rationalité est fort probable (2).

La raison collective sur laquelle sont censés fondés les gouvernements modernes, a pour organe toute réunion formée « pour la discussion des idées et la recherche du droit (3). Une seule précaution est à prendre : c'est de s'assurer que la collectivité interrogée ne vote pas comme un [seul] homme, en vertu d'un sentiment particulier devenu commun ; ce qui n'aboutirait qu'à une immense escroquerie, ainsi qu'il se peut voir dans la plupart des jugements populaires. Combattre [comme] un seul hom-

(1) « Opposant l'absolu à l'absolu... et ne considérant comme réel et légitime que le rapport des termes antagoniques, [la raison collective] arrive à des idées synthétiques, très différentes, souvent même inverses, des conclusions du *moi* individuel. » (*De la Justice dans la Révolution et dans l'Eglise*, tome III, page 101.) C'est grâce à la liberté que l'homme peut ainsi s'élever au-dessus des appétences de sa nature (pages 217-218).

(2) Proudhon pensait que pour accroître cette probabilité, il conviendrait, après avoir constaté les forces des partisans de deux thèses opposées, de faire voter sur une « formule dans laquelle les deux propositions contraires se balancent et trouvent leur légitime satisfaction ». (*op. cit.*, tome V, page 30). C'est bien de cette manière que procèdent les rédacteurs d'arrêts.

(3) « Hommes, citoyens, travailleurs, nous dit cette raison collective vraiment pratique et *juridique*, restez chacun ce que vous êtes ; conservez, développez votre personnalité ; défendez vos intérêts ; produisez votre pensée... ; discutez-vous les uns les autres, sauf les égards que des êtres intelligents et absolus se doivent toujours... ; respectez seulement les arrêts de votre raison commune, dont les jugements ne peuvent pas être les vôtres, affranchie qu'elle est de cet absolu sans lequel vous ne seriez que des ombres » (PROUDHON, *op. cit.*, tome III, page 102).

me (1), c'est la loi de la bataille ; voter comme un seul homme, c'est le renversement de la raison » (2). La vérité légale peut être comparée à la vérité technique provisoire qui est formulée dans des congrès de praticiens.

Guidé par ses préoccupations juridiques, Proudhon voit bien mieux qu'Adolphe Prins, les énormes difficultés que présente l'épuration de la démocratie. Dans le « Petit catéchisme politique » inséré dans la *Justice,* on lit : « Tant que la démocratie ne s'est pas élevée à la vraie conception du pouvoir, elle ne peut être, comme elle n'a été jusqu'à ce jour, qu'un mensonge... La Révolution a [consacré] ce mot (3) comme une pierre d'attente, nous en avons fait depuis soixante-dix ans une pierre de scadale » (4) ; — « En face du droit divin, la Révolution pose la souveraineté du peuple, l'unité et l'indivisibilité de la République. Mots vides de sens, propres seulement à servir de masques à la plus effroyable tyrannie.. s'ils ne se rapportent à l'organisme supérieur, formé par le rapport des groupes industriels, et à la puissance commutative qui en resulte » (5). — « Tel que l'ont fait

(1) Le texte porte : « combattre contre un seul homme » ; mais il est évidemment fautif.

(2) PROUDHON, *loc. cit.,* page 119. — Les marxistes et le plus grand nombre des socialistes ne semblent pas avoir tenu compte de cette distinction, que l'esprit juridique de Proudhon trouvait évidente.

(3) Le texte porte : « conservé à ce mot », ce qui n'offre pas de sens.

(4) PROUDHON, *op. cit.,* tome II, page 116.

(5) PROUDHON, *loc. cit.,* pages 120-121. — A la page 114 Proudhon observe que le terme *souveraineté* n'est pas sans offrir des dangers : « Quelle que soit la puissance de

depuis 89 toutes les constitutions, le suffrage universel est l'étranglement de la conscience publique, le
suicide de la souveraineté du peuple, l'apostasie de
la Révolution... Pour rendre le suffrage universel
intelligent, moral, démocratique, il faut après avoir
organisé la balance des services et assuré par la
libre discussion l'indépendance des suffrages, faire
voter les citoyens par catégories de fonctions, conformément au principe de la force collective qui
fait la base de la société et de l'Etat » (1). Dans
presque tout ce livre, Proudhon regarde la démocratie comme une préparation du régime républicain
dont il a défini les principes dans une des notes
complémentaires.

« Pour établir le gouvernement républicain dans
sa vérité, cinq conditions sont requises : 1° Définition du droit économique ; 2° Balance des forces
économiques, formation des groupes agricoles-in-
dustriels, organisation des services d'utilité publique (crédit, escompte, circulation, transports, docks,
etc.) d'après le principe de mutualité et de gratuité,
[au] prix de revient (2) ; 3° Garanties politiques :
liberté de la presse et de la tribune, initiative par-

l'être collectif, elle ne constitue pas pour cela, au regard
du citoyen, une souveraineté ; autant vaudrait presque
dire qu'une machine dans laquelle tournent cent mille
broches, est la souveraine des cent mille fileuses qu'elle
représente... Entre le pouvoir et l'individu, il n'y a que le
droit ; toute souveraineté répugne, c'est déni de justice ;
c'est de la religion. »

(1) PROUDHON, loc. .cit., page 128.

(2) Proudhon espérait que ce qu'il nommait *fédération
agricole-industrielle* remplacerait ce que les socialistes
contemporains dénonçaient sous le nom de féodalité finan-
cière-industrielle, qui exploite à son profit les forces collectives. (*Du principe fédératif*, première partie, chap. XI.)

lementaire, publicité de contrôle, extension du jury,
liberté de réunion et d'association, inviolabilité de
la personne, du domicile, du secret des lettres ; séparation complète de la justice et du gouvernement;
4° Décentralisation administrative, résurrection de
la vie communale et provinciale ; 5° Cessation de
l'état de guerre, démolition des forteresses et abolition des armées permanentes. Dans ces conditions,
le principe d'autorité tend à disparaître ; l'Etat, la
chose publique, *res publica,* est assis sur la base à
jamais inébranlable du droit et des libertés locales,
corporatives et individuelles, du jeu desquelles résulte la liberté nationale. Le gouvernement à vrai
dire n'existe plus ;... c'est cette impersonnalité,
résultat de la liberté et du droit, qui caractérise
surtout le gouvernement républicain » (1).

(1) PROUDHON, *op. cit.,* tome V, page 179. — Les cinq
conditions posées par Proudhon se divisent en trois classes : de l'ordre économique, des institutions politiques et
de l'organisation militaire. Proudhon attachait encore plus
que Marx une importance fondamentale à l'économie ;
c'est pourquoi il précise bien plus que son rival ses idées
relatives à l'ordre économique ; les marxistes pensent généralement que la question première à résoudre est celle
du gouvernement ; ils ressemblent ainsi beaucoup aux démocrates de 1848 (Cf. PROUDHON, *Du principe fédératif,*
première partie, chap. XI). Après avoir énoncé sa théorie de
la république, Proudhon observe que tous les vieux partis
la repoussent (en 1860) : « On n'accepte, et encore avec
d'extrêmes réserves, que la condition relative aux
garanties politiques, lesquelles, par elles-mêmes, dans une
société inorganisée, ne peuvent qu'ajouter à l'instabilité
de l'Etat et tiennent la porte toujours ouverte à l'usurpation et au despotisme. » Ces garanties constituent la partie
la plus abstraite du système et, à ce titre, offrent de
grands avantages aux destructeurs dialecticiens.

II

Le régime républicain, rêvé par Proudhon, ne sera peut-être jamais réalisé (1) ; mais il est bien vraisemblable que le suffrage populaire cesserait d'être une malédiction si les citoyens étaient animés d'un esprit vraiment républicain, c'est-à-dire s'ils réglaient leurs relations économiques suivant des modes regardés comme équitables, au moins en gros, s'ils avaient une longue pratique des libertés politiques et s'il n'existait plus chez eux d'idée de conquête ; aucune raison ne nous porte à supposer qu'une telle nation aurait dû être éduquée par des démocrates. Dans la *Justice*, Proudhon a reconnu que la monarchie constitutionnelle peut présider à l'évolution d'une société vers un état de droit et de liberté (2) ; bien qu'il ait souvent dénoncé avec force les vices de la démocratie, toujours hallucinée par la vision de la raison d'Etat (3), il lui aurait été extrêmement pénible d'avouer qu'il avait eu tort

---

(1) En dépit de certaines formules qui ont été souvent interprétées trop littéralement, Proudhon ne confondait pas « les gouvernements de pure conception, non réalisables dans leur simplisme, comme la monarchie et la démocratie pures, et les gouvernements de fait ou mixtes » (*Du principe fédératif*, première partie, chap. v.)

(2) PROUDHON, *Justice*, tome III, pages 131-132. — Dans la *Correspondance*, Proudhon parle souvent des chances qu'avait le comte de Paris de remplacer Napoléon III ; il pensait que le petit-fils de Louis-Philippe donnerait à la France la paix et la liberté dont les socialistes avaient besoin pour pouvoir répandre dans le pays leurs doctrines, destinées à le régénérer.

(3) PROUDHON, *op. cit.*, tome II, page 29.

d'espérer si longtemps une transmutation républicaine de la vie démocratique ; c'est, je crois à cause
de cela qu'il n'osa point achever ses *Contradictions
politiques* où cet aveu redoutable est maintes fois
sous-entendu (1). Dans le fragment publié après sa
mort, Proudhon signale l'extrême facilité avec laquelle on passe de la démocratie au despotisme
et réciproquement ; « et chose désolante,... ajoute-t-
il, on a remarqué que les plus fougueux démocrates
sont d'ordinaire les plus prompts à s'accommoder
du despotisme et réciproquement, que les courti-
sans du pouvoir absolu deviennent [à l'occasion] les
plus enragés démagogues » (2) ; dès lors comment
espérer que la démocratie nous amène à la république ? On peut être bien assuré que des politiciens
doués de telles dispositions psychologiques ne feront
jamais des réformes propres à restreindre l'importance de leurs volontés arbitraires. Lorsque Proudhon appelait ses disciples des démocrates, ce mot
impliquait « cette idée, disait-il, le 4 mars 1862, que
si nous ne servons pas l'omnipotence de la multitude, nous travaillons à son émancipation par le
droit et la liberté et qu'en conséquence nous défen-

---

(1) Comme beaucoup des auteurs que le grand public
connaît uniquement par quelques formules réputées scan-
daleuses, Proudhon était un timide qui exprimait assez rarement le fond de sa pensée ; il avait écrit, le 4 mars 1862,
à l'un de ses correspondants les plus intimes, qu'il estimait
dangereux, au point de vue de la propagande de ses idées,
d'abandonner le mot *démocratie* qui est pris par le public
« presque comme synonyme de république » ; le lecteur
aurait pu être scandalisé par un changement de terminologie. (*Correspondance*, tome XII, page 7.)

(2) PROUDHON, *Contradictions politiques*, pages 81-82. —
A la fin de ce fragment se trouve un apologue singulièrement injurieux pour la démocratie française.

dons ses intérêts » (1). Quel est donc le démagogue (ou le socialiste parlementaire) qui se soucie de travailler à l'émancipation du prolétariat par le droit et la liberté ?

La république de Proudhon renferme trop d'éléments libertaires, antimilitaristes et fédéralistes pour qu'elle puisse être engendrée par nos démocraties modernes, qui ont une confiance illimitée dans les capacités économiques de l'Etat, sont hallucinées par le chauvinisme et aussi fanatiques de l'unité que les catholiques les plus ultramontains. Proudhon estimait que l'Etat peut utilement intervenir dans l'économie pour créer des institutions nouvelles (assurances, banques, chemins de fer), mais qu'il doit se hâter de remettre l'exploitation aux citoyens (2). — Il avait vu, en 1860, les manœuvres des agents envoyés par l'Empire en Belgique pour en préparer l'annexion ; il conseillait aux Belges (comme aux Suisses) d'éviter tout acte que les chauvins français pussent interpréter comme une provocation justifiant une guerre de conquête ; il était convaincu que les traités qui avaient garanti la neutralité de la Belgique et de la Suisse ne protégeaient pas les deux pays contre la voracité de notre démocratie. — Proudhon avait, sans doute, reconnu l'impossibilité d'arriver en fédéralisme par une évolution démocratique, car il semble avoir cru que ce régime devrait être imposé à la France par l'étranger victorieux, comme la royauté parlementaire avait été imposée à nos pères. « Je n'ai qu'une crainte, mandait-il à Chaudey, le 4 avril 1862, c'est de voir

(1) PROUDHON, *Correspondance*, tome XII, page 7.
(2) PROUDHON, *Du principe fédératif*, première partie, chap. VIII.

le démembrement de la France et Paris désert comme un autre Versailles. Mais qui sait si à ce prix notre nation ne pourrait pas être sauvée et redevenir quelque chose ?... Pour sauver la nation et la liberté, émanciper la plèbe, créer la paix et développer les principes de la Révolution en Europe, je ne vois réellement qu'un moyen, c'est de diviser la France en douze Etats indépendants et de supprimer Paris » (1). Nous rencontrerons encore au § suivant d'autres raisons qui empêchent d'apparenter la république de Proudhon à la démocratie moderne.

Les démocrates ne désirent pas que les administrations fonctionnent avec cette régularité chère aux bons employés, qui est inconciliable avec leur liberté de chefs de parti ; ils dénoncent volontiers comme réactionnaires les hommes qui regrettent, comme Adolphe Prins, l'ordre qui régnait jadis dans la législation ; il serait donc fort inutile d'essayer de leur persuader qu'ils feraient une œuvre utile en organisant le suffrage suivant les projets de cet auteur. Mais, comme tous les idéalistes, les démocrates se laissent souvent prendre aux pièges de la dialectique ; les manipulations académiques d'abstractions leur inspirent une extrême confiance, parce que tels exercices leur servent à duper le peuple qui ne se rend pas compte de ce qu'on lui

(1) PROUDHON, *Correspondance*, tome XIV, pages 218-219. — Cf. *La guerre et la paix*, livre IV, chap. x. Dans ce dernier texte il est justement question de douze régions indépendantes qui auraient pour capitales : Rouen, Lille, Metz, Strasbourg, Dijon, Clermont, Orléans, Lyon, Marseille, Toulouse, Bordeaux, Nantes — et de la destruction des centres de la vie collective de Paris, ce qui au sentiment de Proudhon équivaudrait à la suppression de Paris.

fait applaudir ; il ne serait donc pas absolument impossible de les amener à accepter des systèmes de vote dont la signification réelle n'apparaîtrait pas clairement. Ainsi on a proposé de perfectionner notre démocratie au moyen de la représentation proportionnelle employée en Belgique, du veto présidentiel de la constitution américaine, du referendum suisse, sous prétexte de rendre plus efficace le contrôle que les citoyens ont le droit d'exercer électoralement sur l'Etat ; Joseph Reinach, qui est le profond penseur du clan proportionaliste, crie de toutes ses forces que si on ne se hâte de prendre son ours, la République va se trouver exposée à d'imminents périls ; le prestige du verbiage audacieux est si grand dans le monde politique que cet homme rusé est parvenu à faire accepter ses vues par des gens qu'il espère éloigner de la Chambre grâce à l'application de la représentation proportionnelle.

Joseph Reinach ne s'agite évidemment pas avec frénésie par amour de l'idéal démocratique, comme il le prétend ; ayant reconnu que les groupes parlementaires actuels ne correspondent nullement à de sérieux courants de l'opinion publique, il estime que les majorités électorales sont à la merci de hasards (1) ; il espère que l'introduction du système

(1) En 1902, Waldeck-Rousseau fit élire 339 députés ministériels, tandis que les opposants obtenaient 251 sièges; la différence entre les nombres des suffrages populaires était seulement de 200.000 sur 10 millions d'électeurs (JOSEPH REINACH, *Histoire de l'affaire Dreyfus*, tome VI, page 188). Le hasard avait joué un si grand rôle dans cette consultation nationale que le Vatican avait cru avoir le droit d'espérer une majorité catholique (*Libre parole*, 18 novembre 1906). La Chambre vota des lois anticléricales de la plus grande importance, qui auraient eu bien de la peine

proportionaliste jetterait dans les organisations ra-
dicales un tel trouble que ses amis auraient la possibilité de revenir en grand nombre au parlement ;
malgré la mauvaise volonté de ministres sans scrupules, qui ne seraient plus en état de *faire* les élections aussi facilement qu'aujourd'hui. La démocratie qui a eu la chance inespérée de s'emparer d'une
sorte de dictature, ne désire pas compromettre sa
situation en s'engageant dans des aventures ; elle
n'acceptera la représentation proportionnelle que le
jour où elle croira avoir pris assez de précautions
pour ne plus avoir rien à craindre des stratagèmes
de Joseph Reinach ; celui-ci s'attend bien d'ailleurs
à ce que sa réforme devienne inutile si elle est ajour-
née pendant un temps notable.

Mais à quoi bon organiser la démocratie ? C'est,
affirment ses apologistes, pour qu'elle puisse accomplir sa mission historique, produire son génie propre,
prouver qu'elle est capable d'exprimer la raison humaine. Elle pourrait, une fois organisée, résoudre
l'énigme de l'évolution, en construisant les bases
d'une société future destinée à être réglée suivant les
principes de la justice la plus parfaite. Je crois, au
contraire, que la démocratie ne comporte point d'organisation, au sens scientifique de ce terme, attendu
qu'elle est seulement dirigée par des instincts de destruction. La socialdémocratie allemande, qui prétend
avoir reçu de Marx une connaissance très profonde
de l'économie, de la politique et de l'histoire, n'a

à passer, si une représentation proportionnelle l'avait rendue semblable au corps électoral, Joseph Reinach trouve
cette législation excellente ; l'idéal démocratique consiste,
sans doute, à donner satisfaction à sa passion.

jamais pu produire une doctrine digne d'occuper une place honorable dans la philosophie moderne ; mais elle s'attribue à bon droit la gloire de posséder le type le plus achevé de la démocratie contemporaine, parce qu'elle a réussi, mieux qu'aucun autre parti populaire, à grouper des multitudes d'électeurs dévoués autour de sa négation intransigeante des traditions nationales ; grâce à son agitation inlassable, le prolétariat allemand soupire après le jour où disparaîtront l'armée prussienne, la bureaucratie et la magistrature pédantesques, issues des vieilles Universités, et l'autorité des Eglises. La légèreté, l'incohérence et le cynisme de ses propagandistes (1) lui ont rendu plus de services pour étendre ses ravages spirituels dans les milieux les plus divers, que n'aurait pu le faire une raison bien dirigée. Toutes nos démocraties actuelles d'Europe présentent des phénomènes équivalents à ceux que l'on rencontre, sur une forme si particulièrement saisissante, au sein de la socialdémocratie allemande (2).

Dès que l'on a compris la nature négatrice de la démocratie, on voit que, pour apprécier sainement la valeur des projets qui sont annoncés comme devant la perfectionner, il faut se demander, avant tout, si de telles réformes sont capables de réfréner sérieusement la manie légiférante de nos parlements (3).

---

(1) La socialdémocratie allemande a répandu à profusion la traduction d'un livre anticlérical d'Yves Guyot (*Etudes sur les doctrines sociales du christianisme*), mais a trouvé de bonne guerre de répandre aussi des brochures enseignant que « le christianisme et le socialisme ne font qu'un » (*Mouvement socialiste*, 1er mai 1903, pages 71-72).

(2) Ce qui s'est passé en Allemagne à la fin de 1918, montre qu'en 1914 j'avais assez bien jugé les choses.

(3) Il serait bien à désirer que dans les affaires graves,

Quand on se place à ce point de vue, le système de la
représentation proportionnelle paraît beaucoup
moins intéressant que le referendum ou que le veto
américain. Il a, en effet, pour résultat de développer
beaucoup d'esprit de parti (1) ; une majorité fanatique peut être extrêmement dangereuse, alors même
qu'il existerait seulement un faible écart entre le
nombre de ses voix et le nombre des opposants ;
mieux vaudrait que l'écart soit plus grand et la majorité moins disciplinée.

IV

La philosophie politique s'embrouille à tout instant lorsqu'elle s'occupe de la démocratie, parce
qu'elle brasse dans ses cuves scolastiques des abstractions issues de systèmes concrets fort dissem-
blables, qui se placent entre deux types extrêmes
que je vais essayer de clairement définir par quelques-uns de leurs caractères remarquables. Les démocraties primitives, dont certaines survivances ont
pu être observées au XIXᵉ siècle en Suisse et en Kabylie, étaient formées de familles attachées, de la
manière la plus solide, à la culture d'un canton consacré par les tombes ancestrales ; — elles recevaient

la simple majorité ne fût pas suffisante ; les lois qui mo-
difient nos codes, qui établissent des droits protecteurs ou
qui touchent à des intérêts moraux (religion, assistance,
instruction populaire) devraient, à mon avis, être votés par
les deux tiers des députés ; mais la démocratie ne consentira jamais à atténuer ainsi sa dictature.

(1) En accroissant énormément l'importance des comités
qui choisissent les candidats.

avec un profond respect des décisions d'*autorités sociales*, qui maintenaient le génie de la race ; — la religion leur imposait l'obligation de suivre de sévères règles de morale (1). Dans nos démocraties modernes, on ne rencontre guère que des individus se sentant libres du passé, sans amour profond du foyer domestique, qui se préoccupent médiocrement des générations futures ; hallucinés par le mirage d'une richesse hasardeuse, qui doit provenir de l'ingéniosité de leur esprit plutôt que d'une participation sérieuse à la production matérielle, ils ne songent qu'à jouir royalement de bonnes aubaines ; leur véritable lieu d'élection est la grande ville où les hommes passent comme des ombres ; — des comités

(1) Il convient de rappeler ici un passage bien connu de Polybe : « La principale supériorité des Romains sur les autres peuples me paraît consister dans l'opinion qu'ils se font de la divinité... La dévotion a pris parmi eux de tels développements et pénétré si profondément dans la vie privée comme dans les affaires publiques, qu'on ne saurait rien imaginer au delà... Confiez à quelque Grec chargé du maniement de fonds publics un talent, eussiez-vous dix contrats,.. et vingt témoins il manquera probablement à sa parole ; chez les Romains, ceux même qui ont en leur pouvoir, soit pendant leur magistrature, soit dans les ambassades, une grande somme d'argent, n'ont besoin que d'un serment pour ne pas forfaire à l'honneur ; enfin, tandis qu'ailleurs il est rare de trouver un homme qui s'abstienne de puiser dans les trésors de l'Etat et qui soit pur de toute fraude, chez les Romains il l'est de trouver un citoyen coupable de ce crime » (*Histoire générale*, livre VI, 56). — Les Grecs contemporains de Polybe estimaient que les vieilles religions nationales étaient peu sérieuses, aussi l'historien se croit-il obligé de dire que les préceptes religieux seraient inutiles dans une cité composée uniquement de sages ; mais il affirme qu'il est utile d'effrayer le commun des personnes par des terreurs religieuses.

politiques ont pris la place des anciennes *autorités sociales* que des révolutions ont ruinées, dont les descendants ont abandonné un pays oublieux de son passé, et qui ont été remplacées par des gens vivant à la nouvelle mode ; — les classes éclairées trouvent infiniment peu philosophique de se priver, par scrupule religieux, de satisfaire ses passions, chaque fois que cela est possible.

Pour bien comprendre les institutions de la Grèce et de Rome, il est souvent fort utile de se reporter à ce que nous savons des démocraties primitives (1). Au cours de leur décadence, les cités helléniques se rapprochèrent beaucoup du régime de nos démocraties modernes. Les oligarques qui, à la fin de la guerre du Péloponèse, s'emparèrent du pouvoir à Athènes, n'avaient aucun trait commun avec les *autorités sociales* qui avaient existé aux temps glorieux de la République (2) ; amis des belles-lettres, curieux

(1) Adolphe Prins croit que dans la Grèce très archaïque l'assemblée populaire ne votait pas (page 22) ; en Kabylie toutes les décisions des villages doivent être unanimes ; quand les parties ne peuvent s'entendre, on a recours souvent à un arbitrage (HANOTEAU et LETOURNEUX, *La Kabylie et les coutumes kabyles,* 2ᵉ édition, tome II, page 22, page 32). L'institution des tribuns du peuple à Rome se rattache probablement au principe de l'unanimité ; assis à la porte du Sénat, ils remplaçaient la plèbe qui dans les villages kabyles demeure sur la place pendant que les notables discutent dans une salle ; ils arrêtaient le Sénat en affirmant que l'unanimité n'était pas possible ; couverts par une immunité sacrée, ils n'avaient pas à redouter les violences du parti qui proposait la mesure entravée par eux ; — dans les civilisations primitives, les violences servent à vaincre, en effet, beaucoup de résistances. (Cf. MASQUERAY (*Formation des cités chez les populations sédentaires de l'Algérie,* page 207).

(2) Il faut, dans de telles comparaisons, tenir grand

de toutes les nouveautés exotiques, élèves des sophistes, ils étaient au moins aussi révolutionnaires que les plus exaltés démagogues ; il est même probable que le culte des traditions se maintenait plus fort dans le monde des artisans que dans les classes riches (1).

Quand Aristote essaya d'appliquer les enseignements de la science politique expérimentale aux gouvernements populaires, il pensa à des réformes destinées à les rapprocher des démocraties primitives (2) ; malheureusement la Grèce n'offrait plus guère d'éléments qui permissent de constituer un Etat selon un tel programme ; les idées d'Aristote sont, par suite, souvent bien vagues. Il semble qu'il ait surtout admiré l'économie rurale parce qu'elle ne permet pas aux citoyens de se réunir trop fréquemment ; la législation ne sera donc pas exposée à être

compte des différences qui existent entre les économies. Après la guerre du Péloponèse la société attique fut d'esprit tout urbain ; antérieurement les Athéniens préféraient la vie des champs à celle de la ville (ALFRED CROISET, *Les démocraties antiques*, page 171). Aristophane et Xénophon sont de bons témoins de l'ancienne Attique rurale.

(1) Socrate a été victime de ce phénomène.

(2) Cf. DEFOURNY, *Aristote. Théorie économique et politique sociale*, dans les *Annales de l'Institut supérieur de philosophie de Louvain*, tome III (1914). Aristote était fort opposé à l'économie d'enrichissement : son idéal était l'autonomie des vieilles cités qui se suffisaient presque complètement à elles-mêmes ; il estimait qu'il pourrait être utile de faire des lois pour empêcher l'accaparement des terres ; il admirait fort l'aide mutuelle qui a toujours existé dans les cantons ruraux demeurés fidèles aux traditions. Il néglige systématiquement ce qu'il y avait d'essentiel dans la vie des métropoles méditerranéennes.

bouleversée à tout instant, comme cela arrivait dans les villes où dominaient les artisans ; les lois apparaîtront comme des manifestations stables de l'intelligence humaine, supérieures aux accidents des volontés particulières. Les Grecs étaient devenus trop sceptiques pour qu'on pût espérer qu'ils prissent au tragique les menaces religieuses ; l'éthique péripatéticienne correspond aux usages des bourgeois de bonne maison qui ont suivi les écoles des philosophes socratiques ; Aristote est le maître de ces moralisateurs laïques dont l'œuvre a été si remarquablement vaine. Pour que la loi soit conforme à la raison, comme le demande Aristote, il faut évidemment que la masse suive les conseils des citoyens les plus distingués (*beltistoi*) et non les suggestions des démagogues ; il ne restait plus assez de survivances des vieilles structures pour qu'on pût faire, en ce temps, une théorie concrète des *autorités sociales;* Aristote est donc obligé de se contenter de quelques indications abstraites qui ne peuvent nous instruire (1).

La république de Proudhon est bien autrement intéressante que la *politeia* d'Aristote, parce que le philosophe français a bien mieux compris que le philosophe grec l'importance de chacune des conditions dans lesquelles fonctionnaient les démocraties primitives (2).

L'évolution des idées de Proudhon sur la propriété

---

(1) Dans la cité parfaite Aristote divise les hommes en classes d'après leur âge.

(2) Il est très important d'observer que la république de Proudhon est une société de producteurs, et que la cité idéale d'Aristote est une tribu de nobles dont les terres sont exploitées par des serfs : un tel idéal ne préparait pas le philosophe grec à bien approfondir les démocraties rurales.

serait inintelligible si on ne comprenait que ses mé-
ditations l'amenaient à voir tous les jours plus clairement comment le droit est sorti de l'économie rurale ; il a senti la gloire de la terre mieux que personne (1) ; l'amour de la vie champêtre tenait à sa
psychologie la plus profonde. Que fera l'humanité
devenue républicaine ? demande le « Petit catéchisme politique » ; et voici la réponse : « Elle fera
ce que dit la *Genèse* (2), ce que recommande le philosophe Martin dans *Candide*, elle cultivera son jardin. L'exploitation du sol, autrefois part de l'esclave,
devenue le *premier des arts,* comme elle est la première des industries, la vie de l'homme se passera
dans le calme des sens et la sérénité de l'esprit » (3).

En écrivant son grand traité de la *Justice,* Proudhon espérait travailler à la construction d'une philosophie populaire plus complète, aussi efficace et
pas moins austère que le fut jamais l'éthique chrétienne, dont il voyait les masses se détacher ; il s'attacha à cette œuvre avec une admirable passion,
suscitée par l'idée qu'il se faisait de sa nécessité ;
son échec a montré, mieux que n'eussent pu le faire

(1) Proudhon a dit que les *Géorgiques* sont « le chef-
d'œuvre de l'antiquité et peut-être de toute l'humanité poétique, un poème qui a lui seul mériterait qu'on enseignât
le latin dans les lycées » ; il admirait beaucoup l'art avec
lequel Virgile avait su introduire tant de philosophie dans
les tableaux champêtres des *Bucoliques* (*De la Justice dans
la Révolution et dans l'Eglise,* tome III, page 370).

(2) On sait que Proudhon était un assidu lecteur de la
Bible qui est si bien adaptée aux démocraties rurales. —
Dans ses derniers jours, Henri Heine a célébré avec en-
thousiasme les vertus bibliques, qu'il croyait retrouver en
Ecosse, dans les pays scandinaves et certaines parties de
l'Allemagne du nord (*De l'Allemagne,* tome II, page 314).

(3) PROUDHON, *op. cit.,* tome II, page 133.

aucune dissertation métaphysique, que nos démocraties ne sont point du tout en état de favoriser l'éclosion d'une véritable moralité *républicaine*. Il sentait très vivement que le monde n'arriverait pas sans peine à accepter les doctrines de la Justice gratuite qu'il prêchait et il était fort désireux de donner une garantie provisoire aux mœurs (1) ; c'est pourquoi il proposait à l'Eglise un singulier concordat d'après lequel le clergé aurait enseigné l'éthique de la Révolution sous le voile de la symbolique chrétienne (2). « L'Allemagne protestante a effectué en trois siècles son passage du catholicisme orthodoxe à la morale philosophique, sans qu'il en soit résulté pour les masses de perturbation sérieuse. » Proudhon espérait que grâce à son système on pourrait « révolutionner les esprits et les consciences sans passer par le protestantisme et sans se perdre dans le dévergondage des illuminés et des thaumaturges... Hors de là, je ne vois de salut que dans la dictature et dans la terreur » (3).

Il ne me semble pas que l'on ait encore signalé

---

(1) Lettre du 25 décembre 1860 à Huet, philosophe catholique qui cherchait à faire revivre le gallicanisme (*Correspondance,* tome X, page 258).

(2) PROUDHON, *De la Justice dans la Révolution et dans l'Eglise,* tome IV, pages 355-356).

(3) PROUDHON, *op. cit.,* tome VI, pages 343-344. — Il était fort préoccupé de l'influence que paraissait devoir prendre le *spiritisme* (tome V, pages 323-324, tome VI, pages 57-58). Son texte fait aussi allusion au catholicisme moderne dont il a parlé souvent avec mépris ; Cf par exemple ce qu'il dit dans *La révolution sociale démontrée par le coup d'Etat* (chap. VI) des cultes de saint Philmère et du sacré-cœur de Marie, de la confrérie de Notre-Dame des Victoires et des guérisons miraculeuses de l'abbé de Hohenlohe.

que Proudhon se soit préoccupé des institutions qui pourraient tenir la place des anciennes *autorités sociales* (1); c'est pourquoi je vais reproduire ici quelques passages éloquents des notes complémentaires de la *Justice:* « S'imaginerait-on avoir satisfait au devoir parce qu'on s'est abstenu de toute action répréhensible ou défendue par la loi ?... Il faut que notre Justice rayonne au loin... La Justice est nulle, comme le patriotisme, si elle n'est armée. Car ce n'est pas seulement l'ennemi du dedans que nous avons à vaincre, c'est aussi celui du dehors. Cette impunité du crime, que vous dénoncez avec tant d'amertume, c'est le crime de ceux que vous appelez justes ; c'est le vôtre. C'est votre lâcheté, ô gens de bien, c'est votre tacite connivence qui encouragent les scélérats. De quoi donc osez-vous accuser votre destinée ? Qu'est-ce que vous doit la Providence en récompense d'une vie inepte, passée dans d'imbéciles alarmes ?... On parle des tribunaux institués pour agir à notre place : mais les tribunaux n'atteignent que la minime et la moins dangereuse partie

(1) Pour que la raison collective puisse se manifester, il faut que les discussions soient dirigées par des hommes compétents, et Proudhon pense qu'ils ont besoin d'être organisés pour pouvoir remplir leur office ; c'est pourquoi il écrit : « Si nos académies avaient retenu l'esprit de leur origine, si elles avaient la moindre idée de leur mission, rien ne leur serait plus aisé que d'assumer sur les œuvres de l'intelligence cette haute juridiction » qui sépare dans les livres « ce qui vient d'une raison légitime » d'avec les produits de l'absolutisme individuel (*op. cit.* tome III, pages 119-120). — La minorité qui voit la vérité doit chercher à la faire reconnaître par la « majorité ignorante, passionnée », lui faire « sentir la profondeur, la nécessité, la suprématie » du droit et l'amener à « s'y soumettre librement » (*op. cit.,* tome VI, pages 332-333). C'est ce que faisaient, tant bien que mal, les *autorités sociales.*

des délits. Les vraies causes de la dépravation sont par eux soigneusement évitées... Comment les zélateurs du droit, dont il existe toujours quelques-uns, ne songent-ils pas à se coaliser contre l'invasion du crime impuni, contre l'ineptie du législateur et la tolérance du juge, contre la prévarication du pouvoir lui-même ?... Ce qui manque à la société, ce sont des *justiciers :* ceux que les gouvernements désignent pour en faire le service... ne sont que des simulacres. Mais alors, encore une fois, de quoi nous plaignonsnous quand nous accusons la désharmonie sociale et que nous demandons au ciel un supplément de justification ? Nous sommes punis par là où nous péchons. La persécution qui s'attache aux justes est le châtiment de leur mollesse, pour ne pas dire de leur complicité (1). » Proudhon n'a pu donner une solution concrète du problème de l'organisation de la justice ; la démocratie, avec ses comités politiques, ne peut créer les *justiciers* qu'il réclamait; ces *justiciers* « organisés partout en jurys d'honneur, avec le droit de poursuivre, de juger et d'exécuter leurs jugements », auraient ressemblé singulièrement aux *autorités sociales* des temps passés. Les syndicats ouvriers ne seraient-ils pas aptes à jouer un rôle analogue au leur ?

On ne saurait trop regretter que Proudhon n'ait jamais été à même d'étudier les vieilles démocraties rurales. S'il les avait bien connues, il aurait, beau-

---

(1) PROUDHON, *loc. cit.*, pages 285-292. — Ces passages sont empruntés à une note destinée à prouver qu'on a tort de fonder la théorie de l'immortalité de l'âme sur l'insuffisance de la justice humaine ; mais les observations que je reproduis ont leur valeur indépendamment du but que l'auteur poursuivait.

coup mieux qu'on ne peut le faire ici, montré en quoi ces sociétés ressemblent à son utopie républicaine et diffèrent de nos démocraties modernes ; de telles comparaisons intéressent le philosophe infiniment plus que les dissertations abstraites les plus savantes. Pendant trop longtemps, le socialisme a suivi une mauvaise voie, sous l'inspiration de *mauvais bergers* dont la démocratie avait fait l'éducation ; il n'y a rien de plus essentiel pour l'avenir du prolétariat que de l'initier aux enseignements de Proudhon ; les disciples (ou prétendus disciples) de Marx, en menant des campagnes acharnées contre Proudhon, ont eu une grande part de responsabilités dans la décadence du socialisme. Ce qu'il y a de comique, c'est que ces Intellectuels de deuxième ligne ont dénoncé comme un *bourgeois* cet admirable représentant du monde du travail, que Daniel Halévy a eu raison de nommer: « un type achevé du paysan, de l'artisan français, un héros de notre peuple » (1).

(1) *Débats* du 3 janvier 1913. Cet article a déjà été cité à la page 243. — Le 25 octobre 1861, Proudhon disait a Beslay (le futur membre de la Commune) : « Je veux, tant que je le pourrai, servir le peuple et mon pays... Je vis de mon travail et ne désire rien de plus. Si j'ai raison, je veux avoir raison, c'est toute la gloire que je rêve. » (*Correspondance*, tome XI, page 247).

En Allemagne, l'idée de faire contrôler une Chambre issue du suffrage universel par un Sénat de producteurs (ouvriers et paysans) gagne tous les jours du terrain ; cette constitution du pouvoir est bien dans l'esprit de la doctrine de Proudhon ; la pratique de ce système pourrait provoquer, chez nos voisins, une réforme des études socialistes.

Grèves et droit au travail [1]

————

I. *Le droit strict et l'auréole du droit. — Raisons d'ordre public qui conseillent de reconnaître le droit au travail des grévistes. — Association occulte des patrons et des ouvriers. — Analogie du droit au travail industriel et des droits des fermiers.*

II. *Le droit de contrainte des grévistes considéré comme droit réel. — Conséquences pratiques. — Conception catastrophique des grèves. — Rôle dévolu aux professeurs de droit.*

Il a été plusieurs fois question dans ce livre d'un droit au travail que les grévistes ont cru souvent pouvoir exercer à l'encontre des patrons de l'usine où ils sont normalement employés. Pour bien comprendre la valeur d'une telle conception, il ne faut pas oublier ce que Proudhon écrivait en 1851 sur diverses revendications qui avaient eu un grand

(1) Les problèmes que je vais traiter ici, ont déjà été examinés sommairement à la fin d'un article de la *Science sociale* (novembre 1900, pages 433-436). — J'ai montré ci-dessus comment dans le trade-unionisme anglais apparaît un droit au travail (*Préface pour Gatti*, § 2). Les observations que je présente maintenant, me semblent pouvoir s'appliquer à tout pays où existe la grande industrie.

retentissement en 1848 : « Le droit au travail, le droit à la vie, le droit à l'amour, le droit au bonheur, toutes ces formules, capables à un instant donné de remuer les masses, sont entièrement dépourvues de raison pratique », parce que « la codification en est impossible » (1). Mais il convient d'ajouter qu'un système juridique ne se compose pas seulement de règles édictées par l'autorité compétente, des commentaires proposés par les professeurs des Universités et des déductions employées par les juges pour appliquer la doctrine à la pratique des procès qui leur sont soumis. Autour du droit, entendu au sens strict, dont je viens de donner la circonscription, existe une large zone dont le contenu est beaucoup mieux connu du grand public que ne l'est la jurisprudence ; les administrateurs, les magistrats, les législateurs se sentent très fréquemment contraints de modifier leurs idées personnelles pour les mettre en harmonie avec les opinions qui dominent dans cette zone que je serais d'avis de nommer l'*auréole du droit*. C'est là que se rencontrent les droits dont la codification est impossible, mais dont la connaissance est nécessaire pour suivre l'évolution sociale. On s'oriente dans ce domaine, en employant des raisonnements en tout semblables à ceux qui servent pour les affaires courantes de la vie ; on peut les classer en divers genres suivant qu'on y rencontre d'une manière dominante : la logique de la conversation (fondée principalement sur des analogies, des antithèses, des sortes de proportions), des appels à des sentiments d'équité naturelle, ou des

_____

(1) PROUDHON, *Idée générale de la Révolution au XIX° siècle*, 5° étude, § 5.

considérations relatives au bon ordre des sociétés ; d'ordinaire ces diverses espèces de raisonnements sont mêlées.

a) Depuis le début des temps modernes, les gouvernements ont considéré que l'une de leurs principales fonctions est de favoriser le développement de l'industrie. Presque partout on a établi un régime destiné à exagérer les prix de vente, de façon à faire naître des profits exceptionnels, capables d'attirer les capitaux du pays vers des entreprises nouvelles ; — de grandes dépenses ont été faites pour donner aux usines des moyens de communication rapides et économiques ; les guerres coloniales sont entreprises pour acquérir des matières premières à bas prix et pour créer des débouchés de vente où se rencontrent des prix très rémunérateurs ; la diplomatie s'efforce d'obtenir des nations civilisées des conventions commerciales ayant des buts analogues ; — enfin, jusqu'à une époque très voisine de nous, les ouvriers ont été soumis à une législation de contrainte destinée à empêcher des relèvements des prix de la main-d'œuvre. Des logiciens ont souvent trouvé que le code pénal antérieur à 1864 avait puni les coalitions d'une façon contraire aux principes du droit moderne ; les anciennes règles anti-égalitaires ayant été abrogées, les ouvriers auraient le droit de quitter une usine sans que les magistrats pussent trouver dans leur acte la moindre atteinte aux intérêts patronaux que la loi protège (1); ce qui est licite pour les individus ne saurait, disait-on, devenir illicite quand tout le personnel abandonne

(1) Kant trouvait tout naturel que le maître pût faire rentrer à sa maison le domestique qui s'est enfui. (*Principes métaphysiques du droit,* § XXX.)

l'atelier. Mais dans le premier cas l'industrie ne subit aucune perturbation appréciable, tandis que dans le second la coalition constitue un attentat contre la prospérité des fabriques ; ces deux situations ne sont donc pas comparables dans les pays où l'Etat s'est donné la mission de développer l'industrie.

On ne peut pas dire que cette manière de voir ait complètement disparu depuis la loi du 25 mars 1864 qui a supprimé le délit de coalition ; on rencontre encore des tribunaux qui, sous l'influence des idées anciennes, punissent avec une extrême sévérité des grévistes accusés de violences sur des présomptions extrêmement légères ; ils espèrent ainsi terrifier les ennemis des patrons, de manière à faire rentrer tout le monde sous le régime de l'autorité des industriels. L'expérience a montré qu'il est aujourd'hui beaucoup plus difficile de restaurer l'ordre économique en effrayant les ouvriers par des mesures de répression que de suggérer des solutions conciliantes aux maîtres généralement fort ignorants de leurs droits, habitués à respecter humblement les représentants de l'Etat, et presque toujours aussi timides que des lièvres ; dès que le public est persuadé qu'une masse prolétarienne est invincible, il fait porter sur l'entêtement des maîtres bourgeois la responsabilité des maux que la cessation du travail impose au pays ; il demande aux agents du gouvernement d'intervenir avec toute la force que leur donne notre organisation administrative, pour imposer aux chefs d'entreprise des concessions qui donnent satisfaction à leurs ouvriers. On considère comme impossible que les patrons puissent user de leur droit de propriété pour

fermer leurs établissements ; on entend leur laisser
un revenu net suffisant pour qu'ils continuent à
s'intéresser aux affaires ; on espère que des arbitres
sauront dire, assez facilement, dans quelle mesure
il faut réduire le profit pour concilier le régime patronal avec les revendications du personnel.

Jadis les hommes d'ordre demandaient qu'une
contrainte fût imposée aux ouvriers pour les obliger
à l'obéissance ; maintenant les mêmes classes demandent que la contrainte atteigne les patrons pour
leur faire accepter une. atténuation de leur privilège ; l'un et l'autre de ces procédés tendent à maintenir un ordre économique jugé nécessaire pour protéger la grandeur de l'Etat (1). Lorsque les prolétaires reviennent à l'atelier, après avoir obtenu des
avantages plus ou moins considérables, ils ne s'expliquent pas leur succès par les raisons d'ordre
bourgeois que je donne ici ; ils ont été habitués à
entendre dire que la Révolution a reconnu aux
petites gens des droits que l'Ancien Régime avait
méconnus ; ils supposent que leur victoire constitue une étape vers la constitution d'un système juridique favorable aux prolétaires. Si les maîtres ont
cédé aux pressions exercées sur eux, c'est que les
hommes éclairés nient aux maîtres le pouvoir de
donner du travail aux conditions que fixerait leur
volonté arbitraire ; sans doute, il n'existe pas encore
dans les codes d'articles qui définissent le droit au
travail en termes tels que l'ouvrier puisse porter

(1) Cette considération a conduit beaucoup de bourgeois
contemporains à souhaiter une législation qui rende les
grèves impossibles, en forçant les patrons et leurs ouvriers à soumettre leurs différends à une commission arbitrale.

une revendication individuelle devant les tribunaux; mais les pouvoirs administratifs se sentent tenus d'agir comme si la collectivité travailleuse possédait un droit au travail. Ainsi les grèves font naître une conception de droit au travail, rattachée au droit public.

b). — Parmi les personnes qui s'occupent d'économie politique en amateurs, c'est une opinion très répandue que le contrat de travail comporte une association du patron et de l'ouvrier. Il s'agirait seulement (si l'on ne veut pas trop s'écarter des faits observés) d'une association occulte analogue à celle qui me paraît exister entre un négociant et ses créanciers. En cas de faillite, ceux-ci sont mis par la loi en état d'*union* ; leur assemblée générale peut accorder au commerçant malheureux un concordat lui permettant de reprendre ses affaires ; et la majorité jouit du pouvoir exorbitant de réduire la dette de chacun des ayants droit dans la proportion qu'elle juge nécessaire pour rendre possible la restauration de la maison tombée en déconfiture. La catastrophe a transformé en association explicite l'association occulte. On observe des phénomènes analogues dans les grèves. La Cour de cassation décide que la cessation concertée du travail annule les contrats qui existaient entre le patron et les ouvriers ; ceux-ci soutiennent, au contraire, que le conflit ne les empêche pas de demeurer attachés à l'œuvre ; les faits s'accordent beaucoup mieux avec cette prétention prolétarienne qu'avec la jurisprudence de la Cour de cassation. Des hommes qui, d'après le système officiel n'ont plus aucun lien avec l'usine, ni par suite entre eux, nomment des mandataires pour discuter les conditions du tra-

vail ; l'assemblée générale des grévistes est appelée
à approuver les projets de concordat dressés par le
patron et ces mandataires ; les tribunaux obligent
le chef d'industrie à respecter ces conventions con-
clues par une autorité qui serait dépourvue de raison légale suivant la doctrine de la Cour de Cassation. Là encore la crise a transformé en association
explicite l'association occulte.

En faveur de l'hypothèse de l'association, on peut
faire valoir les idées que le grand public se forme
sur les moyens de régler les conflits industriels.
Quantité de gens instruits disent que toutes les difficultés qui s'élèvent dans les usines, devraient être
soumises à un arbitrage ; un préjugé très ancien
réclame une telle procédure pour terminer les contestations entre des associés ; si donc on parle si
souvent des arbitrages obligatoires à introduire dans
la législation des fabriques, c'est qu'on admet implicitement l'existence d'une société unissant le patron aux ouvriers, — société qui demeure occulte
en temps normal, mais que la grève rend explicite (1).

Mais quel est le rôle de l'ouvrier dans cette singulière association ? Le patron a la complète direction des opérations d'achat et de vente ; c'est lui
qui se procure les machines qu'il juge les plus
avantageuses pour lui fournir un gros revenu net ;
il fait venir les ingénieurs pour gouverner les ateliers. Le travailleur a seulement un droit au travail
que personne ne songe à lui contester en temps
normal; le chef d'industrie habile ne s'aviserait pas,

(1) Les considérations précédentes ont déjà été présentées dans les *Illusions du progrès*, pages 303-305.

en effet, de compliquer sa gestion en appelant des ouvriers étrangers pour remplacer les hommes qui sont habitués aux méthodes de production suivies dans son établissement ; mais en temps de grève, il cherche souvent à briser la résistance qu'il rencôntre en cherchant à embaucher loin de la localité. Les ouvriers parviennent le plus souvent à déjouer cette manœuvre ; à ce moment leur droit au travail devient un des objets principaux de leurs préoccupations ; il acquiert ainsi son importance au moment où l'association devient explicite. Nous arrivons ainsi à un nouvel aspect du droit au travail lié à des idées de droit commercial, alors que l'aspect précédent était lié à des idées de droit public.

c) La théorie du droit au travail demeurerait fort précaire, si on ne parvenait pas à lui découvrir des analogies dans l'économie rurale. Ce qu'on appelle dans le pays du Santerre le *droit de marché* est une dégénérescence du droit au travail. Les anciens exploitants de cette région jouirent de baux héréditaires jusqu'au XVIIᵉ siècle ; mais la royauté, prenant le parti des propriétaires, les fit descendre au rang de fermiers soumis au régime de la concurrence à chaque renouvellement de bail ; il y eut des luttes violentes qui se sont terminées par la reconnaissance assez générale du *droit de marché,* en vertu duquel le fermier qui n'obtient pas un nouveau bail, reçoit une indemnité fixée par le bail qui finit (1). Celle-ci est le rachat de son droit au travail. Il faut reconnaître que le système du Code

(1) PAUL VIOLLET, *Précis de l'histoire du droit français,* page 623. — PRACHE, *Le droit de marché.* Cet auteur cite deux édits rendus en faveur des propriétaires, du 4 novembre 1679 et du 25 mars 1724.

civil est peu satisfaisant : l'article 1728 oblige le
fermier à user de la chose louée en bon père de
famille ; or une telle gestion suppose un esprit de
propriétaire songeant à assurer l'avenir de sa famille (1) ; user de la terre en bon père de famille,
c'est l'améliorer d'une façon continue. Troplong
avait certainement raison quand, en 1840, il demandait aux juristes de reconnaître au fermier un *jus
in re* sur le domaine ; cette théorie qui n'a pas été
admise par les professeurs (2), traduirait seulement
en un langage juridique le fait d'une économie rurale progressive, dirigée dans un esprit de père de
famille. A la fin de son bail, le fermier se regarde
comme spolié, si le propriétaire profite de la situation pour augmenter notablement le prix ; le régime
actuel n'a pas produit tous les mauvais résultats
qu'on aurait pu en attendre, parce que l'amélioration des prix agricoles a pu attirer longtemps vers

(1) Dans les *Contradictions économiques,* Proudhon dit :
« La famille et la propriété marchent de front, appuyées
l'une sur l'autre, n'ayant l'une et l'autre de signification et
de valeur que dans le rapport qui les unit. » (Chap. xi, § 2.)

(2) On a pu craindre que la doctrine de Troplong ne
fournît des armes aux ennemis de l'ordre bourgeois. Dans
les *Contradictions économiques,* Proudhon la signale parmi
les causes qui vont amener la propriété à n'être « bientôt
plus que l'ombre d'elle-même » (chap. xi, § 4). Quelques
années plus tard, Proudhon proposera un mode de liquidation de la propriété destiné à faire passer, grâce au
paiement d'annuités, entre les mains de l'exploitant la
propriété bourgeoise, qui avait été créée par l'élimination
des seigneurs au profit des roturiers. (*Idée générale de la
Révolution au XIX*e siècle, 5e étude, § 5, et 6e étude, § 2.)
Dans son exposé il ne cite pas Troplong ; mais il me paraît
difficile que son esprit ne se soit pas reporté à la théorie
du contrat de louage de ce fameux juriste.

la terre beaucoup d'entrepreneurs intelligents ; mais Paul Viollet se demande si « comme à la fin de l'Empire romain, la terre abandonnée [ne va pas appeler] les bras courageux qui contracteront avec elle de durables alliances » (1). L'agriculture serait obligée de reconnaître aux exploitants un droit au travail, en récompense des efforts tentés pour améliorer le fonds d'une manière continue.

Passons maintenant à l'usine. Proudhon a souvent insisté sur le fait que dans les profits de l'entrepreneur entre, pour une large part, l'organisation coopérative de l'usine qui tient bien plutôt aux efforts intelligents des ouvriers qu'à la direction patronale (2). C'est la collectivité des travailleurs qui a élevé les apprentis au rang de compagnons, qui a accumulé quantité de petits progrès destinés à rendre la production plus rapide, plus économique, meilleure, qui a établi entre les diverses équipes ce parfait engrènement, célébré par les économistes sous le nom de division du travail. Lorsque les ouvriers, pendant une grève, demandent qu'on leur reconnaisse le droit d'être occupés dans l'usine à l'exclusion d'étrangers, ils réclament un droit au travail résultant de ce que l'action collective est vraiment une chose à eux. Bien des fois, des patrons qui avaient cru pouvoir vaincre les grévistes en improvisant des ateliers avec des hommes recrutés au hasard, ont fini par s'apercevoir qu'il valait

---

(1) PAUL VIOLLET, *op. cit.*, page 624.
(2) Je ne serais pas étonné si l'admiration que certains conseillers des grands industriels ont manifestée pour le système Taylor provenait du désir de faire accepter par les ouvriers l'idée que, dans l'organisation des ateliers, tout vient du maître.

mieux accorder quelques augmentations de salaires
que faire travailler des groupements cahotiques.
Ainsi le droit au travail se trouve fondé sur l'organisation d'une bonne économie progressive, comme
cela a lieu dans l'agriculture. Il ne s'agit pas ici
d'une vague revendication analogue à celle que
présentaient en 1848 des ouvriers ayant perdu leur
occupation normale par suite d'une crise nationale;
il s'agit d'un droit qui s'exerce dans un atelier bien
déterminé, que les grévistes avaient contribué à
créer ; c'est bien un *jus in re aliena* dont l'objet est
parfaitement déterminé : le privilège du travail aux
grévistes à l'encontre de tout étranger.

II

Dans l'article de la *Science sociale* de novembre
1900, j'ai examiné aussi l'idée que les ouvriers se
font du droit de coalition ; je signalais que cette
idée est tout à fait conforme à l'opinion émise par
le juge américain Jenkins, dans un arrêt du 22 décembre 1893 : « Si l'on n'empêche par des mesures
coercitives l'employeur de se procurer des hommes
qui remplacent ceux qui ont cessé de travailler,
une grève, dit ce magistrat, est une arme de paille...
A mon sens, il faudrait définir une grève ainsi : un
effort combiné des ouvriers pour forcer l'employeur
à faire droit à leurs demandes, en l'empêchant
d'exploiter son industrie jusqu'à ce qu'il se soit
soumis. » (1). Comme l'observait Proudhon, en 1864,

(1) Circulaire du *Musée social*, avril 1899, pages 201,
col. 2, et 202, col. 1.

une grève exige l'unanimité des travailleurs de l'usine (1) ; cette unanimité peut être entièrement volontaire ou imposée par la collectivité (2) ; c'est évidemment sur cette seconde hypothèse qu'il convient de raisonner. Pour que grève parvienne à empêcher le chef d'industrie de travailler, il faut que les grévistes puissent établir une police privée, faire des manifestations destinées à intimider la population, l'autorité et les camarades qui se montrent

(1) Proudhon remarquait que la loi du 25 mai 1864 avait rendu très difficile l'exercice du droit de coalition, en défendant sous des peines sévères toute atteinte à la liberté du travail, ce qui ouvre la porte aux défections. « Espérez-vous, ouvriers, maintenir contre l'intérêt privé, contre la corruption, contre la misère, cette unanimité héroïque ? » (*Capacité politique des classes ouvrières*, page 344.)

(2) Beaucoup de gens forts en paix sociale pensent aujourd'hui que la loi devrait donner à la majorité le droit de contraindre la minorité. Mais de quelle majorité s'agit-il ? D'après la théorie du droit au travail exposée ci-dessus, les ouvriers, possédant un droit sur l'usine, peuvent être comparés à des propriétaires dont les fonds sont intéressés dans une œuvre commune ; cette œuvre commune pendant la grève, est l'amélioration des conditions de la vie des travailleurs. Les lois du 21 juin 1865 et du 22 décembre 1888 ont déterminé quelles sont les majorités armées du pouvoir de contrainte. Pour les travaux conservatoires et de dessèchement on exige la moitié des propriétaires possédant les deux tiers de la surface ou les deux tiers des propriétaires possédant la moitié de la surface. Pour l'irrigation, le drainage, la construction de chemins d'exploitation il faut les trois quarts des intéressés représentant les deux tiers de la superficie et payant les deux tiers de l'impôt foncier, ou les deux tiers des intéressés représentant les trois quarts de la superficie et payant les trois quarts de l'impôt foncier. Ces règles ne sont pas d'une application très commode ; si on cherchait à les imiter dans une législation sur les grèves, les ouvriers se moqueraient de telles prescriptions.

rebelles, menacer ceux-ci de *boycottage*. Les démocrates ne contestent pas que ces procédés ne puissent être employés à l'occasion; mais ils prétendent
être juges souverains de la légitimité de ces contraintes ; l'administration, guidée par les politiciens,
accorderait aux bons électeurs la faveur de pouvoir défendre le travail aux patrons qui n'auraient
pas de protections puissantes. Un tel régime doit
paraître scandaleux aux hommes qui sont pénétrés
d'idées proudhoniennes ; si les ouvriers doivent demeurer toujours sous la curatelle des démagogues,
ils ne pourront jamais s'élever à la conscience de
l'existence de leur classe ; pour que le prolétariat
acquière l'idée de sa mission révolutionnaire, il faut
qu'il ait l'ambition de se créer un système juridique (1). Il ne s'agit pas ici de déclamations en l'honneur de la justice de la cause populaire, comme en
renferme à satiété la littérature de 1848 ; j'entends,
comme Proudhon, que les instincts, les désirs d'amélioration matérielle, les espérances d'un avenir
idéal des travailleurs, doivent se traduire en doctrines pleines de réminiscences de droit romain (2);
la comparaison de ce système juridique du prolétariat et du système bourgeois donnerait une idée
parfaitement claire de la révolution.

Il faut, tout d'abord, savoir quelle est la nature de
ce droit de contrainte réclamé par les grévistes.

(1) Le livre de Proudhon sur la *Capacité politique des
classes ouvrières* a pour objet de montrer quelles conséquences, peut avoir le principe du mutuellisme, que venait
de proclamer le *Manifeste des soixante*.
(2) C'est un des caractères les plus remarquables et
probablement le moins remarqué de la philosophie sociale de Proudhon.

Lorsque des associations syndicales se forment pour l'exécution de travaux d'amélioration agricole (lois du 21 juin 1865 et du 22 décembre 1888), le droit de contrainte que la majorité exerce sur la minorité, constitue bien évidemment un *jus in re*. Nous reconnaîtrons le même caractère au droit de contrainte auquel prétendent les grévistes (1) parce que nous avons déjà admis que ceux-ci ont sur l'usine un *jus in re* (droit au travail) qui les fait ressembler à des propriétaires de fonds ruraux ayant un intérêt collectif. Mais le premier droit de contrainte appartient au système juridique officiel de la bourgeoisie, tandis que le second entre dans le système juridique construit par la science pour représenter l'activité du prolétariat. De cette théorie de la contrainte résultent des conséquences pratiques importantes, qui sont en parfait accord avec la manière de penser des grévistes ; en examinant ces conséquences, nous obtiendrons une preuve expérimentale de l'exactitude de traduction que nous proposons de la grève en langage juridique.

A ce droit de contrainte revendiqué par les grévistes, s'oppose le droit de conclure librement des contrats de louage d'ouvrage, au moyen desquels les patrons continueraient à réaliser des profits. Suivant les économistes bourgeois, ce dernier droit serait un des fondements de l'ordre social issu de

(1) Cette terminologie ne sera évidemment pas admise par les juristes qui ne reconnaissent pas un *jus in re aliena* au créancier hypothécaire, parce que celui-ci ne jouit d'aucun démembrement de la propriété (EMILE CHENON, *Les démembrements de la propriété foncière*, page 13). Une telle raison n'eût point satisfait les Romains, aux yeux desquels la philosophie du droit est subordonnée à la procédure.

la Révolution, en sorte que les actes des ouvriers ne pourraient être légitimes que dans la mesure où ils respecteraient le droit patronal au bénéfice. Mais on peut objecter à cette thèse que ce droit patronal est personnel (*jus ad rem*) (1) et que par suite il est primé par le droit réel (*jus in re*) que les travailleurs croient posséder en temps de grève sur l'usine (2). — Les ouvriers s'indignent chaque fois que leurs syndicats sont condamnés à des dommages-intérêts pour avoir *boycotté* des renégats, des espions, des agents provocateurs ; le droit qu'un particulier peut avoir à obtenir la réparation d'un quasi-délit, est évidemment subordonné au droit de police privée qu'entraîne le droit réel de contrainte; les tribunaux devraient seulement pouvoir apprécier, après expertise, si la justice des camarades n'a pas dépassé les limites qu'aurait dû lui imposer une saine interprétation des faits (3). — Les magistrats

(1) Que le droit patronal au profit doive être traité comme un *jus ad rem*, c'est ce qui résulte du fait que le maître de fabrique est un *marchand* dont le bénéfice est la différence existant entre deux groupes de créances (Sur l'origine mercantile de la manufacture, Cf. MARX, *Misère de la philosophie*, page 190).

(2) Comme exemple de la prééminence du droit réel, Kant cite la faculté qu'a l'acheteur d'un domaine d'évincer le fermier, sous réserve de dommages-intérêts. (*Principes métaphysiques du droit*, XXXI.) L'article 1743 de notre Code civil interdit cette éviction s'il y a un bail authentique ou d'une date certaine. C'est en s'appuyant sur cet article que Troplong a soutenu que le locataire possède un droit réel sur la chose louée.

(3) Il serait fort désirable que la loi obligeât les tribunaux à procéder à une telle expertise, non seulement parce que les lumières naturelles des magistrats sont d'ordinaire insuffisantes pour leur permettre d'apprécier ces

correctionnels considèrent, presque toujours, comme circonstances aggravantes d'un délit les liens qui le rattachent à une grève ; si on admet que la collectivité des travailleurs possède un droit réel de contrainte, on doit assimiler de tels délits à ceux que commet un propriétaire en défendant ses cultures contre des maraudeurs, des voisins qui se frayent chez lui abusivement un passage ou des gens qui envoient leurs animaux paître chez autrui ; les violences auxquelles pourra être entraîné le maître de la terre étant toujours considérées avec indulgence, les violences des grévistes devraient bénéficier d'une indulgence semblable, — d'après le système juridique adopté par le prolétariat qui croit avoir sur l'usine un droit aussi respectable que le droit de propriété (1).

Le droit au travail et le droit de contrainte dont je viens de parler, offrent ceci de très particulier qu'ils ne trouvent pas leur application dans les circonstances habituelles de la vie économique, mais seulement dans les heures de crise révolutionnaire. Ce caractère ne doit pas nous surprendre, parce que nous savons que la classe ouvrière a deux genres d'activité radicalement distincts : tantôt elle prend une place normale dans le monde moderne, en créant des institutions compatibles avec l'ordre

questions d'organisation ouvrière, mais encore parce qu'un expert avisé pourrait beaucoup pour l'instruction des travailleurs, en leur faisant comprendre quels sont les bons et quels sont les mauvais usages.

(1) L'opinion publique se montre souvent assez disposée à accueillir avec indulgence les plaintes des grévistes ; mais elle ignore totalement les principes juridiques qui justifient ces plaintes.

bourgeois ; tantôt elle semble vouloir marcher uniquement sur une voie qui conduirait à la catastrophe du capitalisme. Les professeurs des Facultés
de droit se tromperaient gravement s'ils essayaient
de faire entrer le droit de contrainte auquel prétendent les grévistes, dans les systèmes juridiques qu'ils
sont chargés d'exposer comme des vérités scientifiques, systèmes qui supposent l'existence de l'économie traditionnelle ; je ne crois pas à un prétendu
socialisme savant qui serait capable, suivant de
nombreux farceurs, de trouver un compromis entre
le droit bourgeois et les revendications du prolétariat ; si pour défendre des grévistes un avocat peut
se permettre des sophismes de ce genre, un professeur ne saurait, sans se déshonorer, les promulguer
du haut de sa chaire. Sa véritable mission est d'employer les ressources que lui fournit le droit romain
pour mettre en pleine lumière les caractères de la
lutte de classe.

A ce point de vue, le droit de contrainte, réclamé
par les grévistes, offre un intérêt de premier ordre,
parce qu'il nous fournit une manière d'expérimen-
ter, en quelque sorte, la catastrophe dont l'avènement est poursuivi par le socialisme ; lorsqu'une
coalition est menée avec vigueur, on voit se réaliser
assez exactement le schéma que Marx a donné à
l'avant dernier chapitre du premier volume du *Capital ;* la masse des travailleurs, disciplinée, unie
et organisée par la pratique même de l'usine, sup-
prime la propriété capitaliste localement, tempo-
rairement, mais d'une façon absolue. Le juriste est
beaucoup plus apte que l'économiste, le philosophe
ou l'historien à faire comprendre l'absolu que renferme la grève; nombre de professeurs de droit ont

assez d'intelligence, de savoir et de courage pour expliquer dans leurs cours la vérité sur la lutte de classe ; ils peuvent rendre les plus grands services au pays en se donnant ce programme. Les jeunes gens qui suivent leurs leçons, sont appelés à occuper dans le monde une place beaucoup plus importante que celle que pourront atteindre leurs camarades des Facultés des lettres ou des sciences ; ils seront les directeurs de la conscience bourgeoise ; par eux les capitalistes pourront apprendre sur quelle route le socialisme oriente les masses ouvrières. Si les chefs d'industrie savaient que celles-ci ont entrepris de renverser de fond en comble les droits acquis, le sentiment du danger provoquerait peut-être chez eux la volonté de vivre plus noblement qu'ils ne vivent aujourd'hui ; la connaissance des tendances révolutionnaires du prolétariat serait pour la bourgeoisie une force morale capable de la faire sortir du sommeil auquel toute prospérité trop facile conduit les hommes ; ainsi on constaterait, une fois de plus, que la vérité nous est plus utile que les illusions (1). C'est pourquoi j'adjure les professeurs de droit de démontrer à leurs auditeurs, au moyen d'une théorie juridique des grèves, que les conflits industriels actuels mettent en présence deux classes irréconciliables.

Construisez donc, messieurs les juristes, suivant les principes de votre science, ces doctrines que, nous autres pauvres socialistes, nous ne pourrions aborder qu'en timides apprentis ; que les amphithéâtres universitaires entendent des discours dépouillés

---

(1) Dans les *Réflexions sur la violence* j'ai déjà appelé l'attention sur l'action bienfaisante que la révolte prolétarienne peut exercer sur la bourgeoisie. (Cf. page 130.)

de toute sophistique de paix sociale ; des élèves, qui qui n'ont pas eu encore le temps d'oublier les enthousiasmes classiques, acclameront en vous des héros cornéliens, de l'honneur scientifique. La bourgeoisie finira même par vous accorder de la gloire, parce qu'elle a toujours redouté d'être méprisée par la jeunesse des écoles. Qu'avez-vous à craindre ? La haine de ces démagogues qui regardent la philosophie marxiste des classes comme un blasphème contre la France ; mais l'opinion de ces gaillards-là est vraiment bien peu de chose (1).

(1) Il y a dix ans, on me signalait comme un admirateur des *apaches* (*Petit Parisien,* 7 avril 1907); en 1918, on me dénonce comme le patriarche du *bolchevisme* (*Journal de Genève,* 4 février ; *Evénement,* 11 décembre); d'après les journaux bien pensants, les *bolcheviks* sont des malfaiteurs pires que les *apaches.* Le lecteur tirera de telles accusations la conclusion qui convient.

APPENDICE [1]

Exégèses proudhoniennes

I. *Anciennes idées de Proudhon sur l'union des répu-blicains. — En 1864 il proclame que la scission est imposée au prolétariat par l'intolérance des anciens partis. — Conquête de l'opinion et révolution juridique. — La séparation des classes dans Marx et dans Proudhon.*

II. *Tribunaux vehmiques rêvés par Proudhon vers 1840. — Commentaire donné dans l'édition belge de la* Justice. *— Evolutions de la pensée de Proudhon. — Justice supplétive prolétarienne.*

III. *Proudhon contre le chauvinisme de ses contemporains. — Interprétation de la pacification de 1815. — Vraies raisons de sa polémique contre l'unification italienne. — Opinions de Proudhon sur l'Allemagne très opposées aux conceptions de nos nationalistes. — Internationalisme.*

I

En donnant cette nouvelle édition des *Matériaux d'une théorie du prolétariat,* je trouve utile d'écrire un appendice pour appeler l'attention de mes lec-

(1) Cet appendice a été écrit en juin 1920.

teurs sur quelques conceptions proudhoniennes qui me semblent avoir une singulière importance à l'heure actuelle. L'opportunité de ces exégèses est d'autant plus grande que Proudhon est aujourd'hui livré à des incompétences dont les fantaisies sont trop facilement acceptées par un public d'une intelligence débile. J'ose espérer que ces pages ne seront pas inutiles aux gens sérieux qui veulent connaître le seul grand philosophe qu'ait eu la France au XIXᵉ siècle.

Les *Débats* du 4 mai 1920 ont publié sous le titre: *La C. G. T. devant Proudhon,* un article où je lis : « On peut trouver tout ce qu'on veut dans Proudhon,... sauf pourtant l'idée de la lutte des classes, qui relève du marxisme, qui ne correspond au surplus à rien de précis chez nous. » Ce jugement sur Proudhon est en partie vrai; j'ai indiqué moi-même une raison tirée de ses préoccupations éthiques, qui devait l'éloigner d'attacher une valeur de premier ordre à la scission des classes (1); mais ce sont, je crois, les souvenirs de 1848 qui exercèrent longtemps sur son esprit, à ce point de vue, une influence décisive. Il se rappelait comment, en ce temps, bourgeois et ouvriers avaient été en majorité désireux de s'entendre sur des programmes de sérieuses réformes économiques (2). Il avait déploré les imprudences de

(1) G. SOREL, *Les illusions du progrès,* 2ᵉ éd., pages 6 et 7.

(2) Le 9 avril 1848 Proudhon apprend à un ancien associé que, d'après Charles Grün, rentré en Allemagne, la bourgeoisie rhénane goûte fort ses idées et est toute prête à suivre ses leçons (*Correspondance,* tome II, page 312). Je suppose qu'il fait ici allusion à la *Solution du problème social* qui venait de paraître.

Louis Blanc et de la commission du Luxembourg qui
exaspérèrent les chefs d'industrie ; dans une proclamation adressée le 3 avril aux électeurs du Doubs,
il disait : « J'accuse le gouvernement provisoire
d'avoir, sans intérêt, sans motif, sans justice, par la
plupart de ses actes, fomenté la division entre la
classe laborieuse et la classe bourgeoise, et compromis, par cette détestable politique, non seulement la
tranquillité de la patrie, mais l'avenir de la révolution » (1). La journée du 16 avril et les élections
du 23 montrèrent que les anciennes classes dirigeantes ne se laisseraient pas déposséder sans avoir
fait appel à la réaction armée.

Après la bataille de juin, Proudhon fit ce qu'il put
pour persuader aux républicains d'oublier la guerre
civile qui venait de désoler Paris. « N'hésitons pas,
écrit-il, dans un article du 6 juillet du *Représentant
du peuple,* à confondre dans nos regrets, sous le nom
commun de victimes, ceux qui sont morts pour la
défense de l'ordre et ceux qui sont tombés en combattant contre la misère (2). Si le droit était de ce
côté-ci des barricades, il était aussi de ce côté-là (3).

(1) Proudhon, *loc. cit.,* page 303.
(2) « Ayons pitié, s'écrie-t-il, de ces pauvres blessés qui
se cachent et qui meurent sur la paille, en proie à la gan-
grène, soignés par des enfants sans pain et des épouses
folles de misère. » Il osait dire que dans cette guerre de
la détresse populaire « le respect des propriétés n'aurait
pas toujours été aussi grand du côté de la répression que
du côté de l'émeute ».
(3) Dans un article du 12 juillet il précise sa pensée en
rappelant que « le gouvernement provisoire [avait] for-
mellement reconnu [le droit au travail], qu'il [n'avait] pu
se constituer, se soutenir, faire un peu d'ordre, préparer
les élections, protéger l'Assemblée nationale, demeurer
conservateur en dépit de son origine révolutionnaire, qu'à

L'épouvantable carnage auquel nous avons assisté, ressemblait à ces tragédies antiques où le devoir et le droit se trouvaient en opposition et qui partageaient les dieux. » Dans la *Voix du Peuple* du 11 avril 1850, il recommandait la candidature de Dupont de l'Eure, vieux républicain auquel Girardin reprochait d'avoir approuvé l'attitude de Cavaignac; il espérait que cette élection aurait pour effet « de resserrer de plus en plus l'union entre la bourgeoisie et le prolétariat et d'effacer la distinction des vainqueurs et des vaincus de juin. »

Lorsque durant les derniers mois de sa vie, Proudhon entreprit de commenter le *Manifeste des soixante* (dans la lettre aux ouvriers du 8 mars 1864 et dans la *Capacité politique des classes ouvrières*), il cessa de prêcher la concorde pour devenir l'apôtre de la scission des classes ; mais il s'efforça de rejeter sur la bourgeoisie la responsabilité d'hostilités qui lui étaient pénibles, tout en lui paraissant nécessaires pour le salut du prolétariat. « Démocrates, écrit-il le 8 mars, une réaction aveugle a entrepris depuis quinze ans de vous jeter hors le droit, hors le gouvernement, hors la politique. La situation qui vous est faite, ce n'est pas vous qui l'avez créée : elle est le fait de la conjuration des vieux partis. Une même pensée les gouverne et cette pensée est incompatible

---

ce prix ». Les insurgés, dont le droit au travail était méconnu, avaient le droit pour eux, au moins autant que l'avaient eu les insurgés de juillet 1830 et de février 1848; les prétentions de ceux-ci n'étaient pas incontestables au point de vue juridique; ces trois insurrections furent *excusables*; deux d'entre elles devinrent légitimes grâce à la victoire.

avec la réalisation de cette justice politique, économique et sociale, que vous appelez de vos vœux (1). Un même serment les unit, symbole de leur alliance (2), piège tendu à la vanité et au zélotisme des démocrates (3). Ce n'est pas votre faute si, retranchés de leur communion, vous êtes condamnés à user envers eux de représailles. C'est pourquoi je vous le dis, de toute l'énergie et de toute la tristesse de mon âme : *Séparez-vous de qui s'est le premier séparé ;* séparez-vous, comme autrefois le peuple romain se séparait de ses aristocrates (4). »

Afin de faire « toucher du doigt » à ses lecteurs l'importance de la scission, il dit encore : « Il est de principe, dans un pays bouleversé comme le nôtre par les révolutions, que les gouvernements qui se succèdent, tout en changeant de maximes, restent, vis-à-vis des tiers, solidaires les uns des autres et acceptent à tour de rôle les charges que leur impose ce redoutable héritage. Or, c'est une condition que,

---

(1) « La politique de l'opposition, dit Proudhon dans le même message aux ouvriers, c'est d'abord son antisocialisme déclaré qui fatalement l'a ralliée contre nous à la pensée réactionnaire. Messieurs Marie et Jules Favre nous l'ont dit, lors de la discussion de l'adresse, d'un ton à ne l'oublier jamais : *Nous ne sommes pas socialistes !* A ces mots l'Assemblée tout entière a éclaté en applaudissements; pas une voix de protestation ne s'est fait entendre. » (*Correspondance,* tome XIII, page 259.)

(2) La prestation du serment par les députés ouvrit le chemin du ralliement, surtout à partir du jour où l'Empire s'orienta vers un régime conforme aux vœux de Thiers. (Cf. *loc. cit.,* page 261.)

(3) Sans doute il faut entendre par cette expression, le fanatisme des gens qui croyaient aux vertus surnaturelles du suffrage universel.

(4) PROUDHON, *loc. cit.,* pages 264-265.

le cas échéant, il nous est défendu de subir. Nous ne pouvons pas, nous les proscrits de 1848, 1849 et 1852, accepter les engagements, les transactions et tous les actes de pouvoirs créés en vue de notre extermination. Ce serait nous trahir nous-mêmes, et il importe que le monde le sache... Nous accepterions, le cas échéant, la responsabilité de la dette jusqu'au 24 juin 1848; mais nous sommes en droit de la rejeter depuis cette époque... Ce serait à la bourgeoisie d'acquitter le surplus. A elle d'aviser (1). »

La révolution sociale à accomplir dépassait de beaucoup la compétence d'une coalition plus ou moins accidentelle de députés, obéissant à des motifs bien éloignés des raisons que le philosophe imaginera plus tard pour justifier le saut qui interrompait le cours de l'histoire. « Pour changer la constitution d'un peuple, il faut agir à la fois sur l'ensemble et sur chaque partie du corps politique. » Cela suppose l'adhésion bien consciente de la très grande masse des citoyens. « Que la démocratie n'oublie pas qu'en décrétant la liberté de la pensée et de la presse, la Révolution en a voulu et garanti la conséquence : à savoir que le gouvernement appartiendrait à la majorité, en d'autres termes, que le pouvoir suivrait l'opinion ou la pensée publique, quelque part qu'il lui plût d'aller, pourvu que cette pensée fût celle de la majorité. Ainsi la démocratie ouvrière, aujourd'hui comme en 1848, tient dans ses mains les éléments de son triomphe. Il s'agit pour

(1) PROUDHON, *loc. cit.*, pages 257-258. — Cette opinion de Proudhon a une grande importance à l'heure où la République des *soviets* manifeste l'intention de répudier les dettes contractées par le tzar.

elle de conquérir la majorité à son idée ; cela fait, de s'imposer au pouvoir en revendiquant son autorité souveraine » (1).

Le prolétariat n'était pas contraint de poursuivre seul la révolution sociale ; le *Manifeste des soixante* offrait l'alliance des ouvriers aux bourgeois que les progrès de ce qu'on nommait alors la féodalité financière, mercantile et industrielle, faisaient de plus en plus descendre vers le salariat ; dans la lettre du 8 mars, Proudhon disait : « La bourgeoisie, la classe moyenne surtout, serait bien mal conseillée si elle s'alarmait de ce langage (2). Qu'elle le sache ou qu'elle l'ignore, son véritable allié, son sauveur, c'est le peuple » (3), et dans la *Capacité politique des classes ouvrières,* il avertit la bourgeoisie qu'avant peu « elle sera trop heureuse d'obtenir » cette alliance que lui offraient les *soixante* (4).

Lorsque cette conquête de l'opinion sera accomplie, le passage de la doctrine à la codification se fera sans le moindre effort ; la révolution s'opérera comme un mouvement déterminé par les lois de la nature ; la société aura reçu son nouveau droit d'une

---

(1) Proudhon, *Capacité politique des classes ouvrières,* 3ᵉ partie, chap. i.

(2) La bourgeoisie actuelle se montre parfois disposée à marcher avec le prolétariat, mais sous la condition qu'elle dirigera le mouvement; en 1864 il s'agissait de renverser cet ordre et de placer le prolétariat à la tête de la société. Il fait corps, il se sent, il raisonne, tandis que la bourgeoisie est tombée à « l'état de tourbe et de masse indigeste » (*op. cit.,* 2ᵉ partie, *ad finem*).

(3) Proudhon, *Correspondance,* tome XIII, page 251.

(4) Proudhon, *Capacité politique,* 2ᵉ partie, *ad finem.*

classe placée jusqu'alors au-dessous du droit (1). Un spectacle semblable avait été offert par la France à la fin du XVIIIᵉ siècle, lorsque le Tiers-Etat entraîna la nation à abolir les statuts nobiliaires de la famille et de la propriété pour les remplacer par les règles que ses juristes élaboraient, depuis longtemps, en vue d'établir un ordre, réputé scientifique, dans les relations que les roturiers entretenaient entre eux.

J'ai cru nécessaire d'insister assez longuement sur les thèses que Proudhon a présentées en 1864 sur la scission des classes, parce que ces thèses ont été provoquées par la nécessité où il s'est trouvé de discuter des événements de la politique contemporaine ; elles ne dépendent point de théories préconçues comme celle que Marx a énoncée sur le développement de la civilisation ; elles sont donc beaucoup plus instructives que les explications de l'histoire données par tant d'écrivains socialistes qui croient avoir épuisé la sagesse humaine quand ils ont invoqué « les luttes de classes », sans se demander quelles réalités correspondent à cette formule abstraite. Si l'on doit admirer l'intuition de génie qui a permis à Marx de signaler le rôle capital qui appartient aux luttes de classes dans l'histoire, il faut reconnaître qu'il est demeuré bien inférieur à Proudhon au point de vue de l'élaboration scientifique des applications du principe.

J'ai remarqué, depuis longtemps, que Marx s'est fait de grandes illusions sur la solidité des senti-

(1) Dans la *Capacité politique,* 3ᵉ partie, chap. II, § 4, Proudhon nomme ses amis : « *plèbe du travail et du droit.* qui [se flatte] de régénérer les mœurs sociales et politiques. »

ments socialistes qui se rattachent à la lutte de classe (1); quantité d'exemples contemporains nous montrent que ceux-ci cèdent facilement devant la vanité, l'intérêt ou le désir de vivre tranquille ; c'est grâce à ces forces que les gens qui s'intitulent aujourd'hui *socialistes réformistes* ont pu entraîner dans le sillage des classes dirigeantes tant de travailleurs que leur valeur intellectuelle avait désignés à leurs camarades comme des chefs capables de les diriger vers la revolution (2).

Kautsky observe que les conflits engagés dans l'antiquité et au Moyen Age entre divers groupes de population n'ont pas abouti à des résultats analogues à ceux que l'on a constatés à la fin du XVIII° siècle en France, ni à ceux qu'on attend d'une révolution prolétarienne; il n'y eut pas « une rénovation profonde et durable des conditions de propriété et par suite [institution d'une] forme nouvelle de la société » (3); on ne saurait donc réunir dans un même

---

(1) Cf. G. Sorel, *Insegnamenti sociali della economia contemporanea*, page 342.

(2) Cette politique de paix sociale est évidemment inspirée de l'ancienne France où tant de voies s'offraient aux roturiers pour pénétrer dans le corps de la noblesse; cette *sagesse* de la royauté française ne lui a pas été très favorable; il a suffi, d'ailleurs, de légères tentatives de réaction pour transformer ces anoblis en destructeurs.

(3) Karl Kautsky, *La révolution sociale*, trad. franç., page 34. — Proudhon avait observé que les plébéiens de Rome ne surent pas s'élever à la conception d'une loi nouvelle. Ceci fut l'œuvre du christianisme (*op. cit.*, 2° partie, chap. II). J'ai souvent soutenu que les théoriciens actuels du socialisme ne sauraient étudier avec trop de soin la conquête chrétienne, jusqu'ici fort négligée par l'école de Marx, qui ne sait quoi en dire faute de pouvoir y appliquer les lieux communs qui lui servent d'ordinaire à expliquer l'histoire par des luttes de classes.

genre toutes les luttes de classes qui sont énumérées pêle-mêle au début du *Manifeste communiste*. Tant qu'on ne sera pas complètement fixé sur les études de détail que Marx avait entreprises pour formuler son principe, il sera impossible de savoir comment il entendait son application.

Je crois enfin qu'on peut affirmer, sans manquer de respect à la mémoire de Marx, que celui-ci s'est assez peu soucié des relations qui existent entre le développement des luttes de classes et la genèse de droits nouveaux. Cette préoccupation est, au contraire, essentielle chez Proudhon.

De ces observations il est possible de tirer quelques règles de méthode. Chaque fois que nous rencontrerons, en parcourant l'histoire, des phénomènes qui paraissent se rattacher à une lutte de classes, nous devrons bien moins nous inspirer de la tradition marxiste que de ce qu'a écrit Proudhon dans la *Capacité politique des classes ouvrières;* nous chercherons à connaître quelle a été la valeur de ces phénomènes dans les préparations des transformations juridiques; nous avancerons pas à pas, sans aucune envolée métaphysique. J'ai essayé de suivre cette voie proudhonienne dans le chapitre consacré aux grèves et au droit au travail; c'est pourquoi les conclusions auxquelles je me suis arrêté, me semblent présenter un réel intérêt; je n'y ai considéré la lutte de classes que sous un aspect extrêmement restreint, mais ma thèse n'en est que plus précise et plus capable d'entraîner la conviction. Dans les investigations de la nature, le savant procède justement par examen approfondi des détails, en s'efforçant d'écarter les préjugés qu'engendrent trop souvent de vastes intuitions. J'ai donc bien le droit d'affirmer, en cette matière, la supériorité scientifique de Proudhon (1).

II

A la fin du chapitre consacré à la discussion du livre d'Adolphe Prins sur l'organisation de la démocratie, j'ai signalé quelques vues de Proudhon relatives au fonctionnement désirable d'une justice privée qui suppléerait à l'insuffisance de la justice officielle ; je crois d'autant plus utile d'examiner de près cette question que le savant avocat général de la Cour de cassation, Arthur Desjardins, ne l'a point discutée en 1896 dans son livre : *P.-J. Proudhon, sa vie, ses œuvres, sa doctrine* (2).

Proudhon nous apprend en 1861 que le problème de la justice privée supplétive a été une de ses premières passions. « A peine sorti de l'adolescence, lorsqu'il m'arrivait d'entendre raconter quelqu'un de ces méfaits qui crient vengeance et que semble respecter la justice des tribunaux, je sentais comme un

(1) Le 15 février 1864, Proudhon écrit à Bergmann : « Autrefois... j'étais passionné pour les systèmes philosophiques. Maintenant j'en suis beaucoup moins enthousiaste, j'aime à affranchir les vérités de détail l'une après l'autre... Je suis convaincu, d'ailleurs, que chaque vérité acquise ne peut manquer de se classer à son rang et le système des connaissances se construira sans nous et dans le meilleur ordre possible. » (*Correspondance,* tome XIII, page 238.)

(2) Cet éminent magistrat est d'ailleurs très loin d'avoir approfondi les idées que Proudhon a émises sur le droit pénal; cette négligence est d'autant plus regrettable que tous les historiens savent de quelle importance est pour la connaissance des mœurs d'un peuple, sa pratique criminelle.

flot d'acide me tomber sur le cœur... Je me deman-
dais si, à défaut des magistrats constitués, inhabiles
ou complices, il n'existerait pas des sociétés de ven-
geurs pour la répression de toutes ces infamies.
J'aurais voulu marcher, et j'aurais marché, si j'eusse
rencontré un chef, des associés, des frères, pour l'extermination des traîtres, des exploiteurs et des tar-
tufes... Toute âme juvénile éprouve de ces accès
d'enthousiasme. Celui qui ne les connaît point est
pourri dès sa naissance; il faudrait l'envoyer à
l'hôpital des vénériens (1). »

Il faut se reporter à cette confession pour bien
comprendre son imprécation qui se trouve à la fin
de l'*Avertissement aux propriétaires* et qui fit scandale en 1842. « Ne provoquez pas, dit-il aux conser-
vateurs-bornes (2), les éclats de notre désespoir,
parce quand vos soldats et vos gendarmes réussi-
raient à nous opprimer, vous ne tiendriez pas devant
notre dernière ressource. Ce n'est ni le régicide, ni
l'assassinat, ni l'empoisonnement, ni l'incendie, ni le
refus du travail, ni l'émigration, ni l'insurrection, ni
le suicide (3) : c'est quelque chose de plus terrible
que tout cela et des plus efficace, quelque chose qui
s'est vu et qui ne peut se dire. » Traduit devant les

_____

(1) *De la Justice dans la Révolution et dans l'Eglise*, tome
VI, pages 286-287. — Comme tous les hommes de génie,
Proudhon demeura jusqu'à sa mort très jeune de cœur.

(2) Cette expression, assez souvent employée par Proudhon, mériterait bien d'être conservée.

(3) Peut être Proudhon a-t-il voulu faire ici allusion à
ce genre de suicide, assez fréquent dans l'Extrême-Orient,
qui désigne à la haine du peuple et même à la rigueur des
lois, l'homme puissant, à la porte duquel a été accompli
cet acte de désespoir. Un de ses bons amis, Pauthier, étant
sinologue,

Assises du Doubs, Proudhon refusa de commenter ce texte ; mais dans une lettre du 23 mai 1842 à Ackermann, rendant compte de son procès à son ami, il explique sa pensée : « Je puis vous dire que j'avais en vue la réorganisation des cours vehmiques ou tribunaux secrets d'Allemagne, dont j'ai fait une théorie appropriée à notre temps (1). »

Ce projet n'était probablement pas, dans l'esprit de Proudhon, une utopie née de la littérature romantique ; il lui avait été probablement inspiré, en bonne partie, par des faits observés à Paris durant son premier séjour en cette ville ; là se trouvaient beaucoup d'ouvriers tailleurs, animés d'un véritable fanatisme révolutionnaire. « De temps en temps, écrit-il le 16 décembre 1839, il y a parmi eux des mouchards, des traîtres. Aussitôt qu'un individu est convaincu par son propre aveu de ce crime, ils prennent leurs mesures, ils surprennent le malheureux, lui tordent le cou et le jettent à la Seine. Plusieurs y ont déjà passé ; la police n'en sait rien. Cela est exécuté de sang-froid par les exécuteurs de cette espèce de Vehme (2). » Il n'est pas douteux qu'à cette époque Proudhon a dû regarder comme possible un contrôle exercé sur une bourgeoisie tyrannique par des associations terroristes analogues à celles que nous avons vu fonctionner en Russie (3).

(1) PROUDHON, *Correspondance*, tome II, pages 42-43. — En 1911, Edouard Droz a eu communication d'une note décrivant le fonctionnement des tribunaux vehmiques, adressée par Proudhon au président des assises après son acquittement (*Pierre-Joseph Proudhon, Lettres inédites à Chaudey et à divers comtois*, pages 83-86).

(2) PROUDHON, *op. cit.*, tome I, page 169.

(3) Arthur Desjardins n'a donc pas complètement tort quand il dit que l'idée de la restauration de francs-juges

En 1861, il a donné quelques éclaircissements sur ses conceptions anciennes ; mais il l'a fait avec une certaine prudence et il semble avoir voulu éviter de trop approfondir ce sujet de la justice privée (1). Proudhon nous apprend qu'il avait cru autrefois possible de changer les mœurs d'une grande nation par l'activité d'un très petit groupe d'apôtres. « Donnez-m'en cent, disait-il à un ami intime de sa jeunesse, qui se montrait fort sceptique, et en moins de dix ans je bannis la prostitution, l'exploitation et le despotisme de notre pays ; j'expurge la France pour l'éternité. » Mais son confident ne croyait pas qu'on pût trouver cent hommes dans aucun pays pour accepter le rôle que Proudhon rêvait pour sa société secrète. « Ni ils n'auraient assez de confiance, les uns dans les autres, ni ils ne se croiraient rassurés sur la sainteté de leur entreprise, ni ils n'auraient le courage suprême d'exécuter de leurs mains leurs propres verdicts... Vous pouvez, dans un moment d'exaltation religieuse ou patriotique, obtenir d'une multitude un acte de solennelle justice, vous ne parviendrez jamais à créer et à entretenir dans le cœur de cent individus, réunis en jury, cette ferveur, cette conviction, cette autorité qui constituent le justicier et qui feraient de cette cour d'assises le véritable organe et le digne vengeur de la conscience sociale. » Proudhon nous apprend que l'expérience lui a appris que son ami avait raison (2).

« germait dès cette époque dans quelques esprits [et qu'elle] a porté ses fruits » (*P.-J. Proudhon*, tome I, page 57). Il tient beaucoup à rendre Proudhon responsable des crimes anarchistes.

(1) Ceci prouve que Proudhon était encore loin, en 1861, d'avoir une théorie définitive du droit pénal.

(2) PROUDHON, *De la Justice*, tome VI, pages 290-291.

La conception d'une justice privée terroriste appartient à un ensemble de théories, aussi éloignées que possible de l'expérience, qui, en raison de leur simplicité, de leur clarté, de leur aptitude à entrer dans des expositions abstraites, se présentèrent à Proudhon, au temps de ses débuts, avec le prestige de chapitres d'une science sociale, enfin constituée, qui serait appelée à remplacer les anciens plaidoyers composés par les professeurs en l'honneur des institutions bourgeoises. Au cours de sa laborieuse carrière, Proudhon ne cessa de chercher les moyens de s'élever au-dessus de ces premiers essais, qu'il reconnaissait incapables de fournir des règles à la pratique (1), pour arriver à une connaissance semblable à la mécanique industrielle — qui donne, d'une part, la main aux mathématiques les plus élevées et de l'autre à l'empirisme. Le 28 décembre 1861, il annonce à Chaudey qu'il vient de terminer la théorie de la propriété qu'il cherchait depuis vingt-deux ans, et qui doit rassurer tout le monde sans qu'il ait à se « déjuger, rien à rétracter, rien à désavouer » (2). Le 2 novembre 1862, il dit à Milliet,

---

(1) Le 11 avril 1851 Proudhon écrit à Michelet : « Vous avez tort de supposer que je veuille conformer la pratique à la rigueur d'une définition. Autre chose est de qualifier une idée, un principe d'après *son extrême conséquence*, et autre chose d'adopter cette conséquence extrême comme la vérité. » Il annonce à Michelet que sa préoccupation est, en ce moment, de faire que la propriété puisse perdre tous ses vices et doubler ses avantages (*Correspondance*, tome XIV, page 165). Le 19 juillet, en envoyant au grand historien l'*Idée générale de la Révolution au XIXe siècle*, il lui dit qu'il croit y avoir donné satisfaction à ses vœux les plus chers (page 169).

(2) PROUDHON, *op. cit.*, tome XI, page 304. — Il s'agit

ancien prote d'une imprimerie où il avait travaillé comme correcteur, que « si en 1840 [il avait] débuté par l'*anarchie*, conclusion de [sa] critique de l'idée gouvernementale, c'est [qu'il devait] finir par la *fédération* » (1).

Proudhon n'a point abouti sur la justice pénale à des conclusions définitives destinées à prendre rang à côté de celles qu'il a formulées sur la propriété et la fédération (2) ; mais il me semble que j'ai eu le droit de compléter son exposé de manière à aboutir aux idées que j'ai données comme proudhoniennes dans les *Matériaux d'une théorie du prolétariat*. En 1861, il disait que les corps officiels resteraient chargés de ce qu'il nommait « la grosse besogne » (3) ; mais il aurait pu marquer avec plus de netteté qu'il ne l'a fait, la distinction qui existe entre les objets de la justice privée supplétive et ceux de la justice gouvernementale ; quand il parle de « purger l'humanité des fripons, des escrocs, des voleurs, des débauchés, des parasites, des malfai-

---

de la théorie publiée dans les œuvres posthumes. — Cf. une lettre du 21 novembre à Grandclément (page 294).

(1) PROUDHON, *op. cit.*, tome XII, page 220.

(2) Le 15 février 1864 Proudhon annonçait à Bergmann qu'il comptait refaire les *Contradictions économiques* pour les transformer en un traité dogmatique d'économie politique et reprendre une bonne partie des questions traitées dans la *Justice :* « mariage, famille, liberté, justice, sanction pénale, travail, etc. » (*op. cit.*, tome XIII, page 237). — Pendant son séjour à Bruxelles, Hetzel lui avait proposé de rééditer ses œuvres complètes; mais il refusa, parce qu'il était « décidé à ne pas réimprimer beaucoup de choses » (tome XII, page 143, Lettre du 1er juillet 1862, à Gouvernet, auquel il avait dit, le 27 juin, que la moitié de son œuvre ne valait plus rien, page 141) ».

(3) PROUDHON, *De la Justice*, tome VI, page 287.

teurs et corrupteurs de toute espèce qui l'empoi-
sonnent et mettent sans cesse en péril l'existence de
l'honnête homme, du laborieux père de famille et
des libertés publiques » (1), il est clair qu'il demandait à la justice privée de réprimer les actes igno-
minieux plutôt que les actes proprement criminels (2).
Si l'on se place à ce point de vue, se trouve écartée,
presque complètement, l'objection que lui faisait son
camarade, qui ne croyait pas possible de trouver des
francs-juges exécutant eux-mêmes des sentences de
mort.

Nous voyons se produire assez souvent sous nos
yeux des manifestations de cette justice supplétive ;
les syndicats ouvriers ont interdit, plus d'une fois,
à leurs adhérents, de travailler dans des ateliers où
sont occupés des renégats ; l'expérience a montré
que cette note d'infamie infligée par des organismes
prolétariens est aussi redoutable que pouvait l'être
la peine des *croix* que l'Inquisition condamnait les
hérétiques à porter pour les signaler aux fidèles (3).
La justice supplétive qu'en 1840 Proudhon rêvait
de confier à des groupes extrêmement restreints,
uniquement préoccupés du bien abstrait, affranchis
de sentiments de classe, n'aurait pu fonctionner que
sous l'influence d'un fanatisme, continuellement rajeuni (4) ; elle eût été entachée des vices ordinaires

(1) PROUDHON, *loc. cit.*, page 289.
(2) Nous trouvons ici la distinction que la langue latine
établit entre les *flagitia* et les *facinora*.
(3) HENRI-CHARLES LEA, *Histoire de l'Inquisition au
Moyen Age,* tome I, pages 468-470.
(4) L'Inquisition fut si redoutable parce qu'elle était
confiée à des moines mendiants; les tribunaux épiscopaux
manquaient souvent de fanatisme.

des complots des zélotes, c'est-à-dire qu'elle fût devenue rapidement odieuse au peuple en raison de sa négligence, de ses accès de rigueur allant parfois jusqu'à la férocité, de sa partialité. La justice supplétive prolétarienne que je signale ici a beaucoup plus de chances de fonctionner régulièrement, parce qu'elle met en jeu des préoccupations économiques dont tous les travailleurs sérieux sentent très vivement l'importance pour leur avenir. Lisant ce que Proudhon avait écrit en 1864 sur la scission juridique des classes, j'ai cru me bien conformer à l'esprit de ses doctrines définitives en réduisant l'étendue du problème de la justice supplétive aux seuls faits qui se produisent dans le sein du prolétariat ; la question serait maintenant d'amener les représentants authentiques des ouvriers à noter d'infamie tous les gens qui déshonorent leur classe, comme ils ont pris l'habitude de noter les traîtres ; alors les syndicats deviendraient, sans contestation possible, de véritables *autorités sociales*.

Pour atteindre ce résultat il faudrait encore prendre pour base des considérations économiques ; il se passera peut-être beaucoup de temps avant que les producteurs arrivent au net sentiment que la valeur industrielle d'un atelier est compromise quand il accepte les personnages que Denis Poulot a nommés *sublimes ;* mais cela arrivera, pourvu que les conseillers habituels des travailleurs s'appliquent à leur faire toucher du doigt des vérités sur lesquelles sont d'accord tous les observateurs sérieux.

On peut se demander si les grandes associations ouvrières, plus ou moins semblables aux trade-unions anglaises, sont parfaitement aptes à remplir les fonctions de cette justice supplétive. Dans l'*Idée générale* *de la Révolution au XIXe siècle,* Proudhon avait exprimé l'opinion que la justice pénale devrait s'exercer désormais au moyen d'arbitrages, qui réaliseraient pleinement les deux principes proclamés, d'une façon abstraite et par conséquent vaine, par la démocratie : que l'accusé doit être envoyé devant ses pairs et que le juge doit être l'élu des justiciables (1). En 1863, il écrit : « Il répugne que la justice soit considérée comme un attribut de l'autorité centrale ou fédérale ; elle ne peut être qu'une délégation faite par les citoyens à l'autorité municipale, tout au plus à la provinciale. La justice est l'attribut de l'homme, qu'aucune raison d'Etat ne doit en dépouiller (2). » Ces indications s'appliquent particulièrement bien à la justice supplétive ; celle-ci sera à l'abri des grosses erreurs que l'on reproche souvent à la justice gouvernementale (surtout quand elle doit tenir compte d'appréciations morales) si elle est exercée par des hommes placés tout près des faits, mêlés à la vie des accusés et contrôlés par les amis des gens qu'ils sont accidentellement appelés à contrôler (3) ; il résulte

---

(1) « Les tribunaux de commerce, les conseils de prud'hommes, les constitutions d'arbitres et les nominations d'experts si souvent ordonnées par les tribunaux, sont autant de pas déjà faits vers la démocratisation de la justice. Pour mener le mouvement à fin, il suffit d'un décret donnant autorisation d'informer et jugement exécutoire à tous arbitrages constitués à la demande de parties quelconques. » (*Idée générale de la Révolution au XIXe siècle,* 7e étude, § 3, *ad finem.*)

(2) PROUDHON, *Du principe fédératif,* 1re partie, chap. VIII.

(3) C'est ce qu'établit une différence si profonde entre l'esprit des tribunaux de commerce et celui des tribunaux civils.

de là qu'il y aurait à s'inspirer ici plutôt des *soviets* russes que des trade-unions anglaises.

III

Beaucoup de nos compatriotes sont aujourd'hui persuadés que le devoir des bons citoyens adonnés aux études sociales serait d'achever les victoires des armées de l'Entente, en ruinant l'autorité dont les révolutionnaires *boches* ont joui trop longtemps ; quelques-uns s'imaginent que les doctrines de Proudhon qui « plongent leurs racines dans le terroir national, ont des chances de contenir des principes moins virulents pour nous que certaines conceptions d'importation exotique » (*Débats,* 4 mai 1920) ; le marxisme n'est pas seulement exécrable à cause du rôle qu'il attribue aux luttes des classes, mais encore à cause de son internationalisme. J'ai cité dans le chapitre de la démocratie (pages 381-382) un extrait d'une lettre du 4 avril 1862 qui ne semble pas cependant facilement conciliable avec l'idée que des adhérents de l'*Action française* se font du patriotisme de Proudhon (1) ; mais comme certains écrivains prétendent qu'on peut trouver tout ce qu'on veut dans son œuvre, je crois utile de réunir un assez grand nombre de textes pour qu'aucun doute n'existe sur le prétendu nationalisme de Proudhon ; j'ai fait ce choix avec un fort sentiment des conditions de la preuve (2).

(1) Suivant l'article précité des *Débats, l'Action française* « n'a pas moins de bonnes raisons [que la C. G. T.] pour l'envisager comme un précurseur; au contraire ».

(2) La correspondance de Proudhon demande à être consultée avec un esprit critique, l'auteur ne craignant pas

On a souvent cité Barbès comme le type du révolutionnaire patriote ; or voici ce que Proudhon écrivait de lui le 19 décembre 1854 à l'un de ses compagnons de 1848 les plus chers : « On s'est généralement moqué de Barbès, entrepreneur, en 39 et en 48, des coups d'Etat révolutionnaires, se disant solidaire de Waterloo, applaudissant à la guerre d'Orient, s'honorant du titre de chauvin et refusant la liberté que lui donne spontanément, à tous ces titres, Napoléon III... Je me représente Barbès donnant, par toutes ses idées et ses actes, la main à l'Empire et, à cause de son étiquette de républicain, détournant la tête (1). » — Le 25 avril 1860, il signale à son médecin Crétin l'attitude piteuse de Louis Blanc qui « donne à Londres des séances sur Mesmer et Cagliostro..., afin qu'il soit bien constaté qu'il ne s'occupe pas de politique et que, par conséquent, il ne fait rien contre la France. Voilà les gens qui aspirent

les contradictions que lui impose souvent son désir de ne pas trop s'éloigner des idées de ses correspondants. Ainsi, le 6 janvier 1862, il écrit à un négociant parisien, fort entiché d'illusions jacobines : « Je continue à penser que le vrai foyer de la civilisation est toujours la France, et dans la France, Paris. » (*Correspondance,* tome XI, page 328) ; — le lendemain il dit à un bordelais : « Je ne crois plus à la France ; son rôle est fini. C'est une nation prostituée... Comme elle a tenu le drapeau de la liberté et du droit, elle porte aujourd'hui l'étendard de la dissolution universelle. La France en est aujourd'hui où était l'Espagne après Philippe II » (page 334).

(1) PROUDHON, *op. cit.,* tome VI, page 95. — Il raconte dans la même page qu'un de ses anciens collaborateurs du *Peuple* est allé offrir ses services à la Turquie : « J'eusse mieux aimé que Langlois ne se couvrît pas du masque d'un vain chauvinisme pour obtenir sa liberté. »

à représenter (1) la Révolution » (2). — Après l'échec des troupes françaises devant Puebla, les journaux réputés démocratiques soutinrent que, l'honneur de nos soldats étant engagé, il fallait renforcer le corps expéditionnaire et qu'on ne pourrait traiter qu'après avoir conquis Mexico. Les députés de l'opposition, écrit-il le 22 juin 1862 à un anonyme, « se sont comportés en cette circonstance avec l'étourderie chauvinique de nos compatriotes. Comment ! pas un mot de réserve sur l'utilité et la justice de cette guerre » ! Dans deux autres lettres du 23 juin et du 22 juillet, à Chaudey et à Madier de Monjau, et plus tard dans le *Principe fédératif,* il revient sur le chauvinisme des démocrates (3).

Maintes fois, Proudhon a émis l'avis que l'annexion

---

(1) Le texte porte *respecter,* mais on sait que l'édition de la *Correspondance* est très souvent incorrecte. (Cf. EDOUARD DROZ, *Pierre-Joseph Proudhon, Lettres inédites,* page 22.)

(2) PROUDHON, *op. cit.,* tome X, page 21. — C'est ici le lieu de rapporter ce que disait Proudhon dans une lettre du 23 mars 1856 à Michelet, au sujet de Coligny, si souvent accusé d'avoir foulé aux pieds les obligations élémentaires du patriotisme : « Je renie la patrie quand je la vois, fautrice des tyrans, applaudir au parjure et à l'assassinat, proscrire les meilleurs, faire une loi de l'ignorance, de la servitude et de la superstition... Hélas ! ne sont-ils pas revenus les tristes jours de François Ier, Henri II, François II, Charles IX, où la France trop corrompue pour supporter une réforme, égorge, dépouille, expulse, pour la défense de ses vices, réformateurs et réformés ? » (tome XIV, pages 183-184). Il me paraît résulter de là que les socialistes proscrits eussent eu le droit de se conduire comme Coligny.

(3) PROUDHON, *op. cit.,* tome XII, pages 130-131, 137-138, 147 ; Cf. *Principe fédératif,* 2e *partie,* chap. II. — Le 29 juillet 1863, il écrivait à un de ses admirateurs les plus dévoués, que Lincoln et son parti avaient « assumé une

de la Savoie et de Nice était digne d'être rangée à côté des marchandages les plus décriés des diplomates de 1815 (1). « Quel est donc cet écrivain qui signe Weiss, demande-t-il, le 24 juin 1860, à Chaudey, et qui, dans l'avant-dernier numéro [du *Courrier du Dimanche*] nous a donné une tartine si chauviniquement enthousiaste ? Comment ! dans [ce] ♦journal orléano-républicain... on applaudit à un fait qui, bien considéré, fait monter le rouge au front des amis de la liberté !... (2). Weiss a conquis toute mon antipathie, au même degré et au même titre que

grosse responsabilité » en rendant possible à « l'influence napoléonienne de s'impatroniser au Mexique, ce qui ne fût jamais arrivé si les Etats-Unis avaient été en paix. » (*Correspondance*, tome XIII, page 126). — Il aurait rêvé que la France eût « établi au Mexique, d'accord avec les Espagnols et les Mexicains, d'accord avec le gouvernement existant, un élément européen, capable de tenir tête » aux Yankees qui, au nom de leur principe de Monroë, ne tendent « à rien moins qu'à exclure du colonat américain toutes les puissances de l'Europe » (tome XIV, page 78. Lettre du 23 octobre 1864 à un de ses amis de Belgique, grand partisan des Anglo-Saxons). — Cet exemple nous montre que Proudhon ne résolvait pas les problèmes politiques avec un passe-partout, soit pacifiste, soit internationaliste. Il ne prétendait pas être au-dessus de la mêlée.

(1) Le 6 février 1860 il écrit à Ferrari : « Quelle confiance peut avoir l'Italie en un gouvernement si prompt à répudier son antique patrimoine ! Est-ce que la Savoie ne devrait pas être sacrée pour Victor-Emmanuel ? Où est le temps où les rois et les nations ne faisaient qu'un; où celles-ci pouvaient dire à ceux-là : Vous êtes l'os de mes os et la chair de notre chair? » (*op. cit.*, tome IX, page 328). Ce texte de Proudhon devrait être médité par nos royalistes; il n'y a plus de nation où existe une telle situation; ainsi la royauté est devenue une chimère.

(2) Le 1ᵉʳ septembre 1860 il signale à Delarageaz, conseiller d'Etat vaudois, que durant le voyage de l'empereur

les La Guerronnière et les Granier de Cassagnac...
Et le *Journal des Débats,* si avisé d'ordinaire, qui, de
peur d'être accusé d'incivisme, étale plus haut que
les autres son admiration ! (1). »

Pendant sa jeunesse Proudhon avait entendu les
libéraux dénoncer les profondes injustices dont la
France aurait été victime au Congrès de Vienne; nos
pères étaient persuadés qu'en 1815 la cause de la
liberté avait subi un effroyable échec, c'est parce
que le nom de Napoléon symbolisait pour les masses
la revanche de la Révolution, traiteusement vaincue
à Waterloo, que les bonapartistes ont pu jouer un si
grand rôle dans l'histoire contemporaine. Vers 1860,
Proudhon se débarrassa des préjugés qui avaient
cours dans la démocratie française (2) ; de plus pen-

en Savoie, les Savoyards se sont montrés indignes d'être
Suisses. « Comme ces gens-là tendent la main sans honte,
sollicitent subventions, cadeaux et emplois ! Comme ils
font litière de leur liberté, de leur dignité, de leur nationalité ! Triste effet de ce catholicisme que votre pays a eu
le bonheur de secouer à temps ! » Il dit que les voyageurs
remarqueront plus que jamais le contraste qui existe entre
« la population suisse, libre et fière, et cette population
annexée de la Savoie, aussi oublieuse d'elle-même que son
ex-roi s'en est montré dédaigneux » (*op. cit.,* tome X, page
151). Au même, le 15 octobre 1861 : « Quelle stupidité à
ces marmottes de n'avoir pas compris que leur véritable
destination était de devenir un canton suisse. Mais messieurs du clergé ne l'ont pas voulu : le clergé gâte tout ce
qu'il touche. » (tome XI, pages 280). — Le clergé y était
bonapartiste en haine du libéralisme.

(1) PROUDHON, *op. cit.,* tome X, pages 83-85.
(2) Le 20 décembre 1863 Proudhon apprend à Milliet
que, jusque vers 1860, il a partagé plus ou moins complètement l'opinion commune sur l'esprit des traités de
1815 et sur la Pologne (*op. cit.,* tome XIII, page 196).

dant son séjour à Bruxelles, il découvrit que la pacification de Vienne, si odieuse aux républicains français, avait ouvert pour l'Europe l'ère des constitutions (1) ; cette théorie, dont la forme définitive
se trouve dans la brochure publiée en 1863 avec le
titre : *Si les traités de 1815 ont cessé d'exister* (2),
était en 1860, comme il le dit dans une lettre du
17 juin à Delarageaz, « surtout sous une plume française, la plus grande nouveauté du moment » (3).

Cette conception de l'histoire contemporaine, que
beaucoup de gens, nommèrent un déplorable paradoxe, devait amener Proudhon à protester contre
la prétention qu'émettaient les Bonaparte de représenter la France contre la coalition des puissances
réactionnaires, protectrice des Bourbons. « Rien ne
restera du passage de cette dynastie, lit-on dans l'édition belge de la *Justice,* que du sang répandu, des
prodigalités ruineuses et l'énervement des générations. On parle de nationalité. Les Bonaparte continuent, pour le peuple français, la série de ces étrangers dont l'influence lui fut si malheureuse... Ne
dirait-on pas une dérision du destin ? Le peuple qui
se pique tant de nationalité, qui vante si haut son
patriotisme, qui se charge d'émanciper les peuples,
est peut-être celui qui s'est plus fréquemment livré
à l'étranger. Auprès de ces influences individuelles,
les invasions de 1814 et de 1815 n'ont rien été :

---

(1) PROUDHON, *De la Justice,* tome V, pages 189-196.
(2) Pour rendre cette théorie historique tout à fait satisfaisante, il faudrait expliquer, mieux que ne l'a fait Proudhon, pourquoi avant 1815, il n'y eut que des « préludes »
du régime constitutionnel en Europe. (Cf. *Si les traités de
1815 ont cessé d'exister,* chap. III.)
(3) PROUDHON, *Correspondance,* tome X, page 79.

Alexandre et Wellington ne furent pas pour nous des maîtres, mais des libérateurs » (1). Et en terminant la révision de son livre, le 15 mars 1861, il ose écrire ces paroles qui sont comme un prélude de sa lettre du 4 avril 1862: « Serait-ce manquer de patriotisme de dire que si, contre toute probabilité, la France se retrouvait dans une situation analogue à celle de 1814, pas plus qu'alors les étrangers n'y viendraient pour la démembrer et se l'incorporer, ils y viendraient pour l'affranchir, en s'affranchissant eux-mêmes » (2). L'hypothèse d'une invasion qui imposerait le fédéralisme à la France, comme l'invasion de 1814 avait imposé la monarchie constitutionnelle, était donc une idée longuement mûrie dans l'esprit de Proudhon.

Les nationalistes actuels sont disposés à pardonner beaucoup de choses à Proudhon, parce qu'ils lui savent gré d'avoir écrit contre l'unification de l'Italie (3). La politique de Cavour déplaisait à Proudhon pour bien des raisons. La guerre de 1859 avait tant contribué à renforcer le régime impérial qu'il eût désiré une défaite qui aurait affranchi la France de la « tyrannie hideuse » de Napoléon III et aurait

(1) PROUDHON, *De la Justice,* tome VI, page 196.

(2) PROUDHON, *loc. cit.,* page 328. — En 1815, le régime constitutionnel n'avait été imposé qu'à la France, mais il s'était étendu à toute l'Europe; il en serait de même du fédéralisme, parce qu'une « conscience commune s'est formée entre les nations ».

(3) On a souvent accusé à tort Proudhon d'avoir eu des préjugés antiitaliens, cependant, dans une lettre du 7 avril 1860 à Beslay, il reproche à la France d'avoir été ingrate envers la République héroïque de Rome (*Correspondance,* tome X, page 9).

valu mieux, pour l'Italie elle-même que le règne de
Victor-Emmanuel (1); il redoutait que la constitution
d'une grande monarchie italienne n'accrût le désordre
militariste déjà si redoutable pour le prolétariat (2);
il voyait avec indignation le *risorgimento* se transformer en « une affaire à millions et milliards » (3).

Dès que la question du maintien du pouvoir tem-
porel du pape se trouva posée par les annexions
successives du Piémont, les conservateurs français se
divisèrent; beaucoup de catholiques qui, après 1848,
avaient demandé que les républicains fussent *matés,*
se mirent à voter pour des candidats qu'ils auraient
jadis regardés comme des fauteurs de désordre; les
pamphlets des proscrits obtinrent un accueil bien-
veillant dans la meilleure société. Proudhon qui
trouvait difficilement des éditeurs (4), pensa qu'il
pouvait tirer parti du nouvel état de choses pour
améliorer sa situation de publiciste; en écrivant
contre l'unité italienne, il était sûr de se créer une
vaste clientèle de lecteurs; non seulement les éditeurs se montreraient mieux disposés pour un
homme dont les livres devaient être fort demandés,

(1) Proudhon, *op. cit.,* tome XI, page 164 (Lettre du
8 août 1861 à son ami belge Delhasse.

(2) Sur la malfaisance des grands Etats, lire la lettre du
30 septembre 1859 à Chaudey (*op. cit.,* tome IX, pages 193-
194) et la lettre du 3 mai 1860 à Beslay (tome X, page 39).

(3) Proudhon, *op. cit.,* tome XII, page 214. (Lettre du
30 octobre 1861 à Delhasse.)

(4) Arthur Desjardins trouve que le *Principe fédératif* a
une composition aussi défectueuse que possible, que la
première partie aurait suffi et que le reste du livre
retombe dans la polémique du jour (*P.-J. Proudhon,* tome
II, page 54); mais Proudhon n'aurait pu probablement
faire paraître sa théorie fédéraliste, s'il n'avait trouvé
moyen de l'insérer dans un travail de librairie.

mais il avait le droit d'espérer que, sa considération s'accroissant dans le monde lettré (1), le gouvernement finirait par l'autoriser à publier une revue ou un journal (2).

Le 2 novembre 1862 Proudhon expliquait ainsi à son ancien *prote* Milliet, devenu directeur d'un journal conservateur à Bourg, le programme qu'il avait adopté: « On reproche à ma pensée de coïncider avec celles de l'Empire et l'épiscopat, mais cette coïncidence est toute matérielle, toute de circonstance; du reste, au lieu de m'en plaindre, je m'en félicite. Je n'ai pas l'hypocrisie de frapper des gens qui, guidés par des principes diamétralement opposés aux miens, se rencontrent accidentellement sur mon terrain. Je trouve de meilleur goût, d'une conduite plus sage, d'une politique plus saine de leur tendre une main hospitalière » (3). Cela supposait que Proudhon montrerait une certaine prudence dans

_____

(1) Le 11 février 1863, Proudhon disait à Milliet, à propos du *Principe fédératif* : « Les hommes sérieux qui se rattachent, au moins pour la France, au gouvernement centralisé et monarchique, rendront justice à la sincérité de mes convictions républicaines fédéralistes et trouveront de quoi fermer la bouche, à tous les points de vue, aux ineptes partisans de l'unité italienne » (*loc. cit.*, page 289). — A rapprocher de ce qu'on lit dans une lettre du 17 juillet 1850 à Darimon, Proudhon y rapporte que Montalembert avait avoué qu'il aimait à lire son journal : « C'est la pensée secrète de tous nos adversaires; ils nous détestent, mais ils nous veulent » (tome III, page 314).

(2) Le 5 février 1863 Proudhon annonce au ministre de l'Intérieur sa brochure du *Principe fédératif* et lui demande l'autorisation de publier un journal hebdomadaire qui aura pour titre *La Fédération* (*op. cit.*, tome XII, pages 275-277).

(3) PROUDHON, *loc. cit.*, page 221.

l'exposition des idées par lesquelles il espérait conquérir une clientèle de conservateurs; il faut ajouter
que les éditeurs exerçaient sur ses textes un contrôle
si méticuleux (1) que, plus d'une fois, il a dû chercher à endormir la vigilance de ses censeurs en
paraissant accepter leurs préjugés; nos nationalistes
n'ont pas pris garde à ces faits pour apprécier,
d'une façon critique, les phrases qui, dans les dernières années de Proudhon, leur semblaient favorables à leurs doctrines. En 1896 Arthur Desjardins
écrivait que Proudhon « n'appartient pas au clan
des sans-patrie, puisqu'il vécut assez pour se réveiller
français »; et il ajoutait : « Mais j'ai quelque peine
à juger ce singulier patriote » (2) ; il se montre plus

---

(1) Dans la lettre précitée du 11 février 1863, Proudhon
s'exprime ainsi : « Vous devez vous douter, mon cher
monsieur Milliet, que dans le temps où nous vivons, un
livre de politique, signé d'un nom comme le mien, n'est pas
chose facile à éditer pour un libraire. On s'y met (littéralement) à quatre pour éplucher mes épreuves, lorsque j'ai
donné mon bon à tirer; puis, la ventilation terminée, il
faut que je refasse, émonde, adoucisse, etc..., les passages
suspects. »

(2) ARTHUR DESJARDINS, loc. cit., page 96. — En 1850,
Proudhon engageait ses collaborateurs de la Voix du Peuple
à s'inspirer des exemples de 1792, à soutenir que la France
était menacée d'une invasion, à proclamer que la patrie
était en danger ; il espérait pouvoir ainsi intéresser au
salut de la République l'armée qui « ne connaît que ces
mots : Honneur et patrie » (op. cit., tome III, pages 139-
140. Lettre du 26 février à Darimon et Charles-Edmond).
Il espérait que ces républicains bourgeois pourraient embaucher quelques régiments et les décider à chasser leurs
colonels réactionnaires (page 155. Lettre du 2 mars à
Darimon). Si on veut voir du patriotisme dans cette attitude, il faut au moins reconnaître que ce patriotisme est
singulier et ne plairait guère à Maurice Barrès.

sagace que les adhérents de l'*Action française,*
quoique le mot *patriote,* même avec le correctif *singulier* ne me paraisse guère convenir à Proudhon.

Pour porter un jugement parfaitement motivé sur
l'internationalisme de Proudhon, il est nécessaire de
connaître les jugements qu'il a portés sur l'Allemagne. En voici quelques-uns à la lecture desquels
ne manqueraient pas de se hérisser les disciples de
Charles Maurras s'ils connaissaient Proudhon.

Proudhon estimait que la Suisse avait eu tort, en
1857, de rompre les liens qui rattachaient le canton
de Neufchâtel à la couronne de Prusse et s'était
privée, sans bonnes raisons, d'une alliance qui pouvait lui être utile à l'occasion; cette occasion aurait
pu se présenter en 1861 quand l'Empire chercha
querelle à la Suisse (1). Le 13 janvier 1857 Proudhon
demandait à Delarageaz: «Pourquoi donc la Suisse,
si favorable d'instinct à nos Césars, déteste-t-elle à
fond le roi de Prusse? La Prusse est le centre pro-
testant de l'Europe, le pays de la philosophie, où les
aspirations vers la liberté sont certainement les plus
énergiques... Il y a là-dessous quelque chose que je
ne comprends pas et que toutes les tartines de vos
journaux n'éclairent point. Or vous savez que je ne
paie pas de blagues» (2). Il serait paradoxal de

(1) PROUDHON, *op. cit.,* tome XI, page 279 (Lettre du
15 novembre 1861 à Delarageaz).
(2) PROUDHON, *op. cit.,* tome VII, page 198. — Dans la
lettre de 1861 il dira que la Suisse a peut-être voulu se
donner le luxe d'une démonstration antimonarchique :
« Après 1848 il y eut un surcroît de haine à la royauté
parmi les citoyens de France; l'imitation gagna partout...
Le monde est encore mené par des mots et des couleurs ! »

supposer que nos nationalistes puissent sympathiser ici avec Proudhon, car ce qu'ils haïssent surtout dans l'Allemagne ce sont son protestantisme (1), sa philosophie et ses aspirations vers la liberté.

Dans les notes et fragments réunis dans la brochure posthume *France et Rhin,* Proudhon émet sur l'avenir de la politique européenne une idée qui devrait suffire à le rendre odieux aux patriotes français; il prévoit une union de la France et de l'Allemagne contre le tzarisme. « C'est la liberté et la philosophie que nous avons à faire refluer vers l'Orient. Pour cette œuvre, ce n'est pas trop de l'antique alliance d'Aétius et de Mérovée. Si quelque pensée menaçante pour la liberté du monde pouvait surgir, ce ne serait plus de ce côté-ci ni de ce côté-là du Rhin, ce serait sur le Niémen » (2).

Lorsque Proudhon écrivait le 15 septembre 1860 à Bergmann, le professeur de Strasbourg : « Tu sais que je suis quasi naturalisé en Allemagne (3) », il ne se vantait pas; car ses livres étaient au moins aussi connus en Allemagne qu'en France ; les *Contradictions économiques* avaient eu plusieurs versions allemandes et la *Justice* avait été traduite dès son apparition (4). Il y aurait une belle étude à faire sur les

---

(1) Le chef de l'*Action française,* qui a si souvent manifesté le mépris qu'il éprouve pour le christianisme, serait cependant fort désireux de pouvoir traquer les protestants, à l'imitation des ministres incrédules de Louis XV. Les protestants sont encore chrétiens, tandis que les politiciens nationalistes sont des païens, des dilettantes et des fanatiques de despotisme.

(2) PROUDHON, *France et Rhin,* page 91.

(3) PROUDHON, *Correspondance,* tome X, page 154.

(4) Le 12 octobre 1848 Proudhon écrit à un de ses

relations intellectuelles de Proudhon et de l'Allemagne; dans un article de la *Revue des deux-mondes* (du 15 octobre 1848), Saint-René Taillandier disait que beaucoup de choses devaient, dans les *Contradictions*, demeurer énigmatiques pour les Français qui n'étaient pas au courant du mouvement philosophique allemand (1). Charles Grün, qui fit connaître le premier ce livre dans son pays, expliquait dans la préface que les thèses de Proudhon étaient contenues en puissance dans la *Phénoménologie de l'esprit* (2). Le 20 juillet 1849 Proudhon avertissait son éditeur Garnier qu'il n'y avait pas lieu de mettre le travail de Grün en tête de la deuxième édition française : « C'est, disait-il, une dissertation de métaphysique allemande, excellente pour des Allemands, mais à peu près inintelligible pour des Français. Or, je suis déjà assez germanisé comme cela (3). »

Je suis persuadé que si Proudhon a eu si peu de prise sur les Français, c'est que les Belges avaient

anciens patrons que « depuis un an des ouvriers allemands, formés en partie à Paris, à l'école du citoyen Proudhon, se sont dirigés successivement sur les différents points de l'Allemagne, où, à la faveur du compagnonnage et des rapports qui existent entre les ouvriers et les Universités, ils ont fait une incroyable propagande » (*op. cit.*, tome XI, page 377). L'autorité acquise par l'ouvrier Proudhon en Allemagne devait fort irriter Marx qui fut si longtemps un obscur journaliste malgré ses titres universitaires.

(1) SAINT-RENÉ TAILLANDIER, *Etudes sur la Révolution en Allemagne*, tome II, pages 515-516.

(2) PROUDHON, *op. cit.*, tome III, page 315 (Lettre du 20 juillet 1850 à Boutteville, qui avait envoyé une traduction à Proudhon).

(3) PROUDHON, *loc. cit.*, page 27.

eu raison de voir en lui moins un Français qu'un Germain (1).

C'est peut-être Proudhon qui a donné les formules les plus philosophiques de l'internationalisme. Le 9 avril 1860, il exposait ainsi sa situation d'exilé à Bergmann : « J'ai trouvé la Belgique hospitalière. Cela ne m'a pas été difficile. Du bon sens, de la modestie, de la simplicité, de l'honnêteté, voilà surtout pourquoi le Français réussit en Belgique. Malheureusement, ce n'est pas toujours par ces qualités que se distinguent nos compatriotes... Que te dirais-je ? *Ubi justitia, ibi patria* (2)... Je n'ai pas été mis cinq fois en jugement par le gouvernement belge ; je ne suis en butte à aucune haine de parti ; on ne paraît pas avoir la moindre envie de m'expulser, et je trouve ici, comme en Allemagne, des lecteurs attentifs et bienveillants (3)... Toute ma vie repose actuel-

---

(1) « Le compliment le plus flatteur que j'aie reçu en Belgique, a été de m'entendre dire que je n'étais pas Français, mais Germain... On croyait m'honorer, en me distinguant de ma nation. » (PROUDHON, *La presse belge et l'unité italienne*, § 3).

(2) Il est à remarquer que dans la lettre du 23 mars 1856 à Michelet, Proudhon avait déjà dit : « Bien loin que j'accuse Coligny, j'applaudirai plutôt à Coriolan. Où est la justice, là est la patrie. » (*Correspondance*, tome XIV, page 183.)

(3) Le 7 avril Proudhon avait mandé à Beslay, auquel il a si souvent reproché son chauvinisme : « Les braves Belges me sont assez hospitaliers ; ils lisent, ils sont attentifs, ce qu'on n'est plus en France, où l'on croit tout savoir, où l'on a la prétention de tout deviner sur un mot, et où l'on retombe en enfance. Dans six mois je compte que je me serai fait une assez belle place dans le monde belge, flamand, hollandais, allemand et suisse.

lement sur ce principe, qui n'est pas nouveau, mais que peu d'hommes savent mettre en pratique : c'est que la vertu de l'homme doit s'élever plus haut que le patriotisme. Autrefois, la patrie du chrétien était partout où il y avait des chrétiens ; la franc-maçonnerie a imité cela. Pour moi, je n'ai besoin de recourir ni à ma foi, ni au mot de passe de mes frères maçons ; je trouve mon pays partout où il y a d'honnêtes gens (1). »

Cette lettre est très importante pour l'historien des idées, parce qu'elle tend à nous faire voir que les doctrines internationalistes se rattachent à ce qu'on peut nommer la *philosophie des proscrits;* il est probable que beaucoup de textes du *Manifeste communiste* demeurés énigmatiques s'éclairciraient si l'on parvenait à savoir comment les conditions de l'exil les ont inspirés à Marx. Il est évident que de nombreuses conceptions socialistes ont perdu toute leur valeur pratique depuis que les hommes ayant la réputation de révolutionnaires, au lieu d'être proscrits, sont entrés dans les parlements. L'internationalisme qui avait été incorporé dans toutes les professions de foi marxistes, s'est notamment résolu dans le plus vain des bavardages.

En nous inspirant de Proudhon, efforçons-nous de défendre notre pays contre le chauvinisme qui fut

---

Enfin, je me dénationalise. Que voulez-vous ? Là où l'homme trouve justice, là est la patrie... Vos bourgeois, vos faubouriens, vos chauvins, vos tourlourous, vos policiers, vos jésuites, vos avocats, vos journalistes, votre bohême, tout cela m'est odieux. » (*op. cit.*, tome X, pages 8-9.) On sait que les ouvriers avaient acclamé Napoléon partant pour prendre le commandement de l'armée d'Italie.

(1) PROUDHON, *loc. cit.*, pages 13-15.

toujours si odieux à notre grand socialiste. « Nous tombons toujours, nous autres Français, dans le chauvinisme, a-t-il écrit le 27 octobre 1860 à Chaudey; il faut nous guérir de cette *idiotie* nationale (1). » Le chauvinisme est bien autrement redoutable aujourd'hui qu'il ne l'était il y a soixante ans et, d'autre part, nos contemporains sont bien moins capables de penser que ne l'étaient ceux de Proudhon ; mais la conscience des ouvriers organisés, qui s'orientent de plus en plus vers le *bolchevisme*, peut opposer une digue efficace au torrent des idioties qui ont déjà englouti le peu de bon sens dont jouissait encore la bourgeoisie française.

(1) PROUDHON, *loc. cit.,,* page 184. — Cette sentence avait été provoquée par un article de Weiss sur la Belgique, dans lequel Proudhon « sentait une arrière-pensée d'annexion, un regret de voir la Belgique échapper à la France, une prétention à la suzeraineté politique, au protectorat ». Les lignes suivantes qu'on lit dans une lettre du 20 novembre 1859, adressée à Bouteville, s'appliquent fort bien à la littérature nationaliste actuelle: « La plus grande honte de la France n'est pas tant la privation de ses libertés que la platitude avec laquelle avec chauvinisme enfourche tous les dadas que lui offre son gouvernement. On dit à la France: Hourrah contre l'Angleterre ! et elle crie : Hourrah ! on lui dit: Hourrah contre les Autrichiens! et elle crie: Hourrah! Demain ce sera le tour des Prussiens auxquels en ce moment personne ne songe, et toujours elle criera: Hourrah! Notre cher pays est ignoble. » (tome IX, page 245).

TABLE DES MATIÈRES

DEUXIÈME PARTIE. — BASES DE CRITIQUE SOCIALE :

Imprimerie Coopérative
Ouvrière

Villeneuve–Saint-Georges
(Seine-et-Oise)

European Sociology

An Arno Press Collection

Guyau, M[arie Jean]. **L'Art Au Point De Vue Sociologique.** 1920

Halbwachs, Maurice. **Les Causes Du Suicide.** 1930

Halbwachs, Maurice. **Les Cadres Sociaux De La Mémoire.** 1952

Hobhouse, L[eonard] T., G[erald] C. Wheeler and M[orris] Ginsberg. **The Material Culture And Social Institutions Of The Simpler Peoples.** 1915

Hubert, René. **Les Sciences Sociales Dans L'Encyclopédie.** 1923

Jeudwine, J[ohn] W. **The Foundations Of Society And The Land.** 1925

Katz, John. **The Will To Civilization.** 1938

Lazarsfeld, Paul F. et al. **Jugend Und Beruf.** 1931

Le Bras, Gabriel. **Études De Sociologie Religieuse.** 1955/56 Two volumes in one.

Lecky, William Edward Hartpole. **History Of European Morals From Augustus To Charlemagne.** 1921. Two volumes in one.

Lederer, Emil. **Die Privatangestellten In Der Modernen Wirtschaftsentwicklung.** 1912

Le Play, F[rédérick]. **Le Réforme Sociale En France Déduite De L'Observation Comparée Des Peuples Européens.** 1864. Two volumes in one.

Levenstein, Adolf. **Die Arbeiterfrage.** 1912

Maine, Henry Sumner. **Dissertations On Early Law And Custom.** 1886

Martin Saint-Léon, Etienne. **Histoire Des Corporations De Metiers.** 1922

Michels, Roberto. **Il Proletariato E La Borghesia Nel Movimento Socialista Italiano.** 1908

Morselli, Henry. **Suicide.** 1882

Mosca, Gaetano. **Partiti E Sindacati Nella Crisi Del Regime Parlamentare.** 1949

Niceforo, Alfredo. **Kultur Und Fortschritt Im Spiegel Der Zahlen.** 1930

Palyi, Melchior, ed. **Hauptprobleme Der Soziologie.** 1923. Two volumes in one.

Picavet, F[rançois Joseph]. **Les Idéologues.** 1891

Ratzenhofer, Gustav. **Die Sociologische Erkenntnis.** 1898

Renner, Karl. **Wandlungen Der Modernen Gesellschaft.** 1953

Rigaudias-Weiss, Hilde. **Les Enquêtes Ouvrières En France Entre 1830 Et 1848.** 1936

Robson, William A. **Civilisation And The Growth Of Law.** 1935

Rowntree, B. Seebohm and May Kendall. **How The Labourer Lives.** 1913

Savigny, Frederick Charles von. **Of The Vocation Of Our Age For Legislation And Jurisprudence.** 1831

Scheler, Max, ed. **Versuche Zu Einer Soziologie Des Wissens.** 1924

Segerstedt, Torgny T. **Die Macht Des Wortes.** 1947

Siegfried, André. **Tableau Politique De La France De L'Ouest Sous La Troisieme Republique.** 1913

Sighele, Scipio. **Psychologie Des Sectes.** 1898

Sombart, Werner. **Krieg Und Kapitalismus.** 1913

Sorel, Georges. **Matériaux D'Une Théorie Du Prolétariat.** 1921

Steinmetz, S[ebald] Rudolf. **Soziologie Des Krieges.** 1929

Tingsten, Herbert. **Political Behavior.** 1937

Vierkandt, Alfred. **Gesellschaftslehre.** 1928

Vinogradoff, Paul. **Common-Sense In Law.** [1914]

von Schelting, Alexander. **Max Webers Wissenschaftslehre.** 1934